CSSCI 来源集刊

华东师范大学—不列颠哥伦比亚大学现代中国与世界联合研究中心主办

知识分子论丛编委会

主　　编　　许纪霖　刘　擎

学术委员会　（以拼音字母为序）

　　　　　　曹卫东　北京体育大学
　　　　　　高全喜　上海交通大学法学院
　　　　　　高瑞泉　华东师范大学哲学系
　　　　　　何包钢　新加坡南洋理工大学人文与社会科学学院
　　　　　　黄克武　台湾"中研院"近代史研究所
　　　　　　季卫东　上海交通大学法学院
　　　　　　李　强　北京大学政治学系
　　　　　　刘　擎　华东师范大学世界政治研究中心
　　　　　　罗　岗　华东师范大学中文系
　　　　　　齐慕实（Timothy Cheek）　加拿大不列颠哥伦比亚大学亚洲研究所
　　　　　　钱永祥　台湾"中研院"人文社会科学研究中心
　　　　　　童世骏　华东师范大学哲学系
　　　　　　萧高彦　台湾"中研院"人文社会科学研究中心
　　　　　　许纪霖　华东师范大学历史系
　　　　　　许章润　清华大学法学院
　　　　　　应　奇　华东师范大学哲学系
　　　　　　张旭东　美国纽约大学比较文学系

编　　辑　　马华灵　宋　宏

CSSCI来源集刊

知识分子论丛
第16辑

许纪霖 刘擎 主编

丸山真男：在普遍与特殊之间的现代性

江苏人民出版社

图书在版编目(CIP)数据

丸山真男:在普遍与特殊之间的现代性 / 许纪霖,刘擎主编.—南京:江苏人民出版社,2021.4

(知识分子论丛:第16辑)

ISBN 978-7-214-25701-7

Ⅰ.①丸… Ⅱ.①许…②刘… Ⅲ.①丸山真男(1914-1996)-现代主义-研究 Ⅳ.①B089

中国版本图书馆 CIP 数据核字(2020)第 236257 号

书　　名	丸山真男:在普遍与特殊之间的现代性
主　　编	许纪霖　刘　擎
责任编辑	王　旭　蒋卫国
责任监制	陈晓明
出版发行	江苏人民出版社
地　　址	南京市湖南路1号A楼,邮编:210009
网　　址	http://www.jspph.com
照　　排	南京紫藤制版印务中心
印　　刷	江苏凤凰通达印刷有限公司
开　　本	718毫米×1000毫米　1/16
印　　张	33.25　插页2
字　　数	410千字
版　　次	2021年4月第1版
印　　次	2021年4月第1次印刷
标准书号	ISBN 978-7-214-25701-7
定　　价	78.00元

(江苏人民出版社图书凡印装错误可向承印厂调换)

目 录

本辑主题

003 中岛隆博｜以"制作"取代"自然"：论丸山真男"近世日本政治思想史中的'自然'与'制作'"

019 李永晶｜在历史与民族的深处思考东亚的现代：丸山真男日本思想史研究方法的视角

040 赵京华｜战后启蒙时代与最后的知识分子：读丸山真男《现代政治的思想与行动》

067 王　前｜再论丸山真男与现代性：一个失败的抑或是未完成的Project？

085 裴自余｜"拟制"：丸山真男的现代想象

100 商兆琦｜从荻生徂徕到福泽谕吉：丸山真男对于"近代性思维"的探索

116 卢　华　陈　琦｜丸山真男的中国革命论：以三民主义为中心

笔谈　中国现代思想的起源

137 罗志田｜从天下视角看五四

143　章　清｜新文化运动的展开及其影响机制

150　瞿　骏｜前史、即时与后续——重构五四运动的舞台

156　韩子奇｜章太炎的《齐物论释》与五四精神

167　陈学然｜在国家与地方之间:香港的五四

177　张仲民｜五四新文化运动时期的世界语运动:以钱玄同为中心

180　彭春凌｜五四与儒家三题:价值·历史·世纪节点

188　沈　洁｜地方、日常与细枝末节中的"后五四"时代

196　唐小兵｜从个人解放到社会问题:理解五四新文化运动的另一种视角

202　周月峰｜新文化运动中的关联与互动

207　季剑青｜清末至五四时期的"国家有机体"说及其不满

217　袁一丹｜创造一种新的可读性:文学革命前后的句读论及其实践

223　高　波｜五四时期关于"西方衰落"问题的争论

227　徐佳贵｜五四初期的概念史与地方史

232　李浴洋｜五四阐释史的意义与认识价值:以1989年京沪两地学人的五四论述为例

专题　百年中国思想

247　王汎森｜1920年代以后反主义的思想言论

269　章　可｜"胡先生"的困惑:再思五四前后的"人道主义"观念

281　段　炼｜文明尺度、世界认知与革命的正当性:以李大钊的思想演变为中心

302　于海兵｜五四时期民粹主义思潮中的乌托邦意识

伯林与施特劳斯之争在中国

323 马华灵｜二十年来中国的思想格局

342 黄　涛｜伯林与施特劳斯的纷争：重读《刺猬的温顺》

370 苏光恩｜中国语境中的施特劳斯与伯林之争

思想文化研究

391 葛　飞｜反乌托邦小说的叩问：中国文坛对《关于亚克与人类的故事》的译介和解读

409 尹　钛｜投身革命即为家

450 卢　华｜孙中山的联俄与国民党内部"主义"的分化（1924—1927）

483 邓　军｜近代中国世界语与"无根"的世界主义初探

496 范玉亮｜从道与政的冲突看戴季陶的几次思想转变

515 段慧敏｜中国记忆与美国神话：从互文性角度关注"赵汤之争"的几个问题

本辑主题

丸山真男，作为在战后日本的废墟上站立起来的思想巨人，享有"战后启蒙思想家""战后民主主义旗手"的声誉，他创造了"丸山政治学"，是战后能够与世界一流思想家平等对话的日本思想大家。

近年来丸山真男的著作陆续翻译成中文出版。他的代表作《现代政治的思想与行动》入选多个图书排行榜的2018年度十大好书，在中国刮起了一股小小的丸山真男旋风。2018年11月24日，华东师范大学知识分子与思想史研究中心举办"丸山真男与日本现代政治思想"学术研讨会，来自日本和中国的学者集中讨论了丸山真男的现代性思想，分析了他思想中的丰富性与复杂性，如何试图超越资本主义与社会主义的二元冷战思维，建立具有自我革命性质的、不断发展的民主理论。他对日本现代性的普遍主义与特殊主义之间关系的探讨、对日本现代思想的本土起源的发掘，对于中国思想界来说，也富于启发的意义。

本辑所发表的几篇文章，是在该学术研讨会上发表的专题论文。另外，感谢东京大学的中岛隆博教授，他将最新发表的有关丸山真男的论文的中文版，授权收入本辑一并刊出。

以"制作"取代"自然"
论丸山真男"近世日本政治思想史中的'自然'与'制作'" *

中岛隆博 著

王 前 译

丸山为了批判二战时期的日本政治,欲通过对徂徕的创造性解读引进现代性思维,期待政治进行正确的决断。本文作者认为丸山对徂徕的解读有"误读",引起丸山共鸣的应该是对徂徕有重要影响的荀子。丸山为何要"误读"徂徕?丸山留给我们的课题又是什么?本文将试着回答这些问题。

如前所述,徂徕面对的政治课题有两个。一个是要给封建社会所依据的根本规范重新奠定基础,另一个则是为了克服现实中的社会混乱,提出强有力的政治措施。对第一个课题,他把根本规范的正当性归属于绝对化的圣人的制作。可是如果把"制作"的逻辑限定于古代圣人,都封闭在历史的过去里,那么就无法满足解决第二个课题的思想条件。因为一旦圣人制作了道之后,被制作了的道便离开了那个制作的主体,作为客观化的观念其自身就具有正当性的话,结果还是回归到自然的秩序,从那里无法作出针对现实事态的政治决断。只有把"先王制作"的逻辑

---

* 本文译自小林康夫·中岛隆博著'日本を解き放つ',东京大学出版会2019年1月初版,第195—218页。

类推到一切时代,才能彻底确立人(Person)对于理念(Idea)的优势地位,只有这样,政治统治者为了克服危机的——面向未来的——制作才有可能实现。对于徂徕来说,圣人的道是具有超越时代和场所的普遍正当性。然而这绝非自然而然就可实现的理念,而是各个时代的开国君主以每一次制作为媒介而实现的。在这个过程中,理念的实现不像自然秩序观那样有内在连续性,而是在每次时代更替后经历新的主体化,在这个意义上是非连续的。徂徕在《政谈》《太平策》《钤录》等著作中提出的"由上而下的"大规模制度变革,正是建立在这个逻辑之上的。①

丸山真男追求的政治决断

我上面引用的一节,是年轻的丸山真男(1914—1996)在太平洋战争开战前后花了一年多时间写就的论文的核心部分。在探索自己提出的问题时,丸山思考的究竟是什么?请注意文中的这句话:"针对现实事态的政治决断。"丸山熟读卡尔·施密特,这里令人想起例外状态下主权者的决断。但是为了克服危机,并非只要做出决断就可以了。当时日本正是因为莽撞做出"英勇的"决断而导致了极其糟糕的状态,丸山肯定很敏感地察觉了。重要的是要能正确地理解需要下决断的"现实事态"。那么如何才能正确地理解"现实事态"呢?丸山要在"体验新的主体化"里寻求答案。换而言之,观察现实时不是封闭在自然秩序观里任凭事物自然发展,而是Person这个人格作为主体介入现实,通过其"制作"来改变现实,否则无法看清"现实事态"。而这样通过"新的主体化"介入现实,正是丸山用"政治性"这个词来思考的内容。这个时候丸山参照的是荻

---

① 丸山真男:"近世日本政治思想史中的'自然'与'制作'",《丸山真男集》,第二卷,岩波书店,1996年,第28—29页。这篇论文最初是发表在东京大学法学部出版的《国家学会杂志》第55卷7.9.12号(1941年7月、9月、12月)及56卷8号(1942年8月)上,后收入《日本政治思想史研究》(东京大学出版会,1952年)。

生徂徕。在他看来,正是徂徕在江户幕府面临危机的时候为"针对现实事态的政治决断"做了理论上的准备,首次开拓了"政治性"层面。具体地说,就是他把德川吉宗将军①的享保改革在理论上定位为"政治决断"。

谁来制定的规范?

徂徕究竟是用的什么样的理论呢?在丸山看来,就是把"先王的制作"扩展到"各个时代的开国君主"身上。所谓的"先王的制作"指的是古代中国帝王们制礼作乐,也就是制定王朝根本规范的礼乐。丸山这样阐述其意义:

> 先王不用说指的是从伏羲神农开始到尧舜禹汤文武周公等古代中国的政治统治者,道＝礼乐是他们"尽其心力极其知巧"②制作而成的,并非"无论有人无人本来就有的"存在。而这些道的制作者就是圣人。反过来说,圣人就是道的制作者的称呼。如此把圣人概念专门限定于先王这种历史上的存在,这就是把徂徕学跟所有历史上的儒家区别开来的重要特点。③

在此丸山把"先王"定义为古代中国的具体帝王们,称他们为"圣人"。进而他把徂徕学问的独特之处解释为"把圣人概念专门限定于先王这种历史上的存在"。此时丸山脑海里肯定有"圣人可学而至"这个朱

---

① 德川吉宗(1684—1751):江户幕府第八代将军(1716—1745),在位期间为了重建幕府的财政,进行了著名的享保改革。
② 荻生徂徕:《辩道》,吉川幸次郎、丸山真男、西田太一郎、辻达也编:《荻生徂徕》,岩波书店,1973年,第201页。
③ 丸山真男:"近世日本政治思想史中的'自然'与'制作'",第22页。

子学以降的圣人概念（到了阳明学则是"满街圣人"）。对把朱子学作为"自然秩序观"的象征来批判的丸山来说，朱子学所代表的圣人观是非政治性之代表。针对这点，丸山说"圣人"必须是古代中国的"先王"那样的政治主体，而且把徂徕解读为批判朱子学，进而把"先王"恢复为"制礼作乐"的政治主体的人。

丸山并没有在此止步，他继续论述道：

> 但是徂徕更往前走了一步。徂徕学的"道"具体是指唐虞三代这些一定历史时期的制度文物，制作了这些制度文物的人格则是尧舜禹汤那样的历史上出现的开国君主，于是就把这种圣人和道的逻辑关系类推到并非唐虞三代的后世，也就是所有时代的制度和政治统治者的关系上。①

这个观点其实不是徂徕的，而是丸山的。把"先王"类推到"开国君主"，那里面也就包含了德川吉宗。我们读徂徕的《辩道》《辩名》等著作就可以发现，他反复讲"先王之道"及其具体体现的"礼乐刑政"是古代多个圣人制定的，是一旦制定就无法改变的至上原理。而且徂徕跟丸山的解读还有不一样的地方，徂徕认为圣人制定的东西，普通人不用说了，即便是孔子也无法改变。但对丸山来说，也有很方便地为他所用的一面，因为丸山把徂徕的"先王"解读成了"宗教性的绝对者"②。

圣人（＝先王）是道的绝对制作者，意味着圣人是先于一切政治社会制度的存在。如果说在自然秩序的逻辑中圣人是被置放在秩序中的，那么把那种观点完全转换以后，当然就是把圣人从那样的内在性中解放出来，反过来必须给圣人从无秩序制定秩序的地位。在圣人制定以前是

---

① 丸山真男："近世日本政治思想史中的'自然'与'制作'"，第27—28页。
② 同上，第28页。

"无",制定以后就是"全部"①。

从这段引文来看,丸山把徂徕所思考的"圣人"或者"先王"看作是基督教里从无创造的神那样的存在。对追求现代性的丸山来说,基督教特别是新教是无法绕过的一道关,在此丸山的确是表现得非常政治神学化:通过非神的古代帝王的一击,世界被创造出来了。

享保的改革是复古

另一方面,上面提到的徂徕的主张威胁到了丸山的立论。因为徂徕虽说主张圣人制作的道无法改变,但并非是宋儒说的那种道本身"万世古不易",而是承认如果是圣人着手的话可以改变,只不过因为上古圣人之后没有出现过新的圣人,所以事实上没能改变。换而言之,既然古代"先王"之后没有出现新的圣人,那么"各个时代的开国君主"就没有权利进行礼乐的改革。

那么德川吉宗进行的"改革"该怎么解释呢?对于丸山来说,这个改革正是"各个时代的开国君主"进行礼乐改革的具体例子。然而,对徂徕来说这是拯救中国古代的礼乐理想,使之在日本再度实现的"复古"②。

据吉川幸次郎的研究,徂徕是这样想的。"先王之道"在孔子之后,更具体地说是在采用了郡县制的秦始皇以来已经在中国失传了,反而是在实施封建制度的德川幕府的统治下还有实现的可能性。吉川幸次郎进一步说,徂徕是自视为出现在日本的第二个孔子。③ 也就是说,尧、舜、禹、汤、文王、武王和周公这七位圣人所制定的"先王之道"作为普遍性原理完成后,屡经后世的改变和解释,在中国已经衰落了,是徂徕复兴

---

① 丸山真男:"近世日本政治思想史中的'自然'与'制作'",第23页。
② 同上,第29页。
③ 吉川幸次郎:"作为民族主义者的徂徕",《仁斋·徂徕·宣长》,第241—242页。岩波书店,1975年。

本辑主题 7

的。虽说是"复古",其实是很激进的想法。

决定放弃"自然"的丸山

那么丸山的"误读"是怎么产生的呢?可以想到有几个重要的理由,其中最大的就是他想通过对徂徕进行解构性批判,把徂徕开拓的更高层次的(也就是利用了"制作"的)"自然"的态度否定掉。因为这个"自然"的态度正是支撑着在丸山眼前展开的"现实事态"的。丸山接着批评徂徕的理论中"含有深刻的内在矛盾"[1]:

> 徂徕生活在寄生于封建社会胎内并将其解体、腐蚀的毒素迅速成长的年代,他倾其全力要把毒素去除掉。既然那种毒素的成长是历史的必然,那么毫无疑问他是"反动的"思想家。如果说他理想中的制度内容是原始封建制度中的自然要素——田园生活、自然经济、家族主从关系等等,那么徂徕学的体系说到底只是要试图通过"制作"来恢复"自然"而已。这绝不是文字游戏。历史的吊诡常常在于让反动者用敌人的武器来武装自己。徂徕一面诅咒社会性(Gesellschaft)的社会关系,一面选择制作的立场,而这个制作的立场里当然内含了社会性逻辑。[2]

丸山断言"复古的""反动的"思想家徂徕的理论核心是要"通过'制作'的逻辑来恢复'自然'",能从这里感受到丸山愤怒的不仅仅是我吧?为何徂徕要让"制作"的逻辑屈服于"自然"呢?为何有了现代的"社会性逻辑"还要很"反动地"维持前现代的自然共同体的社会形态呢?而且这

---

[1] 丸山真男:"近世日本政治思想史中的'自然'与'制作'",第50页。
[2] 同上,第31—32页。

个反转过来的反动逻辑不正是变了个样子重新出现于现代日本吗？通过对徂徕进行解构式解读，不就可以真正地恢复日本本来可能拥有的"政治主体"吗？从丸山的文字中，我们可以读出充满强烈愤怒的质疑。

体现"制作"的《荀子》

丸山想在徂徕的思想里读出"开国君主"的"制作"逻辑，有意思的是，最好地体现了这个逻辑的是古代中国的《荀子》，可丸山对《荀子》没有多大兴趣。丸山说"孔子和荀子始终致力于实践伦理，排斥形而上学的思考"①，"但是徂徕说的礼乐当然并非宋学里说的'天理之节文，人事之仪则'那种抽象的东西，跟荀子的也不一样，他并不关注人精神层面的改造，只是要成为政治统治的工具，在这点上对人性来说就越发是外在的了"②。

然而，跟丸山的理解相反，正是《荀子》才体现了丸山要从徂徕的思想里读出的理论，而且荀子对徂徕来说是极其重要的思想家，徂徕还写过《读荀子》。重要的是，在《读荀子》里，徂徕一心要批判的正是由"开国君主"来制定的逻辑。

作为曾经的"后王"的"先王"

在此先思考一下《荀子》里的"后王"这个概念。这个概念跟"先王"相对，不是指古代的圣王，而是指现在的君主。跟"制礼作乐"一样，荀子重视的制作还有"正名"。关于"正名"，他是这样说的："若有王者起，必将有循于旧名，有作于新名。"（《荀子·正名》）

---

① 丸山真男："近世日本政治思想史中的'自然'与'制作'"，第11页。
② 同上，第21—22页。

作新名是王者进行"制名"这一政治行为,从上面的引用可以知道,新的王者"必将有循于旧名,有作于新名"。荀子认为名没有固有的意思和指示对象,是通过"约定俗成",名和意义及指示对象之间的关系才成立的。就这样,语言在恣意生成这个权利层次上跟王者"制名"这个政治行为重叠在一起。也可以说导入了历史的维度。王者是通过重新反复"旧名"而制作"新名",那是因为荀子不需要丸山说的那种"宗教绝对者",反而是拒斥那样的绝对者,呼唤作为历史的、政治的主体的新王者,就是"后王":"后王之成名,刑名从商,爵名从周,文名从礼,散名之加于万物者,则从诸夏之成俗曲期。"(《荀子·正名》)

这里说的"后王"要遵从的"旧名"的具体例子,举的是商周等以前的王朝所用的各种"名"。"后王"不是在白纸的状态下来制"名"的,而是重新反复在"先王"之时就已经存在的"名"。换而言之,荀子的思路跟卢梭的"语言起源论"是不一样的。对荀子而言,不需要去探求超越人类历史的大写的起源(特别是天)。我们已经在"名"的反复之中,在历史里面了。这也意味着荀子拒绝了"先王"在古代的"一击"之后这个世界就开始了的思路。重要的不是作为起源的那个大写的"古",而是跟"现在"连在一起,使新的反复成为可能的"古"才是重要的。并且允许"后王"进行带有差异的反复,跟"古"相比可以有某种程度的变化。

通常认为跟大多数儒家强调古代"先王"相比,言及"后王"是《荀子》的特征。但是《荀子》并没有轻视"先王",而是想象"后王"这一现在散发着荣耀的王者也存在于其他地方,以前也存在过,把"先王"当作曾经的"后王"来尊重。因此,在《荀子》中重要的与其说是强调"后王",不如说是设定了把"先王"的业绩在现今重新反复,注入新的生命并进而继承的历史性。

语言间的转换符号

然而,能够共有这种历史性的只有那些都具有"正名"和"礼乐"的社会吧?也就是说,只有某种程度共用同一种语言和规范的共同体才可以做到。"古"只是通过《荀子》把其创造力发挥到了最大限度而已,完全没有打开新的反复的道路。那么这样一来,令徂徕和丸山苦恼不已的在日本的"先王"或者"宗教绝对者"要进行反复不就困难了吗?

为了思考这个问题,让我们看一下《荀子》里对别的共同体的看法。

> 彼王者之制也,视形势而制械用,称远迩而等贡献,岂必齐哉!故鲁人以糖,卫人用柯,齐人用一革,土地刑制不同者,械用备饰不可不异也。故诸夏之国同服同仪,蛮夷戎狄之国同服不同制。(《荀子·正论》)

地理上相隔较远的共同体,在这里跟中华"诸夏"相对比的是"蛮夷戎狄",他们"同服不同制"。这样的说法意味着这个世界上的复数性,也就是"不同制"但"同服"。换而言之,承认有根据别的原理而形成的共同体存在。这个看法在谈到外语时更加明显。《荀子·劝学》里说"干越夷貉之子,生而同声,长而异俗,教使之然也"。这里荀子论及"异俗",语言既然是"约定俗成"的产物,那么语言的差异就不是"语言能力"造成的,而是因为后天获得的习惯。这样不同语言之间的交流就需要通过某种变换符号的设定方成为可能,所以荀子说"曲期远方异俗之乡,则因之而为通"(《荀子·正名》)。当然,这里说的期待拥有转换符号(约定、使符合)跟原初的"约"一样,都是只能回溯上去才能发现的。荀子所说的外语,是指已跟外国有交流(语言的翻译和经济交易)的地区的语言,其沟通的可能性一开始就是有保证的。可以说,即便那种思考还不算充分,《荀子》的视野中已经有其他共同体的存在和跟其交换这样一种眼光了。

作为思考出发点的世界的复数性

既然如此,那么对《荀子》而言的世界的复数性,即便不是超越交换可能性的更为激进的复数性,但已经作为思考的出发点成为前提了。这点使《荀子》对"古"的态度跟别的儒家区别开了。也就是说,"古"并非一击之下就创造了世界秩序的绝对起源,它本身就已经历史化了,跟现在联结在一起,可以有复数个方式。

《荀子》的这种思路,有学者认为对清朝的荀子复兴有重要的作用。石井刚提到戴震依据《荀子》,"乾嘉学术在以'反宋复汉'为宗旨时,荀子的复兴也就是很自然的结果了"[1]。因为清朝是异民族统治的王朝,所以如果依据"理"这个绝对起源的宋学思路,就无法说明世界的复数性,所以通过《荀子》终于可以召唤研究汉代以前的"古"的汉学了。

最有创造性的"古"

在此进入荻生徂徕的讨论吧。比刚才提到的戴震稍微早一点,徂徕就切入了世界的复数性问题。究竟在日本("日本是什么"这本身就是个问题)反复"古"中国的"先王"意味着什么?这是徂徕所追问的核心问题。之所以能提出这个问题,是因为受了明代古文辞学派李攀龙和王世贞的影响。

古文辞学派最有名的主张就是李梦阳说的"文必秦汉,诗必盛唐",

---

[1] 石井刚:"礼的革命/革命的礼——通向中国现代思想史的别样视角","东西文明的交错与中国哲学:围绕 The Path 跟普鸣教授对话"论文集,2017 年 10 月,第 2 页。

李攀龙非常严格地遵守了这个主张。但古文辞学派并非单纯主张复古、拟古。至少从唐代韩愈的古文运动以来,中国文学里就一直持续着关于模仿和创造的讨论。之所以模仿"古",是因为那个"古"最有创造性,不模仿别的就树立了自己的独创性——"模仿,但不可以止于模仿"——这可以说是中国文学一直到古文辞学派为止的隐秘的中心命题。而徂徕对这个命题进行了思想转向。在他看来,需要的是寻找最富于创造性的"古"。对那个"古"现在必须直接反复。为此必须舍弃"古"以后加上去的解释,特别是要放弃自己一直学习的朱子学的解释。

然而,困难的是在此参照的"古",从日本来看,不仅时间上相隔遥远,而且空间上也是相距甚远,用福柯的话来说是作为 heterotopia—异托邦的"古代中国"。这里的困难要超过清朝的戴震构想汉学的程度。那么究竟如何才能直接接上那个"古"呢?徂徕想到的是语言。如果能精通"古"中国的语言,那么"古"时制定的"先王之道"不就可以理解了吗?于是徂徕的经验就用上了。徂徕曾经为了用唐音读懂经书跟中文口译员交流过,学习过中国当时使用的中文。在此基础上他读破古文辞的文本,从而能够读懂作为"古文"的经书。

先王之道与礼乐刑政

徂徕找到的"古"究竟是什么样的呢?看了徂徕在《辩道》《辩名》里的论述可以知道,在徂徕看来,"古"的本质在于先王制作的"道"中,具体体现在"礼乐刑政"等统治制度里。在这里重要的是"先王之道"及其具体体现的"礼乐刑政"是由古代多个圣人制定的,并且是一旦制定便无法改变的至高原理。很清楚,一看便知这跟《荀子》里所说的"后王"是不一样的。不仅如此,徂徕还批判后来的儒家,特别是子思和孟子。因为他们认为"圣人可学而至"①,误解了"先王之道"。他还批判后世的朱子学"欲使学者以己意求夫当行之理于事物,而以此造礼乐刑政焉"②。跟那样的解释相反,徂徕认为由多位圣人制定的"先王之道"是无法由成不了圣人的后来者增添新的内容的。在这点上,徂徕无论如何是跟荀子划清了界线。听上去也许矛盾,因为徂徕原本就在圣人制作"道"、天与人的分离,特别是经历过语言论转向的语言观等方面受到《荀子》很大影响。比如在《辩名》的开头谈到"名"的起源,谈到那些肉眼看不见的东西是经圣人"命名"后人们才看见的。③

然而"命名"这个行为从原理上来说可以根据不同的见解自由决定,"名"和事物的关系也可以是多种多样。这样的话会令人困惑,所以需要通过"正名"来整理"名"和事物的关系。在这点上徂徕是从《荀子》那里学来了语言的符号性和相互约束的"正名"。在《读荀子》中,徂徕这样写道:"言名虽无固宜,先王制名之始。以天名天,以地名地,此其意。与万民相约,以此为记号,而命之名也。……言于其所与万民相为记号者,辄变异之,则百姓茫然不知其孰为天孰为地,此不宜也。"④

然而徂徕并没有跟着《荀子》一起走在"正名"的道路上。因为如先前所述,在《荀子》中,与先王相对,把近时的王看作"后王","后王"模仿"先王"的制作("正名"),再制作新的"名",也就是新的"道",而徂徕却想设法剥夺"后王"制作、改变的力量。徂徕要通过下面的强烈主张来约束"后王"。《荀子·正名》里谈到"后王成名"时说"循旧名作新名",徂徕则说"盖言名者,圣人之所建,不可得而变更也"⑤。对徂徕来说,"新名"也

---

① 荻生徂徕:《辩名》,吉川幸次郎、丸山真男、西田太一郎、辻达也编:《荻生徂徕》,岩波书店,1973年,第218页。
② 荻生徂徕《辩道》,《荻生徂徕》,第201页。
③ 荻生徂徕:《辩名》序,《荻生徂徕》,第209页。
④ 荻生徂徕:《读荀子》正名篇,今中宽司、奈良本辰也编《荻生徂徕全集》第三卷,河出书房新社,1975年,第511页。
⑤ 同上,第509页。

是古代圣人所制定的旧名称,跟"旧名"一样都是"先王之道"的一部分。也就是说徂徕把"后王"的范围限定于古代的圣人,从而消除了以后历史中重新制作和变革的可能性。所以他说,"注,后王当时之王,非矣。后王,即周文武也"①,如此就把"后王"的范围限定于文王和武王这两位圣人了。

德川幕府实现先王之道

为何徂徕要把"先王之道"追溯到孔子之前的圣人制作呢?其最大理由就是徂徕认为"先王之道"在孔子之后,具体地说是在采用了郡县制的秦始皇之后就已经在中国失传了,反而是在采用封建制的德川幕府的治下还有实现的可能性。徂徕是想在日本复兴尧、舜、禹、汤、文王、武王和周公这七位圣人所制作的"先王之道"。为此,徂徕必须跟《荀子》唱反调,主张具有制作"道"和变革力量的圣人"后王"近时不会出现了。在他的思路里,东亚的思想世界中"古代"的一击就是全部,后来者必须不断正确地反复。

徂徕的这种政治构想力通过"先王之道"来为德川幕府的正统性奠定基础,通过具体的制度改革来实现"先王之道"。如此一来就把古代中国的"礼乐刑政"这个制度封闭在"古"之一击里,把时空都遥遥相隔的日本升格为具有特权的反复者来进行政治运作。

"古"的反复可能性

可是"古"的外部性或是异托邦的力量不会就那样简单地服从徂徕

---

① 荻生徂徕:《读荀子》正名篇,第516页。

的解释吧。"古"之所以充满创造力,那是因为如同主张"古文"的人们所思考的那样,是因为始终具有开放的反复可能性(iterability)。关于这一点,《荀子》早就说过,尽管带有某种程度的保留。徂徕是设想通过语言来直接接上"古",而《荀子》所主张的则是通过重新解释语言来回避"古"之一击这个想法。具体地说就是通过导入能够重新反复"先王"之道的"后王",不走到历史外面去的思路。但是处于中国历史之外的徂徕则反过来要通过把"古"绝对化,从而在日本的历史里打开新局面。徂徕所打开的新历史很明显为日后本居宣长的"国学"准备了条件。

从徂徕解放了的"魔物"中发现可能性

最后,让我们再次回到丸山。丸山批评徂徕的理论"含有深刻的内在矛盾"[①],他的目的是想通过徂徕把彻底的"制作"逻辑带入战时的日本,也就是那个"自然"原理覆盖的日本,目的在于把日本解放到世界的复数性和异托邦中去。我认为如果丸山能够倒过来从徂徕走到《荀子》,那么丸山的愤怒(对用"制作"的原理恢复"自然"这一做法的愤怒)也许可以和缓不少吧?

徂徕学导入的主体制作的思想对封建社会所产生的政治功能分成两个。一个是成为变革封建秩序、树立新秩序的理论武器,另一个是剥夺封建社会关系及其观念纽带(五伦五常)的实质性正当根据,使之有名无实。当然前者是积极作用,后者是消极作用。那么在德川时代后半阶段思想史上,对现实起作用的是哪个方向呢? 基本上可以断定是后者。制作的秩序观在前面提及的《万国丛话》中作为"人作说"主要是维新后具备了积极意义,如同这个"人作说"的介绍本身所显示的那样。徂徕无

[①] 参见本书第8页注[①]。

意中唤醒的"魔物"不知是幸还是不幸,没有成为从外部打倒封建统治的力量,而是渗透到其胎内,一直从里面腐蚀着封建统治。①

从上面的引用可以看出,即便如此,丸山还是想从徂徕唤醒的"魔物"身上挖掘可能性。因为在丸山的思考中,即使知道徂徕学的逻辑里最终还是找不到"为了封建社会的变革不转化为对封建社会变革的绝对保证"②,除了重新反复徂徕所释放出来的"魔物"外,无法"对现实的事态做出政治决断"。

那么我们今天又应该如何接着丸山思考呢?务必请大家也一起来思考。

阅读指南

·关于丸山真男和荻生徂徕的书可以说是汗牛充栋,我就举以下两册。

一本是丸山真男《日本政治思想史研究》,东京大学出版会 1952 年出版。

这本书 1974 年出版了英译本,书名为 *Studies in the Intellectual History of Tokugawa Japan*(Masao Maruyama, University of Tokyo Press),在世界各国拥有读者。年轻的丸山对日本思想的介入性解读在书里充分展开。同时阅读丸山的盟友、美国宗教社会学家罗伯特·贝拉的"面对现代性"(Confronting Modernity)(中岛隆博译,《思想》1123号,岩波书店,2017 年 11 月),可以更全面地理解丸山说的"对现实事态的政治决断"的含义。

另一本是吉川幸次郎的《仁斋·徂徕·宣长》,岩波书店 1975 年

---

① 丸山真男:"近世日本政治思想史中的'自然'与'制作'",第 56—57 页。
② 同上,第 53 页。

出版。

这是中国文学专家吉川幸次郎研究日本思想的力作。日本思想需要从更广阔的脉络,特别是中国学的脉络来理解,这本书正是这种实践,对本论文的写作也大有裨益。

·另外,关于"古"之表象的理论著作,可以举出下面这本:

Pocock, J. G. A., 1999, *Barbarism and Religion*, Vol. 1: *The Enlightenments of Edward Gibbon, 1737 – 1764*. Cambridge: Cambridge University Press.

表象"古代"是什么样的行为呢？研究政治思想史的波考克思考了这个问题,特别是考察了在欧洲启蒙跟中国的关系里作为"古代"的中国是如何被讨论的。在对谈[1]中也提到过,在近代欧洲从16世纪后半期开始,耶稣会的传教士们把中国的学问传播到了欧洲,17世纪埃及也引起了欧洲强烈的关注,由此比圣经所记载的上帝创造更为古老的"古"成了问题。这是大大动摇了圣经以及基督教神学正统性的问题,而且更为麻烦的是对当时的欧洲而言,中国是提供了"没有上帝"也能构成社会的可能性的地方。中国比欧洲更古老,而且提供了基于无神论的社会的可能性,因此使得近代欧洲的学问产生了变化,也规定了启蒙的方式。波考克的书为我们理解徂徕和《荀子》提供了不可或缺的理论框架。

（中岛隆博：东京大学东洋文化研究所）

（王前：东京大学教养学部）

---

[1] 在收入本论文的《解放日本》一书中,还收入了中岛教授和小林康夫教授的对谈:"在没有根据的条件下做出决断"。日文书名《日本を解き放つ》,小林康夫・中岛隆博著,东京大学出版会,2019年。

在历史与民族的深处思考东亚的现代

丸山真男日本思想史研究方法的视角

李永晶

在现代日本的政治思想空间中,丸山真男享有"战后启蒙思想家""战后民主主义的旗手"等诸多声誉,中国知识界也对他的政治思想保持了长期的关注。不过,无论在日本还是在中国,"丸山真男"都还是有待解读的课题。他对民主与自由的出色阐述、对日本军国主义进行的深刻批判与剖析、对和平宪法的坚定支持,这些构成了丸山思想的精华,但同时也成为人们争论的焦点问题。那么,我们今天该如何阅读丸山的学术和思想?通过分析丸山政治思想史研究的方法,本文试图阐明丸山真男历史意识的性格,它体现在对"东亚现代"进行的独特思考上。这种思考,为我们理解时代境况提供了一种重要的参照系。

一、丸山真男给中国读者的建议意味着什么?

自20世纪90年代以来,日本政治思想史学者丸山真男的名字开始为中国学术界所认知。早在1991年,丸山的作品《日本的思想》就得到了翻译出版;随后,《福泽谕吉与日本近代化》《日本政治思想史研究》《丸山真男讲义录》(第六册)与《现代政治的思想与行动》等论文集或专著先后出版,部分甚至再版,可以说中国知识界对丸山保持了持续的关注。人们的这种兴趣似乎并不难理解。作为第二次世界大战后在日本的废墟上站立起来的思想巨人,他享有"战后启蒙思想家""战后民主主义的旗手"等声誉,在战后日本的重建进程中发挥了知识分子所特有的作用。在战后日本的思想史上,以西欧为理想模型对日本进行批判和启蒙、全身心地拥护西方的"近代"的知识潮流被称为"近代主义",丸山真男在日本又被视为"近代主义者"的典范。①

不过,也正是在这个意义上,"丸山真男"并不是一个容易谈论的对象。他对民主与自由的出色阐述,对日本军国主义进行的深刻、无情的自我批判与剖析,对和平宪法的坚定支持,这些很容易让人们对丸山真男的讨论转变为"丸山真男礼赞论"。在丸山的这些业绩面前,人们似乎只要学习和赞叹就足够了。其实,这并不只是当下我们阅读丸山时面临的"困境"。早在1970年代,日本学术界就出现了"丸山真男神话化"的现象,这意味着他获得了同时代人们承认的同时,还意味着人们多少失去了一些思考真实问题的敏感乃至能力。

那么,我们今天该如何阅读丸山的学术和思想?当个体的权利与自由、民主制度、法治理念已经成为人们普遍共有的观念的今天,显然,我们没有必要再次确认并讴歌这些观念的正当性。丸山似乎对此早有自觉。在1964年为《现代政治的思想与行动》(增补版)撰写的后记中,他提示读者,只需把这本书当作日本战后思想史、战后史的一种资料来读就可以了。② 显然,丸山有意弱化他这本书所讨论的有关近代与现代的理论问题。不过,我们今天重读他的作品时,如果把这句话简单视为作

---

① 在日本历史的语境中,"近代"(modern age)通常是指明治维新开始到第二次世界大战日本战败的时期,而"现代"则大体上是指此后(或1955年以后)至今的时期。要注意的是,日文中的"近代"含义要比中文"近代"更为广泛;比如,modernization与modernity的中文对应说法是"现代化"和"现代性",但在日文中则各有"近代化/现代化"与"近代性/现代性"两种说法,前者更为常见。本文依据讨论的脉络,分别使用"近代"和"现代"两种说法。
② 丸山真男:《现代政治的思想与行动》,陈力卫译,商务印书馆,2018年,第557页。

者的谦虚,或者认为他的思想和理论不具有超越历史语境的能力,那我们就将在丸山为后人打开的一扇通向认知和洞察"近代/现代"这一时代性质的大门前停止了脚步。

实际上,我们如果对丸山的政治思想史研究方法有初步的了解,就应该把丸山的这个说法看作是一个进入其思想与认识世界的有效视角。也就是说,日本在近代以来的巨大变迁,构成了我们阅读丸山的首要背景。一般而言,通过将思想家的作品和他的时代关联起来,我们可以进行多角度的解读,比如,知识分子在社会变迁中的角色、知识的政治性格等,都是富有启发的话题。这也是日本学者进行丸山真男研究或丸山真男论常见的做法。

要注意的是,这种阅读丸山的视角的提出并非刻意为之。事实上,丸山在一篇题为《摸索思想史的方法》的文章中,一再引用德国社会学家曼海姆"存在的被约束性"(Seinsverbundenheit)的说法,来说明他对思想的看法。[1] 换言之,丸山极为重视将思想与思考者所处的具体时代境况、社会位置进行关联的方法。就此而言,思考当下中国知识分子的这种存在被约束性格——亦即"当下""中国""知识分子"这些每每被我们视为透明的概念或观念——实际上构成了"我们"阅读丸山时一种无法回避的前提条件。这种说法意味着,"我们"的阅读可能有着我们需要反思才能意识到的一些特性;今天我们如何阅读丸山真男,依赖于我们对自身的存在状况所进行的反思。那么,这些特性或条件可能是什么?

我们有必要再次注意丸山自身的说法。早在1991年,在为中国出版的论文集《福泽谕吉与日本近代化》所撰写的序言中,丸山特意为中国读者提供了一种阅读方法——由于论文集的主题是福泽谕吉,他这样写道:

---

[1] 丸山真男:《思想史の方法を模索して》,载《丸山真男集》(第十卷),岩波书店,1996年。

现代中国读者在阅读福泽的"思维方法"时,也需要在不同的文脉里"改读",就是说,对福泽思想的"意译"比"直译"更重要。在某种情况下,甚至还需要超出"意译"的范围,对福泽的思想进行"再创造"①。

丸山接着解释说,这是考虑到他自己的福泽谕吉研究对"现代中国读者"而言,"能提供多大程度的意义和价值的问题"。这种用意似乎不难理解。但即便如此,这一说法仍然会让人们感到吃惊,因为它首先意味着丸山努力从福泽谕吉解读出来的"现代"思考方法,可能不是普适性的;中国读者有必要从中探求属于自己的"现代"。

显然,我们没有任何理由认为,丸山真男这是在鼓励读者进行无原则的主观解读;相反,我们上面提到的曼海姆知识社会学中的"存在的被约束性"命题,依然在这一表述中发挥着作用。丸山的福泽谕吉研究在日本学术界被指责为过于主观,但他并未直接反驳,根本原因也在于这里——他看重自己研究特有的"意义和价值"的问题。② 如果说这个"意义和价值"的问题与曼海姆的命题有着深度的纠缠,那么,我们就应该沿着这个路径进入丸山真男的学问和思想的世界。

因此,我们要水到渠成地提出如下问题:"我们"正在面临的是什么问题?我们要寻求什么样的价值和意义?按照丸山的提醒,这是我们进行阅读时首先要意识到的前提,也就是我们自身的问题意识。不过,我们要在此略微停下脚步,因为我们需要的毋宁说是相反的过程——通过阅读丸山真男,我们会发现、会意识到自己面临怎样的问题?这个问题之所以

---

① 丸山真男:《福泽谕吉与日本近代化》,欧建英译,北京师范大学出版社,2018年,作者原序,第5页。
② 日本学者对丸山真男的批判,参见安川寿之辅:《福泽谕吉与丸山真男:解构"丸山谕吉"神话》,刘曙野译,中国大百科全书出版社,2015年。

重要,是因为我们并没有简单有效的方法去把握并表述我们所关心的"意义和价值"问题;我们事实上生活在形形色色的柏拉图意义上的"洞穴"当中。我们时刻需要超越我们自身"被约束性"的视角与实践的工具。

同样重要的问题是,当丸山提到"再创造"时,这种将主体性推到前面的工作的原则又是什么?"我们"在进行这种"再创造"时,需要怎样的资格?提出这样的问题,似乎让我们陷入了一种循环论证,因为问题又转移到"我们"的身上来了。出于这种认知上的困境的自觉,我们今日阅读丸山时所期待的,正是要借助日本思想史的路径,进入东亚世界史,进而进入历史的深处,借以反观我们自己的时代和我们所处的位置。因为"我们"所面临的这种困境,正是现代社会的必然伴生物——在现代性的自我意识之下,不存在不证自明的事物。

具体而言,如果说我们对自己时代和位置的把握,正是"现代"、也就是日本语境中的"近代"这一时代状况,那么我们今日面临的课题就是通过丸山的思想史棱镜,探寻约束我们自身历史意识的"现代"究竟有怎样的面孔。这种追问方式,让我们理解了丸山在前面的文章中提醒中国读者"再创造"的第一层意图。因为他知道,日本在近代化和现代化进程中出类拔萃的表现,足以构成一部分中国人试图从日本经验中借鉴、学习的经验证据。不过,丸山对这种观念隐晦地表明了自己的不同看法——他提示中国读者,必须注意"文脉",注意"意义和价值",因为它们才和中国读者的"现代"有关系。

有必要强调的是,我们的这里的追问并不是我们此刻的设定;事实上,它最初就内在于丸山的学术思想与历史意识当中。丸山撰写于战争时期的第一部学术著作,即《日本政治思想史研究》,探讨的正是日本自身固有的走向"近代"的契机。在战后发表的第一篇论文《近代的思维》(1946年)中,他对日本战争期间的最高思想形态,即以克服近代西欧政治和经济制度为主旨的"近代的超克"进行否定的同时,对日本与近代

"无缘"的悲观论调,也提出了批评。① 而丸山在学术生涯后期对自身研究方法的回顾和阐述,则直接将我们的视线引向了他自身历史意识当中的"现代"问题。这方面的代表作是发表于1972年的论文《历史意识的"古层"》,以及其后对这篇论文的进一步解释,比如《原型、古层与执拗低音》(1984年)等。在这些论文中,丸山提出了日本民族思考方式中的"原型"(或"古层""执拗低音")问题,为我们理解日本乃至东亚的现代化历程,提供了富有启发性的视角。②

下面,我将通过重新分析丸山对自身独特的政治思想史研究工作和方法的省察,来具体讨论一下丸山对"现代"的思考。这里要再次强调的是,丸山的"现代"观之所以值得我们特别关注和思考,正在于他对近代日本帝国崛起与失败的历史体验。中国清代学者赵翼在一首评论大文豪元好问的律诗中,有"国家不幸诗家幸,赋到沧桑句便工"一联,脍炙人口。其实,家国的兴亡对于有天赋的思想家、学者而言,其意义同样如此。他们可以由此洞察时代和人生的真实,为后人提供弥足珍贵的借鉴与意义,避免"后人复哀后人"的历史悲剧。本文要论述的丸山真男,正是这样一位思想家和学者:近代日本的崛起和1945年的战败,让他的思想与学术论著获得了超越时代的生命力。

二、从"心理"到"执拗低音"的历史认识

1. 作为灵魂自叙的军国主义批判

我们的话题首先要从奠定了战后丸山名声的论文《极端国家主义的

---

① 丸山真男:《近代的思维》,载《丸山真男集》(第三卷),岩波书店,1996年。
② 一些中国学者注意到丸山"原型""古层"与"执拗低音"等说法,但并未深入探究这种思想史研究方法在把握"近代"上的特殊意义,而这正是本文的讨论要点。相关文献可参见刘文星:《丸山真男历史意识的"古层"浅析》,载《日本学刊》,2009年第1期;韩东育:《丸山真男"原型论"考辨》,载《历史研究》,2015年第1期;葛兆光:《思想史研究课堂讲录》,三联书店,2005年,第十四章。

逻辑与心理》说起。这篇被认为"震撼了当时的言论界"的论文,发表于杂志《世界》1946年5月号上。如同很多论者注意到的一样,这篇文章之所以起到"震撼"的作用,与他率先从思想史的角度——而非当时流行的马克思主义式的、基于政治经济结构的宏观分析——对日本法西斯主义进行批判有关。① 那么,我们不禁会问:何以这种思想史角度的分析会引发当时言论界的震动?

事实上,题目中的"逻辑与心理",尤其是"心理"这个说法,正是我们理解这篇文章精神的关键。简单地说,丸山围绕日本帝国主义或法西斯主义的"思想结构"与"心理基础"的论述,创造出了一种强大的心理效应——他直接诉诸人们日常的心理感受和认知,而不是需要理性抽象的诸如"经济基础"这样的马克思主义政治经济学术语。当丸山率先指出,以"万世一系""天壤无穷"的天皇和国家为至上价值的观念弥散于整个日本社会当中,从而支撑了"极端国家主义"的疯狂行为时,人们对此可谓心照不宣、心领神会,因为这种分析直指人心,会引领读者审视自己内心深处的幽暗之处。这种心理状况的揭露与当时言论界中"悔恨共同体"的这一氛围,可谓互为表里,从而在人们的内心引发了深深的共鸣,很多人也由此才幡然醒悟,开始了他们的战后时代。②

可以说,丸山的第一篇文章之所以以"心理"为视角,是因为他寻求的正是这种效果。他在文章中说:"只有进行一场精神革命,革命才算得上是名副其实。"③就此而言,这篇打破战后思想沉寂的名文,是作者对近代日本灵魂病理的剖析与叙述,是他追求灵魂深处革命的肇端。如果注意到这种思想中研究方法的独特性和有效性,那么我们必然会进一步注意到日本政治及思想文化的"个性"问题。我们不难推测,正是因为一

---

① 丸山真男:《丸山真男集》,第三卷,"解题",第365页。
② 当时一些读者的"震惊"状况,可参见竹内洋:《丸山の時代大学・知識人・ジャーナリズム》,中央公論新社,2005年,第164—176页。
③ 丸山真男:《丸山真男集》,第三卷,第18页。

种被丸山和他的读者所共有的思想与文化背景,才使得丸山个体的灵魂剖析成为对国民整体灵魂的诊断。

这里要强调的是,这种将现实政治与历史进程的观念动力来源推向历史深处、在民族共同体心理的深层进行探求的方法,实则已构成了丸山真男思想史研究方法特异之处的先声。在他面对学生的东洋(日本)政治思想史讲座当中,他首先开始了这种方法论上的自觉。在1963年的讲座中,他第一次正式提出了日本思想史研究中的"原型"和"古层"问题。顺便一提的是,中国思想史学者李泽厚在1980年代的一系列中国古代思想研究中,使用了"文化—心理结构"与"原型"说法,在当时的知识界产生了很大的影响。[1] 在西方思想史中,"原型"这个用法多来自瑞士心理学家荣格,用于指称"集体无意识"的构成要素。[2] 但它的具体含义包罗万象,并不清楚,很多学者大致用它来指称各种心理活动模式。[3]

下面我们将看到,丸山真男使用的"原型"等说法,虽然不是来自荣格的精神分析理论,但它和荣格的心理分析有着近似的问题意识。他们都要探求人们日常行为背后源自古昔时代的积累与沉淀,从而将人们对"现代"的认知目光,投向历史与民族的深处。

2. 日本历史意识的"古层"

我们回到前面的话题继续讨论。不破不立,丸山前述论文主旨显然并不是止于对日本军国主义的尸体进行解剖,而是要为战后日本的重建寻找一种新的"逻辑和心理"依据,在日本为确立真正"自由的主体"而进行一场精神革命。丸山在军国主义批判论文之后,迅速展开了对明治启蒙思想家福泽谕吉、新闻记者陆羯南进行重新阐述的工作,根本原因就

---

[1] 李泽厚在《美的历程》《中国古代思想史论》《历史本体论 乙卯五说》等著作中,或提及或具体论述了"文化—心理结构"对中国文化和思维方式造成的恒久影响。
[2] [瑞士]荣格:《原型与集体无意识》,徐德林译,国际文化出版公司,2011年,第36—37页。
[3] [美]浦安迪:《〈红楼梦〉的原型与寓意》,夏薇译,三联书店,2018年,第17页。

在这里:他要寻找日本近代化与民族国家建立过程中"自由的主体"的标杆。就此而言,他所勾勒的福泽谕吉思想肖像被讽刺为"丸山谕吉",并不是空穴来风。不过,他的批判和重建并未停留在这种容易被误解为出于"民族主义"情绪和考虑的层面上。丸山将目光逐步投向日本民族共同体的远古生活,试图探索历史深处的"逻辑和心理"。

出于自己对多年对日本政治思想史研究以及1960年代日本社会与政治的现状的反思,1972年,丸山正式发表了《历史意识的"古层"》一文,披露了他最新的思考。从思想史的角度来看,认为这篇文章是出于对1960年代日本流行的各种"日本文化论"、各种强调日本文化特殊性论述的回应,甚至就是一种"日本文化论",并非毫无道理。[1] 不过,这仍然是一种表层的观察,未能注意到丸山真男历史认识的连续性。

在这篇论文中,丸山事实上将他对日本文化"逻辑和心理"基础的探寻上溯到神话时代,也就是编撰于8世纪初的《古事记》与《日本书纪》所载的神话上。丸山试图在这两部历史叙述的"构思与叙述样式中",找出"一种执拗存续的思考框架,它存在于历史意识的各种形态的基底,持续展开,直至近代"。根据丸山的解释,这个观点并非突如其来,而是源于江户中期日本国学派"四大人"之一的本居宣长(1730—1801)。这个国学学派排斥佛教与儒学的影响,被认为是日本文化民族主义的渊薮。

丸山注意到,宣长在解读《古事记》时,一再重复一种说法,即,"大凡世上光景,无论古事善事还是凶事恶事,它们世世代代推移变迁所依循之理……都存在于这一神代开端时之旨趣";包括未来在内的一切"历史之理"都凝缩于"神代"当中。[2] 这里所言的"神代",是指《古事记》与《日本书纪》所载的从开天辟地到神武天皇即位之前的神话传说时代。丸山

---

[1] 竹内洋:《丸山の時代大学・知識人・ジャーナリズム》,第264—270页。
[2] 丸山真男:《丸山真男集》,第十卷,岩波书店,1996年,第3—4页。

依据宣长的解读,具体抽象出"生成""继起""势"三种历史叙述的"主要范畴",并进一步总结说,日本历史变迁背后的原理正是表达为"次第向前推移变迁之势"的逻辑。①

当然,我们这里关心的并不是对这些源自日本古典的说法的解释是否完满,而是丸山自身在使用这些范畴时所流露的历史意识,以及他对日本历史变迁的重新认知和把握。② 丸山解释说,"这些范畴在任何时代都没有成为历史思考的主旋律",因为日本历史的主旋律是来自大陆的儒教、佛教、老庄思想以及明治维新以后的西方思想,它们决定了日本人关于历史的思考和一般的世界观。不过,在这个历史思考和世界观的形成过程中,丸山注意到的是,这些普遍主义的思考都经历了日本独特的"修正",而每一次修正的原理和方式自身,才是"日本独自的事物";丸山将这种日本独自的方法意识称为思考的"古层"。具体来说,那就是在外来普遍思想的刺激之下,作为思考样式的古层被激活并发生"隆起"现象,也就是"古层"由基底部分上升到中层乃至上层的思考过程当中,进而影响了这些外来思想在日本的表达方式。在这里,我们看到了丸山真男对日本历史连续性的一种独自理解。

值得注意的是,在这种历史思考的风土当中,丸山发现了这样一种关键属性:"历史相对主义"在日本获得了比世界上任何地方更容易开花结果的土壤。③ 这种观念与其他各民族、各时代显现的以特定价值为导向的"复古主义"或"进步观念"必然产生摩擦。借助这种日本固有的"历史之理",丸山试图对日本文化和政治的变化给出一个一贯的逻辑说明。在这篇论文的结尾,他这样总结道:

---

① 丸山真男:《丸山真男集》,第十卷,第45页。
② 日本学者水林彪从法制史的角度,论述了丸山真男"古层论"的有效性与问题点;参见水林彪:《原型(古層)論と古代政治思想論》,载《思想史家 丸山真男論》,大隅和雄、平石直昭编,ぺりかん社,2002年。
③ 丸山真男:《丸山真男集》,第十卷,第51页。

历史认识既不能单单从超越时间的永恒者的观念中产生出来，也不能单单产生于对自然时间继起的知觉。在任何时间和任何地方，历史意识都是通过与永恒和时间的来往而得到自觉化的。在日本历史意识的"古层"，占据那种永恒者位置的是在谱系上连续的一种无穷性；在那种无穷性当中，日本型的"永远的现在"得到了构成……这种无穷性并不是相对于时间的永恒者，而是在时间的无限线性延长上的一种观念，和真正的永恒性根本不同。不过，当遭到源于汉意、佛意、洋意的永恒性的触发后，这种"古层"就会通过与它们的摩擦或冲突，构成培育历史因果的认识或变动力学的绝佳土壤。……而且，当规范人们经验行为与社会关系的那一不可见的"道理的感觉"显著丧失约束力后，在我们这块儿本来就有利于历史相对主义繁荣的土壤，"生成"的流动性与"继起"的推移就可能都会化为深不见底的泥潭。……当所有的世界认识都发生了历史相对主义化——"世代"观越来越缩短只是它的一种表现——之后，反倒会唤醒一种非历史的、现在的、那一时刻的绝对化。而且，如果我们把目光转向"西欧的"世界，我们就会发现，尼采不小心走嘴说出"上帝死了"一个世纪之后，那里的情形好像变得和日本的情形越来越相似。或许，赋予我们历史意识特征的"变化的持续"，在这一方面正是使得日本处于最先进国家位置的要因。这种悖论，我们应该视其为世界史上的"理性的狡计"的另外一种呈现，还是将其视为快速走向谢幕的喜剧？[①]

这是丸山对"古层"意识的最终描述：它不具有儒学、佛教或基督教那样的某种超越现世的永恒观念；它的永恒性就表现为事物的一种直线

---

① 丸山真男：《丸山真男集》，第十卷，第63—64页。

式流变下去的局面与事理。在这种思考的模式当中，日本民族对外来文明并不持有本质上的排斥观念；相反，它会在"势"的逼迫下将其暂时视为绝对者，并在时间的直线流逝中最终超越这种绝对者的影响。值得注意的是，这是一种基于历史变迁和民族心理的描述，它同此前的日本军国主义批判论文一样，同样诉诸人们的"心理"认知和逻辑，因而并不强求朴素的实证主义所不可或缺的历史证据。这种"古层"不是特定伦理、观念或价值的实体，而是一种无穷无尽变化下去的时间与事物感觉，它构成了日本民族面对具体的历史事件时最深层的思考与感受的框架。正是在这里，我们读取了丸山自身超越历史的一种时间意识。

不过，正因为如此，我们似乎同时看到了一个巨大的裂缝：作为"近代主义者"、作为对近代西方价值理念的坚定拥护者和启蒙者的丸山真男，当他从这种"无穷性"的线性变化意识当中发现了"日本独自"的"历史之理"时，他到底是如何看待战后民主主义的实践与思想？因为这种强调日本特殊性的观点，难免不让人联想起此前军国主义时代对日本特殊性——诸如"天壤无穷"——的宣传。这是对"日本主义"的回归、对自己启蒙主义立场的背离吗？

尤其当丸山在文章的末尾说，日本的这种彻底的"非历史化"、"相对化"的历史意识的特征，可能是"使得日本处于世界最先进国家位置的要因"时，这更让人惊讶。在尼采所代表的现代性意识之下，日本的历史意识早已走到了西欧世界的前面。那么，这是否意味着"近代超克"这一战前日本帝国最杰出的知识分子所设定的星辰大海般志向的某种完成？这个问题无法简单回答，但日本历史意识的这种现状，在丸山看来却是"古层"与外来普遍主义观念持续相互作用的结果。而这种结果，又与现代性自我质疑、自我解构的意识并行不悖，从而造就了日本独特的"现代"意识。日本帝国时期的"近代的超克"理论，可谓其来有自。

3. "古层"与"执拗低音"的虚实

我们已经看到,丸山在前述论文中呈现的源自日本历史和民族深处的"逻辑和心理",至少在表面显现出了矛盾;有人甚至认为丸山出现了"转向",也就是"信仰背叛"——从坚定的"近代主义者"转向了面向过去的"日本主义者"。丸山自己当然并不这么认为。根据他在 1979 年一次讲座中的说法,早在 1959 年,他就注意到了外来文化与"日本"关系的问题,尤其注意到在"文化接触"中外来文化得到特定方式的"修正"问题。如同前面提及的一样,在 1963 年的讲义中,他首次提炼出了"原型"这一日本固有的思考方式,而"古层"则是在历史意识上"原型"的一种呈现。① 丸山意在指出,他的日本历史认识并非突如其来。事实上,我们在前面分析他 1946 年的有名论文《极端国家主义的逻辑与心理》时,就指出了丸山历史意识的这一特征。

按照丸山的自述,这个"原型"给人以一种宿命论的感觉——日本人的世界观似乎被古代的日本所决定了。于是,丸山随后改换了说法,借用了地质学上的"古层"一词。他解释说,在这个历史意识的"古层"上,外来的思想和文化,诸如佛教、儒教、近代欧洲思想等相继堆积在上面,形成一种宛如地质学上的分层结构,并与最下面的"古层"发生各种相互作用,比如,通过与外来观念力量进行对抗而引发的古层"隆起"现象就是其一。不过,这个"古层"并不是江户时代日本国学者或后来的民族主义者所设想的日本固有的"神道"——神道自身乃是"古层"和儒教等大陆思想相互作用的结果——而只是对古层上面各种堆积材料进行加工的"思考样式的格式"。这样,丸山就将自身的立场和当时流行的各种日本文化论区分开来。

---

① 丸山真男:《丸山真男集》,第十一卷,岩波书店,1996 年,第 181—183 页。

不过,在日本的社会科学认识当中,"古层"这个比喻会让人联想到马克思主义"经济基础"与"上层建筑"之间的决定论关系。为了进一步降低日本历史宿命论的色彩,丸山进一步借用了一个音乐学上的术语,即"执拗低音"(basso ostinato,即"执拗反复出现的低音")。这个用语具体是指一种低音音型,它会以各种不同的形态,顽强地一再出现在乐章当中。这种低音部的音型与高音部或中音部的主旋律发生混合,会形成新的交响,但它在本质上不是主旋律。在1984年的一次讲座上,丸山真男以《原型、古层与执拗低音》为题名,对上述日本思想史研究的方法和视角再次进行了总结。

我们已经看到,丸山小心翼翼对自己将关键词从"原型""古层"到"执拗低音"进行变换的意图进行了说明。这些说明的主旨在于一点,那就是日本政治和文化的变迁可以从一种自古以来就存续的"逻辑和心理"的角度进行解释。这种"逻辑和心理"不是价值实体,而是将各种外来思想加以本土化的加工方式,是促使外来思想落地生根的土壤。这样一来,丸山所抽象出的认知模式,就既不同于日本马克思主义者所说的历史决定论模式,也不同于近代主义者基于西欧普遍主义价值观的历史叙事。在他的历史意识当中,某种日本特有的思考样式占据了无法忽视的节点。

在这种方法论的自觉中我们看到,无论是马克思主义,还是自由主义和民主主义,乃至前近代的儒教等大陆思想,它们都是塑造日本人世界观的主旋律。不过,这些主旋律并不等同于这些普遍主义思想自身,而是经过了日本独自摄取、修正、修饰和编辑过的思想。丸山勉强将这种"修正主义"背后的逻辑,定义为日本固有的属性。在面对课堂学生的讲义中,他索性直接将这种独特性称为"日本自古以来的文化",其实意味着他的一种让步。① 因为,这种"原型"不是一种价值或观念的实体,而是一种塑造思考方式的方式,我们可以认为它几乎接近于空无。这种属性只能通过"消去法",即从日本文化中消去外来文化的各种表达,才能得到接近;它是这种消去操作后剩余的某种东西。② 然而,正是在这种近于空无的思考样式的深处,在那些通过消去操作后剩余的事物的断片乃至痕迹中,丸山发现了日本的主体性和历史创造性。

三、 战后日本的民主化为什么会成功?

那么,我们就有必要进一步思考这种主体创造性的含义。无须说,丸山真男这种探索"原型""古层"或"执拗低音"的努力,背景正是在战后民主主义改革的历史大潮流。我们看到,在最初的《极端国家主义的逻辑与心理》论文中,丸山就注意到了日本"国体"以及"国家"呈现出的独自性格。不过,当时丸山的批判是建立在西方政治理论中的"中性国家"这一理想型基础之上,而将日本的军国主义者的自我毁灭之路表达为"中性国家"观念和技术的欠缺。

如同人们指出的一样,这种论述方式就是近代主义者典型的"欠缺论",他们将近代日本的错误国策统统归因于"欠缺"——因为日本缺乏转向现代社会必要的、诸如自律的个体、自由的结社等条件,近代日本必然会失败。这种论述,被很多学者激烈地批评为西欧"东方主义"视线的逆用,它为自我批判而不惜塑造理想的他者,因而强化了并非不证自明的西欧的"近代性"或者说"现代性"③。

诚然,在《极端国家主义的逻辑与心理》等论文中,丸山的确在很多

---

① 丸山真男:《丸山真男讲义录》,第六册,唐永亮译,四川教育出版社,2017年,第9页。
② 丸山真男:《丸山真男集》,第十二卷,岩波书店,1996年,第149页。
③ 酒井直树:《死产される日本语・日本人》,新曜社,1996年,第二章。

方面陷入了"欠缺论"的认知困境当中。但另一方面,他设定的"逻辑和心理"的视角,已经意味着他的论述中包含了突破"欠缺论"的契机。事实上,丸山很快就意识到了"近代主义"自身的问题。如他自身所述,在1958年撰写的《开国》论文中,他就开始寻找真正属于日本固有的思想史课题,而不是单纯以西洋为理想型的比较和分析。这么做,当然不意味着他对民主主义价值自身的任何动摇,而是要探寻出民主主义对于日本究竟意味着什么。也就是说,他要从一种超历史、至少是超越近代史的角度,来反观民主主义在日本的成败得失的问题,我们对此略作介绍。

在《开国》这篇论文中,丸山认为"开国"是日本、朝鲜、中国等东亚国家特有的问题。在来自西洋的力量冲击面前,这些国家都被迫或主动或被动地面向西方国家打开国门,就是"开国"。也就是说,对于东亚国家而言,这种横向的外来的冲击的视角,与那种强调历史纵向的、内在的视角相比,更能解释它们在历史进程中的表现。这时,丸山引入了重要的"文化接触"概念——在一种突如其来的外来文化的影响下,东亚国家对"我们"和"世界"产生了觉醒意识。[1] 也就是说,如果这种文化接触的"契机"不存在,那么,人们就不会看到历史发展变化的动力。至此,丸山对他早期著作,即《日本政治思想史研究》中预设的、受马克思主义强烈影响的纵向历史发展阶段论,做出了关键的修正。对于东亚国家而言,横向的即外来的力量,左右了它们走向现代的历史进程。

从这个"开国"的角度来看,丸山还发现了日本思想史上的一个难题,那就是,日本在文化上可以说有史以来就是"开放社会",因为它一直在吸收大陆的文明和文化;而在社会关系上,一直到近代的日本都是一种强调身份等级关系的"封闭社会"[2]。这两种矛盾的类型事实上又是一种相辅相成的关系。比如,这种"封闭社会"与日本人在文化和行动上

---

[1] 丸山真男:《丸山真男集》,第八卷,岩波书店,1996年,第48—49页。
[2] 丸山真男:《丸山真男集》,第八卷,第132页。

表现出的集团主义,就呈现为一种相互支持的关系。

　　这里之所以要指出这一点,是因为正是在这种日本独自的政治思想史课题的发现过程中,丸山对"战后民主主义"的成立方式做出了基于日本自身脉络的一种新的解读。日本民主主义的成立并不是单纯的、由外力(即联合国占领军当局)引发的政治经济结构变迁的结果,它还有着一种"心理"基础,那就是在横向的、外来的压力之下,基于文化与国民同质性的集团性的国民发生了"集团转向"。换言之,日本国民整体性地抛弃了此前军国主义所塑造的天皇制民族主义意识形态,转而拥抱一种新的政治观念与信仰。从这个角度来看,这个过程可以说与战后启蒙知识分子所念兹在兹的"自律的个体""自由的结社""公民社会"等因素并无直接因果关系。毋宁说,国民在心理上出现这个"集团转向"之后,相对自律的、自由的"个体"与"社会"才得以形成。

　　因此,民主主义在日本的成立,一方面与战败以及美国的间接统治有直接关系,但另一方面,日本对外来文化吸收的固有方式,也就是日本固有属性执拗的影响,也发挥了独特的作用。这样,丸山真男就事实上给出了民主主义在日本得以成为国民共识的一种新的"逻辑和心理"上的说明,从而颠覆了"近代主义者"或者说一般自由主义者基于观念自身的解释。再进一步说,战后日本民主主义的成功,日本特定的思想土壤扮演了超出一般想象的角色。丸山随后在对"原型""古层"和"执拗低音"的发现和讨论,可以说都服务于对"战后民主主义"特质的解释和说明。因此,民主主义在日本的成功,并不能简单视为作为普遍价值的近代政治原则的胜利,它有着日本独特的文化和历史过程的深刻影响。

　　当然,丸山并未对"古层"或"执拗低音"报以完全的信任。在一次关于"古层"方法的讲座中,他这样说道:

　　　　从客观的条件上说,我认为"古层"持续存在的条件正在消失。

不过,我有一种黑格尔式的想法。即,如果能将"我是谁"的问题视为客观对象而加以认识,那就能够将我们无意识中的东西提升到意识层面上,从而也就能减少无意识的东西某日突如其来对我们进行报复的可能。换言之,将"日本迄今为止是什么"这一问题整体性地提升到意识层面上,然后对那种思考样式进行控制,就会找到克服那种弱点的途径。①

在这里,我们毋宁说可以看到一种相反的态度:丸山揭示"古层"的目的,在于克服这种思考方式的弱点,对它进行控制。无须说,这种控制如果能够成功,当然符合知识分子改造社会的自我意识。毕竟,在丸山看来,日本古来的思考样式要为近代日本帝国的失败承担相应的责任。问题在于,揭示"古层"或"执拗低音"的存在,甚至将其面貌描述出来,并不意味着可以简单找到克服其弱点的方法。就如同我们借用柏拉图的"洞穴"比喻一样,克服自身观念上的"洞穴"状态可能需要漫长的时光。通常,文化接触或外来的冲击构成了一种走出"洞穴"的契机,但这并非无条件。作为一种接近恒常的思考样式,人们或许只能在"古层"呈现出来之后,才能意识到它的角色,也才能对它进行判断。

四、 近代超克与东亚的历史命运

对丸山真男日本思想史研究方法的讨论表明,丸山并不是一个一般意义上的"近代主义者"。尽管他的主要工作都集中在阐述什么是自由、什么是民主这些当时迫切的理论和实践问题之上,但他不是那种简单的"价值信仰"意义上的"自由主义者"。言必称自由、民主,在他看来,那只

---

① 丸山真男:《丸山真男集》,第十一卷,第 222 页。

不过是战后日本国民被迫"开国"的一个效果,也就是日本国民在信仰上整体"集团转向"的一种外在表现而已。在战败以及美国主导的民主化重建过程中,人们可谓瞬间就从此前形形色色的天皇制绝对主义价值的信仰者,转变为拥护自由民主主义的良善国民。这并不是历史的"喜剧"。在面对学生的讲义中,丸山着重讨论了16世纪末17世纪初日本出现的大量天主教信徒的事例,其中的一个用意正在于此。[①] 那是日本文化上"集团转向"的一个先例。

丸山正是在这种基于机会主义、基于实用主义的自由民主转向当中,发现了日本走向现代的特殊路径。换言之,在日本帝国战败到战后重建这一日本历史进程的断裂或发生巨大褶皱之处,丸山发现了历史和民族的一种真实,那是一种形成于因时代久远而不可忆及的历史深处并流传至后世的对于事物的感受性和认知方式。丸山勉强将这种历史意识命名为"线性"的"无穷性",它在时间上不断绵延、在空间上无穷拓展;它虽然不具有实质的价值内容,却会表达在由古至今的各种事物之上。这种历史意识的"古层"或"执拗低音",造成了极其特殊的相对主义土壤,从而为日本接受佛教、儒教、近代西方思想等外来观念提供了不可或缺的条件。

那么,这是关于战后日本民主主义成功的另一种叙事吗?在丸山政治思想史的视野当中,答案当然不是。近代日本惊心动魄的崛起、毁灭与重生的过程,并不能简单还原为近代民主主义这一普遍价值必然在全球取得胜利的一个注脚。对日本特殊属性——丸山称为"个体性"或"个性"——的思考,必然要回溯到"近代超克"的历史意识之上。换言之,在历史意识"古层"的"隆起"或"执拗低音"的"上升"作用之下,日本最初就获得了对近代民主主义进行相对化的视角,从而"超克"近代,就不再是

---

① 丸山真男:《丸山真男讲义录》,第六册,第二章。

军国主义时代特有的意识形态,而是日本一以贯之对待外来事物的思考样式。从这个角度来说,日本社会由传统转向现代过程中显示出澎湃活力的主体根源,正在于"近代超克"这一深层心理动机与欲望。

在撰写于1962年的《现代政治的思想与行动》英译本著者序言当中,丸山有如下一段说法:

> 本书的读者容易看到诸如"进步的""革命的""反革命的""反动的"这样一些如今已经感到陌生的一些说法吧。从我自身的角度来说,如果我今天写这些论文,也许会更克制地使用这些语汇。不过,我依然不会放弃从历史中探寻出某种无法逆转的潮流的尝试。对于我而言,文艺复兴与宗教改革以来的世界,正是人类对于自然、穷人对于特权者、"低开发国家"对于"西方"进行反抗的历史。这些反抗依次出现,并且每次都呼唤了对于各自而言是另类的事物,在当今的世界上正在创造出最大规模的和谐音与不和谐音混合而成的乐曲。将这种推进革命潮流的"进步的"角色以某种方式先验地归属于某个阵营,我们必须对这种倾向时刻保持警惕。[1]

在这一段最初以英文发表的论述中,我们能看到历史意识的"古层"、心理自觉与现实经验的一种统一,它指向了一种"反抗的历史"的逻辑必然与历史现状。进一步而言,我们可以在丸山真男的思想史研究的心路历程中,看到我们前面提到的"近代超克"所蕴含的一种历史创造精神。但要注意的是,这种创造精神不是指向一种由特定价值所规定的某种理想化的社会生活图景,而只是"创造"自身——它无法逆转,意味着对当下"超克"的必然;它不先验地确定一种特定的价值作为终极的目

---

[1] 丸山真男:《丸山真男集》,第十二卷,岩波书店,1996年,第49页。

标。就此而言,日本军国主义时代的"近代超克",正是因其对自身历史意识"古层"或"执拗低音"的偏离,它急切地将一种莫须有的"日本价值"视为对抗西方的普遍价值,才导致它自身陷入了灾难性的历史陷阱当中。

无须说,我们关心的并不是丸山自身的日本批判,而是他或明言或未及说出的洞察。在战后丸山有着十足的启蒙主义指向的各种发言和活动的背后,有着扎根于日本民族生活深处的历史意识、生活样式和文化观念。战后日本国民迅速过上了体面的、有尊严的生活,与这些被概括为"古层"或"执拗低音"的要素有着强韧的思想上的关联。当然,这并不意味着"古层"或"执拗低音"具有决定性的意义。如同在"开国论"表明的一样,来自外部的冲击或压力,构成了文明变迁的直接动力。但要注意的是,作为古老的思考样式的"古层"或"执拗低音"的意义在于,它们使得外来文明获得了民族的表达方式,从而为日本持续走在文明前沿提供了稳定的心理动力与认知基础。

就此而言,我们甚至可以说"近代超克"构成了东亚民族的历史命运,因为它是来自各民族遥远的历史意识"古层"或"执拗低音"的呼唤与要求。东亚民族只能在给定的"古层"和外来的近代西方文明的混合作用当中,走向自己的现代之路。这里之所以再次申明这一点,原因就在于,在现代性的自我意识,尤其是在基于现代性的道德审判当中,"近代超克"观念被简化为妄想和执念而遭到了否定和封存。然而,东亚近现代史的事实表明,任何对东亚近代独特性认知的轻视、忽视,更不用说是无视,事实上都将以对东亚主体创造性和活力源泉认知的遮蔽为代价。本文对丸山真男日本(东洋)政治思想史研究未被充分重视的侧面的讨论,用意正在于为这种解蔽探索一种路径。

(李永晶:华东师范大学政治学系)

战后启蒙时代与最后的知识分子
读丸山真男《现代政治的思想与行动》

赵京华

本文主要聚焦产生"丸山政治学"的那个日本战后启蒙时代,以《现代政治的思想与行动》一书为基本文本,剖析内在于该时代的丸山真男之近代主义思想倾向和知识分子使命意识。其中,主要通过对其"不断革命"的观点做出重新解释,来考察启蒙知识分子的民族品格和世界想象,即由特殊性走向普遍性的思想历程。与此同时,回顾以往人们对丸山真男思想的种种认识与评价,进一步思考"普遍价值"和"终极理念"之于当今时代知识生产及其知识分子本身的重要意义。

一、我们今天如何阅读丸山真男

1996年8月15日,战后日本重要的思想家丸山真男(1914—1996)与世长辞。与此前后,伴随着其著作集等的陆续出版[1],日本知识界出现了不小的丸山热。除了学术研究著述之外,还有大量追思回忆乃至争鸣论战的文字充斥于大小报刊媒体。一个学者或思想家的离世在日本

---

[1] 《丸山真男集》全16卷,岩波书店,1995—1997年;《丸山真男座谈》全9卷,岩波书店,1998年;《丸山真男讲义录》,全7册,东京大学出版会,1998—2000年,等等。

能够引起如此广泛的关注,这的确是一个多年不见的事态,或许唯有法国思想家萨特1980年逝世在欧洲所引起的波澜能够与之相比。然而,在初步阅读了这些文字之后,我感觉与其说人们是在纪念斯人一生的学术功绩和思想影响力,不如说更是在向一个时代——启蒙知识分子时代挥手告别。

丸山真男最为活跃的时期,是在1945年到1970年的二十五年间。这是日本帝国土崩瓦解后国家和社会面临重大危机和重建的时代,作为非西方后发展的日本,明治维新以来那个无所不在的"国家"成为反思和改造的对象,这给知识分子主导舆论并参与社会重建提供了重大契机。也因此有了发挥其主体作用的战后民主主义辉煌时期的到来。生逢其时的丸山真男以政治学和思想史的丰厚积累,在深度追究法西斯主义盛行的逻辑和心理、思考民族国家共同体及人与政治之合理关系的同时,勾勒出以独立个体为基础的现代民主社会的重建蓝图。他以坚实的学理和敏锐的思考积极参与战后日本的思想运动,成为那个启蒙时代知识分子的代表。而出版于此时期的《现代政治的思想与行动》(1956—1957),则无疑是认识丸山真男思想和那个时代的经典文献之一。

在我看来,丸山真男之所以能够成为日本战后思想的重要代表,在于他坚持民族立场的同时又具有"普遍知识分子"的追求,即怀抱自由民主之普遍性原则和平等正义的终极理念,这促使他同时亲近社会主义理想,并在对马克思主义思想方法总体认同又与其格斗的过程中,形成了自己更接近"社会民主主义"的政治立场。他的法西斯主义批判、现实政治学的建构、日本思想史研究以及包括宪法讨论、安保斗争等在内的运动实践所反映出来的近代主义倾向和市民社会理念,归根结底源自他的启蒙思想和普遍知识分子意识。他的巨大影响力和生前身后所受到的种种赞扬与批判,其根源亦在于此。

然而,随着日本战后民主主义的终结和大众消费社会的到来,丸山真男的时代也随之过去,而 1990 年代的"丸山热"无疑成了一个回光返照的现象。就是说,人们在缅怀启蒙时代的逝去,但难以再期待那种普遍知识分子的重来。这也给我们提出一个问题:在普遍价值和终极理念消失于全球化和消费时代的"知识工业"生产中而知识分子存在方式需要反思的当下,我们该如何阅读理解丸山真男的著作,尤其是在中国。我的基本观点是,普遍知识分子和启蒙时代的确已经成为历史,无论在西方、日本还是在中国,但是依然有把启蒙精神和知识分子对普遍价值与终极理念的追求从当今数码化知识生产中搭救出来的必要,为了打破大数据时代知识无法凝聚成思想、思想又无以成为构筑未来的力量这样一种状况,更为了重建有关人类社会变革和未来发展的道德形而上学——我们究竟期待一个怎样更为合理的世界图景。

关键是,要深度结合当下 21 世纪的政治状况和知识生产的实际,努力从丸山真男著作中发现其近代主义思想和知识分子意识的内涵价值及其局限,而不是简单地对其观点和立场表示认同或者反对,这样才有意义。同时,从东亚同时代史的角度观之,不仅 20 世纪中日两国的社会进程彼此交错息息相关,而且日本的战后启蒙时代也与中国的改革开放时期相仿佛,虽然中间有二三十年的时差和各自社会改造课题的不同。正如"中国革命"对日本知识分子而言始终是一个重要的思想参照一样,日本战后启蒙时代和知识分子参与社会改造的问题,也可以成为思考中国"新启蒙"乃至当下问题的重要参考。或者不如说,中日两国同样面对着 20 世纪的基本母题——战争与革命及其现代性的危机,因而通过阅读丸山真男的《现代政治的思想与行动》来思考中国问题,也就成为可能。

鉴于以上理由,本文将主要聚焦产生"丸山政治学"的那个日本战后启蒙时代,剖析内在于该时代的丸山真男其近代主义思想倾向和知识分子使命意识。其中,特别是通过对他的"不断革命"的观点做出重新解释,来深入考察启蒙知识分子的民族品格和世界想象,即由特殊性走向普遍性的思想过程。同时,在简要回顾人们对丸山真男的种种认识和批判基础上,进一步思考"普遍价值"和"终极理念"之于当今时代的知识生产及知识分子本身的意义。

二、 战后日本知识分子的启蒙时代

二战以后的二十余年间是日本国家改造、社会重建、思想舆论强有力地推动政治变革的重要时期,一般史称"战后民主主义时代"。从战败一片废墟与联合国军事占领,期间经历东京审判和冷战形成以及朝鲜战争的爆发,到 1952 年旧金山和约和日美安保协定的签署生效,再到 1960 年新安保协定引发大规模社会抗议运动,最后是"新左翼"掀起广泛的学生造反运动并于 1968 年达到"革命"高潮,日本知识分子在此大时代面临到种种艰难的思想课题。例如,批判集权主义法西斯和重建现代民主社会、二战后亚洲民族独立与近代主义问题、冷战背景下社会主义思想与市民社会理念的抉择、占领军施加的和平宪法与日本国家的重建愿景,还有 1950 年代悄然出现的大众社会与精英知识分子的关系,等等。

总之,这是一切将重新开始而问题堆积如山的时代。按照丸山真男的说法,此乃日本历史上的第三次"开国"(第一次为室町战国时期,第二次是在明治维新时代)[①]。其中,知识分子发挥了历史上不曾有过的启蒙作用,他们以"悔恨共同体"——对侵略战争的自责和对未来的憧憬——为依托,利用手中的知识在推进舆论形成和社会重建的过程中成为主导的力量。如前所述,与 19 世纪欧洲资本主义发达国家相比,明治

---

① 丸山眞男:《忠誠と反逆:転形期日本の精神史の位相》,筑摩書房,1998 年,第 194 页。

维新以来的日本属于"后发型",其经济社会文化改革主要依靠"国家"的强力推动,因此得以举全力迅速达成近代化的目标并跻身世界强国之列。但同时,这种"极端国家主义体制"未能给知识分子预留更多的发挥思想启蒙和社会改造作用的空间,更不用说制衡国家权力了。而1945年的战败和之后长达7年的军事占领,则在日本第一次出现了"国家"缺席的真空状态。在此,知识分子与观念的力量强有力结合在一起,思想得以化成实践性的行动。因此,我们也可以称"战后民主主义时代"为知识分子的启蒙时代。

日本学者都筑勉从知识社会学的角度,对战后知识分子启蒙时代的形成与终结有如下描述:

> 众所周知,战时体制下发表场所受到限制,各学科积累下来的研究成果到了战后得到集中的公开机会,因而超越以往学科壁垒的知识交流变得十分活跃。在此,马克思及韦伯还有美国社会心理学和实用主义的方法发挥了巨大作用。不容否定,不幸的战争时期积累下来的研究成果对战后大学知识共同体的形成贡献不小。然而,战后经过十年到了1950年代后期,随着新一代的登场而学术专业化加速,新学问在制度化的同时出现了自我封闭的倾向。1960年安保斗争中其反体制一方不仅形成了意识形态上的大联合,而且有了各学科领域的学者超越各自分野而展开连带运动的局面,但也是最后一次。与此同时,以经济高速增长为背景大学升学率上升并迎来高校的所谓大众化时代,这产生了1968年大学生追问大学之意义的造反运动。①

---

① 都筑勉:《戦後日本の知識人:丸山眞男とその時代》,世織書房,1995年,第11页。

如果说战时军国主义严酷的思想控制导致了战后第一代知识分子研究成果爆发式的推出并由此造就了跨学科的"大学知识共同体",那么战败形成的"悔恨共同体"则聚集了战时马克思主义转向者、自由主义者和不问世事的专业学者等,由此形成了启蒙知识分子群体。他们不仅在各自领域产生了代表性的学派,如大冢(久雄)史学、川岛(武宜)法学、清水(几太郎)社会学、竹内(好)鲁迅学,以及丸山政治学等,而且如"进步文化人"一词象征的那样,他们以手中的现代知识为武器,批判军国主义旧体制而积极参与社会改造,成为其共同的精神特征。这个知识分子启蒙时代,一般认为始于1945年战败而终结于1968年"大学纷争"。

所谓"悔恨共同体"的说法,来自丸山真男《近代日本的知识人》一文。这篇文章是为1966年萨特访日而应法国媒体的邀请所写作,但拖至十年后才完成。这使丸山真男得以从战后启蒙时代的终点上来回看那个时期,从而提出发人深思的问题。该文意在梳理近代日本知识人的谱系,要点则在反思战后知识分子的精神缺失面。丸山真男认为,战后知识分子共同体的形成,源于国家危机带来的普遍悔恨情绪,这个"悔恨共同体"支撑起战后最初的知识群体,并形成1945年至1952年期间的启蒙运动高潮。但是,随着时间的流逝,战争记忆逐渐淡化,"悔恨共同体"也暴露出局限,加之日本共产党的内部斗争和斯大林事件的发生,知识分子群体开始分化。

丸山真男强调,近代日本知识人一开始就缺乏普遍意识和独立精神,与西方启蒙运动之后出现知识专业化的倾向相反,明治时代首先是从西方引进专业知识,到了1920年代才有马克思主义作为中介的日本"文艺复兴"之普遍主义和启蒙精神的形成。战前日本的马克思主义代表了国际主义和世界主义意识,而成为一般"社会科学"的代名词。但随着法西斯军国主义体制的形成并对进步人士实施高压控制,知识人出现"转向"问题。他们简单地抛弃西方的主义而成为帝国日本的忠臣良民,这影响到战后他们的"解放"感缺乏深度。随着初期启蒙运动的结束，日本知识人进一步暴露出问题，即明治维新时期的官僚化及后来形成依赖集团和组织的倾向，这造成了他们缺乏普世追求和终极关怀的局限。

上述丸山真男的事后反思，印证了他具有知识分子对终极理念的追求。就是说，他始终自觉坚守西方启蒙运动以来的自由进步等普世价值，从社会批判和政治学建构方面实践了启蒙知识分子的使命。实际上，在1962年所作《现代政治的思想与行动》英文版序言中，他也曾毫不掩饰地表明："我愿意承认，自己是18世纪启蒙精神的追随者，依然坚守人类进步这一'陈腐'的观念。我认为，黑格尔体系的真髓不在于视国家为最高道德的体现且加以赞美这一点，而在于他的历史乃是走向自由意志之进步过程的观点。尽管黑格尔对'启蒙哲学'是持批判态度的。"同时，丸山真男视文艺复兴以来种种革命潮流为历史的大趋势："文艺复兴与宗教改革以来的世界，乃是人类针对自然、无产者针对特权者、'低开发一方'针对'西方'的反抗故事依次展开并带动起其他事物而于现代汇成最大规模乐曲的世界，这部乐曲包含了和谐与不和谐音而依然在演奏着。"[1]

启蒙时代的出现和知识分子成为社会发展的主体力量，一般是在两种情况之下。一是旧制度弊害重重导致大革命的爆发或战败构成国家与社会的严重危机而必须加以重建的时刻，例如伴随15世纪以来法兰西王国君主政体以及西方封建体制的瓦解而出现由知识分子主导的欧洲启蒙运动，或者像一战后德国知识人对国家和秩序重建的努力。而在东亚，则有中国封建制度没落导致辛亥革命并出现新文化运动中知识精英发挥社会改革力量，以及二战后日本迎来启蒙时代而形成知识共同体致力于社会重建的例子。另一个是科学思维发生根本转变之际，知识分

---

[1] 丸山眞男：《後位の位置から：〈現代政治の思想と行動〉追補》，未来社，1982年，第17页。

子成为推动范式革命的主角,在为社会提供新的思考方式和价值尺度方面发挥不可替代的作用。丸山真男的思想学说在战后日本产生重要影响,其情形也可以从上述两方面加以阐明。因此,我在确认了战后启蒙时代和知识分子共同体的形成之后,将主要围绕《现代政治的思想与行动》一书,考察丸山真男以对各种集权主义批判为中心所展开的思想实践,在关注其近代主义立场的同时,思考"丸山政治学"于科学领域发挥了怎样的范式革命作用。

三、"丸山政治学"及其市民社会理念

日本战后启蒙时代所遭遇的种种问题,最终可以归结为如何处理"人与政治"的关系,即怎样在个人、民族、国家、世界的复杂结构中反思既往而构筑新的社会蓝图。丸山真男《现代政治的思想与行动》正是从政治学的角度深度介入这个启蒙时代,积极提出自己的见解并努力建构起全新政治学的重要著作。该书收录了作者1946年至1961年期间所写20篇评论文章,有关其初版和增补再版的过程及其影响力,可参考中文版译者陈力卫的译后记,在此不赘。全书由三卷构成,内容上虽有交叉但基本显示了作者问题设定的三个向度。第一,对支撑战前日本的法西斯主义权力及精神结构,以及苏联斯大林极权统治和美国麦卡锡时代思想肃清做出思想史的探索。第二,针对当时政治和思想界热点问题,表明自己的政治观及其态度,包括冷战背景下自由资本主义和共产社会主义之争及俄国革命等。第三,则是与政治学本身相关的讨论,作者一面提示出战后日本社会科学复兴中政治学固有的条件与课题,一面对权力与道德、统治与服从及民族主义等政治学基本范畴做出分析和阐释。

以第一篇《极端国家主义的逻辑与心理》为代表的一系列剖析军国主义产生过程的文章,在当时影响最为巨大。其中,包括"自上而下"的

法西斯形成过程、国家成为真善美的极致而从恶亦被容许、天皇制权力结构是一个转嫁压力的"不负责任体系"等有关日本战前极权国家特殊性的观点,已经成为分析历史的经典论述。而于马克思主义经济分析为主的唯物史观之上更侧重意识形态和心理层面的考察,这样的方法论视角在当时给人耳目一新的震撼。同时代的加藤周一认为,这是在思想领域中从日本法西斯内部做出的最早的自我反省,是战后知性迈出的第一步。"从这个意义上讲,战后日本始于丸山真男。"[①]而从今天的角度读之,我觉得这部著作的价值更在于包括对希特勒德国、麦卡锡时代美国以及斯大林时代苏联的极权主义之共通性及其差异的比较分析。其广阔的视野和问题意识与同时期的阿伦特《极权主义的起源》(1951)有异曲同工之妙,虽然没有达到霍克海默和阿多诺《启蒙辩证法》(1944)的理论深度,但对极权主义作为政治现象的普遍形态与发展规律的考察,包括精英与民众、权力与服从、恐怖心理与意识形态等议题,都具有原创价值和现实意义。

该书第三卷,则集中涉及政治学本身的理论建构。作于1947年的《政治学作为一门学科》一文有如下定义:"所谓政治学正处于政治与学术,从广义上说是处于政治和文化这两种人类生活形态紧张对峙的临界点上。"[②]丸山真男意在说明,政治能够在多大程度上成为学术研究的对象,乃是测试一个国家学术自由的试金石。战前日本的政治学追随欧美特别是德意志的国家学而与现实严重脱节,这是首先要反省和超越的。他强调,政治学必须面对日本的现实,但关注现实政治不等于某种势力的宣传,同时还要坚持其科学性和中立性。而科学中立也非意味着要回避价值判断。因为"政治本身就具有唤起人们内在激情和本质的力量,所以,当人们在认识政治现象的时候,总是在不知不觉间掺入了一些自

[①] 加藤周一・日高六郎:《同時代人丸山眞男を語る》,世織書房,1998年,第29—30页。
[②] 丸山真男:《现代政治的思想与行动》,陈力卫译,商务印书馆,2018年,第385—386页。

己骨子里所存的善意的、不合理的主观判断"。因此,在思维上肯定会带有或多或少的某种政治倾向。在此,丸山真男通过比较国家学和政治学的不同,即国家行政学面对的是存在而政治学指向未来,从而得出现代政治学带有意识形态性、需要价值判断的结论。我们要承认这种政治思维的制约性,在协调坚守真理价值和介入现实的矛盾关系的同时,谋求扎根本土的政治学之建构。

建立一种面对现实、扎根本土的政治学,首先要深入认识"人和政治"的关系。对此丸山真男的基本观点是,现代政治无所不在而政治学必须以人为中心。1948 年所作《人与政治》一文表达得最为深刻:政治的核心是人的问题,它最终在于行动,即一些人指挥另一些人的群体行动。现代国家政治控制已经到了无以复加的程度,无论在专制国家还是在民主国家,"政治在今天是利用一切手段把人们铸入政治的模型",他们利用报纸广播电影等宣传机构进行意识形态操作,古典自由主义意义上的确保个人自由而不被政治所侵蚀的时代已然过去。"个人的全部生活都被卷入到巨大的意识形态的斗争里,这就是现代国家个人的精神世界发生危机的原因。"[①]因此:

> 政治化的现象如上所示,它不单纯是共产主义这一种意识形态的问题。也就是今天我们所依据的个人内心的立场本身,为了对抗一切违心的政治组织,坚守自我,只能把自己也从政治上组织起来。我们面临的是这一尴尬窘困的二律背反的选择。在这种情况下,某种程度上不得不把自己嵌入一定的政治范式中,或注重效果,或简单的敌我对立,如果惧怕这种考验,企图逃离所有的政治动向,那结果反倒是给自己头上招致最恶劣的政治统治。殷鉴不远矣。[②]

[①] 丸山真男:《现代政治的思想与行动》,第 413 页。
[②] 同上,第 416—417 页。

在此，丸山真男以启蒙时代古典自由主义为标尺衡量现代社会，预感到战后大众社会的到来和由工具理性建构起来的政治统治术对人类无所不在的控制。这是一个与宗教改革一样面临大变革的时代，但人类社会能否摈弃权力的控制而实现个性完全自由的发展，抑或迎来的只是《美丽新世界》里讽刺性的乌托邦社会？对此，丸山真男并不乐观。他强调，个人只能组织起来参与到政治中去以维护自己的自由。也就是在这种对于现实的冷峻观察中，他找到了政治学的存在依据和根本目的。可以说，"丸山政治学"的核心就在于寻找人们在政治上组织起来的途径，并以自发组织起来的政治对抗"一切违心的政治组织"——国家和意识形态控制。我们可以称这样一种现实的政治学为主体介入的学问，具有启蒙思想的战斗性。

"人与政治"的关系之外，现代政治学还要处理人之共同体及其统治形态的民族和国家问题。不过，我注意到《现代政治的思想与行动》从正面讨论这些问题的部分并不多，或者说缺少积极的建构。民族主义问题在1950年前后的日本论坛曾是一个热点话题，丸山真男也注意到二战以后亚洲殖民地解放和民族独立的大势，甚至认为"20世纪后半期的世界政治恐怕都会以亚洲的民族主义兴起为主轴进行运转"[1]，但对日本民族主义的发展则持谨慎态度，这无疑是因为其恶性发展的历史殷鉴不远。他曾比较中日两国的不同，中国的民族主义由于统治阶级的"买办化"而转向与社会革命结合，最后成了改造旧世界的动力，而日本的民族主义被国家所操弄变成与帝国扩张政策结合的大亚洲主义。这种遭到国家意识形态严重污染的民族主义，如今已经失掉其"处女性"。为此，丸山真男倾向于福泽谕吉"一人独立而一国独立"的启蒙立场，坚持健全的民族主义要与民主主义相结合，这样才能在被占领状态下重建日本民

---

[1] 丸山真男：《现代政治的思想与行动》，第150页。

族的主体性。①

而国家问题,在丸山真男笔下基本上是一个反思批判的对象而没有多少积极的政治学建构,原因同样在于战前日本推行极端国家主义的历史教训。明治维新所建立起来的新体制缺乏中立性,造成"国家"独大而"社会"发育不良的扭曲局面,这样的历史导致"丸山政治学"更倾注于积极思考民主"市民社会"的建构。不过,在写于同时期而未及收入《现代政治的思想与行动》一书的《有关宪法第九条的若干考察》(1964)一文,则显现了丸山真男对战后新国家的大致构想,值得关注。

这是根据1964年作者在"宪法问题研究会"上的发言整理而成的。丸山真男在此主要讨论的问题有两个,一个是如何理解日本国宪法的和平主义意义,另一个是在二战后的世界其推动国际主义非战理念的价值。实际上,这也是从内政外交两个方面来思考"国家"的理想形态。针对前一个问题,丸山真男强调宪法的前言部分和第九条其思想意义在于对人民主权的肯定,这个人民主权具有对国家发动战争的决策做出最终审判的力量,它将引导自卫队的战力向和平的方面展开。而19世纪以来的战争与革命呈现出与以往相反的趋向,革命不断因统治技术的发达受到限制,但战争则因科技的进步持续扩大。宪法前言部分否定一切现代战争,日本不是要靠别的国家而是要自主参与和平事业,这是前言强调日本国民生存权的意义所在。针对后一个问题,丸山真男认为日本国宪法具有国际主义性格,这种可以推动二战后的世界向新的和平方向发展。鉴于冷战格局他甚至认为,不是由核武器导致消极和平而是和平宪法全面废除军备和放弃一切战争的精神,才有保证世界终极安全的可能。日本新国家的建构应该坚持和平外交原则。上述和平国家的理念,

---

① 丸山真男:《现代政治的思想与行动》,第166页。

乃是贯穿丸山真男国家观始终的核心。①

　　以上讨论可以看出,"丸山政治学"极具现实性和近代主义品格,反映出那个时代启蒙知识分子改造社会的强烈意识。实际上,如《现代政治的思想与行动》中《人与政治》一篇的"追记"所述,丸山真男在战后初期也曾在建立作为"现实科学"的政治学和"纯粹政治学"之间游移徘徊过。这构成了其思想学术的内在紧张——现实批判和价值中立的矛盾交错。而我认为,"丸山政治学"的魅力和不断被误解的原因也正在这里。他曾坦承:"我对现实日本政治状况的判断方法,至少在政治判断的范围内我想做一个高度的实用主义者。"而在说明自己对共产党表示宽容的理由时,则强调面对革命暴动的危险和统治阶层强化镇压的局面,即在"秩序和正义之间"自己更愿意选择"正义"。就是说,丸山真男最终没有走向"纯粹政治学",而是更倾向于建设具有启蒙思想指向的作为"现实学科"的政治学。他强调政治必须处理眼前大量活生生的素材,同时一个政治学家"在其内心引导他的必须是真理价值才行"②。这种追求终极理念的同时不忘入世关怀的倾向,不仅使其政治学具有了基于战后日本社会的理论原创性,而且折射出那个时代启蒙知识分子对普遍价值的恪守。启蒙是一个价值重估的过程,如果没有信仰理念的支撑,知识分子将无法完成深刻的观念革命。

　　综上所述,丸山真男通过思考现代人与政治的密切关系以及民族、国家之共同体和统治形态等问题,在努力调和主体介入和价值中立的矛盾的同时,强有力地建构起一种直面现实且有启蒙指向的"丸山政治学"。这个学说彻底摆脱了战前以"国体"为中心、具有鲜明德意志"国家学"色彩的传统,而且与战后初期以津田左右吉、安倍成能等为代表的

---

① 丸山眞男:《後位の位置から:〈現代政治の思想と行動〉追補》,未来社,1982年,第21—70页。
② 丸山真男:《现代政治的思想与行动》,第146—147页。

"文化国家"思路乃至后来的实证主义政治学不同,真正开启了政治学的全新路径。从这个意义上讲,可以说丸山真男的学术思想在发挥启蒙作用的同时,也实现了学科上的某种"范式革命"。按照托马斯·库恩《科学革命的结构》的定义:所谓的范式通常是指那些公认的科学成就,它们在一段时间里为实践共同体提供典型的问题和解答。如果说《现代政治的思想与行动》在深度批判法西斯专制政体的同时提出了社会重建的议题,那么以西方启蒙运动后形成的市民社会为样板推进日本改造,则是其给出的基本答案。

《现代政治的思想与行动》对"市民社会"的直接论述也并不多。平石直昭大致梳理过丸山真男因应时代变迁而对"市民社会"前后不同的认识。[1] 例如,1936年所作《政治学中的国家概念》一文,丸山真男曾在马克思主义的意义上依据黑格尔的定义提到市民社会概念,并看到这种市民社会有走向法西斯主义的危险。到了战后他开始转而积极谈论"市民社会",这首先体现在《福泽谕吉的哲学》(1947)一文中。在此,丸山真男透过《欧洲文明史》作者基佐描述的西方近代市民社会结构,来分析福泽谕吉以此为武器如何展开对东洋社会的历史剖析。尔后,在与高见顺对谈时则相当清晰地展示了其对市民社会的理解:"在比较顺利地实现了民主化的社会里,即作为市民社会的发展,人们是通过自主性组织而编制成型的","古旧的社会结构崩溃,其后经过相当长的时间才形成市民社会的体制"。而各种工团组织、教会和文化团体、政党等自发性组织得以发达,它们"非常广泛的存在终于取代了以往封建性体制,并承担起市民教育和舆论形成乃至生活条件的改善等等使命"。可是,日本依然是由天皇制来统合国民,"我们所面对的是只有国家而没有社会这样一种国家编制。"[2]

---

[1] 平石直昭:《丸山眞男の"市民社会"論》,收小林正弥编《丸山眞男論》,东京大学出版会,2003年。
[2] 《丸山眞男座談》,第一卷,岩波书店,1998年,第302页。

平石直昭最终要阐明的是,丸山真男的市民社会观有一个由黑格尔模式到基佐再到拉斯基模式的西方来源,而且存在一个从战争期间意识到市民社会有走向法西斯主义危险而忌谈之,到战后最早意识到大众社会的突起而积极谈论市民社会理念的变化过程。这里明显地反映出,"丸山政治学"思考其背后的理想图景是以西欧基于古典自由主义基础上的"市民社会"为榜样的,这个"市民社会"理念包括其近代主义思想倾向,后来也成了丸山真男评价的核心问题。

四、后启蒙时代的丸山真男评价问题

战后民主主义时代在"68年革命"即学生造反运动之后走向终结,日本也由此进入到所谓后现代社会,这同时意味着普遍知识分子渐次退出思想舆论的历史舞台。而丸山真男1971年从东京大学提前退休,在他个人思想学术生涯中也颇有"终结"的象征意义。那么,在自由、民主、科学、理性、革命、解放等等"普遍价值"遭到深刻质疑的今天,丸山真男留给我们的近代主义思考和启蒙知识分子的使命意识该如何评价?这是我们阅读他的著作所无法回避的问题。以下,我将结合1960年代以来源自政治和学术立场不同的各派对丸山真男的批判,来进一步思考这两个问题。

在日本战后启蒙时期,有关社会改造和未来发展构想上曾产生各种思想流派,而影响最为广泛的是所谓"近代主义"。按照日高六郎编现代日本思想大系《近代主义》卷"解说"所言,"近代主义"的名称首先是对其加以批判的人们赋予的,具有一定的贬义。近代主义者共同的思想关注焦点在于:对日本的近代化其性质本身保持强烈的关注,他们同时注意作为制度变革的近代化和承担其变革的主体即近代人的确立问题。以此来观察,当时的近代主义者大致可以分成四种类型:视近代化为在结构上从资本主义转向社会主义的过程、以工业化为指标的近代化论、用多种指标衡量近代化程度的近代化论、从历史性和超历史两个维度析出近代概念的论述。丸山真男属于第四种类型,即他的《开国》(1961)一文所示在象征意义上"近代化"意味着从封闭社会向开放社会的转型过程。[1]

如前所述,二战后以《极端国家主义的逻辑与心理》一文一跃登上思想舆论界,到安保斗争的 1960 年前后,丸山真男已然成为知识界权威和思想领袖。作为坚持近代主义立场和市民社会理念的知识分子代表,他更成为众矢之的,赞同与反对之声不绝于耳,这本身亦是战后日本思想史一道独特的风景线。有日本学者曾将种种"丸山批判"归纳为五类:保守派及民族主义者、共产主义者即日共旧左翼、学生造反时代的新左翼、后现代知识左翼,以及政治学上的实证主义学派。而目前影响甚大的是来自后现代主义的批判。[2] 日本内部的学派之争和思想论战我们不必详论,但以下三人对丸山真男的批判主要集中于"近代主义"和普遍知识分子问题上,值得关注。

文学家和思想家吉本隆明(1924—2012),在战后日本是以批判教条化马克思主义旧左翼的姿态出现的新左翼代表,被安保斗争一代人视为"战后思想的巨人"。如果说,丸山真男属于精英知识分子典型,那么吉本隆明则是在野的激进左翼领袖。他早在 1960 年代初就开始从"全学连"的立场出发对作为"进步文化人"代表的丸山真男展开批判,而发表于 1963 年的《丸山真男论》则是其集大成。问题的发端在于,1960 年 5.19 安保斗争达到高潮以后,运动如何推进成为新旧左翼的思想分水岭。丸山真男参与 5 月 19 日群众示威游行,24 日代表学

---

[1] 日高六郎编:《近代主義·解説》,筑摩书房,1964 年,第 21—24 页。
[2] 小林正弥编:《丸山眞男論》,东京大学出版会,2003 年,第 10—14 页。

者进入总理官邸表明立场,但之后则宣称不再参与大规模运动。① 新左翼认为他的发言将安保斗争转换成了"拥护民主主义"的运动。而吉本隆明认为,坚持民主和市民社会理念的丸山真男其视野里根本没有真正的"大众"。

《丸山真男论》首先指责该人"战争体验"的暧昧性。就是说,二战期间的丸山真男既没有积极参与战争,也未主动抵抗。因此,他那时所预见的"民主主义"处在接受统治阶级所给予的"民主"还是要重新获取"大众"的"民主主义"中间摇摆不定。吉本隆明强调,这种"战争体验"的暧昧性还导致其《极端国家主义的逻辑与心理》对日军"残忍"行径的分析偏离了事实。日本大众的生存方式决定了统治的方式,而不是相反。战争中士兵的"残忍"源自其"生活史"即生存欲望,而非丸山真男所谓"压力转嫁体系"②。从拥护民主主义这一虚设的构架出发来捕捉大众问题,乃是当代丸山学派及市民主义知识分子常陷入的错误泥潭。③ 其次,丸山真男在对日本近代政治和思想加以批判之际,总是将作为理想所描绘的"近代化"图景推向终极。而与所有近代主义者一样,他无意识中将"西欧"近代文物制度视为符合理想图景的模式。而其空想的"模型"即所谓超越历史时空之幻想的"西欧",乃是经黑格尔式抽象化而重构出来的。④

我们已知,吉本隆明在 1960 年代形成了独自的"共同幻想"论,这不期然地开拓了 1980 年代大众消费时代反思"近代主义"精英文化——西方中心论的先河。而他源自草根知识分子的对于"大众"内涵的理解,自然与丸山真男对市民社会中作为独立个体的"民众"之认识截然不同。

---

① 参见丸山眞男《普遍の意識欠く日本の思想》(1964),收《丸山眞男集》第十六卷,岩波书店,1996 年。
② 吉本隆明:《柳田国男・丸山眞男論》,筑摩书房,2001 年,第 258 页。
③ 同上,第 259 页。
④ 同上,第 302—305 页。

从这样的立场出发来看丸山真男,其知识分子意识和近代主义思想乃是一种"拟制"(虚拟的理念)、市民社会的构想则成为"民主主义的神话"。吉本隆明及其新左翼要打碎的正是这种市民社会的秩序与正义。在此,可以看到日本持不同世界观和政治想象的知识分子之间的冲突。但从历史角度观之,我们不得不说战后日本走的是丸山真男的道路,不管赞成还是反对。激进左翼并没有给社会发展提供积极现实的设计方案。

如果说,吉本隆明的"丸山批判"属于同时代的政治论争,那么酒井直树和子安宣邦则是1990年代以来从后现代主义立场出发对丸山真男思想质疑的。美国康奈尔大学日裔学者酒井直树(1946—)在上世纪90年代积极将欧美的文化研究和后殖民批评引进日本,成为受到瞩目的评论家。他的《国民共同体的"内"与"外"——丸山真男与忠诚》(1994)一文,也是从"后学"立场出发的。酒井直树认为,丸山真男的后期著作《忠诚与反叛》(1992)其议题的核心是与近代民族国家相关的忠诚问题,这同时也是他贯穿《日本政治思想史研究》(1952)以来的研究主线。这不仅表白了丸山真男对日本国民共同体的忠诚,而且意味着他极力想追寻走向近代化的日本固有传统的发展。他在知识上的奋斗,所展开的是对日本社会的内在性批判,包括早年的《现代政治的思想与行动》在内。就是说,从其出发点上他就受到了日本知识分子的先天束缚,而始终是作为国民主义者从事其实践性工作的。丸山真男坚持将日本和西方区别开来,并把近代与前近代这一原本属于时代分期的东西置换为东方与西方的地理划分。他有一种将日本民族共同体直接转换到国民共同体上来的基本观念。因此,丸山真男把假想的"西方"理念化,这在给其学术带来现实批判功能的同时,也把"西方"和"日本"变成了绝难逾越的鸿沟。"西方"与"日本"二元对立的思维结构,扼杀了内在于其思想业绩中的批判性,结果只能成为国民主义式的思考而无以发展为超越民族国家的政治认识。① 酒井直树的批判虽然出自"后现代"立场,但也与吉本隆明对以西方近代为"模式"的斥责,有着异曲同工之妙。

思想史学者子安宣邦(1933—)的"丸山批判",同样也是从后现代立场出发的,但涉及到更为广泛而深刻的问题。自1990年代从江户思想研究转向"日本近代"以来,子安宣邦的思想史建构始终是在与丸山真男的抗争中进行的,这自然是由于丸山政治学和思想史已经成为该学科的"范式"。其中,以发表于1994年的《日本的近代与近代化论》和《"近代"主义的错误与陷阱——丸山真男的"近代"》两文最具代表性。子安宣邦首先对写于同时期的霍克海姆和阿多诺《启蒙辩证法》与丸山真男《日本政治思想史研究》两书加以比较,认为同样是以极权主义统治下试图发动总体战争的国家为背景而反省"近代"的,却显示出两者某种重大的差异。相比于从启蒙理性本身寻找一步步退化到野蛮境地之原因的前者,丸山真男试图以对"近代"的坚守来对抗脱离常规的法西斯主义蛮行。这样一套有关近代主义的话语,其特征在于把对"近代"的坚守视为足以反抗法西斯主义的关键,而未能将批判性的思考推进到"近代"本身,包括科学理性乃至建基其上的资产阶级市民社会理念。② 在此,我们可以看到与酒井直树同样的后现代立场,即从本源上质疑作为宏大叙事的近代主义话语。

可以说,丸山真男的思想和学问属于战后启蒙时代的特殊产物,正因为其高度凝缩了那个大时代的主导思想并产生了深远影响,因此具有重要的价值意义。但同样,它也无可置疑地带着那个时代自身的局限。因此,从"后丸山时代"的角度观之,人们对其提出种种批评也是理所当然的。以上三人,除了吉本隆明之外,酒井直树和子安宣邦代表了一种后现代主义的思想立场和认识视角。其中,对民族国家这一制度安排和

---

① 酒井直樹:《死産される日本語・日本人》,新曜社,1996年,第68—71页。
② 子安宣邦:《日本现代思想批判》,岩波书店,2003年,第228页。

民族主义（国民主义）意识形态的反思，对启蒙思想中科学理性之本质主义的质疑，以及对近代性本身的总体反思，成为其思考重心而明显不同于战后启蒙时代。实际上，这是一场有关"近代"与后现代、启蒙与后启蒙思想之争。随着"68年革命"的结束，启蒙时代以来的近代主义理念遭到普遍质疑，普遍知识分子渐次退出历史舞台，这恐怕也是丸山真男所始料未及的。一个时代有一个时代的主流思想和要解决的课题，上述源自后现代立场的"丸山批判"同样有助于我们全面理解其思想价值和历史局限的作用。而在后现代日本，也依然有站在近代立场上高度肯定丸山真男的人在。例如，加藤周一的以下观点，同样值得我们参考：

> 我不认为，丸山先生是所谓"近代主义者"，即以西欧近代社会为"模型"来推进日本近代化的理论主张者。这种主张一方面属于明治维新政府的，同时也是福泽谕吉的立场。而丸山先生所讨论的是，西欧思想史上的"前近代"与"近代之后"在日本重叠在一起这样一种状况。此种观点并非主张以西洋为"模型"来推进日本的近代化，当然也不是所谓"近代的超克"，即以"前近代"来超越"近代"。我认为，在西欧和日本两种文化间的往复运动，可能最终造就了丸山先生锐利的现实感觉。①

五、"不断革命"与知识分子问题

"近代主义"与"知识分子"是孪生一体的两个概念。17世纪发生于西欧的启蒙运动推动了近代社会制度和思想文化的大发展，也构筑起有

---

① 加藤周一・日高六郎：《同時代人丸山眞男を語る》，世織書房，1998年，第39页。

关普遍历史的思考方式。其中,知识分子成为启蒙运动的主要推手和"近代思想"的创造主体。然而,随着 19 世纪后期西欧出现"危机思想",尤其是到了两次世界大战以后,近代思想体系和知识分子的存在价值开始遭到质疑。丸山真男是战后日本启蒙时代的特殊"现象",作为一个典型的普遍知识分子,他能否为后现代主义批判提供反证以显示近代性思想的价值,或者为反思知识分子问题提供参照呢?这个近代主义与后现代主义之争不单是日本的问题,同时也关系到当代中国的思想语境。

我们不能不承认,以上三人对于丸山真男的批判具有某种思想合理性,反映了战后日本的社会变迁和思想焦点的推移。但是到了最近,曾经领导日本后现代理论潮流的柄谷行人,在其为《现代政治的思想与行动》中文版所做序言中却对上述批判嗤之以鼻,认为"没有一条是看清了丸山所处的背景,以及所经历过的体验"。柄谷行人强调,"丸山实际上所从事的研究,并不是市民主义或自由主义之类,而一以贯之的是马克思主义的问题",即 1930 年代"讲座派"所追究的日本社会性质——封建残余遗留。丸山真男是一贯追求"社会主义"的人。

这听起来有些隔膜,与我们印象中的丸山真男不大相同,甚至有中国学者认为这是柄谷行人的"误解"[1]。不过我认为,如果了解柄谷行人对社会主义、共产主义的独特理解,那么说丸山真男真对社会主义一贯有所追求,也并没有错。相反,这种说法可以进一步确认其作为"普遍知识分子"对普世价值和终极理念的关怀,值得再做讨论。

新世纪以来,在以《跨越性批判——康德与马克思》为代表的一系列著作中,柄谷行人一直在反思社会主义并试图重建共产主义道德形而上学。他通过关注康德并与马克思的著作对照阅读,发现在康德的"形而

---

[1] 任剑涛:《丸山真男:保持对政治的怀疑精神与决断能力》,载 2018 年 8 月 11 日《新京报·书评周刊》。

上学批判"背后有着对作为实践和道德命令之形而上学"重建"的意图。这触发柄谷行人以"整合性理念"而非"建构性理念"来理解"共产主义"。他认为,作为道德形而上学理念的共产主义之所以消失,是因为19世纪来世界社会主义运动逐渐偏离了将其视为乌托邦或者康德所谓"超越论假象"的方向,把生产领域的斗争和对抗国家的运动作为扬弃资本主义制度的革命目标,结果共产主义理念一旦落地则变成"建构性理念",社会主义革命也成了建设现代民族国家的工具,而作为"整合性理念"的共产主义理想却灰飞烟灭。反思既往展望未来,我们需要恢复马克思的政治经济学批判,并重建作为"头上的星空和心中的道德律令"之共产主义理念。① 不如此,人类将永远失去前行的方向,思想也无以化为构筑未来的实践力量。

回到知识分子与价值理念的问题上来。丸山真男在战后一段时间里曾亲近马克思主义者和社会主义阵营,后来自称社会民主主义者,而在冷战结束后的晚年又感觉"到了真正拥护社会主义的时代"②。这里所谓的"社会主义",正可以说是从冷战解体中获得重生的作为理念的社会主义,也即柄谷行人所谓道德形而上学。丸山真男一生的政治立场可能前后有所变化,但不变的是他在思考民族和社会重建的同时对普遍价值和终极理念——真理价值的坚守,从而使他具有了福柯所谓"普遍知识分子"的品格。在此,为了讨论的进一步深入,我愿意用丸山真男自己常常谈到的"不断革命"概念来形容这种普遍知识分子的品格。

柄谷行人称丸山真男是一个追求社会主义的人,其主要依据是《现代政治的思想与行动》最后一章"追记"中的一段话:"毋庸置疑,民主主义并非只终结于议会制民主主义。议会制民主主义只是在一定的历史

---

① 参见柄谷行人《跨越性批判——康德与马克思》,赵京华译,中央编译出版社,2018年。
② 《丸山眞男座談》第9卷,岩波书店,1998年,第284—287页。

本辑主题　61

条件下,民主主义在某种制度上的表现而已。但是,我们不管是过去还是将来都不会看到一个完全体现民主主义的制度,人们至多只能谈论某种程度的民主主义。在这个意义上,'不断革命'才是真正符合民主主义这个词的。"[1]就是说,议会制乃至民主主义本身也不是目的。"不断革命"意味着走向一个终极理念的过程,这个终极理念至高且远,可能只是人类高迈而美丽的一个愿景或者乌托邦。这个乌托邦大概永远无法落地成为现实,但人类需要这样的终极关怀来引导自身走向至善。而知识分子应该有对终极理念的追求,这样才能达到"不断革命"——永远进步的境地。

我还注意到,在发表于同时期的一篇题为《缺乏普遍意识的日本思想》(1964)的访谈中,丸山真男对"不断革命"的概念内涵有更明确的规定,即对个人独立价值的追求并以此为准绳来批判制约人之价值实现的各种制度:

> 我这样说,常被视为"近代主义"。然而我认为,只有这种"近代化"才当得起"不断革命"。有人说社会主义是不断革命,不然。因为那只是在某种历史状况下产生的体制。如我所言,参与普遍性问题的思考、视人不论贵贱生而有其独立的价值,站在这种肯定个性之终极价值的立场上,并以此为基准对政治、社会的种种运动和制度加以批判,这就是"不断革命"[2]。

"个性之终极价值",这应该是人类要坚守的普遍价值之一。而作为特殊存在的启蒙知识分子,其"不断革命"的实践则主要在于"说出真实"。对此,丸山真男有着非常清醒的认识。例如,在讨论施密特所谓纳

---

[1] 丸山真男:《现代政治的思想与行动》,第547页。
[2] 丸山真男:《丸山眞男集》,第十六卷,岩波书店,1996年,第64页。

粹并未摧毁德国知识分子内心自由的问题时,丸山真男谈到外部"异议人士和内部顺从者"对"事实"感受不同而纳粹通过隔离内外实现同化,由此引出知识分子要说出"事实"的责任问题。政治常常是虚假的,意识形态所映现的世界往往是"颠倒的世界"。在此,丸山真男首先对马克思异化理论和无产阶级革命给出一个独特解释:无产阶级代表了资本主义社会所有非人性的面向,因此,解放全人类的所有激情源自其颠倒的生活形式和价值感。也因此,马克思阶级斗争理论不是要单纯颠覆压迫阶级,而是要改变整个"颠倒的世界"。然后,他对知识分子的使命做出如下阐述:

> 当今知识分子艰难而又光荣的任务,不在于避免这个悖论,而是要站在彻底参与和彻底"不负责任"之间,为做出通过内部而超越内部的展望而努力。因而,这不是那种被称作"自由主义"的特定历史的意识形态问题,而是意味着,无论一个人代表何种信念、为何种信念而战斗,他都凭着智识来为之奉献。因为智识的功能也就在于,在任何时代,都把他者作为他者,置于外在来理解。①

从边缘的位置出发说出"真实",凭借知识为信念而战斗,这是丸山真男的知识分子观。萨义德在《知识分子论》中,曾提到葛兰西的"有机知识分子"说,认为这很符合20世纪后期的现实,传统的知识分子已经散落到"知识工业"的各行各业,发挥着行动知识分子的功能。至于福柯的特殊知识分子取代了普遍知识分子的观点,他则认为与葛兰西的有机知识分子意思相近。但是,萨义德更强调自己的知识分子观在于其流亡的"边缘性"并站在边缘位置上向权力说真话,其根据则是以下普遍原

---

① 丸山真男:《现代政治的思想与行动》,第542页。

则:"我也坚持主张知识分子是社会中具有特定公共角色的个人,不能只化约为面孔模糊的专业人士,只从事他们那一行的能干成员。我认为知识分子是具有能力向公众以及为公众来代表、具现、表明讯息、观点、态度、哲学或意见的个人。……知识分子这么做时根据的是普遍的原则:在涉及自由和正义时,全人类都有权期望从世间权势或国家中获得正当的行为标准;必须勇敢地指证、对抗任何有意无意地违反这些标准的行为。"[1]比照萨义德的论述,我认为丸山真男大致位于葛兰西所谓传统知识分子和有机知识分子之间。同时,他站在边缘位置上始终坚守普遍价值,则符合萨义德的知识分子观。时隔半个世纪之后,丸山真男的著作依然对我们有强大的思想冲击力,原因正在于此。

谈论丸山真男及其战后一代日本知识分子的历史,其实与中国不无关系。我们知道,20世纪后半叶的中国实际上也处在世界大潮里边,只是特殊的国情使得它与世界潮流错位了二三十年。例如,二战后西方世界和日本普遍经历了再工业化的过程,共同在1970年代遭遇到从工业社会向大众消费社会的转型。这期间,东西方普遍爆发了所谓"68年革命",即青年学生反抗父辈社会秩序与伦理价值的造反运动,它最后终结了知识分子的时代。中国也在1949年开始了再工业化进程,只是十年"文革"的曲折使其与世界拉开了一定的距离,因此大众消费社会的到来要延至1990年代。这样来看,与日本战后启蒙知识分子时代相仿佛的事态,在中国也曾出现于1980年代。

许纪霖在《公共知识分子如何可能?》(2002)一文中,借助布尔迪厄的理论而提出一条从特殊走向普遍的知识分子理想类型,以期待当今中国能够形成一种专业化的公共知识分子。"他们将学院生活和公共空间连接起来,并赋予超越的批判性意义"。而这种"超越的批判性

---

[1] 萨义德:《知识分子论》,单德兴译,陆建德校,三联书店,2002年,第16—17页。

意义"的获得,在于重拾对普遍性的追求。即"从特殊走向普遍的视野来看,世界既不是由虚幻的意识形态所构成,也不是被后现代和技术专家分割的支离破碎;它从各个不同的特殊性立场出发,汇合成一个共同的、又是无中心的话语网络,正是这样的整体网络,建构起当下世界的完整意义和在权力与资本之外的第三种力量:自主的和扩展的文化场域。"[1]由此,知识分子将获得公共性的基础。这是当今中国知识界有代表性的一种观点,即期待在普遍知识分子消失之后,能有新型的公共知识分子出现。

那么,战后日本思想家丸山真男的政治学实践和知识分子意识,是否对当下中国有所启示呢?我以为,身处战后启蒙时代的丸山真男并非今天意义上的公共知识分子。他有对民族复兴和国家再造的激烈追求,这是曾经一度遭到灭顶之灾的日本"国家"造就的那个时代知识分子的特殊情结,即所谓"悔恨共同体"。这是丸山真男思想的历史独特性甚至力量的源泉所在,但也成为后现代主义者如酒井直树等对之加以批评的地方。我在这篇论文中,试图关注其思想的另一方面,即他同时也怀揣着对"不断革命"和真理价值的一贯追求,而呈现出某种普遍知识分子的倾向。这是丸山真男的复杂性所在。那么,日本战后启蒙知识分子将民族复兴的实践和对普遍价值的追求结合在一起而获得的"公共性",或许对今天的我们也是一个参照。

总之,1970年代以后知识分子特殊社会角色的消失,根本在于我们这个世界失去了普遍主义追求。因此,知识学问也只能成为技术手段。普遍价值和终极理念源自世界"普遍危机"思想的存在和对人类发展的总体关怀。21世纪,我们面临着新的生态环境危机、经济政治制度的深度疲劳以及宗教心灵的普遍瓦解,这些问题理应促使我们去寻找整体性

---

[1] 许纪霖:《民间与庙堂——当代中国文化与知识分子》,三联书店,2018年,第110—111页。

的解决方案,也需要我们重拾对普遍价值的追寻。在此,重要的是我们需要意识到"普遍危机"的存在。这是我阅读《现代政治的思想与行动》一书的主要感受。

(赵京华:北京第二外国语学院文化与传播学院)

再论丸山真男与现代性
一个失败的抑或是未完成的 Project?

王 前

  本文重新考察丸山真男关于现代性的论述，梳理他的主要观点，阐发他的相关理念在21世纪的意义和相关性。从今天的角度来看，丸山关于现代性的观点的确有过于理念化的一面，不无可以批判的地方，但他的确抓住了近代以来日本社会转型的最重要问题，即如何实现政治和伦理上的现代性的问题。他的观点也经受住了时间的考验，在今天依然有值得重视和汲取的政治智慧。

  丸山真男(1914—1996)去世已有二十余年，这些年里他的遗稿不断被整理出版，关于他的著作也从未断过。有这么大影响力的学人思想家在战后日本乃至日本现代史上非常罕见，难怪有些人称之为"丸山真男神话"。近来有年轻学人声称要远离丸山，也有右翼学者说丸山是"害国者"，批评他对日本现代史的看法是自虐史观。如此评价两极化，盖棺定论，对丸山来说似乎有点太早。
  大概自从阿多诺和霍克海默的《启蒙辩证法》问世后，现代性名声就似乎已不佳，中经后现代主义、后殖民主义、新旧保守主义等思潮的批判，更是不复昔日声势。而丸山恰恰可以说是为了在日本实现真正的政治上和伦理上的现代性(modernity),使日本成为名副其实的现代国家而探索了一生的政治思想家,这一切都基于他在二战前与战争中的体验,是那些刻骨铭心的原体验决定了丸山的思考方向。一个终生追求真正现代性的思想家,在这个据说已是后现代的年代照理早就应该被淘汰被忘却,为何还是一再被讨论、被批评、被纪念?其中原因值得深思。哈贝马斯在获得阿多诺奖后发表了题为"现代性——一个未完成的计划"①的演讲,可以视为哈贝马斯关于现代性的见解的一个简洁概括。笔者就直接借用这个说法,来重新审视丸山关于现代性的思想,因为在关于现代性的认识方面,丸山跟还哈贝马斯基本上有很一致的看法。②

我们现在重新考察丸山真男一生的探索,也许不应该局限于日本思想史的范围里,而是应该把他的思考放在 20 世纪思想史这个大框架里重新定位,如此才可以看出丸山作为一个思想家的真正意义。因为在笔者看来,他的思考不仅仅对日本很重要,在东亚范围里看,也是很有意义的工作,可以为东亚国家提供重要的思想参照。如果再扩大范围来看,丸山又是西潮冲击东亚以来做出了卓越贡献的一位现代性思潮的理论大家,他关于现代性的思考也可以用来反思启蒙、民主主义和现代性这些大词,因为丸山既熟悉日本思想史的发展脉络,又对中国思想和西方思想有极深的造诣,在诞生于近代西方的若干普遍性价值受到严重质疑和批评的今天,以丸山作为一个典型个案来反思现代性尤其具有现实意义。

笔者记得在福岛核电站事故发生以后,日本有记者说丸山当年批评

---

① Habermas,"Die Moderne—ein unvollendetes Projekt", in *Kleine politische Schriften* Ⅰ-Ⅳ, pp. 444 - 464, Suhrkamp, 1981.
② 丸山真男的挚友、美国著名社会学家罗伯特·贝拉就具体谈过他们关于现代性的看法。参见 Robert Bellah, *Confronting Modernity:Maruyama Masao, Jürgen Habermas,and Charles Taylor* (April 26, 2007)

过的"无责任体系"依然存在,有不少他提到的问题似乎战后过了六七十年还没有真正解决——"无责任体系"这个丸山最早用来形容二战时日本政治体制特征的词已成为战后日本重要语汇。那么丸山在战后日本究竟想要完成什么?他成功了多少?抑或是个失败的思想家?对别的也同样为现代性所困惑的国家有何启示?本文虽无法全面而详细地回答这些问题,但会尝试着重新梳理一下跟他的现代性理解相关的几个主要理念,考察一下他的相关理念在 21 世纪当下的意义。

毕生的课题——日本的现代性

《日本政治思想史研究》是丸山的处女作也是成名作,在这本著作里,他借用卡尔·曼海姆的《意识形态与乌托邦》的手法,主要研究了江户时代日本思想史,以古学派大师荻生徂徕和国学派巨擘本居宣长这两位重要思想家为主要考察对象,以公与私为切入点,通过分析儒家思想内部是如何逐渐解体的来考察日本现代性思维的萌芽。丸山自己说过,这本著作有"超学问"的动机,也就是说他并不是纯粹为了江户时代的日本思想史而做这个研究的,也是一种思想上的抵抗。因为论文写作的年代日本正走向超国家主义和军国主义,有一篇甚至是他被征召入伍前写完的。最近重新翻译成中文的《现代政治的思想与行动》则是丸山的另一部代表作,收入了他战后发表的谈政治学和政治问题的主要论文,包括那篇令他声名鹊起的"超国家主义的论理与心理"。这两本书加在一起虽然只占他的著作群的一小部分,却可以完整而清晰地了解丸山的问题意识。而代表丸山晚年思考成果的则是尚未翻译成中文的长篇论文《历史意识的"古层"》与《忠诚与反逆》[1]。另一位战后日本的著名思想

---

[1] 这两篇晚期丸山的代表作收入《忠诚与反逆——转型期日本的精神史位相》,筑摩书房,1998 年。

家,也是丸山好友的鹤见俊辅称晚年丸山的这些论文代表了丸山的最高水平。

从青年时期开始,一直到最晚年,虽然丸山研究涉猎的学问众多,发言涉及的对象也极其驳杂,人称丸山是日本三大侃爷——他留下的座谈集就有九本,但他的问题意识却是非常一以贯之,可以说丸山一生的问题意识和思考保持着惊人的同一性——用他描述日本思想传统特征的说法,就是有他的"执拗低音"——都指向现代性这个西潮冲击后东亚面临的最大问题,尤其是日本如何实现真正的伦理和政治意义上的现代性。作为战后日本最有影响力的启蒙思想家,为战后日本民主主义奠定理论基础的政治理论家,即便是晚年写出了貌似"转向"的论文《历史意识的"古层"》,其出发点也是战争刚结束时的那个丸山下定决心要探求的"现代性思维",因为丸山说过之所以要研究历史意识的古层,就是为了探讨失败的原因——为何真正的现代性在日本难以扎根——进而思考打破历史意识的古层的方法,并非出于主张历史的宿命论。从这个意义上来说,虽然在他一生中研究方法的确有发展,思考当然也有深化,但其最主要的问题意识具备惊人的连贯性。

那么丸山所追求的现代性究竟有什么特征呢？对现代性在经济方面的表现形式丸山似乎兴趣不浓,谈到资本主义时他并非无条件支持,对日本战后迅速成为世界第二大经济大国他只有惊讶但并无太多自豪感——事实上日本在上世纪六七十年代的高速发展他并没有预料到。他对现代性的肯定主要来源于他的战争体验——不仅有军国主义给国家带来的灾难,也有他身为东京帝国大学副教授也被征兵入伍,受到霸凌的体验——所以他认同那些在他看来具有普遍性的现代性价值观,尤其是自由民主主义为主的价值观,就是因为他认定日本由于缺乏那些价值观,所以才导致日本发动了那场战争——在他看来,明治维新并没有真正完成日本的现代化,尤其是在政治领域。如果概括一下丸山对现代性的理解的话,那应该包括政治上的民主化、个体主体性的建立和健全的民族主义等特点。或者用丸山的友人罗伯特·贝拉的话来说,丸山跟哈贝马斯和查尔斯·泰勒一样,他们追求的现代性都具有社会性和规范性的特点(social and normative aspects),完全不同于二战后一度流行的现代化理论(modernization theory)①。丸山对政治与伦理性意义上的现代性的执着探索,导致一些论客给他贴上了"现代主义者""西方中心论""进步派知识分子"等标签,也有论者说丸山捡起了被法兰克福学派批评的启蒙等已被证明有问题的西方理念在日本推广,实在是一种文脉误置的思想引进②。甚至连丸山真男的友人、人类学大师列维·斯特劳斯也对丸山的执拗探索表示过异议。日本进入七八十年代后流行结构主义和后结构主义,很多人都批判近代哲学之父笛卡尔的哲学,认为把主观和客观分离的二元论是错误的,主张应该重视吸收近代以来西方理性精神的丸山自然也在被批判之列。对此,丸山曾这样反驳过:

> 列维·斯特劳斯在给我的信中说:"你说的公与私的分离正是现代性的问题"。他是研究原始社会的,并想从中获得治疗的药方,他那样说我能够理解。换而言之,那是欧洲的自我批评。可把那种

---

① 前揭 Robert Bellah, *Confronting Modernity: Maruyama Masao, Jürgen Habermas, and Charles Taylor*(April 26,2007)。贝拉到底跟丸山有过长期的交往,对丸山的思想与学术非常了解,他写的关于丸山的论文可以说是最好的丸山论——既考虑到日本的文脉,又有强大的西学背景,还有跟丸山一样的强烈现实感。贝拉 2012 年 10 月在东京大学做过关于丸山真男的演讲,题为"丸山真男的比较法西斯论",在这篇演讲里,他也把丸山跟哈贝马斯和泰勒并列,指出他们在现代性思考方面的共同点,也提到他自己的观点跟他们大致相同。该演讲后收入《宗教とグローバル市民社会》(宗教与全球公民社会)一书。罗伯特·贝拉·岛田进·奥村隆编,岩波书店,2014 年。
② 如当今最有影响力的日本思想史家子安宣邦就认为丸山利用起源于西方的现代性来批评日本的问题就是一种理论误置。在他看来,被阿多诺和霍克海默批评的启蒙现代性本身就有问题,而丸山竟然用这种带来问题的现代性来在思想上对抗军国主义——这就是子安的批评思路。子安对丸山的批判是在日本有代表性的观点之一,究竟击中了丸山的要害与否,请参见子安宣邦论文「"近代"主义的错误与陷阱——丸山真男的"近代"」,收入氏著《日本近代思想批判》,岩波书店,2003 年。

欧洲的自我批评移植到文化传统完全不一样的日本来就很可笑了。……欧洲近代的那种主客观分离是种彻底的分离,正因为分离了,所以自然科学才发达了,因为主体独立了,才产生了客观看待客体的态度,客观性就是这样诞生的。[1]

在丸山看来,公与私的分离是现代性的一个重要特征,而在法国乃至整个西方思想界从60年代起引领思想界潮流的列维·斯特劳斯却提出截然相反的观点,难怪很多密切关注西方思想界特别是视西方为灯塔的一些学者觉得丸山老矣,感到他已经落伍了。从上面的引用可以看出,丸山坚持自己对日本的判断,在笔者看来这是在深入消化西学的同时很好地观照脚下的一个具有现实感的判断。丸山在他的另一本代表作《日本的思想》里也批评过日本学界译介外国思想很快,也没有好好消化就快速跟进了,似乎总是追赶最先进的东西,而罔顾日本的历史与现状。这跟海德格尔的著名弟子卡尔·洛维特对日本吸收西方思想的批评有异曲同工之处。

洛维特二战时曾经流亡日本数年,他后来说日本人仿佛住在一幢二层楼的建筑里,底层是日本文化,二楼是从柏拉图到海德格尔的西方文化,而欧洲来的教师感到困惑的是这两者之间的楼梯不知道在哪里。[2]两者之间似乎没有什么沟通,思想与思想之间没有真正的对决,可以安然并存。经历过二战后的丸山,对洛维特的这个批评肯定有了更多的共鸣,所以他才越发执着地追求现代性在日本的真正实现。他的主张是基于日本的历史和现实以及他对发轫于西欧的现代性的深刻理解,在他的理论储备里,既有康德、黑格尔等德国观念论的深刻印记,也有英国经验

---

[1] 丸山真男「権力の偏重をめぐって」(关于权力的偏重),《丸山真男话文集》第四卷,第185页。丸山真男手帖之会编,美篶书房,2009年。译文如无特别说明,均为笔者所译。
[2] 洛维特在去美国流亡之前(1940年)给日本的《思想》杂志写的长篇论文"欧洲的虚无主义"里的话。此文分三次发表在这份著名的思想类杂志上,文中也有对日本当时盛行的国粹主义的批判。

论的影响。而他的另一些批判者则批评丸山用来解剖日本的理念在欧美也有歧义,西方的理念并非一成不变,西方也并非铁板一块,等等①,这些是很多对丸山的批评里常见的观点。在笔者看来,衡量丸山是否西方中心主义者,评价他的观念是否过时,除了在理论上的考察外,也许更重要的是要看丸山指出的到底是不是真问题,他的理念是否真的有助于日本社会的进步。事实上在上世纪 90 年代,日本史学界的两位重量级史学家网野善彦和阿部谨也各自从专业角度对日本的传统做出了跟丸山类似的批评。网野是以研究日本中世纪见长,阿部则是研究欧洲中世纪史的名家。前者的问题意识受到另一位现代日本大学者柳田国男的影响,重视 Folklore,后者则从研究欧洲中世纪史出发,回过头来看日本的历史发展,研究得出的结论竟然跟丸山有不少类似之处。比如阿部就指出真正的个人主义诞生于欧洲中世纪,那是跟基督教有密切关系的,而在日本很难产生真正独立的个人主义,在日本重要的是"世间"——就是中文里的社会。阿部的研究也从另一个方面证明了丸山的问题意识并非无中生有。不能因为他们借用西方的思想资源,就批评他是西方中心论。而有意思的是,那样批评丸山的学者,他们自己借用的其实也是后现代、后殖民主义等西方新理论。借用哪里的理论并非问题,重要的应该是理论是否运用得当,是否用来解决真正的问题。

丸山是深受德国思想文化影响的一代学人,他说过对他影响最大的思想家是康德和马克思。在现代性思考方面,马克斯·韦伯对他的影响更大。成名作《德川时代的宗教》被丸山批评得几近体无完肤的贝拉也深受韦伯的影响。贝拉在评论他的几位老友如何思考现代性的文章里

---

① 另一位批评丸山的日本学者是旅美的酒井直树。他从后现代的角度批评丸山,既有锐利的分析,又让人觉得他的批评离开了具体语境。参看氏著《死産される日本語・日本人——「日本」の歴史―地政的配置》,新曜社,1996 年。

说,现代性(modernity)跟历史一样,并没有如有些人预言的那样终结了。韦伯所关心的那些问题,比如合理化、除魅化、价值的碎片化以及价值与工具理性之关系等至今仍旧占据着人们议论的中心位置,韦伯对现代社会和资本主义的考察仍旧也是我们时代的问题,所以从这个意义上来说,现代性的问题当然没有过时,似乎并没有随着后现代的到来而退出历史舞台。[1] 这样的认识可以说也是丸山的认识,跟贝拉一样,丸山对后现代在日本的流行向来持批评的态度。

跟丸山的现代性理解密不可分的就是他对进步理念的理解——这在后现代主义理论家来看也许又是一个过时的概念。在给英译本《现代政治的思想与行动》所做的序言里,丸山说他作为深受18世纪启蒙思想的追随者,始终是进步这种"陈腐"思想的信徒。在讲述自己的思想立场时,他说自己对站在德国的历史主义和英国的经验论之间的思想家颇有共鸣,如前所述马克斯·韦伯和卡尔·曼海姆——曼海姆的《意识形态与乌托邦》对丸山有过很大影响。虽然丸山也深受马克思主义的影响,但由于自己对大理论(grand theory)生来的怀疑,所以无法全盘接受。同时他又相信理念在人类历史发展过程中的重要作用。他还说自己虽然也被唯名论吸引,但是无法因此而放弃人类历史是有意义的观点。熟读黑格尔的《精神现象学》和《历史哲学》的丸山之所以始终不肯放弃对进步理念的信仰,这跟黑格尔哲学对他的熏陶也很有影响,因为他相信就如黑格尔说的那样,"历史是朝向自由意识的进步"[2]。

对丸山的现代性理解如果要进行批评的话,笔者认为也许他在深度上不及法兰克福学派的一些思想家,比如哈贝马斯的相关论述。跟他的

---

[1] Habermas,"Die Moderne—ein unvollendetes Projekt", in *Kleine politische Schriften* I-IV, pp.444-464, Suhrkamp,1981.

[2] 参见《现代政治的思想与行动》,英语版著者序文,《丸山真男集》,第十二卷,岩波书店,1996年,第41—51页。丸山虽然对卡尔·波普尔的历史哲学评价不高,认为不如马克斯·韦伯深刻,但在对进步的信念上两者并无太大差异。

老师、也是政治哲学大家的南原繁相比也有薄弱之处①,尤其在对启蒙与现代性的反思上。比如他在战争结束后不久写的"现代性思维"一文中批评了提倡"近代的超克"(超越现代性)的京都学派的学者和文人。丸山说战争的那几年,在日本"现代性"仿佛是诸恶之根源。可是战争让人们认识到在日本现代性不仅没有被超克,反而是要通过麦克阿瑟元帅来学习现代文明的 ABC,令人难以抑制悲惨和滑稽的感觉。② 丸山的现实判断当然是正确的,日本之所以战败,正是跟日本当年不民主的政治体制最有关系,也跟欠缺科学的精神有关。③ 但所有问题是否都可以归结为"现代性思维"的欠缺与不发达,似乎有简单化倾向。可以说丸山指出了最重要的部分,但能否说全部原因就在这里,还需要更为全面而细致的考察。而从后现代角度对丸山进行的批判,比如丸山理解的西方过于有同一性,没有考虑到西方现代性本身也是多元复杂的,启蒙也是因国家而不同,等等④,这些批评都有其锐利之处,毕竟当时丸山也没有亲眼考察过西方,他对现代性的理解更多的是通过他对西方思想家的阅读而形成的——当然也就缺乏酒井那样长期在西方大学教书的日本学者具有的很多第一手体验——但是,从先前提到的网野善彦、阿部谨也等战后成长起来的学者的研究来看,他们也得出了相近的结论,跟丸山有很接近的看法,从这个意义上来说,丸山是抓住了问题的核心——尽管他在细致之处不无理解的片面,这也是导致很多批评的原因。

虽然对现代性会带来的问题有警觉但并没有太多着墨,这当然是他

---

① 是南原繁让原本想研究西方哲学的丸山转向研究日本政治思想的,因为南原繁认为只有知己知彼才能对抗当时的国家主义、日本主义。二战期间南原繁出版了《国家与宗教》一书,对纳粹的意识形态有非常锐利的批评。他对宗教在社会中的作用的认识比丸山有深度,能够深刻认识现代性里的宗教维度。参见《国家と宗教》,岩波书店,2014 年。
② 丸山真男:"近代的思维",《丸山真男集》,第三卷,岩波书店,1995 年,第 3—5 页。
③ 日本民俗学开山师祖柳田国男就认为日本之所以战败,跟缺乏知识有关。参见《柳田国男对谈集》,筑摩书房,1992 年。
④ 酒井直树就持有这样的观点。参见前揭酒井著作。

所处的时代和环境所决定的。政治思想家所关心的问题,基本上都来自他所生活的时代,对丸山来说,更重要的是如何改造日本这样一个近代以来虽然实现了包括高度工业化在内的现代化,但在其他方面却还有很多前现代残留的社会——用丸山自己的话来说,就是超现代与前现代结合在一起,这是日本现代性的独特之处。[①] 思想家的问题意识各有偏重,丸山本人也一再强调思想脉络不同的问题,这也是现在思考现代性问题时值得参考的地方。

作为"永久革命的民主主义"

在丸山所思考的现代性中,也许最重要的一条就是民主主义了。在这方面他虽然没有提出什么系统性的理论——他在形成自己的政治哲学的过程中,思想资源基本上来自西方[②]——基本上相关论点和主张都散见于他的一些时评和论文中,但是由于面对的环境与条件跟他同时代的西方思想家很不一样,在一个没有多少民主传统可以依靠的社会里,如何建立真正的自由民主政体,在笔者看来他的确有很深刻的洞见,一些见解甚至对当今世界都很有启发。

丸山虽然认同欧美的自由民主主义的理念,但他从来不是无批判地吸收,而是在认同普及那些理念的同时也注意存在的问题,这也许跟他从年轻时就重视阅读 20 世纪自由主义最大的"敌人"卡尔·施密特的著作有关,能够从政治理念的对手那里了解自己所坚持的理念的短板,从而完善和加强自己所支持的政治理念。

也许是考虑到日本没有民主的传统,看到民主主义在日本扎根不容

[①] 丸山真男:《日本の思想》,岩波书店,1987 年,第 5 页。
[②] 贝拉在前揭讨论他的三位朋友关于现代性的文章里提到,丸山跟哈贝马斯和泰勒不一样的地方就是在追求现代性价值的时候,丸山可以依靠的思想资源很少是本土的,所以他不得不借助康德、马克思和韦伯等西方重要思想家。可以说这也是日本以外的非西方国家共有的现象。

易,丸山对民主主义有个令贝拉很惊讶的说法,那就是"作为永久革命的民主主义"——从这个说法可以看出,丸山的民主主义是种很根本、很彻底的民主主义,这也是植根于他对现代性里的一些价值观的深刻理解。在他看来,民主等现代性价值观本身就是一种人为设计的制度,是种 fiction——拟制,所以不可以把民主主义当作一旦成立就可以高枕无忧的制度,而是需要生活在民主制度下的人们不断努力去争取去维护的。丸山是这样论述为何民主主义需要永远的革命的:

> 谈社会主义的永久革命是没有意义的。只能说民主主义需要永久革命。因为民主主义说的是人民来统治——这是包含了多数人的统治这个永远的悖论的概念。正因为多数人统治而少数人被统治是不自然的(卢梭),所以民主主义不是作为制度,而是作为过程、作为永远的运动才是现实的。
>
> 当"人民的统治"这个观念所蕴含的悖论被忘却时,"人民"立刻就被视为跟"党""国家""领袖""天皇"等等为一体,民主就变成了空话。①

在麦卡锡主义横行于美国时,丸山做出了令后来成为他好朋友的贝拉非常惊讶的预言:作为民主大本营的美国也可能产生法西斯主义。从结果来看,丸山是有点夸张了美国变成魏玛共和国的可能性,但是从特朗普当选后美国一些媒体担忧美利坚合众国步魏玛的后尘来看,不得不说丸山看问题具有很强的洞察力和先见之明。这也许得益于他推崇的复眼思维——这正是他的思想英雄福泽谕吉所提倡的。丸山曾经批评那种对某种政体一边倒地赞美的朋友,说他们只会 an sich 地看问题,不

---

① 丸山真男:《自己内对话》,みすず書房,1999 年,第 56 页。

本辑主题　77

能在光明中看到黑暗,同样也不能在黑暗中看到光明——不能辩证(dialektisch)地看问题和分析问题。也许因为熟读施密特那样的思想上的强大敌手,丸山较之那些认为能一劳永逸地建立民主政体的人,更多地意识到其脆弱性,尤其是在大众民主主义的时代。

丸山对民主主义的洞见也来自他对政治这个终生研究对象的鞭辟入里的观察。在1961年的一条笔记里他这样写道:

> 政治没有经济、学问和艺术那样的固有"对象"。从这个意义上来说,政治没有固有的领土,倒不如说政治穿越所有人类活动的领域。当跟横断面接触时,经济、学问和艺术都带上政治性。对政治的定位伴随两种危险。一是政治躲在其特殊的领土里,此时政治就变成了"政界"里的权力游戏。另外一个危险则是政治不仅穿越所有人类活动领域,而且上下都膨胀渗透。此时因为政治跟所有领域都有关系,经济文化都被政治蚕食,被其吞没,这就是全能主义的政治。①

为了避免这种现象,丸山从日本佛教传统里搬出"在家佛教"这个概念,鼓励人们像居士一样关心政治,从而避免民主主义的形骸化。在这方面,我们可以看到,虽然丸山强调公与私的区别是现代性的特点之一,但在他这样的区别并不是毫无关联的并存,而是一个硬币的表与里,所以他在论述社会的现代化时也强调个人现代化的重要性,也就是建立现代性的主体。所以当后现代主义者说主体性也不存在时,丸山当然认为那是忽视日本历史与现实问题的一种"超克"——一如他对京都学派在战争中所说的"近代的超克"的批判。在他看来,恰恰是因为明治维新以

---

① 前揭《自己内对话》,第73页。

后的日本没有能够建立其真正的主体,没有真正的个体的独立性,才是造成日本失败的重要原因之一。而在讲现代性的主体性的时候,丸山经常强调的一个概念就是"他者""他者感觉"。

流亡犹太裔思想家卡尔·曼海姆认为产生纳粹的精神史背景是站在他者立场上把握他者的能力的衰退与缺乏,而在丸山看来,这种自我中心的世界认识会被人们误以为如同自我意识的觉醒。经历过日本学生运动风暴洗礼的丸山对此有切肤之痛,他甚至觉得日本当年全学联三派都有这种问题:缺乏他者感觉,也就是说没有能够建立他视为现代性重要内涵的现代性主体。为了培养他者感觉,他主张与其提倡什么国际交流不如加强国内交流,乃至同一个人格内部的交流,他甚至说如果在自己自身内部不能对话,又如何能够相信通过沟通而实现进步呢?[①]他还解释了何谓自己内部的对话,就是要把自己所讨厌的东西放入自己的精神内部,想像一个似乎是喜欢那样的东西的自己,站在那样的立场上与自然的自我对话,所谓站在"他者"的立场上认识就是指的这个。对丸山来说,这样的他者认识,是现代性主体不可缺少的组成部分。他通过阅读施密特而跟这位令人尊敬的思想上的敌人(honorable enemy)进行了长达半个世纪以上的对话,可以说正是这种"自己内部对话"的最佳实践了。

丸山真男是社会主义者?

作为现代社会的主要思潮之一,跟现代性有密切关系的社会主义自然也是丸山真男关注的一种主要思潮。更何况马克思对丸山的影响本来就举足轻重——丸山跟马克思的关系跟另一位同时代的哲学家雷蒙

---

① 前揭《自己内对话》,第 252 页。

隆·阿隆有类似之处。他们都重视研读马克思的著作,研究马克思主义,但是在某些地方并不认同马克思的主张。在考察丸山对现代性的思考时,有关马克思主义和社会主义这个侧面也值得考察一番。

贝拉晚年重读丸山,说他很惊讶马克思对丸山的影响之深。[1] 笔者第一次知道丸山对社会主义的好感是在阅读他跟几位学生辈知识人的座谈时。当时正好是苏联解体后不久,丸山对很多人把社会主义弃之如敝屣的说法很是看不惯,说终于进入了拥护真正的社会主义的时代了。他还说苏联的失败不能证明社会主义思潮本身失败,因为苏式社会主义是国家主义的一个变种[2],而社会主义本身有很多流派,比如伯恩斯坦也是社会主义[3]。当时读到那篇座谈记录后一时有点困惑,那就是丸山究竟是如何定义他所理解的社会主义的呢?在丸山去世后,著名出版家、也是丸山终生好友的小尾俊人根据他留下的手稿笔记编成的《自己内对话》解开了这个谜。

《自己内对话》第三部分里有这样一段丸山的自问自答:

> 我在什么意义上是社会主义者?或者说想成为什么样的社会主义者?第一,我反对国家主义——所有国家把社会和个人都吞噬了的倾向我都反对。社会主义本质上是国际主义的,它必须是超越所谓的社会主义国家的原理。国际主义重视的不是民族的团结,而是世界公民的团结。
>
> 第二,是因为现代的技术和组织的肥大化及其社会相互联系的

---

[1] 参见 Robert Bellah, *Confronting Modernity: Maruyama Masao, Jürgen Habermas, and Charles Taylor* (April 26, 2007)
[2] 丸山对苏式社会主义有非常锐利的批评,参见《现代政治的思想与行动》所收"'斯大林批判'中的政治论理"。这篇文字堪称20世纪对苏联问题的最佳评论之一。跟丸山的友人伯林写的可以对照着读。读大学时就对唯物论感兴趣的丸山,分析苏联的问题时他持反-反共主义者的立场,也就是说他的立场是站在学术的立场进行的,所以更加有值得聆听的部分。
[3] "夜店与本店——听丸山真男一席谈",《丸山真男座谈》,第九卷,岩波书店,1998年,第284页。

复杂化已非资产阶级的个人主义所能够处理的了。生产的社会化这个现实不能交给不负责任或是根本就是在追求利润的原理去实现，所以生产和分配无法缺少计划。资产阶级的个人主义对国家（官僚）的形式化的组织恶很敏感，但对社会中成长的组织恶却很迟钝。现代巨大的产业正是依据全能主义的指导者原理。这些组织在其内部是权威主义，而对其他社会则是要求不负责任的自由。

但是第二个要求须服从第一个要求。因此从这个立场出发，国家＝社会主义比个人主义更加危险。必须彻底做到个人＝社会主义。计划只有在服务于每个个人的尊严时才是可以被容许的。①

从上述自述可以看出，熟读马克思的丸山对资本主义带来的问题非常了解，他的解决方法跟自称是政治上的自由主义者、经济上的社会主义者和文化上的保守主义者的丹尼尔·贝尔有相似之处。通过丸山的夫子自道，我们可以更好地了解他心中的社会主义究竟是什么样的，从而对他的整个思想可以有更全面、更确切的把握。

政治现实主义的杰出典范

在丸山去世十周年的时候，出版了《丸山真男著作集》和《丸山真男座谈集》等的岩波书店出的著名杂志《思想》编辑、发表了"重读丸山"专辑，曾担任过东京大学总长的著名政治哲学家佐佐木毅教授写了刊头语"思想的话"，重估了丸山身上所体现的政治精神。在他看来，丸山所追求的"政治的精神"在当今日本非但没有过时，而是更具有现实意义。因

---

① 前揭《自己内对话》，第248页。

为丸山所理解的"政治的精神"是需要最大限度地承受跟自由相伴的责任,并且在承担了责任后,必须毫不动摇地做出踏实的努力以最大程度地追求政治的可能性。政治不是追求至善,而是追求比较好的结果。在这个过程中,只有对作为自我决定活动的政治具有信赖和信赖感才有可能实现。[1] 在佐佐木教授看来,当今一些日本政治家似乎忘记了这点,把政治家从事的工作当作是和圣诞老人一样的。佐佐木教授还特别提到了丸山的一篇著名演讲"政治的判断",在笔者看来,这的确是政治现实主义的一个典范文本,跟当今在英美政治学界重新受到重视的政治现实主义有不少相通的地方。在这篇文章里,丸山强调政治的选择未必是最好的选择,最多只是较好的选择,甚至是对复数个恶的选择——挑最不坏的那个。因此丸山提倡"文脉中思考",最反对单纯化和刹那化。让我们来看一下丸山是如何谈论政治现实主义的吧:

> 政治正如俾斯麦所说,政治是一种可能性的技术……从跟现在的政治现实主义相关的角度来说,也就是不要把现实看作是固定的、已经定型的东西,而是要看在各种可能性中间,哪个可能性要加强它,哪个需要矫正,需要把这些跟政治理想和目标等结合在一起来思考,这是政治思考法的一个重要要素。换而言之,从这里就产生方向判断。现实其实是各种各样可能性的结合。其中的某个可能性将来可能越来越大,而另一种可能性也许越来越小。这样的方向性认识跟现实认识是不可分割的。如果没有方向性,只是说理想也许那样而现实就是如此,这不是政治认识。需要认识各种可能性的方向性,然后选择,思考朝哪个方向加强才是正确的,哪个方向是不怎么希望有的,就争取不往那个方向发展,这才是政治的选择。

---

[1] 佐佐木毅:"丸山真男的'政治精神'",《思想》杂志,第988期,岩波书店,2006年8月。

所谓的日本政治现实主义则是没有这种方向性的现实主义,当有人说"实际的政治不是那样的"的时候,大多数是没有方向性的政治认识。①

佐佐木教授在前面提及的文章里感慨丸山提倡的政治现实主义思考在日本并没有扎根,战后过了那么多年了,政治思考的训练并没有完成。在笔者看来,这样一种政治现实主义的思考,不仅仅对日本是需要的,在当今世界当我们思考政治的时候,也是很重要的思考问题的方法,值得借鉴。

冷战刚结束的时候,弗朗西斯·福山发表了《历史的终结》,仿佛世界已经开始进入一个人类历史的最后阶段了。可是如今也许没有多少人会相信他的说法了吧。当今民粹主义和权威主义在英美这样的老牌民主国家也出现,重读丸山这位终生思索现代性和民主主义等问题的政治思想家也许可以找到提供解决问题的一些思路。比如民族主义和民主主义的关系。丸山在二战结束后不久,就提出日本需要在建立民主主义的过程中跟健康的民族主义结合。这在当时的日本是很少见的一种观点,尤其在进步知识分子中间。因为日本之所以发动战争,最终战败,其中一个重要原因就是过度的民族主义。所以战后丸山自己也写过好几篇论述日本近代以来民族主义问题的论文。丸山当时在讨论明治时期的著名政论记者陆羯南时指出,陆羯南在明治时期就意图综合民族主义和民主主义,尽管有不彻底的地方,但是对日本现代化方向的一个本质上很正确的蓝图,而不幸日本后来未能整合成功这两者,最终被国家主义吸收了。在丸山看来,明治时期有过很好兆头的民族主义与民主主义的结合,在法西斯主义被打败、实现了民主化的战后终于迎来了最

---

① 丸山真男,"政治的判断",《丸山真男集》,第七卷,岩波书店,1996年,第319页。

好的登场机会。① 丸山的这个思路跟伯林的自由民族主义的理念很接近，都是拒绝走向跟现实和常识严重乖离的国际主义。从当今西方成熟的民主政体也发生民粹现象可知，如何维护民主政体内部的权益也是一个重要问题，牵涉到社会和政体的稳定。丸山在为战后日本的民主主义进行理论奠基工作时注意到了这个问题的重要性，并没有因为二战时的超民族主义而一概否认民族主义的意义，如今看来是极富现实感的一个洞见。

据说古希腊伟大的史学家修昔底德之所以要写《伯罗奔尼撒战史》，也是为了告诫读者社会是脆弱的，已经取得的文明成果很容易失去。作为具有很强的现实感，高度警惕乌托邦之危害，亲身经历过20世纪最极端时代的政治思想家，丸山思考政治问题始终不囿于意识形态，富有高度政治现实主义色彩，他所提倡的政治思考与判断的方式，在当下这个后冷战时代依旧可以给我们很多有益的启迪。

（王前：东京大学教养学部）

---

① 丸山真男:"陆羯南——人和思想"，《丸山真男集》，第五卷，岩波书店，1995年，第105页。

"拟制":丸山真男的现代想象

裴自余

丸山真男想象的现代社会,是拟制思维成为时代精神的社会。拟制并非某种具有内在价值的绝对之物,它只是为了某种便利或发挥某种功能而设立。拟制思维会产生一种主体性自觉,让人认识到社会环境都是人的产物,都是凭人的智慧、能力可以改变的。日本的现代化过程,经历了从自然思维到拟制思维的转变,但拟制思维始终局限于少数人,而未能普及为时代精神。作为拟制产物的天皇制国家,经由神化和实体化,反过来吞噬了当初创设制度的拟制思维,形成了一种没有主体的无责任体系。就日本的现代化而言,精神方面的拟制思维革命仍有待完成。要确保现代的主体性,具有拟制精神的人,要将拟制作为拟制,始终要防止拟制的自我目的化,保持其相对性。

一、 现代是什么时代?(What time is it?)

丸山真男(1914—1996)一生经历了跌宕而漫长的20世纪,他对于"时代"有超乎常人的敏感,以致这种敏感有时会令其自己都怀疑是否是自我的"知识分子意识过剩"。1960年,丸山真男所属的团体发起一项署名反对安保条约的运动,有人认为这一思想调查伴随着侵害良心与思想自由的危险,丸山则以为,上述意见固然包含着某种真实,但它遗漏了问题的一个重大侧面,"归根到底,我们要碰到的根本问题是,现代是什么样的时代?"①在卓别林的电影《大独裁者》(1940)中,两次出现了台词"What time is it?",作为日常问话,一般理解是"现在几点了?",丸山真男却敏锐地意识到,这里问的应该是时代,是与《摩登时代》一脉相承的,换言之,卓别林(也可以说是丸山真男)其实一直在问:现代是什么时代?②

丸山真男执着于对于"现代"问题的拷问,某种程度上也是拜时代所赐。他生于1914年,第一次世界大战开始之年;成长于日本民主主义、自由主义的路线下降,右翼的或国家主义的路线急剧上升的时期,从高中起就开始经历反动的军国主义时代,一些重要的事件给他留下了深刻的印记。他于昭和六年(1931),九一八事变之年进入高中;昭和八年(1933)日本退出国际联盟,京大龙川教授因思想左倾被强制离职,日本共产党领导人佐野学和锅山贞亲发表"转向"声明,"转向时代"开始,丸山真男在一次纪念唯物论研究会的讲演会上被捕;昭和九年(1934)进入东京帝国大学法学部,主修政治学,日本发生"天皇机关说"的问题;昭和十年(1935)东京帝国大学法学教授、宪法学权威、日本国会贵族院议员美浓部达吉因该学说而被告发并被迫辞职;昭和十一年(1936)美浓部在家遭右翼袭击住院,二·二六事件;昭和十二年(1937)七七事变,日本全面侵华战争开始,这一年丸山真男从东京帝国大学毕业并成为法学部学术助理。之后太平洋战争爆发,世态每况愈下。③ 他就是在这样的时代开始了学者生涯,而笼罩日本学界的"时代精神"是所谓"超越现代"(overcoming modernity)论。超越论者认为,明治以后的日本早已充分

---

① 丸山真男:《现代政治运动中的表态问题》,载《现代政治的思想与行动》,陈力卫译,商务印书馆,2018年,第501页。
② 丸山真男:《现代社会的人与政治》,载《现代政治的思想与行动》,第512页。
③ 丸山真男:《幕末维新的知识分子》,载《福泽谕吉与日本近代化》,区建英译,北京师范大学出版社,2018年,第161—162页。

现代化,现代日本的病患,是由于过分吸收西欧近代文化和制度而滋生出的毒素;而在被"现代"污染前的日本,古代信仰与儒学及来自亚洲大陆的"东方精神"融合,形成了美的传统,把它从'现代'的污染中拯救出来,这才是日本对"世界新秩序"建设所应作的贡献。而在学术上与这种"超越现代"论调相对抗,捍卫和拥护"现代",正是丸山真男从事学术研究的"超越纯粹研究兴趣"的动机。[①]

问题是,战后年代,还有必要继续追问乃至捍卫现代性吗? 1930—1940年代和1960年代的差异是显而易见的,至少就日本和西欧内部而言,纳粹最盛之际噩梦般的疯狂与颠倒,已经让位给福利国家和消费社会;严重的意识形态对抗,已经转变为"意识形态的终结"的大合唱。对于这种"我们生活的时代已经与那个时代大大不同"的看法,丸山真男却不以为然。在他看来,将纳粹及法西斯主义的"极权主义"问题仅仅局限在特定的国家和特定的历史环境中,就会陷于一种"看似'历史的'眼光,而实际上是非历史的思考"[②]。这些不同的年代之间,可以说是处于托克维尔观察美国的民主社会时所指出的均等化过程的延长线上:一方面是政治权力的集中化,另一方面是"狭隘的个人主义"的蔓延,因而有着某种共同的精神状况。[③]

如何把握"现代"这一宏大问题? 丸山真男的方法是始终聚焦于时代精神、思想结构、思维方式:以某个特定时代为对象,总体地把握其政治、社会、人间、文学、艺术等各领域出现的思维方式,及其相互的关联和其与社会政治状况的关联;也就是说,综合性地把握时代精神的整体结构,从而解明其历史的发展状况。[④]丸山真男将对时代精神的把握作为一种方法论的自觉,在他看来,关于政治、经济、社会、教育的具体个别问

[①] 丸山真男:《英文版作者序》,载《日本政治思想史研究》,王中江译,三联书店,2000年,第19页。
[②] 丸山真男:《现代政治的思想与行动》,第548页。
[③] 同上,第536页。
[④] 丸山真男:《关于思想史的思考方法》,载《福泽谕吉与日本近代化》,第207页。

题的直接发言,不管出自多么卓越的思想家,其发言必然与其所处的时代状况密切结合,由此必然受到历史条件的制约,与之相比,上述贯穿于具体的个别的发言深处的思维方法,就相对地能超越特定的时代的特定的风土,带有更为普遍的意义。丸山真男所理解的"现代"的思维方式或时代精神则体现在"拟制"(fiction)精神上。

二、"拟制"思维:现代性的表征

"拟制"(fiction)一词本身有多义性,丸山真男的用法也不拘一格,根据语境也有多种译法(小说、制作、虚构、拟制等)。从词源学而言,"fiction"来自拉丁文"*fictio*"或"*fingere*",本义指"制作"(to fashion)、"发明"(to invent),后来衍生为想象(to imagine)或假装(to pretend)。其本义,从一个宽泛的意义上而言,指的是具有某种目的的人们,根据自己的目的而制造出某物。这一制作的过程,是主体将质料变成形式的过程,质料越少,形式越多,拟制性越高。完全摒弃了自然的、可感触的现实,仅仅根据某种目的意识,从头脑中创造出来的东西具有最高的拟制性。由于存在于直接可感的现实领域之外,也让"拟制"蒙上了一层"虚假"的意味。[1]

就思想史而言,"拟制"的观念古已有之。希腊的诡辩派就否认社会规范和秩序的先天约束力,而把它们看成是人类的制作。中世纪的唯名论者提出普遍概念都是人们为了便于使用制作出来的,实际存在的只是个别事物。而以司各特和奥卡姆为代表的后期经院哲学的出现,标志着拟制思维不仅仅限于个人的思想而是成为时代的精神或现代性表征的开端。早期中世纪神学中,自然与超自然是在连续的关系中被把握的,

---

[1] Masao Maruyama, "From Carnal Literature to Carnal Politics," in Ivan Morris(eds.), *Thought and Behaviour in Modern Japanese Politics*, London: Oxford University Press, 1969, pp.253 - 254.

后期的经院哲学乃至宗教改革的思想动向总体上挣脱了神与世界的内在关联,走上了把主权的自由赋予神的道路。司各特主张,世界是神绝对随心所欲的产物,一切价值都是在神的创造性决断之后被确定下来。奥卡姆进一步发展了司各特的意志优位说,把神从所有的理念约束中解放了出来。加尔文著名的"预定救济论",也是出于确保神的绝对主权性的意图。这种神的超越化取向,在笛卡尔那里,达到了逻辑的高峰:作为全能的主权者,神从无中制作出价值秩序,而神对于这种价值的实质性内容,完全是处在无差别的立场上。① 如同施米特所言,近代国家论中的重要概念,都是神学概念的世俗化。在近世欧洲,由唯一绝对神有计划地创造世界秩序的思考方式被世俗化,这就内在地准备了通向由作为自由责任主体的绝对君主来创造形式上的法体系、合理的官僚制度以至统一的货币制度的道路。经历了从霍布斯到洛克到卢梭而完成的近代国家政治理论,都同样地承继了由主体的作为使经验世界组织化的这种想法,把作为顶端的创造主体的君主的作用转回到底层的主体的公民的作用上。而且,此时作为拟制的国家观还结出了社会契约论的果实。② 社会契约论视个人为唯一的自然存在,将社会关系全部归结为个人目的及意志的产物。其"契约"原本就是高度的拟制(fiction),这一点只有在卢梭和康德的契约论之后才被清楚地认识到。③

这样一种拟制的思维方式何以成为现代性的表征？在丸山真男看来,这种拟制逻辑的现代性就在于它带来了"个人的发现",确立了现代的主体人格——自由认识的主体、伦理责任的主体,或是秩序形成的主体。关于秩序或人类社会组织,有两种根本对立的看法,一种认为组织具有固定的客观形态,对于个人而言,是先在的必然所与;另一种则认为

---

① 丸山真男:《日本政治思想史研究》,第 189—190 页。
② 丸山真男:《日本的思想》,欧建英、刘岳兵译,三联书店,2009 年,第 45 页。
③ 丸山真男:《现代政治的思想与行动》,第 432 页。

个人单凭自己的自由意志出发,制造出某种组织,新的社会关系是作为实现其目的的手段而缔结的,相应于目的的多样性而采取任意的形态。①从中世纪向现代的转换,所谓从身份到契约,或从共同体到社会,也是第一种组织类型被第二类型取代的过程。如果说中世纪的人仍然以家族这样的自然必然性团体为原型来理解一切社会组织,近世的人则是尽可能从人的自由意志创设中来把握社会关系。从前作为命运来接受社会秩序的人,现在已经意识到了这些秩序的产生和改革依赖于他的思维和意念。根据秩序而行动的人走到了对于秩序的行动。②拟制思维会产生一种主体性自觉,让人认识到所有环绕在人们周围的社会环境——如社会秩序、制度和习惯等——都是人的产物,都是凭人的智慧、能力可以改变的。这正是从前现代到现代转型的思想前提。这种拟制自觉看似理所当然,实际并非如此。因为具有特定目的的制度,在社会环境中沉淀越久,人们就越来越意识不到它是被人为制定的,相反则把它当成一种天然形成的自然赋予物,从而再也不过问这种制度的目的究竟是什么。像这样的社会意识形态中当然不会产生拟制思维,即便产生也不会成为支配力量。③为了强调人对于制度的主体性,在《现代政治的思想与行动》一书的末页,丸山真男将《托克维尔回忆录》中的一段名言作为题记:"我不得不相信:人们称作不可或缺的制度,通常只不过是习惯了的制度;在社会体制的领域里,可探讨的范围之广泛,要超出生活在该社会集团中的所有人的想象。"就此而言,他所注重的拟制思维,正是在呼应或重申托克维尔的洞见。

对于人的主体性的自觉,相应地,是对于作为拟制的造物(制度或理论)之有限性的自觉。在近代国家的形成过程中,对作为拟制的制度的

---

① 丸山真男:《日本政治思想史研究》,第 181 页。
② 同上,第 184 页。
③ 丸山真男:《从肉体文学到肉体政治》,载《现代政治的思想与行动》,第 430 页。

自觉认识,同时也是对拟制与现实生活之间尖锐的分离与紧张的自觉认识。在欧洲的思考方式中,由于一方面有绝对的超越神的传统,另一方面有市民的自发结社和再结社的精神,这种至今得以维系。在这种紧张意识的支撑下形成了市民社会的传统,并成为对权力正当性的根据进行质疑的源泉。[1]缺乏这样的自觉,便会走向制度的神化。同样地,对于作为拟制的理论,也应该对其有限性具有自觉的意识。丸山真男指出,在对待已有的理论或概念的同时,应将其作为创造源泉的精神——自由的主体站在严密的方法自觉的立场上,将对象进行概念性整合,通过不断的验证将其再构筑的这种精神——而不是作为既成品来接受。应当重视理论、概念等从现实出发的抽象化作用,而不是重视其被抽象化了的结果。否则,理论、概念等就会失去了作为拟制的意味,反而转化成了一种现实。[2]

三、 拟制思维与日本的现代化

人们普遍认为日本是历史上第一个"非西方"的现代国家。自明治维新以来的短短一百多年内,封建日本华丽地从传统转身,迅速崛起为一个现代国家,其成就举世震惊:就全球而言,1800 年代的日本是一个相对落后地区,有着 3000 万农业人口,处于颟顸而又权力分散的德川幕府统治之下。德川政权无法对全日本征税,有效利用经济资源,亦无法动员人民,举国一致,甚至不能垄断对外关系。但到 1900 年,日本已经历一场复杂的革命,它成为欧美地区之外唯一的立宪制国家,亦是唯一的非欧美帝国,更是当时的非西方地区第一个也是唯一一个成功跨越工业革命的国家。从 19 世纪 50 年代到 80 年代,日本一度沦为无独立性

---

[1] 丸山真男:《日本的思想》,第 44—45 页。
[2] 同上,第 59 页。

的半殖民地,为西方列强所掌控,但到了1905年,却成为殖民强国,与列强平起平坐。在20世纪上半叶,转而进行帝国扩张,发动战争,要在整个亚洲建立霸权,结果以失败收场。这一过程给日本本国和亚洲众多国家的人民带来深重的灾难。战后,日本在全球政治上成为一个和平而消极的国家。①今日,日本将堪称空前的富裕、极其稳定的社会和显而易见的和谐结合在一起,是当今最成功的工业(甚或后工业)经济体,这也使其成为当今世界"现代性"的象征。然而,日本这个国家仍然是一个谜,它既陌生又熟悉,既传统又现代,甚至既"东方"又"西方",如蒙太奇一般令人困惑。②日本的现代化过程充满混杂和模糊,充满可爱和可恶,该如何理解现代日本之谜?现代日本到底"现代"在何处?相较于局外人的雾里看花,作为局内人(当然又能出乎其内)的丸山真男,从思维方式——作为现代性表征的拟制思维的发展——角度,为我们揭开了日本的"现代"迷思。

丸山真男的"现代"探寻,最初的问题意识是从思想史的侧面探讨何以中国的现代化失败并被半殖民化,而日本通过明治维新成功地建立东方最初的现代国家(这一现代国家哪怕是加括弧的现代),在一片"超越"和"否定"现代之声叫喊不已的时候,关注明治维新的"现代性"侧面,进而关注德川社会中现代要素的成长。其得出的一个基本结论是,如果说德川时代的思想决不都是封建性的,那么,反之,明治时代也没有完全拥有市民性、现代性的瞬间。③他认为,正因为我们没有进一步深入地从结构上努力把握日本"近代"的独特性质,所以才出现要么说"已经近代化了!"要么说"不,还是前近代!"这种二者必居其一式的轮流叫板。而无

---

① [美]安德鲁·戈登:《现代日本史:从德川时代到21世纪》,李朝津译,中信出版社,2018年,第14,31页。
② [英]戈托-琼斯:《现代日本》,顾馨媛译,译林出版社,2014年,第1页。
③ 丸山真男:《日本政治思想史研究》,第251页。

论在哪方面,日本的"近代"都具有超近代和前近代独特结合的性格。①

从时代精神或思维结构来看,从幕末到明治时代的思维方式经历了从"自然"向"制作"(拟制)的变化,制作说也由"圣作"("神作")到"人作",象征现代性的拟制思维萌发和成长,但止步于少数人,没有普及到大众。德川幕府的意识形态中,朱子学的"自然秩序逻辑"是最普遍的社会思维方式。根据朱子学的观点,理作为宇宙的终极根据,具有贯通万物的普遍特性,理一分殊;儒学规范(五伦)的根基被置于宇宙的秩序(理)中,同时又被先天地内在(作为本然之性)到人性之中。这种自然逻辑的最终意义,在于把封建现实的等级制度当作"自然的秩序"加以肯定。②而在幕府中后期的秩序危机中,为了重建其秩序基础,荻生徂徕完成了从自然秩序的逻辑向制作逻辑的转换。他的整个学说,虽然以古学为名,实际上却蕴藏着日本近代思想的一些萌芽,成为日本近代思想的一个出发点。荻生徂徕著名的命题是:"道非事物当行之理,亦非天地自然之道,乃是圣人制作。"所谓天道、地道,照徂徕的说法,只不过是把人类的秩序推到自然界中。他把宇宙的自然从圣人之道中排除了出去,另一方面,又把道专门限制为礼乐这种外部的客观制度之中。此外,徂徕又把圣人完全限定到具体的历史存在的先王上,主张"圣人不可学而致",从而确立了先王绝对制作者的主体人格。③徂徕学所导入的主体制作思想的主要影响在于,它从封建社会关系及其观念纽带中剥夺了实质性的妥当根据,使之形骸化;它也能够作为变革封建社会、建立新秩序的逻辑武器(这一积极意义在明治维新以后才展现出来)。徂徕学的"制作"理论的局限——制作的主体被限定为圣人或德川将军这种特定的人格——顽固地附缠在徂徕学之后的所有"制作"观中。只要制作的资格,

---

① 丸山真男:《日本的思想》,第4—5页。
② 丸山真男:《日本政治思想史研究》,第164—165页。
③ 同上,第170—172页。

还同特定的地位结合在一起,主体对于秩序的能动性,就不会给予大多数的人。①这一点在明治维新的大规模制度创作当中也不例外。

黑船来航,日本被迫开国,卷入西方的不平等条约体系,这对于日本国民的思想状态而言是一个决定性的事件。丸山真男指出,日本开国的意义,既包括将自己向外即向国际社会开放,同时又有面对国际社会将自己建成一个国家——统一国家的双重意义。面对这双重课题的挑战,这是亚洲"后进"地区的共同命运。在19世纪,只有日本没有被这种命运压倒,而是自主地打开了局面。②经过倒幕运动和明治维新,以条约改正为有力动机的制度"近代化",在以国家机构为主的社会各领域如入无人之境地展开:奉还版籍、废藩置县、四民平等、征兵制、义务教育、统一税制、设立中央银行、统一货币、置产兴业……乃至颁布明治宪法,确立起以天皇制为核心的国体。所有这一切制度的创设,表明了明治维新之后拟制逻辑的进一步"普遍化"。然而,作为拟制产物的天皇制国家,经由神化或制度拜物教化,又反过来吞噬了当初创设制度的拟制思维。通过维新排除身份秩序似乎确保起来的对于新秩序的主体的自由人,很快又被吞没于巨大的国家之中。③

日本的开国同时也打开了国内的公共空间,1868年的《五条誓文》有"广兴会议""求知识于世界"等内容和承诺,富有革新精神。在1870年代早期,日本迎来了第一批现代报刊的出版,大量西方书籍也得以翻译,新型的知识人团体形成,现代的私立大学如庆应义塾和早稻田大学也先后成立。随着"文明开化"的进展,民众的主体意识觉醒,政治参与热情高涨,1881年形成了第一个全国性政党自由党,随后,改进党成立,形成了明治初期的自由民权运动。自由民权运动请愿及到处宣传演讲

---

① 丸山真男:《日本政治思想史研究》,第238页。
② 丸山真男:《日本的思想》,第9页。
③ 丸山真男:《日本政治思想史研究》,第251页。

的活动是日本历史上的一个创举,推动了明治政府制定宪法。但是大众的自发的能动性都被想方设法地予以阻止,上述政党均在1884年解体。自由民权运动加速了政府订立具有压迫性的审查法规,强化了政府内统治者的保守倾向。①明治宪法的颁布应当被看作元老的一种手段,旨在掌控破土而出的人民现代政治意识。实际上,宪法强调臣民的义务而非权利,并且在妇女权益方面毫无进步。它为议会提供经选举产生的众议院(选举权仅为男性人口中约5%的国民所有),实权却仍然不归议会,而是留在元老手中;军方也逐渐掌权,他们都能直接接触天皇,而天皇仍是主权的中心。②之所以如此,是因为明治维新本质上是一场自上而下的"不得志的下层精英革命"③,统治阶级如果不吸收欧洲文明已经难以维持原来的世界,可是一旦全面吸收,又会招致他们自身权力的丧失,于是他们采取了"东洋道德,西洋艺术"式的区分对待的方式,对欧洲文明的引进限于产业、技术、军备等所谓"物质文明",以实现富国强兵的目的,而对关于国民大众的精神思维的近代化反而有意识地压抑。国民大众的一般基础生活的近代化无论在速度上还是程度上都显得明显落后,他们并没有变成作为政治责任主体的近代公民,反而生成了大日本帝国忠实而卑屈的臣民。④

丸山真男指出,日本的近代天皇制把权力核心同时作为精神"机轴",只在否定性的同质化(异端的排除)作用方面发挥了强大作用,它对于人格性主体——无论是自由认识主体上的意义、伦理责任主体的意义,或是秩序形成的主体的意义——的确立,从一开始就包含着成为决定性桎梏的命运。⑤本来只是少数寡头制作出来的天皇制,其作为拟制

---

① [美]安德鲁·戈登:《现代日本史:从德川时代到21世纪》,第130页。
② [英]戈托-琼斯:《现代日本》,第45页。
③ [美]安德鲁·戈登:《现代日本史:从德川时代到21世纪》,第117页。
④ 丸山真男:《日本的民族主义》,载《现代政治的思想与行动》,第155,160页。
⑤ 丸山真男:《日本的思想》,第64页。

的有限性被刻意地掩盖,反而被塑造成具有绝对价值的"国体",垄断了精神权威和政治权力,整个国家秩序便呈现以天皇这一绝对价值存在为中心的连锁式结构。明治宪法采取了皇权中心主义和皇室自律主义,它回避把决断主体(责任的归属)明确化,倾向于"互相依赖"的暧昧行为关系的方式。①日本的不幸不单是因寡头势力左右着国家政治,更为不幸的是,各类寡头均由只会唯命是从的个人所组成,同时,这些势力依附在绝对实体下相互依托并存,使得主体的责任感更难以确立。②

在绝对主体的天皇制下,日本变成了一个没有主体的无责任体系。丸山真男无法同意那种认为天皇制精神构造的病理不过是"非常时期"的狂乱所带来的例外现象的主张。以我们的后见之明来看,日本现代化取得的巨大成就,付出的沉重代价,以及造成的巨大灾难,实在是同出一源,可谓成也明治维新败也明治维新。丸山真男认为,由于缺乏发展到合适程度的现代主体意识(尤其是缺乏可供主体参与的、活跃的公共空间),战时的日本人未能理解自身在反抗帝国主义国家方面的责任,使得日本在对其行为毫无控制感、责任感的状况下"滑入战争"。战后日本最至关重要的任务就是发展一种现代意义上的主体性,妥当地、负责任地连接起公共和私下。否则,日本的民主就会永远停留在肤浅的、制度化的虚饰上。③丸山真男自觉地接过前辈启蒙思想家福泽谕吉的遗志,明确提出,"由我们来创造出这个主体,这正是我们的'革命'的课题。"④就此而言,现代日本所面临的并非是现代过度需要现代的"超克",而是现代的仍不够,其现代化过程仍未终结,尤其是关乎国民精神结构的拟制思维的革命仍有待完成。

---

① 丸山真男:《日本的思想》,第40页。
② 丸山真男:《极端国家主义的逻辑与心理》,载《现代政治的思想与行动》,第17页。
③ [英]戈托-琼斯:《现代日本》,第116页。
④ 丸山真男:《日本的思想》,第66页。

四、余论：将拟制作为拟制

在丸山真男的现代想象中，拟制在某种程度上成为了现代人的宿命："不管我们多么厌倦哪些来自外部的意识形态的洪流，并对之漠然不问，我们都不可能从拟制的符咒中摆脱出来并找回自我。……抵抗一种新商品的广告战，消费者并不是放弃一般的购买，而只是几乎在无意识之下，把手伸向了过去熟悉的商品。现代社会中的选择不是一个'虚拟'的环境和一个'真实'的环境之间的选择，只能在形形色色的'拟制'和形形色色的'设计'中生活是我们的宿命。"[1]生活于拟制之中，却并不必然具有象征着现代性的拟制思维，或许这也是现代人之吊诡之处。

作为一种现代的思维方式，拟制精神意味着要将拟制当作拟制，这本身并非易事，因为很容易陷于种种非拟制或反拟制的"惑溺"。丸山真男指出，本质上而言，拟制并非某种具有内在价值的绝对之物。它只是为了某种便利或发挥某种功能而设立。与那种接受现成的拟制并将之绝对化的人相反，具有拟制精神的人，则始终要防止拟制的自我目的化，保持其相对性。[2]不把价值看作先天固定的东西，而是使之随着具体的状况不断地流动化、相对化，这种思考只有在强韧的主体精神支撑下才可能成立。因为，这种思维方法需要对个别的具体状况一一作出判断，与之相应订立一定的命题或行动基准。而那种缺乏主体性的精神，往往容易被每个对特殊状况的观察蒙住眼睛，把受某场所制约的价值基准抽象地绝对化，把外在赋予的基准作为万能药。[3]因而，将拟制作为拟制，需要认识主体特别是理论家自觉到自身的伦理责任，认识到理论既不可

---

[1] 丸山真男：《现代社会的人与政治》，载《现代政治的思想与行动》，第537页。
[2] 丸山真男：《从肉体文学到肉体政治》，载《现代政治的思想与行动》，第434页。
[3] 丸山真男：《福泽谕吉的哲学》，载《福泽谕吉与日本近代化》，第43页。

能是无限地完全包容复杂多样现实的东西,也不可能是现实的代用品,因而需要常常具有对这种无法完全把握的现实的断念,与对在操作过程中遗落的素材的爱惜。①

一方面是强调作为拟制的所有事物(无论是制度还是理论)的价值相对性,一方面又强调主体价值判断的流动性,那么,我们又如何避免陷入德国纳粹式的"能动的虚无主义"? 丸山真男的解决之道,或者说其基本立场在于,不束缚于价值而又选择积极价值。丸山真男自认为至少在政治判断的范围内,他是一个高度的实用主义者,对于任何政治意识形态或是政治及社会的势力,都不会容忍其内在的先天的绝对真理,而是要依据它们在具体政治状况下的具体作用来作出是非判断。②但丸山真男也是在一贯的价值意识前提下,相对地、有条件地看待一切价值判断的。在给英译本《现代政治的思想与行动》所做的序言里,他坦诚了自己所一贯信奉的价值。作为18世纪启蒙思想的追随者,他始终是进步思想的信徒,相信黑格尔所言的"历史是朝向自由意识的进步",同时,他又相信理念在人类历史发展过程中的重要作用,相信人类历史富有意义。他区分了两类历史事件:一类是孕育了人类能力的进一步提升的,另一类则是毫无意义的开历史倒车。他始终未曾放弃从历史中探寻出某种无法逆转的潮流的尝试。③日本社会的现代化这一课题,对他而言,也只有通过最大程度地发现在历史的具体情况下将现代化实质推动下去的力量,反对欲将这一力量削弱的方向,赞成加强之的方向,只有通过这些努力才能完成。④

总之,丸山真男所理解的人类历史的进步,或所谓的现代性,归根到

---

① 丸山真男:《日本的思想》,第61页。
② 丸山真男:《致一位自由主义者的信》,载《现代政治的思想与行动》,第145—146页。
③ Masao Maruyama, "Author's Introduction to the English Edition," in Ivan Morris(eds.), *Thought and Behaviour in Modern Japanese Politics*, pp.xvi - xvii.
④ 丸山真男:《致一位自由主义者的信》,载《现代政治的思想与行动》,第145页。

底在于确立独立的主体人格,把人格的自我实现视为最高的价值。他所想象的现代社会,是拟制思维成为社会风气或时代精神的社会,在其中,社会关系的固定性日益崩溃,人的交往方式日益多样化,价值基准的固定性渐渐丧失,价值判断越来越多元化,在此过程中,人的精神主体性也会变得越来越强韧。[1]我们这个时代的诱惑之一,是因过于害怕更糟糕的情况到来,而接受原本不堪忍耐的局面。要确保我们的主体性不被惑溺,要超脱拟制的"宿命",就需要不断的精神革命,不断磨炼在种种"拟制"中的选择能力,在多元的价值面前独立地思考、独立地选择、自主地迈进自由的道路。

(裴自余:同济大学人文学院历史研究所)

---

[1] (日)丸山真男:《福泽谕吉的哲学》,载《福泽谕吉与日本近代化》,第59页。

从荻生徂徕到福泽谕吉
丸山真男对于"近代性思维"的探索

商兆琦

丸山真男的荻生徂徕论和福泽谕吉论完成于二战前后的动荡岁月之中。这些论著不仅拥有纯粹的学术关心,还蕴藏着紧迫的现实关怀。丸山通过对徂徕和福泽两人思想的深入解读,刻画出"近代性思维"在日本思想史上成长和成熟的过程。丸山以徂徕研究回应了战前的"近代超克论",又以福泽研究回应了战后的"近代无缘论"。丸山认为,思想近代化是社会近代化的基础,而"近代性思维"的成熟度则是思想近代化的重要指标。通过尊重和服从"自然",创造性地实践出"制作的逻辑"来改变"自然",正是"近代性思维"的本质之一。丸山通过徂徕和福泽"看见了"日本的近代性思维萌生和茁壮生长的契机,并在此寄托了战后日本从焦土废墟中复兴起来的希望。

丸山真男被誉为战后日本政治思想史研究的拓荒者和奠基人。其思考深邃严密,视角清晰锐利,主题宏大立体,论证精当巧妙且充满了辩证精神,这使他的学说拥有了经久不衰的"魔力",吸引一代又一代的读书人阅读和讨论。

丸山真男之所以能拥有如此强大的学术实力,是与他学识上的"源头活水"分不开的。对于丸山的思想和研究方法产生了巨大影响的西方思想家,我们可以举出康德、黑格尔、文德尔班、马克思、韦伯、施米特、曼海姆等一连串闪耀的名字。而在东方世界,丸山最为重视的思想家是荻生徂徕(1666~1728)和福泽谕吉(1834~1901)。丸山深入研究了这两人的思想,并与他们产生了不小的共鸣。

如何把握丸山真男思想中的西学背景,这是一个非常重要的独立课题,容待他日再论述。本文仅就丸山真男思想史研究的"双璧",荻生徂徕研究和福泽谕吉研究的内容、特点和意义,以及两者之间的内在关联,略陈己见,以就教于方家。

一、儒学在江户日本的"双重命运"

与明清中国和朝鲜王朝"文人治国"的传统不同,江户日本是以武士为主体的身份制社会。江户日本不存在科举制度,儒学不是"统治思想",亦难被称为"官方学问"。在当时,儒学者被视为与医生、画师、茶道师同类型的专业技术人才,而非政治秩序的承担者。[①] 儒学作为一种意识形态,缺乏对政治活动的统御力。不过,儒学在政治上的软弱无力,并不妨碍其作为一种"思维模式(Thought model)"逐步渗透并改造江户日本人的思想世界。这里所谓的"思维模式",指的就是以朱子学为代表的"新儒学"的存在论、人性论和修养实践伦理。

当然,朱子学思维模式对江户精神世界"改造"的过程,也是它被江户精神世界"改造"的过程。一方面,朱子学被通俗化之后,作为一种普遍的和整体的世界观,逐步适应日本社会,扎根发芽,开枝散叶。朱子学提示的形而上学、人性论、修养实践伦理、政治社会论和历史论等观念,

---

① 参见渡边浩《魅力的危险思想》,载《日本政治思想史 十七~十九世纪》,东京大学出版会,2010年。

经过种种变形后,广泛地应用于解释和说明德川时代的社会形态。至江户时代后半期,儒学的基本思维样式和伦理道德,成功渗透到了日本人的精神世界的底层。另一方面,因中日两国的政治传统、社会状况及文化风土迥然相异,朱子学思维模式在广泛被接受的同时,也不断遭到来自思想界最敏锐的学者们的挑战。可以说,朱子学思维模式在生活中不断对日本社会渗透的过程,也是它在学理上不断被江户思想家挑战和瓦解的过程。

由此可见,朱子学或者说儒学,在江户时代经历的是一种"双重"的历史命运,与儒学这种"双重"历史命运密切相关的代表人物,正是丸山真男思想史研究的两大主角荻生徂徕和福泽谕吉。他们在各自的时代、从不同的立场去思考和应对儒学,撰写了相当分量的论著。在江户时代,从"学理"上对朱子学发起最猛烈的攻击,促成它最终瓦解的是荻生徂徕。而在150年后的明治时代,福泽谕吉对已化身为"封建体制意识形态"的"儒教"[①]展开了毫不留情的破坏和驱逐。

二、从朱子学到荻生徂徕

丸山真男的处女作《日本政治思想史研究》(1952)[②],正是从朱子学思维方式的自我分解这一角度出发,剖析近世日本思想发展的内在脉络的论著。

丸山指出,朱子学的最大特色是"连续性思维""合理主义"和"自然秩序观"。朱子学构筑的道学体系与欧洲中世纪的经院神学体系,虽然

---

① "儒学"作为一种普遍的世界观渗透入社会之后,它就无法保持"学问体系"的纯粹性,而往往与权力相结合化身为一种"教导学说"了。从这个意义上来讲,"儒学"在江户和明治时代被称为"儒教",即"儒家的教导"而非"儒家的宗教",是恰如其分的。
② 构成该书的三篇论文,《近世儒教の発展における徂徕学の特質並にその国学との関連》《近世日本政治思想における"自然"と"作為"—制度観の対立としての—》和《国民主義の"前期的"形成》分别发表于1940、1941和1944年。

在具体内容上大相径庭,但是其内在逻辑和思维框架却极为类似。两者都把世界视为一个被更高存在或法则(如上帝或道)贯穿、囊括起来的"有机统一体"。自然、伦理、政治、经济、历史与现实浑然一体,难以割裂,缺乏走向"分化"和"独立"的契机。"朱子学的理,是物理同时又是道理;是自然同时又是当然。在这里自然法则同道德规范是连续的。"[1]

《日本政治思想史研究》一书的主题是,"从向徂徕学过渡的山鹿素行和伊藤仁斋的学说开始,并进一步到与古学派抗争、晚年却又怀疑朱子学的贝原益轩那里,依此来探寻一下半个世纪以来朱子学思维方法的解体过程。"[2]其目的则是,"以思维变化的观点来看'近代性思维'在儒学思想的自我解体过程中的成长"[3]。根据丸山描绘的图示,朱子学思维模式经山鹿素行、伊藤仁斋、贝原益轩等人不断分解后,在荻生徂徕那里最终被瓦解。

作为朱子学最彻底的批判者,朱熹讲过的几乎每一句话,徂徕都不同意。朱熹主性善,徂徕不讨论性善性恶,认为论性是道家的发明。朱熹说,只要是人,都具有相同的"本然之性"。徂徕则主张人各有性("人随其性所殊"),人性虽然倾向于与他人合作,但不会改变。朱熹倡导"变化气质",认为愚夫愚妇亦可成为圣人。徂徕则认为"气质不变","豆就是豆,米就是米",豆永远变不成米,重要的是使豆充分发挥豆的作用,使米充分发挥米的作用。朱熹认为"天道"(即天的法则性)与"人道"(即人的规范性)同源,规范与自然连贯。徂徕则主张"天道"与"人道"异质,并把规范与自然一刀两断。朱熹说,坚持"格物穷理",一旦"豁然贯通",宇宙间一切的道理都将呈现在眼前。徂徕则说,"大道"不可知、不可测,个人想要"穷尽天理"是"私智妄作"。朱熹称,正心、诚意、格物、致知、修

---

[1] 丸山真男:《日本政治思想史研究》,王中江译,三联书店,2000年,第15页。下文统一略称为《研究》,第15页。
[2] 《研究》,第27页。
[3] 《研究》,第119页,译文有改动。

身、齐家、治国、平天下环环相扣,层层递进,缺一不可。徂徕则认为,道的核心是"治国平天下","修身齐家"等伦理道德与政治规范无涉。①

丸山认为,"构成朱子学形而上学深层根柢的东西,不折不扣就是有机论的思维方式。"②而徂徕学"体系的最终目标就是要靠'制作'的逻辑,力争粉碎'自然'的逻辑。"③在徂徕那里,作为社会理念的"自然法则"内部开始分解,原先笼罩于其下的政治、道德、历史、文学等领域相继分裂开来,并获得独立发展契机。这一过程伴随着"自然秩序观念"的衰落和"人为秩序观念"的兴起,并为近代思维的萌芽和成长提供了条件。

按照丸山的解读,相对于朱子学的自然主义、合理主义,荻生徂徕展现出的是一种非自然主义、非合理主义的思维样式。从本质上来说,这是一种拒绝形而上学的倾向,放弃对理性的大规模追求,缩小理性认知范围的努力。这种对自然法则进行分化,促使其内部分解,以及对理性加以限制的意识,被丸山称为"现代意识中最具象征性的表现"。需要注意的是,"现代理性决不像通常所简单认为的那样,是依据对非合理东西的逐渐驱逐而直线式成长起来的"④,从徂徕学之中,也难以直接导引出符合现代社会的合理主义。但是,徂徕限定人的认知能力,促使前近代合理主义的解体,从而唤起了诸文化价值独立的思想实践,已为现代合理主义的形成开辟了道路。

在丸山真男描述的"近代性思维"形成的思想图示中,如果说徂徕是作为"反命题"(Antithesis)发挥作用的话,那么从正面说明"何为近代思维模式"的历史课题,则是由福泽谕吉承担的。

---

① 参见《研究》第 1 章。
② 《研究》,第 187 页。
③ 《研究》,第 180 页。
④ 《研究》,第 120 页。

三、 福泽谕吉与"那个时代"

丸山真男回忆称:"一开始读福泽谕吉,我就产生了强烈的兴趣。与其说兴趣,不如说是感到痛快,那种痛快感也许是今天难以想象的,特别是《劝学篇》和《文明论概略》,其每一行都好像是对当时那个时代的猛烈批评,读着读着,真是连续地感到痛快。"①福泽的文章给丸山带来了极大的精神愉悦感,"其每一行都好像是对当时那个时代的猛烈批评"。丸山所说的"当时那个时代",并非是指福泽写作《劝学篇》和《文明论概略》的1870年代,而是指1930至40年代。

丸山真男生于1914年,可谓"大正之子"。大正时代(1912—1926)是民主主义、自由主义和政党政治的短暂黄金期。不过,进入昭和时代后,日本则步入一个"恐慌的年代"。关东大地震、经济危机、农村衰退等一系列问题接踵而来,政治家的腐败、议会的堕落和各政党之间无休止的内斗,给了军部和右翼以可乘之机。

1931年,丸山进入高中,同年,九一八事变发生。翌年,民间右翼与军部势力勾结的五·一五政变发生。1933年,发生了希特勒上台,日本退出国际联盟,京大泷川教授因思想左倾被强制罢免,日本共产党领导人佐野学和锅山贞亲"转向"(放弃共产主义,转向以天皇为顶点的国家主义)等一系列事件。按照丸山的形容,这是"民主主义、自由主义的路线渐渐下降,右翼的或国家主义的路线急剧上升"出现"剪刀差"的年代。②

1934年,丸山进入东京帝国大学学习,同年发生"天皇机关说"事件,贵族院议员美浓部达吉被迫辞职。其后,法西斯恐怖主义袭击事件接连发生,社会舆论逐步被右翼和军部劫持,鼓吹天皇制优越,积极对外

---

① 丸山真男:《福泽谕吉与日本近代化》,区建英译,北京师范大学出版社,2018年,第164页。
② 《福泽谕吉与日本近代化》,第162页。

扩张的民族主义和国家主义甚嚣尘上。1936年,震惊日本的二·二六事件发生后,军部控制内阁,政党政治宣告终结。1937年,七七事变爆发,日本全面侵华。"国体的本义""国家总动员法""臣民之道"等一系列法案颁布,法西斯主义最终确立。在"极端国家主义"和"军国主义"的强压之下,自由主义精神被赶尽杀绝,以"振兴亚洲""抗击美英""超越近代"为口号,日本进而挑起了太平洋战争。

丸山正是在这种环境下开始阅读福泽谕吉并大呼"痛快"的。[1] 从1942年至1958年的16年之间,丸山陆续发表了一系列以福泽为主题的文章,如《福泽谕吉的儒教批判》(1942),《福泽的"秩序与人"》(1943),《福泽的"实学"的转回——福泽谕吉哲学研究绪论》(1947),《福泽谕吉的哲学——对其时事评论的考察》(1947),《福泽谕吉选集第四卷"解题"》(1952)等。丸山坦言,"这些研究即便不带有直接与时事关联的题目,也不免带上那种内外混沌而且动荡的时代烙印。"[2]丸山的这些论文严谨扎实,同时拥有超越了"纯粹研究兴趣"的现实关怀。在二战结束前,丸山借助福泽之口,抨击那个极端而荒诞的年代。在二战结束后,他又以福泽研究为"媒介",探讨"何为近代性思维"这一事关日本战后重建的紧迫课题。

四、"近代的超克"与"近代性思维"

丸山在1946年1月发表的《近代性思维》中说:"探明近代性思维在日本的成熟过程,是迄今为止我最迫切的学术关心,现在更想全力以赴去应对这个课题。"[3]

---

[1] 据《丸山真男年谱》记载,丸山于1938年开始阅读福泽谕吉的《文明论概略》。丸山真男:《丸山真男集·别卷 新订增补》,岩波书店,2015年,第42页。下文统一略称为《丸山真男集·别卷》,42页。
[2] 《福泽谕吉与日本近代化》,原作者序,第2页。
[3] 《丸山真男集·3》,第3页。

《近代性思维》是丸山在战后发表的第一篇文章,也是他中断学术生涯(因"思想左倾"两次被征召入伍)一年之久,遭遇广岛核爆,又经历丧母之痛后撰写的首篇文章。时年32岁的丸山真男在该文中,展示了要以自己的刻苦努力探寻"近代性思维",促成日本人"思想近代化"的志向和抱负。该文虽然篇幅短小,但基调昂扬,可被视为丸山在这一时期学术追求的总纲领和宣言书。

丸山之所以一直要探寻"近代性思维",一方面是与战前的主流思潮"近代超克论"(overcoming modernity)进行对抗,另一方面是为战后疲惫而迷茫的日本社会找寻方向,这两种现实关心交叉贯穿于他的徂徕与福泽研究之中。

战前的"近代的超克论"主张,英美法等国的近代文化和物质文明是腐朽堕落的,处于分崩离析之中。"明治以后的日本早已充分近代化。现代日本的最大病患,是由于过分吸收西欧近代文化和制度而滋生出的毒素"。"在被'近代'污染以前的日本,古代信仰与儒学及来自亚洲大陆的'东方精神'浑然融合,形成了美的传统……现在把我们祖先这种'美'的传统从'近代'的污染中拯救出来,这才是日本对'世界新秩序'建设所应作的贡献。"[①]

丸山警觉到"近代的超克论"是由全体主义思潮支撑起来的,而这种全体主义思潮被用作思想意识齐一化的工具,成为鼓动民族主义情绪和对外侵略的张本。在这种情况下,丸山决定从德川时代儒学触发的一系列思想运动中,找寻近代思想形成的逻辑矿脉,从而向"近代的超克"论者发难:东方精神果真是一成不变的吗?果真是与近代无缘吗?以徂徕学研究为核心的《日本政治思想史研究》正是诞生于这样的问题意识之下。

同一时期的《福泽谕吉的儒教批判》和《福泽的"秩序与人"》,可以说从另一个角度回应了鼓吹东方精神的"近代超克"论。这两篇文章揭示

---

① 《研究》,英文版作者序,第19页,译文有改动。

出"儒教"——这一东方精神的重要组成部分——宣扬的"君臣之义""上下贵贱名分"的蒙蔽性和虚伪性。丸山借助福泽之口指出,"效忠君主"并非是"人之本性"[1],那些"尽忠报国"的口号喊得最响亮的人,往往是最虚伪的"假公济私"之徒[2],"上下贵贱名分"则会戕害人的主体性(如独立、自由和平等的精神),造成整个社会唯权力马首是瞻,无一人不压迫他人,无一人不受压迫的状况。1940年代是天皇法西斯主义的鼎盛时期,也是以儒教为纽带的"大东亚共荣圈论"如日中天的时代,这些论断在当时展示的勇气和具有的积极意义,是不言而喻的。

不过,上述两篇文章仅是丸山福泽谕吉论的序曲。为丸山的福泽谕吉研究赢得声誉的是发表于1947年的一组文章:《福泽的"实学"的转回——福泽谕吉哲学研究绪论》和《福泽谕吉的哲学——对其时事评论的考察》。此时的丸山如此迫切地想要"抓住"福泽,乃是因为福泽的"哲学"中蕴藏着弥足珍贵的"近代性思维"。

按照丸山的讲法,日本在1945年8月15日宣布投降之后,开始在麦克阿瑟元帅的指导下,重新学习"近代文明ABC入门手册"。曾大肆鼓吹"近代的超克论"的学者、文学者和评论家们,终于意识到了他们的"悲惨和滑稽",变得默不作声了。因为事到如今,"终于无论谁都看出来,在我国,近代性思维不但没有被'超克',甚至没有真正被获得这个事实了"。作为幻象的"近代的超克"命题,在铁的历史事实面前如泡沫般散去后,与"超克"论相反的"无缘"论,也就是日本根本无力"自我近代化"的悲观论调开始萌生。丸山认为,这种悲观论调会剥夺国民的自信和独自思考的能力,并包含着将"近代化"(Modernization)粗暴地等同于"西方化"(Westernization)的危险倾向。[3] 丸山又一次承担起在日本

---

[1] 福泽谕吉:《文明论概略》,北京编译社译,商务印书馆,1982年,第3章。
[2] 福泽谕吉:《劝学篇》,群力译,东尔校,商务印书馆,1984年,第11编。
[3] 《丸山真男集·3》,第4页。

思想发展的内在脉络中探寻"近代性思维"这个现实的课题,这一次,他又找到了福泽谕吉。

五、什么是"近代性思维"?

丸山说,他研究福泽的方法特征"不在于分析福泽所起的政治作用本身,或分析福泽对于那个时代的具体个别时事问题所做的个别回答和结论本身,而在于重视贯穿于福泽大量的言论活动深处的他的认识和判断问题的方法,从其中提取出这个意义上的福泽的哲学,并分析其意义。"①

丸山之所以采取这种方法有两个原因。第一,这是丸山一以贯之的"思想样式析出"的研究手法。第二是因为福泽的思想复杂多面、富有变化。福泽总是根据"时代和场所"②的不同,不断调整自己的论点。正是这个原因,不同历史时段的福泽形象常常是分裂和相互矛盾的。③ 因而,丸山希望探寻出能够相对地突破具体"时代和场所"的限制,贯穿于

---

① 《福泽谕吉与日本近代化》,原作者序,第2页。
② 《福泽谕吉与日本近代化》,第35页。
③ 例如,福泽曾在《劝学篇》(1872—1876)中主张,日本和西方各国要"本诸'天理人道'相互交往,只要符合'理',对非洲黑奴也要畏服,只要符合'道',虽直面英美军舰也勇往直前"。这句模仿《孟子·公孙丑上》"自反而不缩,虽褐宽博,吾不惴焉;自反而缩,虽千万人吾往矣"的论述,展示了福泽身上的理想主义的光辉。不过在《通俗国权论》(1878—1879)中,福泽却称,"百卷万国公法不如数门大炮,几册友好条约不如一筐弹药。大炮和弹药并非用来主张已存的道理,而是将道理从无到有创造出来的器具"。这又展现了福泽身上的现实主义的冷峻,并令人联想起霍布斯那个著名的论断,"Auctoritas, non veritas, facit legem."(制定法的并非真理,而是权威,《利维坦》第26章)。又如,为了克服空理空论的"虚学",福泽提倡"学以致用",要求"学问"贴近日常生活。然而,为了避免学问与日常的过度结合,他又开始强调"学不以致用","做学问必须高远其志向",探求有益于世的"大义"(《劝学篇》第10篇)。为唤醒个人"独立不羁"的主体性精神,《劝学篇》把人称为"万物之灵"。然而《福翁百话》(1896—1897)则主张人活着要有"蛆虫的觉悟",在浩瀚的宇宙中、在漫长的历史长河里,意识到自己的"无知无力"和"卑微渺小"。另以其政治权利观为例,《劝学篇》中提倡的是一种接近卢梭的"社会契约论",主张政权合法性的基础是作为"国民"的每个个人"自发达成"的共识,国家在本质上讲是一种"自发的结社",是为"国民"提供便利的工具,与股东投资成立企业法人并无二异。然而,在《文明论概略》(1875)发表之后,福泽渐渐放弃这种激进的"国家企业法人说",转向更为稳健的洛克、霍布斯式的"统治契约论"。这种契约论不仅主张保护作为团体的"人民",还主张保护作为统治主体的"主权者"。这种契约论虽然肯定人民的权利,但是也限定了人民对政治的参与,人民不得单方面罢黜"主权者",也不得任意挑战社会法律和秩序。

"福泽言论字里行间的逻辑"以及"在深层支配他的言论的价值结构",从而"找出其潜藏在于深层的、始终一贯的思维方法(Style of thought)和价值意识(Value orientations)。"①

丸山找到的福泽谕吉的思维方法大致有三类,分别是"状况性思考""数理学的实验方法"和"强韧的独立精神"。

福泽在《文明论概略》一开头就提出,"轻重、长短、是非、善恶等词,是由相对的思想产生的。没有轻就没有重,没有善就不会有恶。因此,所谓轻就是说比重者轻,所谓善就是说比恶者善,如果不相互对比,就不能谈论轻、重、善、恶的问题。"②福泽反对在分析和判断事物的利害得失时走极端,呼吁睁开"两只眼睛"看问题,用一只眼观察长处,而用另一只眼观察短处,通过比较来分析和衡量。③ 在限定的时间和场合中,人们只能确定"相对较好的选择"和"相对较坏的选择"。如果时间和场合发生变化,人们需要重新进行分析和判断,更新自己的认识,这就叫做"状况性思考(situational thinking)"。

按照丸山的分析,这是"把价值判断与具体状况相结合的思维方法"④。具体表现为,在价值判断上,否定事物先天地拥有固定的内在价值,事物的价值要"根据事物在所处的具体环境下能带来的实际效果如何而定"⑤。福泽由此批判一切价值领域的绝对主义,提倡价值判断的相对性和流动性。

与"状况性思考"相反的思维类型是"惑溺"。所谓"惑溺"是指"把某种价值绝对化的凝固思维"⑥。"'惑溺'意味着人精神上的懒惰……把外在赋予的基准作为万能药,安心地依靠着,这样每遇到价值判断,就可

---

① 《福泽谕吉与日本近代化》,第31页。
② 《文明论概略》,第1页。
③ 同上,第5页。
④ 《福泽谕吉与日本近代化》,第34页。
⑤ 同上。
⑥ 同上,第4页,译者注。

以省去对具体状况的繁杂的分析。"它有两种表现形式,一是公式主义,二是机会主义。①

为了破除"惑溺",实现"状况性思考",个人需要确立"数理学的实验方法"和"独立自主精神"。福泽说,"有形的数理学和无形的独立心"②正是欧洲文明优越于东亚文明的秘密所在。丸山就此评价称:"福泽把独立自由的精神与数学物理学的形成作为欧洲文明的核心,这一点生动地说明了他对近代精神的结构具有透彻的洞察力。在欧洲,关于精神与自然,把前者作为内之主观,后者作为外之客观,两者互相对峙。这个认识是文艺复兴以后最大的意识革命。"③

福泽认为,文明社会的根基是具有独立性的人民,没有个人自主性的社会,称不上是文明社会。一个人如果在精神上丧失了独立性,就会成为"他人精神产物的奴隶",并变得不知羞耻。他说,"没有独立精神的人,一定依赖别人;依赖别人的人一定怕人;怕人的人一定阿谀谄媚人。若常常怕人和谄媚人,逐渐成了习惯以后,他的脸皮就同铁一样厚。"④他还进一步指出,造成东亚社会"独立精神"稀缺的一个重要原因是"权力偏重"。所谓"权力偏重"是指政治权力垄断了价值评判的标准,一切社会价值都向政治权力集中的倾向。有鉴于此,福泽"反对政府对经济、学问、教育、宗教等文化领域的介入"⑤,反对政治万能和官途至上。他主张要使民众认识到在政治权力之外,还有很多利益和荣誉值得追求。只有"通过价值分散化来使国民精神流动化"⑥,才能促使独立人格的形成。当然,独立人格成熟之后,彼此之间的紧张、斗争和协调,又会进一步促使价值的多元化、社会势力的多元性和文化形态的多样性,而这一

---

① 《福泽谕吉与日本近代化》,第44页。
② 福沢諭吉:《福沢諭吉全集・七》,慶應義塾編纂,岩波书店,1959年,第167页。
③ 《福泽谕吉与日本近代化》,第21页。
④ 《劝学篇》,第3篇,第16—17页。
⑤ 《福泽谕吉与日本近代化》,第3页。
⑥ 同上,第57页。

切恰恰是现代文明的标志。

按照丸山的分析,如果说"独立精神"是指内在的主体能动性的话,那么"数理学的实验方法"则是指客观地、有法则地把握外在事物的方法。如上所述,在以朱子学为根基的旧学问体系那里,自然和伦理浑然一体,物理尚未从道理中独立出来。福泽就此批评道,"先有物而后有伦,并不是先有伦而后有物。切不可以臆断而论物之伦,以其伦而害物之理"①。丸山认为,福泽的这个宣言在思想史上有划时代意义,促使学问中心从"从伦理学向物理学的转向"。

那么,这个"转向"意味着什么呢？ 丸山说,"这绝不是把人生和世界的中心价值从精神移向物质那种卑俗的'唯物'主义,也不能仅仅理解为把学问关心的重心从人伦乃至社会关系移向自然界"②,而是把"一切学问的基本型(Idealtypus)"③从东亚的伦理学转换为牛顿物理学和数学,从而"使'法则'从'规范'中分离出来,把'物理'从'道理'的支配中解放出来"④。

这种认识论"转向"带来的革命性成果是"实验精神"的确立。福泽说,"从天地开辟之初到今日,可以说是一个实验的世界"。"为了达到文明的目的,不能不采取种种措施,因而边试边改,经过千万次试验,才能得到一些进步……世上一切事物,若不经过试验,就没有进步……"⑤丸山认为,福泽提倡的"实验精神"是"通过从理论上服从自然,实践上出现了驱使自然的强大行动性精神。"而"近代'穷理'(如牛顿物理学——笔者注)与中世'穷理'(如朱子学的格物穷理——笔者注)的分歧点正是在这个'实验'上。理性不仅停留于观察本质,而且它要通过实验,主体地

---

① 《文明论概略》,第3章,第36页。
② 《福泽谕吉与日本近代化》,第16页。
③ 同上,第19页。
④ 同上,第20页。
⑤ 《文明论概略》,第3章,第40页。

再构筑自然,无限地向新领域前进。"①以"制作"的逻辑粉碎"自然"的逻辑这一徂徕学研究的主题,又一次在这里奏响。

在丸山看来,"实验精神"是福泽哲学的根基所在。丸山说,"福泽不仅把实验精神用于自然科学领域,而且将之彻底地运用于政治、社会等人文领域。……不论是关于事物还是制度,凡主张其对人类生活所具有的'作用'(机能)不需经过验证,自身就具有绝对性价值的想法,在福泽面前是完全行不通的。"②更重要的是,"福泽立志把数学和物理学作为一切教育的基础,以此培养完全新型的人——能排除'无原理无原则'的机会主义,坚持根据原理来行动,不断按预测和计划制约日常生活,通过反复实验(trial and error),无限地开拓新的生活领域的善于奋斗的人。"③

这些由福泽阐发,又经丸山精练出来的"思维方法",正是福泽在明治时代追求的"文明的精神",也是丸山在战后探索的"近代性思维"。这是"福泽的哲学",其实也是"丸山的哲学"。对于福泽设想的从"前近代"向"近代"的转型之中,人的精神和社会的进步进程,丸山曾绘制下图加以说明。

精　神	社　会
对事物的"惑溺"→主体的"独立"	对权力的偏重→多元的"自由"
价值判断的固定性→价值判断的流动性 判断的绝对化→通过判断相对比来自我超越 以单一逻辑为根据的极端主义→以多种逻辑为根据的宽容 以习惯和道德为中心→以理智为中心 同样行为方式的→通过反复摸索 　再生产　　　　　不断前进	社会关系的固定单一→社会关系的复杂化 价值向中央权力的集中(国家)→价值向社会各领域分散(市民社会) 制度的虚饰性→制度的实用性 (自我目的化)　(工具化) 单一意识形态的支配→多种意识形态的并存 整齐划一的统制→以对立为基础的统一

---

① 《福泽谕吉与日本近代化》,第 21—22 页。
② 同上,第 22 页。
③ 同上,第 25 页。

福泽凭借一支健笔和"三寸不烂之舌",竭尽全力想要变革日本人的国民性格,创造出具有"近代性思维"、能够充当"文明社会"主体的"近代人"。这是福泽谕吉在明治时代的愿望,也是目睹"近代化失败"带来的灾难,重新摸索"近代化"之路的丸山真男在 70 年后的愿望。

结语

徂徕是江户时期的儒学者,福泽是幕末、明治时期的启蒙思想家,两人相差一个半世纪。丸山说,"尽管福泽与徂徕的相互关系没有清楚的轮廓,但我一直认为其两者之间有亲和性的相似。"这种"亲和性的相似"具体是指什么呢?丸山没有说明。不过,他却引用了白柳秀湖(1884—1950)关于徂徕和福泽的论述:"两者之间有一条看不见的、粗大的、不朽的思想链条相互联结着。在经验上、实证的、功利的哲学上,两者的经济的、社会的、演绎的史学色调,是日本思想史巍然相应的高峰。"[1]尽管丸山认为白柳的民间史学有些"故弄玄虚"[2],但在徂徕和福泽相似性的问题上,他很受上述讲法的"鼓舞"并感到找到了"同志"[3]。

如前所述,丸山回溯到江户儒学的自我展开过程中找寻日本的"近代性思维",描绘出了从朱子学的"自然的逻辑"向徂徕学的"制作的逻辑"的思想史转变,以及从"自然秩序"向"人为秩序"的秩序观转换。丸山指出,相较于主张"天人合一""天道与人道连续""自然法则与道德法则对应",并令前者从属于后者的朱子学,徂徕学把"圣人之道"归结为圣人制作的"安天下之道(制度)",斩断了天与人、公与私、政治与伦理、自然法则与社会规范连续的纽带,使它们各自独立,从而为"主体的人

---

[1] 《福泽谕吉与日本近代化》,第 165 页,译文有改动。
[2] 同上,第 230 页。
[3] 同上,第 165 页。

格"①的诞生准备了条件。

按照丸山的叙述,由徂徕启发的"制作的逻辑"在明治时代的"文明开化"浪潮中达到顶峰,"天赋人权论""社会契约论""自由民权论"等主张普及开来,"现实的规范靠人的制作而获得妥当性"②的命题逐步被接受。作为明治时代最卓越的近代化论者,在福泽身上,这种"制作的逻辑"体现得酣畅淋漓。福泽认为,外在的社会变革必须依托内在的"精神革命"。他呼吁人民从封建意识形态的束缚中解放出来,树立个人的主体自由,改变被动地服从外在秩序的做法,依靠"数理学的实验方法"积极主动地参与到秩序建构的活动中去,改造现实。

在丸山真男的思想史构图中,尽管徂徕和福泽的思想内容有很大不同,但是两人的思维方法却极为类似。丸山通过他们"看见了"日本的近代性思维萌生和茁壮生长的契机,并在此寄托了战后日本从焦土废墟中复兴起来的希望。当然,就丸山的思想史研究手法而言,这些构图与其说是"客观再现",到不如说是"主观呈现"。通过尊重和服从"自然",创造性地实践出"制作的逻辑"来改变"自然",这是丸山认定的"近代性"的秘密所在,也是丸山思想史研究的秘密所在。

(商兆琦:复旦大学历史系)

---

① 《研究》,第186页。
② 《研究》,第247页。

丸山真男的中国革命论

以三民主义为中心

卢 华 陈 琦

作为战后日本最有影响力的知识分子之一，丸山真男以其对于日本政治思想史源流的梳理、对战时日本军国主义体制和战后民主建设的反思和批判性考察，影响了整整一个时代的日本公众与学术界。在丸山系统性的日本思想研究中，中国的历史与革命道路往往被置于与日本近现代史的比较之中，或明或暗。他对于20世纪中国革命，尤其是对孙中山及三民主义的思考，对其自身反思日本近代化进程具有参照性意义。不仅如此，丸山对孙中山革命的论述是抱着其自身问题意识的、作为方法的孙中山革命。丸山在对孙和三民主义的分析中，既把握住了现代革命中的精神——伦理危机和政治秩序重建问题，又凸显了他对于革命与历史之延续和断裂关系的回答。在比较政治学的动态分析中，公民独立自主的伦理——政治意识和平等的自由秩序在历史的情境"不断革命"中的扩展，是丸山的核心关切之所在。

日本的中国史与近现代中国革命问题研究，依其方法与结论粗略来看，有两大重镇，这分别是：以京都大学内藤湖南、宫崎市定等为中心形成的所谓东洋史学"京都学派"，另一支则是以东京为中心，尤其在二战后发展起来的"历研会"群体,对马克思主义理论的信奉和中国共产主义革命的正面评价构成了他们的基本视野。丸山真男虽然不是中国史与中国革命问题的研究专家,而且其生前关于中国革命的论述亦大多只是穿插在日本近代化和现代政治分析中,将中国作为一个比照日本近代化成功与否的参照对象;或者借考察冷战格局下共产主义阵营整体问题,诊断现代性及各种意识形态时附带一提,因此,丸山关于中国革命的论述,不像小岛祐马(1881—1966)[①]、竹内好、沟口雄三、岛田虔次等中国学专家那样集中且系统成书,相较之下其中国论述和观察更碎片化。换句话说,丸山的中国更具"他者性"。但正因如此,丸山站在东京"历研会"和京都学人的视野中间去看待20世纪中国政治—社会革命的得与失,其片段分析构成了与这两支研究路数有益的互补。不过,丸山并非完全没有连续性的中国问题论述,至少在对孙中山及其三民主义的观察上,体现出了他的持续性关切。日本战败翌年,埋头于反思和清算日本法西斯体制及其源流的同时,丸山还不忘就其一直抱有的中国关切——三民主义思想——做出解析。这既凸显了丸山在切入中国问题时的定位和价值关怀,也说明了这一焦点问题对丸山完善其自身思想体系、反思日本政治肌理和现代政治之普遍问题的重要性。那么,孙中山的三民主义在丸山自己的日本政治思想文脉中的关心中有何地位?其思考又有何特色与价值?以下仅就丸山的三民主义观及其对中国革命问题的探讨作一初步而简单的梳理。

[①] 小岛祐马是京都学派创始者之一的狩野直喜弟子,擅长研究中国古代社会与思想。相比在抗战爆发就已去世的内藤湖南,小岛完整地见证了辛亥革命、国民大革命和整个二战的历史,也目睹了中共的胜利建国和"一边倒"的对苏关系确立。小岛的高寿使其时代阅历和对中国革命的观察更具有同时代感和连续性。他关于中国革命的两本著作,《中国の革命思想》和《中国共产党》由弘文堂于1950年出版单行本。1967年出版了二者合订本的《中国の革命思想》。本文即以此合订本为参考。其他小岛的出版信息可见,李庆:《日本汉学史 第二部 成熟和迷途 1919—1945》,上海人民出版社,2010年,第164—168页。

一、公民伦理与革命主义的"政治教育"

1944年，丸山为东大法学部出身的高桥勇治的《孙文》一书作序，并在序中多次强调了深入理解孙中山思想对认识中国问题的重要性。他认为若不先解开"为何唯独三民主义这一意识形态能够为中国大众的内在意识所支持，以及为何如今无论是国民政府（指当时南京的汪伪政权）、重庆政府还是延安政府都纷纷将自己的正统性依托于对孙中山三民主义的忠实继承之上"这些谜团的话，则无法真正解决中国问题。[①] 尽管丸山极力赞赏了高桥对孙中山思想及运动的展开过程的史实把握，但丸山还是将此书定义为了解孙中山乃至孙中山主义的"最佳入门书"，换言之它最终仍然不能使丸山完全满意。丸山认为当时日本学界对三民主义的理解大多是从外部进行的、中规中矩的"客体解释"，没有真正走到孙中山的内面去领会他的问题意识。也就是说，丸山特别强调孙中山革命思考的内部视野重要性。他认为，"关键不在于孙中山说了什么或写了什么，而在于认识孙中山穷其一生究竟把什么当作问题？关键也不在于孙中山如何看待现实，而在于孙中山究竟在哪些问题上同现实对抗。"[②] 因此，不光是高桥的研究，当时日本学界似乎都尚未出现能真正解答丸山困惑的孙中山研究。为此，战后他身体力行地对这一问题关心做出了自己的解答，并将其整合进1946年发表的《孙文与政治教育》一文之中。

在该文中，丸山一开始便着力于澄清日本学界普遍存在的对孙中山主义的误读。他指出，至今大部分研究都无视了孙中山思想中隐含的中国问题的特殊性，而误将三民主义简单地等同于对西方"民主主义"的复

---

① 丸山真男：《高桥勇治"孙文"》（1944年），《丸山真男集》，第二卷，岩波书店，1996年，第271页。
② 同上，第271页。

刻,把具有美式文化学养,用林肯的"民有、民治、民享"来解释三民主义的孙中山本人单纯地理解为西方自由主义的醉心者。[①] 丸山认为,日本军国主义理论的创立者之一的北一辉在《支那革命外史》中的论述,尤其能算是这类误读的典型。他不无遗憾地指出,即便是北一辉这样直接参与了中国革命(辛亥革命)并曾经对中国革命和亚洲之解放抱有同情立场的人,也因为此种误解而走上了否定孙中山革命的道路。[②] 那么在丸山看来,北一辉是如何理解孙中山主义及其革命动力的呢? 北一辉认为,孙中山仅因目睹了中国当下旧专制政治趋于解体时期的种种不具近代意义的"自由"现象(如不纳税的自由、逃脱法网的自由、罪不受罚的自由、兵变暴动不受征讨的自由、帝力于我何有哉的自由),并发现了诸类敢于反抗旧政权的自由言论及行动,便妄断中国自古以来就拥有"自由民"。倘若真如此,那么孙中山当时对自由主义孜孜不倦的追求便成了致命悖论。[③] 简而言之,即在北一辉看来,中国革命的最终课题不是自由而是统一[④],因此迷信美式民主主义、自由主义的孙中山根本无法指导中国革命。

针对以北一辉为典型的日本学界长期存在的孙中山误读,丸山指出,北一辉首先就混淆了孙中山主义语境中的两个"自由":即帝力于我何有哉的、散沙式的非政治的"个人自由"(这个更偏于伯林所指的,个人的文化—社会权利和免于……的"消极自由"用法),通过塑造现代国民政治主体意识、增强民族凝聚力从而自存于列强之林的"国家自由"(也就是对外和对内的"积极自由",尤其是公民对于政治共同体的认同和参与意识)。尽管二者皆名"自由",但丸山指出,孙中山真正追求的其实是

[①] 丸山真男:《孫文と政治教育》(1946 年),《丸山真男集 別集》,第一卷,岩波书店,2014 年,第 86 页。
[②] 同上,第 87 页。
[③] 同上,第 87 页。
[④] 讽刺的是,对统一的追求这点恰恰是孙文后期革命思想中的一个核心目标,"统一"和"共和民治"是并行不悖的目标,关键问题在于如何获得统一。孙在第二次"护法"战争之后曾多次指出统一之于中国的必要性。见《孙中山全集》,第六卷,中华书局,2011 年,第 92—93 页,第 112 页。

后者的自由,而且它必须通过否定前项的自由来实现,这才是孙领导的中国革命的真正目的所在,也是三民主义的最终课题。① 有意思的是,无论是孙早期的三民主义诠释,还是 20 年代"联俄"后的晚期演讲,孙都强调了公民对内的直接民权和对外的民族—国家之自由的价值,譬如孙在国民党一大上着力推动颁定的《国民政府建国大纲》和随后的"民权主义"演讲部分就可看出。② 这点,丸山的把握可谓扼要。而孙中山为实现这一目的所采取的手段,在丸山看来,主要是通过"政治教育",来实现"全民政治化"和"生活政治化"。具体而言,也就是有朝一日人们可以在街头巷尾,将政治作为茶余饭后的话题来随意谈论;而中国革命也不再局限于少数人的行动,而是通过每一个国民通过日常生活的实践来完成。③ 一方面,通过革命的"主义"来完成对于现代公民的政治主体精神的"训育";另一方面,此一革命的"主义"不能仅仅限于革命的党员和领袖本身,而是要拓展到所有的"共和公民"。孙曾多次引用亚里士多德名言"人是政治的动物"来阐释,人之所以异于动物,必须要谈论和参与政治的必要性,尤其是在国民革命里政治运动之于革命和塑造公民意识的重要性。通过在政治活动和社会运动中去培育符合公民自治精神与参与理念的公民文化,就是孙的三阶段说中的"训政"和"宪政"的核心构想。

丸山指出,通过政治教育培养现代国民主体之重要性就在于,它彻底冲击了东洋意识形态(在丸山的眼里,主要是日本德川时期的儒教和中国自宋以来的官方理学)中长期存在的"统治者—被统治者"(或者说"劳心者—劳力者")这一严格的阶级对立。④ 丸山发现,孙中山在面向劳动者们的政治演说中,一再强调不要只顾争取缩短劳动时间、提高工

---
① 丸山真男:《孫文と政治教育》,第 88 页。
② 详见《孙中山全集》,第十卷,第 126—129 页,第 254—355 页。
③ 丸山真男:《孫文と政治教育》,第 91 页。
④ 同上,第 91 页。

资等眼前的利益,而更应意识到经济之外的政治问题。孙中山批判中国的劳工只谈"面包"不谈政治,无法意识到只有先树立政治主体意识,获得政治上的"面包",才能真正解决经济上的"面包"①。应该说,这里丸山的观察,与孙自己的思考有了价值和关怀的共通之处。对孙而言,现代的罢工不是经济性的、改善工人条件的运动,也不仅是废除不平等条约的先声,更是通过结合工人群众自发性来对抗帝国主义和军阀等压迫势力,锻炼民众的政治意识和自由意识的关键。孙的这些思考让丸山确信三民主义以及中国革命的核心问题所在,那就是以革命主义的"政治化"去实行真正的"精神革命",建立独立自主的公民意识。以下丸山的原话长篇,值得稍作引用。

> 结果无论是民族主义、民权主义,还是民生主义,构成其最核心的问题还是中国的全民政治化、将全民卷入政治的世界中。在这个意味上,中国革命最大的课题可以说是民众的意识改造。我知道这和历来的三民主义解读相差甚远,但我确信如此。孙文曾大谈物质建设和民生问题,但这些物质建设、民生问题,终究是以心理建设为目标的物质建设。……总而言之,国家的改革即人心的改革,意识的革命即国家的革命目标……三民主义往往作为中国国家的外部机构改革问题被提起,或者因其对民生问题的重视而被以一种浅薄的唯物论观点解读,而三民主义的上述精神方面却一直被忽视。三民主义的课题乃心理建设,国家的根基即心理。当然我并非是在标榜单纯的精神主义,而是只有触及精神面的革命才能成为真正的革命,我想这才是孙文的根本信念。②

---

① 丸山真男:《孙文与政治教育》,第 92—93 页。孙本人的此一观察,可见于他多次面向国民党员和工人代表会的演说,比如 1924 年 5 月 1 日的演讲中,孙就直陈,"中国工人不只是反对本国资本家,要求减时间、加工价,完全是吃饭问题,最大的还是政治问题。"见《孙中山全集》,第十卷,第 150 页。

② 丸山真男:《孙文与政治教育》,第 93—95 页。

从丸山对三民主义的解读,不难看到丸山的中国革命论具有一条清晰的国民—政治—国家的思索脉络。不同于学界普遍存在的对三民主义的每一条主义和政策,作出包揽政治、经济、文化等全方位的平铺直叙的概念性梳理,丸山看到的孙文主义是焦点明确、舍掉枝节的中心统合周边的结构,位于其中心的正是政治教育对塑造现代国民主体性的意义。

另一方面,这也是丸山反思和批判性梳理日本明治维新后不断发展的军国主义潜流的核心关切,"政治教育"是丸山为他所分析的日本战时"不负责任"的国家主义和军国主义体制的一剂良药。孙的三民主义并不仅仅是为了完成现代中国救亡图存的重大使命(很显然这是其中之一),而是在国民主体性和公民的精神伦理之"主义"改造问题上,为启蒙运动和现代政治中个体之于共同体的关系和个体生存意义问题的思考作出贡献。张灏就曾指出过,1895年后中国传统政治秩序的逐渐崩解同时牵连的也是更深层的文化和精神危机[1],孙的三民主义中的这种涉及个人伦理与独立自主意识的精神—文化革命是丸山所看到的试图解决这一双重危机的核心。可以推测的是,丸山这里的精到观察更多是来自他对于现代政治中"市民性"的批判观察,以及他对于日本明治维新的"国民主义"建设困境和战时不负责任的军国体制的强烈不满所致。丸山曾在其影响最大的分析战时体制的文章"极端国家主义的逻辑与心理"中指出,"'要拉开新时代的帷幕,总是要对既存的现实本身究竟如何展开争论(拉萨尔)',不愿做此努力,民众精神的真正变革便无法实现。因此,只有来一场精神革命才算得上名副其实的革命。"[2] 这个在丸山著

---

[1] 张灏:《转型时代与幽暗意识》,任锋校,上海人民出版社,2018年,第155—156页。
[2] 丸山真男:《极端国家主义的逻辑与心理》(1946年),载《现代政治的思想与行动》,陈力卫译,商务印书馆,2018年,第4页。

作中多次提及的"精神革命"的期许①,恐怕就是现代个体的独立自主意识与公民精神的诉求。② 丸山对于孙的高度评价,既是"吾道不孤"的感叹,也是他基于日本惨痛经历的深度批判所致。

丸山在孙中山那里确认了他自己对于"民主主义"本身的诉求。这个"民主主义"不是一个静态的、制度化的议会选举和代议制度,虽然它们非常关键,但是它只有以个体的独立自主的公民意识和平等的社会关系的铺陈才可以实现,而这正是丸山对于孙的"政治教育"之凸显的意义所在。③ 所以,孙中山革命思想中对于"政治教育"的强调,在丸山看来恰恰是这一过程的体现,且尤其值得在论述日本近代国民政治主体问题——丸山毕生最为关心的问题之一——时作为一个能与之发生互动的参照体来比照。致力于阐明日本天皇制和法西斯主义运作原理的丸山,始终痛感日本近代化从未真正树立起国民主体意识:"在日本,个人从未被明确地承认过。"④正因日本现代化进程中对国民主体意识建构的缺失,上至天皇高官,下至士兵百姓,都没有诞生出现代意义上的责任主体。丸山指出,即使是在清算德国法西斯罪行时,也不难发现加害者和被害者之间是一种近似"自由"的主体与某件东西间的关系,然而日本人的主体确立归根结底来自一种优越感,即通过确认自身与天皇这一绝

---

① 比如,丸山在为区建英翻译的自己的论文集所作的序言中也重复了此一论点。丸山认为,"就拿本书的中心人物福泽来看,正因为他能够洞察出此危机(指东亚面临的工业革命后强势西方文明的冲击和挑战)的深度和广度,所以能够超越单纯的个别性问题及其个别处理,超越单纯的法律和政治制度的革新,提出了大胆的、需要智慧性勇气的'精神革命'道路。见氏著《福泽谕吉与日本近代化》,北京师范大学出版社,2018年,第4页。笔者这里要专门指出的是,丸山的"福泽"分析个人化色彩突出(故很多人成为"丸山谕吉"),影响极大,受到的批判也激烈。比如日人学者安川寿之辅就专门对丸山的"市民式自由主义政治观"进行清理,提出了一个远为保守化、为日本明治后的法西斯主义体制发展推波助澜的福泽形象。见其《福泽谕吉与丸山真男——解构"丸山谕吉"神话》,刘曙野译,中国大百科全书出版社,2015年。不过,正因是丸山的特色解读才更值得我们通过丸山的福泽谕吉分析,去看丸山本人的问题意识与分析架构,而不纠结于某种定型化的答案提供和某一"主义"的标签。
② 丸山的这个观察与张灏教授对于中国转型时代之价值取向危机、认同危机和精神危机的观察有异曲同工之处。参见张灏:《转型时代与幽暗意识》,第154—158页。
③ 丸山真男:《现代社会的人与政治》(1961年),载《现代政治的思想与行动》,第546—547页。
④ 丸山真男:《极端国家主义的逻辑与心理》,载《现代政治的思想与行动》,第8页。

对价值的距离来建构主体的存在。[1] 丸山始终认为，日本近代国民主体构建的失败是导致日本近代化失败的重要原因。尽管孙中山去世后，围绕孙中山思想的解释权及正统性归属上产生了诸多出其本意之外的阐释，但不难从丸山的叙述中感受到，他对孙中山的苦心始终抱有一种同情和理解的态度。最重要的原因不外乎此。

二、基层视野与平等的社会构造：小岛与沟口视野下的丸山

在丸山的中国革命分析里面，他特别突出从社会结构自下而上地构筑现代政治的重要性。这点，丸山与小岛祐马和沟口雄三有相似的视角。不过，丸山的政治学背景使得他的分析相比京都学人和历研会，比较政治学的视野更浓。内藤湖南和小岛祐马虽然对于中国革命，辛亥以及二十年代以后的社会—文化革命，持论大多负面，但是他们对于中下层社会肌理与结构的分析恰恰是对于丸山的中国革命观察的补充。基于知识背景和专业研究的差别，丸山无法深入分析中国中下层社会的肌理与构造，而更多关注上层结构与政治意识形态的部分。因此，丸山虽然强调中下层社会和现代个体自主意识之于其革命分析的重要性，但是他仍然把中日现代转型的比较视角放在了中国的中上层统治阶级的分析上。丸山指出，中国的旧统治阶级针对这一近代欧美冲击的历史考验的不同反应，造成了中日历史命运的巨大差别。[2] 此外，丸山还特别指出，正因中国迄今为止的变革都发生了顺序颠倒，一开始就把重心放在了最上层的统治者更替或官制改革问题上，而忽视了底部的根基，即建

---

[1] 丸山真男：《极端国家主义的逻辑与心理》，第13—14页。
[2] 丸山真男：《日本的民族主义》（1951年），载《现代政治的思想与行动》，第155页。

构具有政治参与主体意识的国民,这才导致了革命走向失败。①

内藤和小岛都以对中国古代社会、思想与文明的分析为基础,他们依托其对中国文明的把握,认为把中国革命放置在欧美工业文明冲击的历史脉络下,中国不得不向西方学习"富强"的文明,这种抛弃中国文化本位和农耕文明传统的路径必然走不通。内藤认为,从洪杨的太平天国运动到 20 世纪二三十年代的社会革命和共产主义革命,这种破坏农村的自治结构和家族文化共同体的活动必将以失败告终。② 而小岛则深化此一分析脉络,强调中国社会和乡村的独特结构。他认为中国的革命,无论是哪个党派或组织,即使走向"以俄为师"的道路,但是社会主义体制赖以为生的发达资本主义土壤并不存在。因为布尔什维克倡导的世界革命特征是基于资本主义程度发展不均衡的国家个体境况,而中国是有着五亿人口的农业国,农业国是无法轻松完成资本主义化或社会主义化的。③ 这点与孙中山的观察几乎如出一辙。孙多次指出,"所以我们解决社会问题,一定是要根据事实,不能单凭学理。在中国的这种事实是什么呢?就是大家所受的贫穷的痛苦。中国人大家都是贫,并没有大富的特殊阶级,只有一般普通的贫。"④也就是说,当财富没有实现大量增长的情况下,强行实行过高的"社会主义"理想只能带来贫困的平等。

更重要的是,小岛认为,"以俄为师"后中国的民族解放运动虽然获得了大众支持,但是它并不是民间自发涌现的社会运动,而是由一批职业革命家的领导而兴起的社会运动,这种不是自发引起的社会运动内部蕴含着极大的危险。⑤ 小岛的分析中,这是孙的革命为何淡化社会单

---

① 丸山真男:《孙文と政治教育》,第 96 页。
② 当然,这里要指出的是,内藤对于中国共和政治的批判性考察,他对孙的辛亥革命和三民主义思想的评价,并不是铁板一块和没有变化的。具体可见傅佛果:《内藤湖南:政治与汉学(1866—1934)》,陶德民、何英莺译,江苏人民出版社,2016 年,第六章,第 243—303 页。
③ 小岛祐马:《中国の革命思想》,筑摩书房,1967 年,第 212—215 页。
④ "民生主义"演讲,载《孙中山全集》,第九卷,第 381 页。
⑤ 小岛祐马:《中国の革命思想》,第 213—214 页。

命,却把重点放在民族革命的政治革命身上的关键,也是孙的革命继承中国古代革命传统淡化社会革命的一面。因此,"尽管他正面否定了马克思主义与布尔什维主义,却依然致力于思考俄罗斯共产主义与自己的三民主义间的关联,只能说孙中山在布尔什维克主义描绘的终极理想'共产'社会中,看到了自己构建的道德性。"①而这一"道德性"的东西正是小岛所看重的、孙中山思想中所突出的儒教因素及其整套伦理规范和价值系统。但这必须是依托于中国的农业文明传统和社会经济组织方式的。

而在丸山看来,显然东亚国家在面对现代工业文明革命之后的西方挑战时,是很难继续保持此一农业文明传统和经济方式的。他借福泽之口指出,交通技术和工业文明的飞跃式发展使得所有地区和人民在精神和物质上建立起前所未有的、紧密的相互依存关系,"产业革命已改变了所有的生活方式。"②关于革命的接受基础,即对中国社会的"底部根基"的重视这点上,丸山的视野可以说是为内藤湖南和小岛祐马等人的论述构成了补充。不同于小岛和内藤将现代性置于儒教伦理延长线上的可能性论述,丸山把中国的政治和社会革命放在现代性的社会关系重构基础上进行审视。因此,他高度认可中国的社会革命之于中国个人的政治—社会关系重构和现代民族国家建设的重要性。不过,在承认基本的经济基础和历史唯物论的重要性时,丸山特别重视观念与政治的上层建筑之独立性的问题。他在分析中国和半殖民地的民族革命时指出,中国内部过于强大的中上层保守势力造成了中国改革的失败,陷入了"次殖民地"的处境。统治阶层内部结构改组的失败和帝国主义势力的渗透使得旧社会阶层走上了"买办化"的道路。而这种现象不可避免地带来了

---

① 小岛祐马:《中国の革命思想》,第154页。
② 丸山真男:《福泽谕吉与日本近代化》,第61页。

民族主义与社会革命的结合。① 只有打破此等买办的社会经济形式,建构平等的政治—经济关系才是中国革命的命门。

在丸山看来,现代社会组织方式和经济生活的巨大变化,使得"广大'群众'登上政治舞台成为不可避免之势"②。所以,丸山强调动员之于革命本身和推动社会进步的价值,因此对于中共的"群众路线"之于民众的自发性和行动的意义也给予肯定。"民众间的运动……表面看来总不会显得那么轰轰烈烈,但以长远的眼光来看,推动现实变化的最终力量正在于此。"③但是大众的自发运动,如果没有革命理论的指引很容易被引向狂热排外的陷阱和误区。由此,丸山认可苏俄的革命经验里党作为无产阶级先锋队来引领革命的重要性。不过,丸山的分析与沟口等从中国历史和"封建社会"的内在脉络及长时段的分析有明显差别。在承认旧统治阶层对于社会变革的重要性上,沟口突出了下层民众力量的自发变化和"乡里空间"中自治秩序及家族组织的核心地位。④ 这点,丸山虽然不是中国的具体研究专家,但是他对于下层社会、民众的"自由"潜能的看重与内藤和小岛的观点有共通之处。不过丸山这里体现的更多是其理论预设,而不是实际的对中国农村社会结构、民众和革命的具体关系的分析。因此,结合丸山对于"精神革命"的考察和期许,当丸山把中国革命放在法国革命以来的延长线上,认为任何民主主义的革命必须要解决革命成功后如何破坏传统的统合模式、创造新的国民性的基础时,可以看出丸山对于现代革命总体考察里的两个不可分割的核心要素的提炼:独立自主的公民个人的伦理—精神秩序与外在的公共秩序和社会经济基础。因为外在的政治变革和健康的、允许公民自主性和独立性发

---

① 丸山真男:《日本的民族主义》,载《现代政治的思想与行动》,第 156 页。
② 丸山真男:《福泽谕吉与日本近代化》,第 62 页。
③ 丸山真男:《"现实"主义的陷阱》(1952 年),载《现代政治的思想与行动》,第 175 页。
④ 沟口雄三:《中国思想史:宋代至近代》,龚颖、赵士林等译,三联书店,2014 年,第 157 页。

挥的公共领域的建设,一方面需要建设适合现代工业革命以来的社会经济方式,另一方面政治上保证革命后通过"全体一致"的原则把"多数裁决"合法化,抛弃革命所主张的"真理"追求,认可讨论和自由竞争的正当性。

这正是丸山与孙的三民主义中"共和"和"社会主义"双重革命要求的共享。孙与丸山一样,认为"革命主体"既不可能是伦理化的同一的"国族",也不一完全是被压迫阶级的农工阶级,而是一个开放性的主体,属于认可未来共同体形式的全体公民。只有这样,才可能避免党的专政、特定的经济集团专政或者任何其他不公正的支配形式。所以,"革命"与"反革命"只是虚名,只有站在多数民众的利益,而不执着于特定的革命主体,才有可能避免"革命"与"反动"的循环。而这可能才是丸山从政治上层建筑讲的所谓"民主主义的不断革命"的含义所在。[1] 因此,丸山也不像沟口雄三氏对于中国社会革命几乎采取完全正面的评价,而是强调如何能真正保证革命后民众的自由和民主参与权的不断扩展问题,认为"革命理想"的动态扩展才是应有之义。这可能是他对苏联、中国的共产革命历史经验和美国的反共运动等同时保持批判的原因所在。[2]

三、历史的断裂与延续:革命和传统之间的"悖论"

在丸山看来,孙中山革命进程的顺利与否始终取决于其对"塑造新国民"这一初心的贯彻程度。民国三年至民国十一、十二年期间孙中山的活动,在他认为是误入了"偏重武力"的革命歧途,幸而随后爆发的俄国十月革命和五四运动,给予了孙中山反省和重拾初心的契机,让他重新意识到精神层面的革命所内含的巨大潜能。[3] 同样,他也不无遗憾地

---

[1] 丸山真男:《"斯大林批判"背后的政治理论》(1957年),载《现代政治的思想与行动》,第359页。
[2] 丸山真男:《"斯大林批判"背后的政治理论》,《现代政治的思想与行动》,第364—365页。
[3] 丸山真男:《孫文と政治教育》,第98—99页。

指出,孙中山正因为在投身军阀混战过程中逐渐忘却了这一初心,转向依靠争取各方武力来清除军阀、统一中国,从而搁置了国民政治主体养成的任务,其革命才愈发游离于大众,开始走弯路。① 丸山援引了孙中山《在广州国民党讲习所开学典礼的演说》来印证他的论述:"现在我们应该晓得,初期的革命,十分重要的是枪炮奋斗;后来的革命,更加重要的还是宣传奋斗。如果我们没有宣传的奋斗,那末,我们用枪炮奋斗得来的结果便不能保持,这就是十三年来革命失败的重要原因。"② 关于随后到来的国民大革命高潮,不同于普遍认为的,是因为国共的合作给国民党注入了来自外部的新鲜血液,才使得国民党内的进步力量开始积极联合群众、推动革命。在丸山看来,恰恰是孙中山对失败的反省和思想转向,开始采用广泛而有效的宣传方式,才有了革命高潮的出现。③ 换言之,这是以孙中山为指导的、由内部引发的主动行为,而非被动的提携。这一从内部视野看待孙中山的"转向俄国"的革命道路,对于近代史的学界研究而言,并不是一个容易的答案。④ 为什么丸山特别坚持孙中山本人的内部视野和中国革命本身的历史逻辑进程呢?一言以蔽之,他认为孙中山正是通过对儒教意识形态的巧妙利用,来帮助三民主义的理解和渗透,并在反帝运动时增强民族自信心。⑤ 此处不得不先对丸山的儒教观做简要探讨。

无论在中日哪一国,丸山指出,儒教文化都是迈向现代时必须被克服、消解的障碍式存在。他认为内发于日本的近代化动力之一便是徂徕学抬头所构成的对朱子学的冲击和革新,而与日本的徂徕学相对应的,

---

① 丸山真男:《孙文と政治教育》,第 96 页。
② 孙中山:《孙中全集》,第十卷,第 349—352 页。
③ 丸山真男:《孙文と政治教育》,第 103 页。
④ 系统性地从国民党内部来思考孙的国民党改组与"转向俄国"的道路的原因,较早的是吕芳上先生的《革命之再起》,不过吕芳上更侧重孙与民国思潮和社会运动的时代互动。参见氏著《革命之再起——中国国民党改组前对新思潮的回应(1919—1924)》,"中央研究院"近代史研究所专刊(57),1989 年。
⑤ 丸山真男:《孙文と政治教育》,第 108 页。

在中国能够对抗儒教意识形态的新生力量,正是孙中山的三民主义。①这也是丸山曾致力于著述对儒教主义抱有根深蒂固的敌意和反对态度的福泽谕吉的原因,他甚至认为福泽谕吉的"脱亚论"其内核为"脱儒教主义"。此一"儒教主义",在丸山视野的福泽看来,是父子君臣绝对化的上下关系和区分华夷内外的等级性国际秩序观,它们构成了政治权力与儒教在结构上的结合,使得中国的体制的停滞和腐败不断重复出现。②当然,丸山并不认为福泽谕吉那里有简单的"儒教与启蒙的进步意识形态""东亚与欧洲""中世与现代"的二元对立,而是着力避免把欧洲的原理绝对化的同时,以"自由的辩证法"相对化儒教的诸价值。③

不同于丸山,小岛祐马则强调,孙中山思想本质上还是对传统儒家意识形态的继承,尤其在"天下大同""以和为贵"等理念的认同上。孙的革命终究是植根于中国自古以来革命传统的革命。④ 依托于二人对儒教与现代世界关系的分析,可以看到,小岛认为,孙中山理解的社会的进步是依靠"调和"而不是"斗争",世界秩序最终要靠和平,而不是战争手段来保障。因此,孙中山把家族主义扩张到民族主义,再从民族主义扩张世界主义之所以可能实现,正是因为人类拥有将"感情的融合"进一步扩张的潜能和机制。⑤ 换句话说,孙中山对社会本质的认识立足于所谓的"Gemeinschaft ゲマインシャフト(协同社会)",而不是现代启蒙运动

---

① 丸山真男:《近世儒教の発展における徂徠学の特質並にその国学との関連》(1940 年),载《丸山真男全集》,第一卷,岩波书店,第 127—130 页。当然,值得指出的是,丸山的儒教观是有变化和发展的。在其"停滞的"儒教观最充分展现的《日本政治思想史》的 1952 年的出版后记中,丸山就指出其思考的时代性,"当然,如果允许我进行辩解,那么中国的停滞性,是当时站在第一线的中国史家们不管多少都共同具有的问题意识。我也根据这种问题意识,从思想史的侧面,探讨何以中国的现代化失败并被半殖民地化,而日本通过明治维新则成为东方唯一一最初的现代国家这一课题。"见其《日本政治思想史研究》,王中江译,三联书店,2000 年,第 310—311 页。
② 丸山真男:"作者原序",载《福泽谕吉与日本近代化》,区建英译,北京师范大学出版社,2018 年,第 10 页。
③ 丸山真男:《福泽谕吉与日本近代化》,第 53 页。
④ 小岛祐马:《中国の革命思想》,第 53—154 页。
⑤ 同上,第 152—154 页。

以来理性主义所期许和构建的"Gesellschaftゲゼルシャフト（利益社会）"①。当然，孙这里所借鉴的并不仅仅是儒教的资源，很大程度也来自无政府主义的一支，尤其是巴黎无政府主义者（吴稚晖、李石曾等国民党元老）所看重的克鲁泡特金的影响。② 进而，小岛认为，当孙将民族的本质等同于"协同社会"，而将现代国家的本质等同于"利益社会"时，这正是孙之所以拒绝马克思主义和布尔什维主义的基础。这也是为何孙中山在思考共产社会、明确打出世界主义时，却不信奉马列，反而对其政敌康有为一派倡导的大同思想产生共鸣的原因。丸山和小岛的共同之处是，他们都认为近现代的中国革命史造成了与之前儒教及其组织生活方式的断裂，只是二者所认为的始发点不一样。小岛把共产革命和其背后的苏联模式视为是中国现代历史的断裂之处，而丸山则认为此一断裂是晚清以来自我解体和外部冲击的持续性发展的结果。对于内藤湖南和小岛祐马等京都学人抱着农业文明和儒家文化圈的优越性，贬斥现代工业文明和西方思想的结论，想必丸山不会认可。

当然，这种把二三十年代的"国民大革命"和此后的共产革命，看做是与中国历史和儒教社会传统的"断裂"的看法，遭到了战后一批大体接受了马克思主义和中共革命叙事的东京"历研会"中不少学者的激烈反对。沟口雄三则从京都学人的"断裂""延续"视角出发，将辛亥革命和孙中山、毛泽东的革命放置于自明清时期便早已有之的、在儒教伦理指导下进行的相互扶助行为的延长线上。③ 沟口的中国革命分析，有如下几

---

① 此一术语来自德人学者滕尼斯的著作 *Gemeinschaft und Gesellschaft*（中译本译作《共同体与社会》，林荣远译，商务印书馆1999年），此书完整的日译本于1954年出版。不过在此之前，这两个词汇早已进入日语和学界当中。"Gemeinschaft"译法相对较多，日文也用"共同社会、协同社会、基础社会"翻译；"*Gesellschaft*"则比较统一，都是用"利益社会"这个译法。不过日语中多用片假名音译这两个术语，加上解释，这样可以尽量减少歧义和误解。
② 孙曾多次在其讲演中指出这一点，比如孙在其"知行学说"里面详细阐释的，"物种以竞争为原则，人类则以互助为原则。社会国家者，互助之体也；道德仁义者，互助之用也。"详见《孙中山全集》，第六卷，第195—196页。
③ 沟口雄三：《中国的冲击》，王瑞根译，三联书店，2011年，第76—78页；许纪霖：《家国天下：现代中国的个人、国家与世界认同》，上海人民出版社，2017年，第六章，第149—176页。

个侧重点:第一,辛亥革命和共产主义的社会革命并非一个突如其来的事件,它是从明代末期以来漫长的社会革命的最终点。这个"社会革命",类似于内藤等人的判断,是一个乡村自治运动,地方对中央集权的"革命"。它的社会秩序观在从朱子学到明中叶的阳明学的发展中展现出来,它以把儒教渗透到民间为主要目的,借助于善会、团练、宗族制度等,构成了特有的"乡里空间"。而辛亥革命是此一运动的最终点,共产革命则是在此延长线上的再造。第二,特别强调礼教与革命中国的内在联系。但沟口的这条自明清起、将孙与毛的革命统统收入其中的绵长的革命线索,恐怕并不会为内藤和小岛等京都学人所同意。尽管他们都在中国的革命有其内发性根源这一点上达成共识,但至少对内藤而言,革命与儒教伦理的断裂自孙开始,对小岛而言则始于毛。同样是看中内在联系的两种路径当中,礼教和农耕文明在不同的"革命"视野下与"革命"的关系成了相互对立的矛盾关系。

  丸山眼中的孙中山革命与儒家意识形态和中国社会的关系,就其实质而言是断裂的。丸山认为,它们之间是"扛着红旗反红旗"的、一方对另一方的悖论性利用兼否定的关系。尽管二战期间的日本学者或多或少地会被卷入学界的"中国停滞论""中国蔑视"的浪潮之中,丸山在战后坦言自己也并不例外。① 但在历史对儒教意识形态的否定上,直到战后,丸山都显现出了维护最基本限度的近代主义立场的毫不退让的一面。对于儒教传统、革命和现代性复杂关系,丸山认为三民主义的处理并不成功。他指出,"因为三民主义是完全乖离于中国自古以来意识形态的思想,所以要将其渗透进农民、劳动者、国民大众的意识中极其困

---

① 丸山的好友竹内好曾在 1949 年撰写的《日本人的中国观》(竹内好:《竹内好全集》第四卷,筑摩书房,1980 年,第 12—13 页)一文中,批判丸山关于"儒教导致中国停滞"的论述缺乏展望性。他认为甚至连丸山这样的学者都只看到了中国近代化发生的时间滞后性,而没有看到这一时间滞后性可能带来质量甚至超越日本的近代化,这种忽视可能与其潜意识中存在的中国蔑视感有关。竹内好去世后,丸山曾在悼文中对竹内好的这一批判表示信服。(丸山真男:《鲁迅の会 好さんへの追悼》(1977 年),《丸山真男集 别集》第三卷,岩波书店,2015 年,第 233 页。)

难……因此需要讲究各种手段,首当其中的便是最大限度地利用中国民众历来持有的传统观念。"[1]但在丸山看来,尽管孙中山策略性地披上儒家思想的外衣来转译三民主义,比如通过扩充乡党意识、宗族意识来上升到民族意识、国家意识,将忠君思想巧妙地替换为忠于民、忠于国等。然而就其结果而言,这一策略为谋求一时的解释方便派上了用场,却为后期的革命埋下了至少三个不利因素:其一,将革命染上旧政权思维的蒋介石政府,便是通过将孙中山这一策略继承并发扬到极致来构建自身的正当性。[2] 其二,孙中山死后,丧失革命势力中心的国民党围绕三民主义的解释分裂成"左翼"和"右翼",其原因之一便是孙中山对传统意识的大幅利用引发了歧义。[3] 其三,孙中山主义此后长期成为引发政治界、思想界、学界中论争的种子[4]。从历史的延续与断裂性来看,孙继续用儒教的资源与学养去为其革命的三民主义张目却是必然的。因为,在丸山看来,"思想、观念,与制度、机构相比,具有更大的惰性,新观念要顺利地内在化,往往不得不借助旧观念的外衣。"[5]孙思想中对于儒教资源的借鉴和使用,在丸山看来,更多的是一种不得已而为之的选择。历史的延续与断裂也在这革命的悖论中被重复和再生产了。

余 论

丸山的孙中山分析,既体现出了他对于现代社会中个人的精神—伦理秩序与内外的政治秩序之危机的诊断,也凸显了他本人的学养背景和分析特色。更重要的是,就如同丸山本人的福泽谕吉形象一样,丸山的思考是一个动态的、具有方法论和典范意义的分析架构。这需要我们继

---

[1] 丸山真男:《孫文と政治教育》,第104页。
[2] 同上,第108页。
[3] 同上,第108—109页。
[4] 同上,第113页。
[5] 丸山真男:《福泽谕吉与日本近代化》,第147页。

续深入理解丸山本人及其时代背后的学术和精神关切。其实,丸山恰如他所特别看重和研究的福泽谕吉一样,更强调的是一种"情境化"(situationist thinking)、"在地化"的思考,并不绝对看重某种特定的"主义",因为它们往往都是有其时空和价值上的局限的。不过,丸山对于孙思想中"精神革命"和"主义化"的伦理改造的认同,可以看出他对此一"泛政治化"的"政治教育"的危害,它可能带来的对公民个体的自主选择和健康地参与政治之扭曲,都体悟不足。另外,他对于中国基层结构和社会经济把握的不足也严重限制了他从下而上的视角之实际分析。这两点从丸山对后来共产革命的分析中看得更加清楚,不过这里无法展开,需要另一篇文章才能解决。更重要的是,丸山作为一个"彻底的近代主义者",对于"传统"与"革命"和"近代化"的关系的看法,似乎过于以西方的社会理论为模板而失之程式化。当然,丸山对于孙的三民主义之高度评价,是有其限度的。他曾坦言,"我们所面对的具体现实中,并不存在什么终极的真理或绝对的善。我们只不过是在进一步的善与更甚的恶之间、进一步的重要与更不重要之间、进一步的'是'与更大的'非'之间做选择。"[1]丸山对于孙的三民主义之分析和评价,也必须在丸山本人和中国革命的双重历史语境中去考察和把握。

(卢华:中国社会科学院近代史研究所;陈琦:东京大学综合文化研究科超域文化科学系)

---

[1] 丸山真男:《福泽谕吉与日本近代化》,第34页。

笔谈

中国现代思想的起源

2019年是五四运动百年纪念。五四是现代中国思想的起源,有着无穷的多元阐述空间。2018年8月26—27日,华东师范大学历史系举行"世界的五四与地方的五四"学术工作坊,来自北京、上海、香港、南京、成都、武汉的学者从多个角度和领域探讨五四时期以及百年中国的思想文化。本辑笔谈稿是根据与会的部分学者发言录音整理的。

从天下视角看五四

罗志田

"五四"是一个不是太好说的题目,好像有很多话要说,又不知道说什么好。不仅我们现在是这样,杨琥老师编过一本很厚的书——《民国时期名人谈五四:历史记忆与历史解释》(福建教育出版社,2011年),里面那些纪念五四的文章,相当一些也有点好像说了什么、又好像没说什么的味道。我猜他们中一些人的感觉,可能跟我今天差不多。然而说到对五四的研究,那还是有很多可说的。

我们这个工作坊的题目是"世界的五四与地方的五四",这非常好,所谓"世界的"与"地方的",在某种程度上有一个共同的意思,即不一定是"国家的"。对于五四来说,这是一个很重要的新视角。我是受到工作坊题目的启发,想主动配合,才确定了今天这个题目。"天下"是我最近思考得较多的问题。在某种程度上可以说,"天下"也就是又"世界"又"地方"、而不那么"国家"的一个视角。

我看到工作坊的题目,就想到五四的当事人傅斯年在1919年说的一句话:"我只承认大的方面有人类,小的方面有'我'。"这是典型的五四人的心态。对他们而言,个人非常重要,世界也很重要,其他在中间的,包括国家,都不那么重要,所以傅斯年把"地方"也作为"我"和人类的中间成分予以否定了。尽管如此,我们若从国家往两边看,的确一边是地方和个人,一边是人类和世界。所以我们这个工作坊的题目与"五四"人的心态是很接近的。

大体上,在五四新文化运动前期,个人和人类(或世界),也包括我们今天说的地方、社会等等,都有一种同盟军的感觉,因为它们大体都有"非国家"的色彩。但到了运动后期,个人和人类都不同程度地逐渐淡出,得以凸显的是既密切关联又处于竞争中的群体性"社会"和"国家"。

其实在中国,"国家"这个意识也就是在五四前后才兴起的。"社会"亦然。陈独秀就说,他二十多岁八国联军进来的时候才知道有"国家",以前就不知道。然后我们就看到梁启超指责中国人"知有天下而不知有国家"和"知有一己而不知有国家",那时是特别强调国人应有国家观念或国家思想。同样让人不清楚的就是"社会"。陈独秀的学生,傅斯年的同学田培林回忆说,他的小学老师(应和陈独秀是一代人)在清末时使用的新教科书里有"社会"这个词,学生不懂提问,老师其实也不知道那种从外国引进的新意思,只能以过去演戏、救火一类的"会"和"社"来解释。

而到五四学生运动时,正在中国的杜威(John Dewey)就把运动描述为"一个民族/国家的诞生(the birth of a nation)"。运动的当事人傅斯年看到的,则是此时"中国算有了'社会'"。在现在很多人的心目中,"国家"和"社会"的关系最少是紧张的,有时甚至是对立的。前些年很多外国学人爱说所谓的"民间社会"(civil society,也有译作公民社会),很大程度上就是觉得原来那个社会(society)的意思不足以强调其自身那种非国家的含义,所以加个"民间"(civil)的冠词,以凸显"社会"和"国家"互异的那一面。

傅斯年和杜威,一是当事人,一是现场观察人,他们对五四的不同认知和即时表述,是一个不可忽视的重要现象(详后)。从陈独秀不知"国家"到杜威看见"国家",也不过就是二十年左右,"国家"(以及"社会")就从五四时代的重要人物自己都还不清楚的概念转化成为观察、认识、理解和诠释五四的"概念工具"了。

如果我们对比前引梁启超和傅斯年的表述,清季被指责的国人弱点,竟成为民初青年学生追求的正面价值,读书人的态度出现了截然相反的转变。当事人大致仍同在,却已处于不同的时代了。两事都显出几分人还是、物已非的感觉。这样一种急剧的时代大转变,是认识和理解五四必须注意的语境。

可以说,20 世纪的前二十年大体被辛亥革命中分为两段——清季最后十年和民初的十年。在 20 世纪开头时,像陈独秀这样走在时代前面的人也不过刚刚知道了"国家"的概念,随后是梁启超对国家观念的强调,同时很多人对什么是"社会"还如一头雾水。到这二十年差不多结束而傅斯年看到"社会"的诞生时,他已在打算放弃国家,而杜威却看到了"国家"的出现。

这样看来,五四不仅如我们一般所知的是个时代的分界点,它还见证和表述了"国家"和"社会"在中国的"诞生"。而正在诞生中的"国家"和"社会",又已成为观察和认识五四的媒介。这些近代中国历史叙述中常见的关键词,其相互关联的程度,可能还需要进一步的关注和认识。

然而五四到底是带给我们新的"国家"还是带来了前所未有的"社会",身历运动者不一样的即时观察,充分表达出五四蕴含的丰富。这也提示我们,五四的多样性从一开始就存在,可以从很多视角来观测——它不一定是一个国家意义的运动,也不一定是一个社会意义的运动,或者可以是一个既国家又社会的运动,还可能是一个既不国家又不社会的运动,毕竟那是一个非常凸显个人的时代。

在一个"国家"和"社会"有所对立的时代,出现一个可能兼具国家和社会的五四新文化运动,也揭示出理解"中国"的困难。现在我们很多人喜欢学着外国人说我们中国以前是个帝国,则"国家"和"社会"就是从"帝国"转化出来的。不过不久前发表在《探索与争鸣》上欧立德(Mark C. Elliott)的主张,好像又说以前中国不是帝国(希望我没读错他的意思),估计这个说法也会逐渐影响我们的学者。假如"国家"和"社会"不是从"帝国"转化出来的,那是从什么转化出来的呢?其实有一个以前耳熟能详的词可以涵盖这些有争议的概念,那就是梁启超指责中国人知有的"天下"。

在没有国家、社会这类分歧概念之前,说"天下"是人人都明白的。因为天下的含义丰富,既可以是本朝普天之下的王土,也可以是"天之所覆、地之所在"的广阔空间,以及人类社会。只要放在上下文的脉络里,这些意思都无须进一步界定。然而在近代"天下"涣然崩解之后,迄今为止似乎仍未出现一个可以完全取代"天下"的新词语。所以我们不得不去界定究竟是天下转化成了中国,还是天下转化成了世界;以及更内在的,就是转化出了刚才所说的国家或社会。

现在我们已经充分接受外来的"国家"概念,并习惯了从国家的角度来看问题,用国家作为观察和思考历史事件的单位。但是在国家观念刚刚起来的时代,国家是不是有那么重要?或者说,我们是否可以假设五四时代的当事人都会从国家视角看问题,或在国家立场上想问题?

实际上,在中国从天下转化出来的初期,认为中国不见得就是一个现在意义"国家"的人不少。很多人可能是从中国还不够"进步"的意义上这样看的。但另一些人则从不同角度说中国是一个文明、一个文化、一个社会,反正不是一个国家,而是所谓超国家。包括雷海宗、梁漱溟等,都很强调这一点。还有一位罗梦册写了一本《中国论》(重庆商务印书馆,1943年),把世界国家分成三类,即族国、帝国和天下国。他说中国既有国家性,又有天下性,所以是个天下国。从我们的后见之明看,他的意思其实就是说中国不是那么纯粹的国家。

这类观念出现得稍晚一点,或晚一些才开始表述得明确、系统起来(或也意味着国人对国家概念的反思逐渐浮上意识层面)。不过张东荪在1924年写过一篇重要的文章《中国政制的改革》(发表在《东方杂志》

上),在那里他提出了一个非常重要的见解(似不太有人注意)。他说中国从晚清开始几十年的改革,所有的努力其实都是向着所谓"近世国家"的一个方向在走。他对自己所说的近世国家给出了具体的界定,基本是从西方引进来的"国家"观念。

我们暂不管他的定义,重要的是他提出了需要思考的问题,即这样的"近世国家"是不是中国必需的,以及是否可以考虑中国不向近世国家的方向发展。具体而言,如果中国可以不向近世国家发展,至少那个时候不以此为目标的话,就可以考虑把社会纳入政府。那是张东荪对他自己曾经提倡的"贤人政治"的修正,因为那时他认为好人政府已不太可能出现了。既然政府自己好不了,或不如让一个好的社会来影响政府,以改变中国的政治。简言之,张东荪注重的是社会,希望从社会来改变政治。

这实际提出了一个在当年和后来都不多见的思路,即从非国家角度来观察、思考中国的现状和历史变化。我感觉这个思路可以帮助我们观察和认识五四——过去我们基本上都是先天地接受了五四就是在中国这个"国家"发生的故事。假如这个具有特别定义的国家,即西方意义的"近世国家",还处在形成过程中的话,那五四就可以是在一个非国家空间里的故事。换言之,五四本身及其带来的变化,不一定非要从国家的眼光看不可。

我们过去看五四,或者太受外国引进来的国家或社会的这些概念的影响,从这样的视角看五四,我们可能不自觉地被带进某种框架或固定的思维模式,很难解决上述杜威和傅斯年认知不一致的分歧。盖不论国家和社会是不是两个对立的范畴,以前的人显然更多看到它们紧张甚至对立的一面。如果两者更多处于一种对立的状态,从国家或社会的视角看五四就会给历史解释者带来很大的困扰。而就像上面所说,五四有可能是既不那么国家也不那么社会的事件,毕竟今日意义的"国家"和"社会"(基本是从西方引入的)那时仍在形成之中。

如果国家或社会在帮助我们认识和解释五四方面不那么有效,或许天下就是一个可以重新引进的视角。著名革命研究专家斯考切波(Theda Skocpol)曾以把国家带回社会分析(bringing the state back in)而著称,裴宜理(Elizabeth J. Perry)近年又提出把革命带回中国政治研究(bringing the revolution back in)的主张。如果我们也学着说把天下带回中国史研究(bringing the Tianxia back in),确实提供了一个不一样的视角——从天下视角看,五四便没有多少国家和社会的紧张(也无须辨明五四到底产生了社会还是产生了国家),甚至没有个人和世界的冲突。因为天下就是人类文化生活区,每一个体的人都在其中。

(罗志田:四川大学历史文化学院)

新文化运动的展开及其影响机制

章　清

这个会议的主题是关于地方的五四和世界的五四。从近代技术的进步来检讨这样一个问题的话,则所谓世界、所谓地方,就变成实实在在的可以把握的对象了。我们可以基于那个时期在技术层面的推进,把有关地方的五四和世界的五四"具象化",相应地也可以从另外一个角度来理解新文化运动。

需要说明的是,涉及到技术层面的研究,不大容易就某一事件做单独的分析,往往需要寻找另外的参照加以对比。换言之,评估新型传播媒介的影响,往往难以确立较为明晰的因果关联,可兹努力的是将此与历史进程结合起来,从新的维度重新检讨相关历史。最近这些年我围绕此进行的研究,大致也是立足近代,把技术因素考虑进来。有了纵向的比较以后,对于某一时段的分析或许会更理想一些。

围绕新文化运动的展开及其影响机制这一问题,我想先谈谈近代以来技术层面的变化,再聚焦于在五四这段时间新型传播媒介所发挥的效力,最后大致说明这一时期由技术进步所推进的"交流的循环"是如何实现的。

信息传播技术带来的变化

先说说信息传播技术带来的变化。所谓"新型媒介",涉及的面颇为广泛。可以明确的是,印刷技术之外,不可忽视的还包括信息传播效率的改变,那就是火车、轮船等交通工具的利用,以及电报、电话等媒介工具的使用。只有这两个方面的条件都得到改善,才能真正实现信息的有效传播。

报章成为那个时代新型传播媒介的代表,也端赖于此。当然,最早创办的报章,其传播新闻的效力是很不足的。1833年创刊于广州的《东西洋考每月统计传》,其"新闻"栏所加按语,就经常表示由于本月没有船只来,所以没有办法登新闻。换言之,它所登载的西方世界的消息,都是靠来往船只带来的报纸。1857年在上海出版的《六合丛谈》,设有"泰西近事纪要"栏目,其编者所加按语,还指明消息是如何从英国伦敦传递到上海,不仅有具体的行程,还指明整个行程需50日。

信息传播技术的改变,此一时期最值重视的无疑是"电报"。1871年丹麦大北电报公司在上海即已开办业务;1884年又开办了商电局、官电局。为使信息更为快捷传递,《申报》为此还付出不小代价。1882年10月25日登载的《壬午科顺天乡试题名录》这则信息,就是由北京送到天津,再由天津电局传至上海。顺天乡试的结果发榜仅一日就在上海刊出,这在过去是难以想象的。可以说,有了电报以后,信息的传输就完全不一样了。当然,电报只是技术进步的一环,其他技术层面的推进,如印刷业采用新式技术,交通条件逐渐改变,以及邮政事业的开办,皆与此有关。我想强调的是,通过对技术进步的考察,可以更好把握中国与世界的联系,以及信息的传输机制,这对于想象与理解近代的历史,无疑是大有裨益的。

最基本的,晚清人常常念及的所谓"三千年来所未有之变局",自包含新事物、新技术不断成长这一环节,理解近代中国社会的变迁,也绕不开对这些因素的探讨。

新型传播媒介所发挥的效力

再来看到五四时期，信息传播机制对于新文化运动的走向有哪些影响。

值得重点检讨的是信息传播机制的形成，以及对于推动新文化运动所发挥的效力。此大致可区分为"外部"与"内部"两个方面：前者是指外部世界的信息如何及时传入到国中，引发普遍的回响；后者则指国内一地所发生的事件如何不断发酵，激起全国的响应。聚焦于世界和地方这一主题，可以明确的是，这场运动的走向确实完全不一样了。尤其是当我们把目光往前延伸，去看之前所发生的运动，如戊戌维新运动，其差别即体现在信息传播的机制有了显著的不同。

巴黎和会召开，其引发的事件即充分显示出电报及报章媒介在连接国内外信息方面所发挥的影响。其所产生的动员效应，尤其是在激起民愤方面发挥的作用，无疑是决定此一事件持续发酵的关键。这其中，北大学生捐了几百块钱打电报，即是人们津津乐道的事。胡适在一篇短文中还援引英文报纸介绍的信息，说明"巴黎中国议和专使团先后收到国内国外团体或个人关于和约的电报，共七千通"。如果分析发这些电报的团体或个人，则还能获得更多信息。

再看看国内的影响机制是怎么演化的。举例来看，陈独秀被捕、五四学生运动等事件，即充分展示出新型传播媒介产生了重要的影响。这在过去也是难以想象的。

陈独秀被捕的时间在6月11日深夜。接下来的几日，通过报章，这一事件的相关信息很快传播开来。由于电报的利用，消息很快传到上海，6月14日《民国日报》即登载了此事的消息，还全文发表了令陈独秀遭此祸端的《北京市民宣言》。陈独秀被捕事件通过报章的发布，不再是秘密，接踵而至的是各种力量的介入，以致报馆、发通电的形式，纷纷发出"声音"。北京、上海之外，信息传播的效力自然有所不同，同样的消息来源，传播到京沪之外的地方，就要拖延不少时日。不过，尽管如此，所传送的信息还是颇为完备的。1919年7月14日创刊的《湘江评论》，发表了毛泽东的《陈独秀之被捕与营救》，由此可判断出大致能掌握关于此的诸多消息。

围绕陈独秀被捕发出的各种公开的声音，显示出那个时代特有的信息传播机制。其一，不同的媒介，其传播信息的效力颇有差别。与报纸、周刊相比，月刊显然就太过于迟缓。事实上，围绕陈独秀被捕事件在杂志上的反应就要少很多。以《新青年》来说，第6卷第5号约出版于1919年5月，到第6卷出版时，已是1919年11月1日，内中只是刊出了李大钊《欢迎独秀出狱》这篇文字。其二，此一时期的信息传播仍受制于空间的因素。地方上的报章利用电报传播来自中心城市的信息，还不那么普遍，不过，大致实现了全国范围内信息的持续传播。正是这些信息的汇集有先后，导致发生于这一时期的事件，其反应机制也有别于以往，需以日、月来进行衡量。

不仅是陈独秀被捕案，其他事件之所以能很快激起反响，也是因为有这样的信息传播渠道。1919年5月4日北京发生的学生运动之所以很快在上海、杭州等地当即有所回应，即显示出媒介之力。发生在北京5月4日的各项活动的消息，《申报》是在5月6日以"专电"发布的。5月7日继续发布了多则"专电"及其他通信社的电文。此外，还专门刊登了一则《北京通信》（桂生），以及"北京学生示威行动之别报"，并汇集《晨报》《益世报》《京报》《北京日报》所刊登的消息。

按照时间节点来推算，5月4日在北京发生的事件，其他中心城市的报章约在一二日内即可报道相关消息。对此稍加辨析还可了解，除了来自《申报》等报纸的消息，还有别的技术手段在影响事件的走向，并使该事件在上海的发动在时间上有所提前。这发端于5月5日夜十时半时任《民国日报》总编辑邵力子给复旦学生的电话,告知北京学生的举动。6日上午8时,邵到校,报告了北京学生示威游行及和军警发生冲突的经过。在场同学当即议决两案:其一,联合上海各学校通电全国营救北京的被捕学生;其二,从速组织上海学生联合会。到当天晚上,与各校接洽的工作已完成,5月7日《申报》的"本埠新闻"栏,也登出上海南洋公学、圣约翰大学、复旦大学等30多所学校发出的通电。浙江杭州发生的学生运动,亦可印证这一点。学生运动的消息是在5月6日传到杭州的,在杭州的学生也马上有所动作。

可以说,正是在新型传播媒介的作用下,新文化运动形成了有别于以往思想文化运动的反应机制。这不仅体现在"中心"的信息很快传播到其他地方——甚至是"边缘"之地,还意味着历史事件得以在更广泛的区域发酵,汇为全国性的浪潮。没有这样的技术条件,新文化运动是否能形成在全国范围内得到广泛回应的思想运动,是大可怀疑的。

汇入新文化运动:"交流的循环"

提出"交流的循环",是试图去解释个人如何汇入新文化运动。不管是这场运动的发动者还是参与者,他们之投身新文化运动是如何实现的?又有哪些具体的表现?实际上,个人以种种方式汇入到新文化运动的潮流中,同样依凭于这样的信息传播机制。值得关注的是:其一,有关新文化运动的言说能否实现由"中心"向"边缘"进行广泛的传播;其二,需要多少时间完成这样的有效交流,包括报章的派送、个人之阅读乃至由读者成长为作者等环节。对这些环节进行具体的分析,也可避免对于这段历史的解释建立在"不具正当性的简化"上。

以新文化运动来说,推动其走向的关键性要素,无疑都与新型传播媒介有关。而且,从一开始,即已显示出新文化运动的主导者颇为清楚报章之效力,也自觉借助于此。胡适"文学改良"主张发端于留美时期与朋友间的辩论,因为难以说服对方,于是想到了报章这一"试金石"。这是利用媒介化解纷争的一面。借助于报章制造舆论,也同样不能免。这其中最形象的一幕,无过于《新青年》编辑部为提倡白话文而发表的"双簧信"。"故为矫枉过直之言",在随后出版的《新青年》中不断展现。而且,并非《新青年》如此,往前看,报章文字之"笔走偏锋",早已成为常态。时人用所谓的"报战"加以形容,也隐约道出报章言辞之激烈。

报章之广泛销售以及阅报处的开办,以往皆构成解读新文化运动影响机制的重要环节,然而这些并不能完全涵盖新型传播媒介所建立起的"交流的循环",也是清楚的。以吴虞来说,则不单有何时接触《新青年》的问题,值得考量的还包括反馈机制的建立,促成其成为《新青年》的重要作者。这一过程能够实现,信息传播的"时限"就构成重要的因素。由读者成为作者,还不算完成"交流的循环",吴虞参与创办的《星期日》,还曾借助于《每周评论》《新青年》等刊物进行宣传。

结合新文化运动影响机制的分析,可以看出,物质与技术的进步如何改变着历史的基调,是值得重视的问题。仅以晚清、民国时期信息传播机制的成长,便不难了解其对历史进程的影响既深且巨。对于新型传播媒介的作用,吕思勉检讨"三十年来之出版界"(1894—1923)即言及"三十年来撼动社会之力,必推杂志为最巨"。胡道静还撰文说明:"在最近一世纪的时间中,新闻事业对世界政治、经济、社会及文化所起的作用,可谓无物堪于伦比。"当然,对于新型传播媒介的效力,尤其是将新文化运动的展开完全归功于此,未必合适,也难以确立这样的因果关联。

关键在于,对于相关问题的检讨,新型传播媒介已属于"有"的形态,很难假设如果"无"又会怎样?相应的,这里也无意针对新文化运动的影响机制提出一个带有普遍的看法。余英时先生讲述的《我所承受的"五四"遗产》集中表达了这一层意思,带有浓厚自传意味的"五四",更加值得珍视。"五四"不再是一个笼统的思想运动,而是因人而异的"月映万川"。具体到新文化运动所形成的影响机制,也可以说是多姿多彩的。因此,立足技术的进步审视新文化运动,重要的是把握新型传播媒介以不同以往的方式改变了思想文化运动的品质,既使各种信息以更快捷的方式实现更广泛的传播,同时个人也超越以往接受信息的方式,无论身处何地,皆可以参与到文化运动中。这是新文化运动显示的特质所在,基于新文化运动历史的解读,或也有必要在这个环节多做努力。关键尤在于,原则上肯定新型传播媒介的作用与具体揭示其所形成的影响机制,并不是一回事。

(章清:复旦大学历史学系)

前史、即时与后续
重构五四运动的舞台

瞿 骏

我这个报告基本上是谈一些想法,当然这些想法不是无根的,结合了我去年和今年写完的和未写完的几篇论文,来谈这个问题。

首先从许纪霖老师的一段话谈起,这段话并不跟五四运动直接相关,但是很有启发性。许老师指导我们论文的时候经常会说:有一些论文找了很多的史料,花了很大的功夫,不能说不用功,但是这个论文为什么不能有大的突破或者革命性的进展?并不是因为作者对论文本身用功不够,而可能是因为你的"背景知识"的欠缺。所谓背景知识,是指你有没有参考相关的经典研究,你和这个经典研究的对话性在哪里,你有没有受到和你题目看上去没有太大关系,但实际上对你有很大启发的二手论著的影响。

这段话跟我说的五四运动的舞台是有关系的。有时候你对五四运动研究的推进,你的用力之处或许并不一定在运动本身,当然运动本身也很重要。但是按照我们的会议主题来说,"世界"为何、"地方"怎样,某种意义上可能比运动本身更重要。

举两个例子。第一个例子关于"世界"。文章在写,还没有完成,主题是谈胡梦华、学衡派和马修·阿诺德的关系。因为我们一般都重视白璧德,不太重视马修·阿诺德。马修·阿诺德的研究如果从学科领域来说基本上分在比较文学领域里面。我现在想说的是你要触及那样一个题目,大概你需要对维多利亚时代、对马修·阿诺德的作品、对《爱丁堡评论》那些当时著名的杂志,至少有一定的了解。你对那些东西了解得越深刻,可能对你研究胡梦华、学衡派,研究那些人如何受到马修·阿诺德的影响,和白璧德的联系,研究的推进就会更多、更深一些,这是"世界"的意义。

第二个例子是"地方",刚才(徐)佳贵也说到了,很多地方读书人是根本不读《新青年》和《新潮》的。我要举的一个例子是他们可能读了《新青年》和《新潮》,而且是在很小的地方,但却可以有另一个解释。我听过一些中学的课,他们喜欢干什么呢?摆一张地图出来,地图后面有一些廉价的彩色小灯泡,红的、蓝的、紫的,效果是让五四运动的星星之火一个一个闪亮起来,以此来告诉学生甘肃也读、青海也读、云南也读等等。这个图解当然是有史料支撑的,他依据的史料是各种回忆录、文史资料里面那些老人回忆如何读《新青年》《新潮》的记录。但是我大概可以一下子把这些灯全灭掉,在苏州甪直小镇上有吴县第五高等小学,里面不少读书人读过《新青年》《新潮》。为什么他们能读到《新青年》《新潮》呢?原因其实很简单,那时候叶圣陶在那里教书。叶圣陶和顾颉刚是什么关系呢?上海人叫穿开裆裤兄弟的关系,而顾颉刚是胡适、李大钊的学生,傅斯年的好友,因此做个不恰当的比喻,这个地方《新青年》的传播不是市场销售关系,而是点对点的传销关系。一旦叶圣陶离开了那个小学,那个地方《新青年》《新潮》就很有可能读不到了,因此《新青年》《新潮》的每一个代派处、经销处,大多数是这样一个关系,而不是报刊大规模散布,人们受到影响的关系。

由此我们的具体操作就是应该是对前史的重视,对即时的丰富性、复杂性的重构和对后续的放眼观察。这样操作的方法论意义在:第一,你要摆脱既有的背景知识笼罩下的五四历史,即"增脂不增肌"。就像刚刚周月峰老师说的,永远在《新青年》为主导的视角看过去,尽管你可能仍对梁启超有非常精深的研究,但是那个视角不转换,就是"增脂不增肌"。

第二,试着远离符号化的五四历史。如果还陷在符号化的五四历史里面,你可能读《新青年》、读《新潮》读得依然心潮澎湃,但这个时候你越心潮澎湃可能离"真实"(这个"真实"是打引号的,每个人对"真实"的历史理解不一样),就越远。

下面先谈"前史"的问题。第一小点要讲的是"顺着看"的意义。我们以前看五四大多是倒着看的。王德威说"没有晚清、何来五四"提示我们要顺着看。很多东西要从晚清这么一直看过来才能看得清楚。刚刚(徐)佳贵的研究有一个大意义是在这么顺着看过来你突然发觉"五七"和"五九"在"五四"的历史里面原来很重要,但是后面渐渐地在五四运动的阐释里面变得不那么重要了,这就是顺着看。你倒着看是看不出来的。

第二个小点在对"对手方"的重现。罗(志田)老师一直在强调这件事。我们现在为什么对历史情境没有太大感觉呢,就是因为很多对手方被你淹没掉了。这一点大概在党史研究里面尤其突出。昨天许老师有一个非常重要的观点,五四运动的气质很大程度上是无政府主义塑造的。而为什么现在我们对这个感觉不深呢?就是我们的历史叙述变成了马克思列宁主义如何与无政府主义论战,最后我们胜利了。具体则纠结于陈独秀和区声白是怎么论战的,把他们的话复述一遍,陈独秀说了什么,区声白又说了什么,最后陈独秀说得很有道理或者区声白说错了等等。

但问题在于我们往后看就知道陈独秀和区声白论战以后,1922年广州的"五一"大游行马克思和克鲁泡特金的像是同时抬出来的,也就是说无政府主义在那里仍极有势力,否则就很难解释为什么巴金在1930

年代还在谈无政府主义。这是一个长时期的延绵,从晚清一直到1940年代。只不过现在它们在历史叙述中声音太微弱。但是这些力量在历史当中你如果是一直这么看过来的话是非常重要的。

而无政府主义若往前推,有时候还不是克鲁泡特金式的无政府主义,而是陈独秀说的老庄式的无政府主义,这个无政府主义和江亢虎连在一起,和谭嗣同连在一起,和康有为连在一起。在江南地区辛亥以后、复辟之前某一段时间非常有势力。这里的复杂性又表现在:这种无政府主义一度非常有势力,但又在一段时间内被压抑,要到五四时期,1918年、1919年的时候,这样一个清末民初的新因子会跟五四的因子结合起来,焕发出新的力量。

第二个问题是即时的丰富性和复杂性。现在我们的材料爆炸已经让我们能很方便地获得各种各样报刊的完整版本,所以我们可以去做即时的逐日重建的工作。这里要举的一个例子是王风的研究。我这两天翻他的书,他这篇文章应该写在二十多年前了,他在里面对林纾、张厚载和蔡元培的那些事,用了《新申报》《公言报》等报刊做了逐日重建。把事情说得非常清楚。这件事情的概况人人都知道,每一个做现代文学的,每一个做五四运动历史的人,都会谈这个事情,但是很多人只是翻了《中国新文学大系》,是通过茅盾那些人建构出来的文学论战的样子来做研究的,看上去那几种报纸都耳熟能详,但是基本上很少有人去翻过。当然北大有便利条件,我之前请教了一下北大的诸位同仁,这些报纸北大有收藏。但问题是北大有收藏,为什么还是没有很多人去看,其实映射了学界喜欢大而化之地做研究,而不是逐日地把历史过程重建出来,然后得出一些新的结论。

除了关注能读到什么,我们还要关注不能读到什么。下面引的一段材料出自《时事新报·学灯》,这一段话是批评吴宓的。他笑吴宓说你写了一篇《新文化运动的反应》,但是你竟然不知道《时事新报》的文学增刊叫《文学旬刊》,不叫《文学附刊》。《民国日报》的副刊叫《觉悟》。《晨报》有《副刊》,没有什么《文学附刊》。这个材料的意义在就连吴宓这样的东南大学教授,《学衡》派主将对当时新文化报刊的情况都如此不清楚,那么比吴宓更不清楚的人大概更多。

下面ppt引用的材料,搞现代文学的同仁应该很熟悉,这是《鲁迅全集》里面著名的一篇文章——《一是之学说》的注解2和注解3。而这些话我们一读就知道是带有时代痕迹的,很多同仁因为只看《鲁迅全集》大概就会被这个东西给带过去。

而这个材料和上一个材料结合,其意义在哪里?其意义在很多研究者从来不去把吴宓发表在《中华新报》上的那篇《新文化运动之反应》的全文看一遍,这篇文章的内容都是通过鲁迅的《一是之学说》来转述的。吴宓在里面所谈的新文化运动之反应,是依据《民心日报》《经世报》等七八种报刊。所以最近有一个刊物说你这篇写吴宓的东西给我,我说我暂时写不出来。为什么?工作量比我想象中大得多,我要把这七八种报刊都翻一遍,然后考察吴宓作为读者的情境下如何看这个新文化运动。我们现在谈吴宓经常依据的就是《学衡》上那篇《论新文化运动》,而那篇东西其实是他从《留美学生季刊》里发表的那几篇东西凑在一起的,那个怎么凑的过程,也几乎没有人去做。

当然还有多重复合的"风"的问题。在乡村社会、地方社会,新文化的风、新主义的风、整理国故的风是同时吹起来的,这个"同时"很重要。同时吹起来就意味着里面有面对各种大风的无所适从,但也意味着这些大风可以同时加以利用。

因为时间关系,我只能把第三点"后续"简单地说一下,跟沈洁刚刚说的相似。在1921年以后,地方上特别是上海周边地区,江浙地区,广东地区,党和主义的力量可能是"无处不在"的。这个党和主义的力量和五四运动是有关系的,很多时候早于1924年国民党改组。但它又是"隐而不彰"的。什么叫"隐而不彰"？它是藏在那些善会、学堂、地方性报刊、地方性演说会后面的。所以那些地方性报纸、刊物和书籍大概要到1924年、1925年才明确地开始谈主义、谈列宁等等，前面都是在谈何谓文明，都是在谈地方的治安、救火、赈济，地方上面那些人如何把持公款，等等。

但问题在于，有些学者对这些东西就不太能读懂，他用一个文明化的话语在解读《新同里》《新盛泽》这些报刊，而看不懂其实这些都是表面上在传递新文化，背后实际在传播主义的思想，积聚党的力量。你看上去他在攻击把持公款、地方上很多不文明的现象，其实攻击的是后面的那些人，而那些人是他们在地方拓展组织的障碍。

另外，这里面还有明显的和漫长的"时间差"问题，很多新文化不是说1919年出来，1920年就能让人知道的，很多时候可能是1928年才让人知道，1932年才让人知道，这是多重的、复合的一个前进过程，而不是一个逻辑的顺理成章的展开。照理来说三年已经很长了，三年是不是应该新文化散布到这个层次了，五年应该到那个层次了，不一定的，这些都取决于地方上那些特定的人、那些特定的组织。

总之，五四运动要看它的前史、它的后续，它的即时状态，要把剧目展演的舞台搞清楚，因为舞台也决定了剧本会怎样演出。这类似于我们看足球，巴萨的诺坎普体育场特别大，因为球场的长宽是可以有10米到15米落差范围的。而为什么有一些球场会建得特别大呢？因为那个球队的风格可能是人丌大合的；有一些球场比较窄短，大概就适合像阿森纳这样玩细腻技术的球队。因此一支球队，进入了一个宽大的场地和一个狭窄的场地，它的发挥、表现有可能就会不太一样，所以舞台是非常重要的。

（瞿骏：华东师范大学历史学系）

章太炎的《齐物论释》与五四精神

韩子奇

作为政治家的章太炎,一生都是一身兼数职。他既领导革命及参与革命宣传,也埋首古籍及钻研经学佛学。他众多的著作中,往往给人含糊不清的感觉,时而平易近人,动人心弦;时而玄妙高深,不着边际。其中最令人费解的是《齐物论释》。顾名思义,《齐物论释》是阐释《庄子》内篇第二章《齐物论》,目的是发挥庄子的"齐物"思想,长久以来被视为章太炎的经学作品。同时《齐物论释》也是章太炎采用佛学观点解释庄子思想,长久以来被视为近代中国打通佛道的重要著作。因此有些学者批评章太炎"可怜无益费精神,有似黄金掷虚牝",指责他在革命高潮时期竟然投闲置散,把心力放在无益于革命事业的古籍上。[①]

但如果我们把《齐物论释》与章太炎东京时期的其他作品一并来读,便发现《齐物论释》并不是纯粹讨论经学佛学,其实也讨论政治,尤其是批评帝国主义和无政府主义。更重要的是,从《齐物论释》我们可以窥见章太炎的思想特色,他是从现实的政治斗争中去思考高远的哲学和宗教问题,同时也从本体论、认识论、心性论的角度去解决现实政治的纷争矛盾。套用章太炎的话,《齐物论释》的特色是一方面"转俗成真",一方面"回真向俗",在真俗之间徘徊徜徉,将经学、佛学、政治理论和政治实践

[①] 王仲荦:"齐物论释、定本校点后记",《章太炎全集·齐物论释定本》,上海人民出版社,2014年,第145页。

贯穿起来,建立一套完整的思想体系。辛亥革命后,这个思想体系便成为章太炎提倡联省自治去达成共和政体的理论根据。

今天我们反思五四精神,对五四精神有多重了解,有个人的五四、社会的五四、国家的五四和天下的五四。本篇文章试图从多重五四的角度分析章太炎的《齐物论释》。

不齐而齐

《齐物论释》先后出现了两个本子。初本完成于1910年,是章太炎东京时期的重要作品之一。定本则完成于辛亥革命后,是在初本的基础上略作增修。两个本子的主要论点基本一致,但个别章节则有明显区别。例如初本是有一个《序》,不知何故这个《序》后来没有收入定本。从这个《序》,我们可以了解章太炎为何对《齐物论》情有独钟。

> 昔者,苍姬讫录,世道交丧,奸雄结轨于千里,蒸民涂炭于九隅。其唯庄生,览圣知之祸,抗浮云之情,盖齐稷下先生三千余人,孟子、孙卿、慎到、尹文皆在,而庄生不过焉。以为隐居不可以利物,故托抱关之贱;南面不可以止盗,故辞楚相之禄;止足不可以无待,故泯死生之分;兼爱不可以宜众,故建自取之辩;常道不可以致远,故存造微之谈。维纲所寄,其唯《逍遥》《齐物》二篇,则非世俗所云自在平等也。①

引文中我们看到,章太炎并不把《齐物论》视为一本纯粹的哲学作品。他认为庄子撰写《齐物论》是有感于战乱频仍,在"奸雄结轨于千里,蒸民涂

---

① 《章太炎全集·齐物论释》,第3页。

炭于九隅"的情况下,才会提出"泯死生之分""自取之辩"和"造微之谈"。因此章太炎强调《齐物论》的内容是超乎平凡世俗所说的"自在平等",是一部既有深奥哲学也有治乱良方的上等之作。

《序》的后半部章太炎仿效《易系辞传》的笔法,一面称赞庄子"作论者其有忧患乎!",一面叮嘱自己"远睹万世之后,必有人与人相食者,而今适其会也"①。很明显,章太炎是有意继承庄子遗愿,以建立一套政治思想去为民请命。最后他以文王和孔子自况,鼓励自己努力承担责任:"文王明夷,则主可知矣。仲尼旅人,则国可知矣。虽无昔人之睿,依于当仁,润色微文,亦何多让。"②

其实,东京时代的章太炎曾多次引用《齐物论》去讨论政治问题。最具代表性的是《无政府主义序》。在《无政府主义序》中他引用庄子《齐物论》批评无政府主义。他说:

> 若能循齐物之眇义,任藁蜒之各适,一人百族,势不相侵,井上食李之夫,犬儒裸形制学,旷绝人间,老死自得,无宜强相陵逼,引入区中,庶几吹万不同,使其自己,斯犹马氏所未逮乎?③

引文最后一句"庶几吹万不同,使其自己"是来自《齐物论》的第一节。原文是子綦讨论"人籁""地籁"和"天籁"的分别,其中子綦形容"天籁"是"夫吹万不同,使其自己也,咸其自取",意指"天籁"像众声协奏下出现的"大音",既让众音发挥自己的特点,同时也把众音联合起来变为漂亮的乐章。章太炎认为,无政府主义者(例如引文中的"马氏",意大利人马刺跌士达)主张消除人间的各种界限,其实是拿起石头掷自己的脚。表面

---

① 《章太炎全集・齐物论释》,第3页。
② 《章太炎全集・齐物论释》,第3页。
③ 《章太炎全集・太炎文录初编》,第404页。

上他们提倡平等博爱,而实际上先入为主,先假定人世间有种种界限,然后切法解除这些界限,结果是强把自己的观点凌驾于别人身上,令世界更不平等。反过来,章太炎认为《齐物论》的"天籁"比无政府主义更高妙超然,它让所有人各安所处,各取所需,各行其道,在完全照顾个体利益的基础上,从下而上建立一个共同体,发挥人类乐群合居的天性。

在《四惑论》中章太炎同样引用"天籁"来证明"齐物"的高超绝伦。这里他比较"齐物"和"公理"的分别。他说:

> 公理者,犹云众所同认之界域,譬若棋枰方卦,行棋者所认,则此界域则不可逾。然此理者,非有自性,非宇宙间独存之物。……言公理者以社会抑制个人,则无所逃于宙合。然则以众暴众,甚于以强陵弱,而公理之惨刻少恩,尤有过天理。乃知庄周所谓齐物者,非有正处、正味、正色之定程而使万物各从其所好,其度超公理之说,诚非巧历所能计矣。①

引文中章太炎再次发挥庄子"天籁"的意蕴,说明"齐物"比"公理"更开阔。他认为"公理"表面上是机会均等,在历史长河中让不同族群公平竞赛,汰弱留强。但其实"公理"是暗藏着一个权力架构,犹如一个棋盘,不单划分了楚河汉界,也界定了各个棋子的功能和进路,能够有效地利用棋盘规律的便赢棋,不能有效地利用棋盘规律的便输棋。因此"公理"是服务有权势的人,以规矩准绳去控制甚至打压少数族类。反过来,"天籁"式的"齐物"是从个体出发,从小到大,从下而上,没有既定的规矩准绳,也没有既定的作业日程,一切是为了达到"使万物各从其所好",在众声喧哗、百花齐放的情况下,自然而然地产生一个共同体,实现"不齐而

---

① 《章太炎全集·太炎文录初编》,第469—475页。

齐"的理想境界。

涤除名相

假若章太炎只为了提倡"不齐而齐"的话,他其实无须撰写《齐物论释》。远在西晋时期的郭象(252—312)已经把"不齐而齐"的意思表露无遗。在《庄子注》中郭象给"天籁"一个清楚的定义:

> 籁,萧也。萧管参差,宫商异律,故音短长高下,万殊之声。声虽万殊而所禀之度一也。然则优劣无所错其间矣,况之风物异音,同是而咸自取焉,则天地之籁见矣。……夫天籁者,岂复别有一物哉,即众窍比竹之属接乎有生之类,会而共成一天耳。[1]

这里郭象以音乐比喻"天籁"。他认为,所谓"天籁"是指众音协奏下所产生的"大音"。例如我们到演奏厅去听表演,我们眼睛只看见乐队"萧管参差,宫商异律",但耳朵却听到"声虽万殊而所禀之度一"的大音。同一道理,在现实世界,我们眼前充满着纷乱的人事纠缠和万象深罗的人生百态,但心中却能体会到万物一体的奇妙。这种从有形体会无形,从个体的殊相体会全体的共相,就是"不齐而齐"的天籁。

对郭象"天籁"的解释,章太炎是既接受又批评。一方面他接受郭象把"天籁"解释为众声协奏的"大音",另一方面他批评郭象只把目光局限于名相,没有更深一层追问"天籁""大音""众音"等概念的由来。换句话说,章太炎认为郭象没有走出道家的框架,把宇宙形相看为实物,没有反思认知者的认知架构。在《齐物论释》的第一段,章太炎便直斥郭象,指

---

[1] 郭象《庄子注》四库全书版,上海古籍出版社,1987,卷1:第11a—11b页。

出"齐物"并不是指整齐实物,而是指"空无一有"坦荡荡的一颗心。他说:

> 齐物者,一往平等之谈,详其实义,非独等视有情,无所优劣,盖离言说相,离名字相,离心缘相,毕竟平等,乃合《齐物》之义。次即《般若》所云字平等性,语平等性也。其文皆破名家之执,而亦兼空见相,如是乃得荡然无阂。若其情存彼此,智有是非,最复泛爱兼利,人我毕足,封畛已分,乃奚齐之有哉!然则兼爱为大迂之谈,偃兵则造兵之本,岂虚言哉!……齐其不齐,下士之鄙执;不齐而齐,上智之玄谈。自非涤除名相,其孰能与于此。①

这段话十分重要,它说明两点。第一,章太炎是有意采用佛学观点阐释《齐物论》,从破名相把"齐物"理解为"离言说相,离名字相,离心缘相"的"毕竟平等"。换句话说,章太炎的"齐物"并不是众声协奏的"大音",而是心中一念,洞悉宇宙只是镜花水月、了无一事。在万事皆空的情况下,所有事物都是平等,都是空无一有。

第二,章太炎利用佛学观点解释"齐物"的目的,除打通佛道之外,也提倡"涤除名相",防止政客推行"齐其不齐"的政治阴谋。犹如他批评无政府主义者的虚假作伪,很多政客口中不断提倡平等博爱,实际上是利用漂亮的口号浑水摸鱼,捞取政治本钱,结果造成"兼爱为大迂之谈,偃兵则造兵之本"。因此要达到"不齐而齐"的理想境界,当政者心中必须"荡然无阂",明白现实的政制不过是一种"假有",一扇"方便之门",它的存在是暂时的、没有"自性"的,它只是为了达至"不齐而齐"的权宜之策。

为了证明"涤除名相"的重要,章太炎特别重视《齐物论》中尧和舜对

---

① 《章太炎全集・齐物论释》,第5页。

谈的一段话。谈话中,尧告诉舜他在讨伐南方小国,把高尚的文化散播远方,但他发现南方小国不单不欣然接受教化,反而心中充满不悦之情,对尧的美意表示"不释然"。舜回答说,南方小国犹在"蓬艾之间",因文化水平较低,没法一下子接受高尚文化,需要时间慢慢熏陶。针对舜的回答,章太炎写了很长的评语,其中一段把舜的话与帝国主义和无政府主义联结起来。

> 今之伐国取邑者,所在皆是,以彼大儒,尚复蒙其眩惑,反观庄生,则虽文明灭国之名,犹能破其隐匿也。……或言《齐物》之用,廓然多涂,今独以蓬艾为言,何邪?答曰:文野之见,尤不易除,夫灭国者,假是为名,此是梼杌、穷奇之志尔。如观近世有言无政府者,自谓至平等也,国邑州间,泯然无见,贞廉诈佞,一切都捐,而犹横箸文野之见,必令械器日工,餐服愈美,劳形苦身,以就是业,而谓民职宜然!何其妄欤!①

章太炎对"涤除名相"的重视,这里显露无遗。他指出,就是圣人如尧舜也常常自以为是,从自己的立场出发侵略人家。这种虚伪的行为,不单见于帝国主义者的"教化工程"(civilizing mission),也见于无政府主义者的平等博爱言论。章太炎认为两者同样虚伪,帝国主义者打着"文明教化"的旗号侵略人家,而无政府主义者口中虽大喊消除人类界限,实际上抱着"文野"偏见,推行帝国主义式的侵略活动。

正因为有这么多的虚假蒙骗,章太炎对郭象的"大音"的解释感到不满。他批评郭象只关注现象世界,把"大音"理解为乐手演奏时的配合,忽略了协奏"大音"本身也是"无自性",是一种"假有"。他说:

---

① 《章太炎全集·齐物论释》,第47页。

> 由是以谈,一器之中,八十四调法尔完具。然当其操弄诸调,不能同时并发,故知实性徧常,名相所计,乃有损益增减二执。苟在不言之地,无为之域,成亏双泯,虽胜义亦无自性也。[①]

"大音"是"无自性",原因是它是一种预设,把不同的个体(乐手、音节、音调、节拍)结合起来,成为一首前后呼应、高低协调的乐章。"大音"是"假有",因为它的存在是依靠不同个体的参与;没有个体的参与,任何系统都没有效果。反过来"大音"虽是"假有",也不能完全抹杀它的意义。没有"假有",个体便变成一盘散沙、不成系统。

明真通俗

长久以来,一般的看法是庄子文笔犹如高山流水、一泻千里。因此千百年来批注《齐物论》的经生们,大部分是把《齐物论》视为一篇完整文章。但章太炎却另辟蹊径,把《齐物论》分作七段,第一段最长,从子綦论"天籁"一直至"大小寿夭之量,历来有份"。第二段只有"夫道未始有封"一段。第三段更短,只有尧舜对谈共63个字。第四段稍长一些,包括"子知物之所同是乎?"一段。第五段也稍长,包括"吾闻诸夫子,圣人不从事于务"一段。第六段则变短,只有"罔两问景曰"一段,共62字。最后第七段蝴蝶梦,也只有62字。

为什么章太炎把《齐物论》分作七段?在《齐物论释》的两个本子,我们找不到明确的答案。但《齐物论释》定本的开端,章太炎加入一个短注。这个注给我们一些启示,让我们可以猜度章太炎分段的用意。那个

[①] 《章太炎全集·齐物论释》,第29页。

短注是这样的：

> 齐物属读，旧训皆同，王安石、吕祖卿以物论属读。不悟是篇先说丧我，终明物化，泯绝彼此，排遣是非，非专为统一异论而作也。应从旧读。①

表面上这个注提醒读者"齐物论"三个字应读作"齐物_论"，不是"齐_物论"。在弄清书名读法的同时，章太炎指出《齐物论》的主旨是"先说丧我，终明物化，泯绝彼此，排遣是非"。从这个线索，我们可以作以下一个推测：章太炎把《齐物论》分作七段，目的是先特显"丧我"的主题（第一段），然后一步步深化"丧我"的分析，达至"泯绝彼此，排遣是非"（中间五段），最后进入"物化"的境界（第七段"蝴蝶梦"）。

这个推测有三个证据。第一，在批注第一段时章太炎重复讨论"丧我"。"丧我"出自子綦的一句话："今者吾丧我，女〔汝〕知之乎？"章太炎解释这句话时，特别点出"丧我"的重要性："齐物本以观察名相，会之一心。名相所依，则人我法我为大地，是故先说丧我，尔后名相可空。"②换句话说，"丧我"就是"涤除名相"。而"涤除名相"的目的是找回"真我""幻我"和"无我"，了解"名相可空"。

第二，中间五段虽然篇章短小、内容不一，但都围绕佛学"彼我二觉，互为因果"，证明万事万物"绝对无待"。而第六段"罔两问景曰"，庄子刚好以问答方式提出"无待"（"吾有待而然者邪？吾所待又有待而然者邪？"），正好总结这五段文字。章太炎对庄子讨论"无待"特别重视，他写了一段文字褒扬庄子。他说：

---

① 《章太炎全集·齐物论释定本》，第73页。
② 《章太炎全集·齐物论释定本》，第78页。

> 乌乎！庄生振法言于七篇，列斯文于后世，所说然而然、不然于不然义，所待又有待而然者义，圆音胜谛，超越人天，如何褊识之夫，不寻微旨，但以近见破之。①

章太炎自信对《齐物论》的解释，是发前人之未发。他的自信来自对"无待"的解读，把"无待"套入佛学的因果论，揭示出"世尊所说果待于因，因复待因，如是辗转，成无穷过"②。

第三，《齐物论释》最后一节章太炎全力讨论"物化"。"物化"出现于蝴蝶梦的最后几句话："不知[庄]周之梦为蝴蝶与，蝴蝶之梦为[庄]周与？周与蝴蝶，则必有分矣。此之谓物化。"章太炎认为，庄周和蝴蝶代表着"假有"和"实有"、"幻我"和"真我"的互为因果和互相对待。因此"物化"是真与假不断的缘起缘灭过程，永远无穷，也说明了庄子哲学与佛学的最大分别。他说：

> 轮回生死，亦是俗谛，然是依他起性，而非徧计所执性，前章无待所以明真，此章说物化所以通俗，其他同异，故阙然不论焉。或云：轮回之义，庄生、释迦、勃剌图所同，佛法以轮回为烦恼，庄生乃以轮回遣忧，何故？答曰：观庄生义，实无欣羡寂灭之情。③

章太炎认为，佛学和庄子哲学的最大不同地方，是对轮回的看法。佛徒"以轮回为烦恼"，而庄子"以轮回遣忧"。一个切法消灭"对待"，一个乐观接受"对待"；一个"无待所以明真"，一个"物化所以通俗"。究竟那个比较优胜，那个比较薄弱？章太炎的态度似乎曾经有改变。在《齐物论

---

① 《章太炎全集·齐物论释定本》，第 137 页。
② 《章太炎全集·齐物论释定本》，第 131 页。
③ 《章太炎全集·齐物论释定本》，第 139—140 页。

释》初本,章太炎比较倾向佛学。他一方面赞赏庄子关心百姓生活、为民请命,另一方面他站在佛学的立场,批评庄子"毕竟不入涅槃也"[1]。在《齐物论释》定本,章太炎对庄子的评价比较正面,把他比作菩萨,可以"无所住箸,不欣涅槃,随顺生死,绰然有余裕矣。"[2]

章太炎把庄子比作菩萨,说明了一件事。就是他援佛入道,目的不是宣扬佛学,而是说明庄子怎样兼顾内圣外王,救黎民于水火之中。更吊诡的是,章太炎的援佛入道,不但没有宣扬佛学,也没有宣扬道家思想。从"丧我"到"无待",从"无待"到"物化",他所标出的"庄子"是一个儒家式的圣王,他一方面"哀生民之无拯,念刑法之苛残",另一方面"必令世无工宰,见无文野"。这个圣王是以出世的心态而入世,又从入世的经验而出世,无时无刻不周旋徜徉于"真"与"俗"、"实有"与"假有"之间。而这个圣王的可贵之处,是他不断深化"转俗成真"和"回真向俗",在不断的深化过程中,一步步靠近"不齐而齐"的理想境界。

总结

今天我们从《齐物论释》重看五四精神,重点不只放在五四精神的多样性和多重性,同时也放在五四各个层次(包括个体、社会、民族国家、天下)都是同一个"物化"过程。在流转变化的过程中,个体的五四、社会的五四、国家的五四、天下的五四都是互为因果、互相依存,在"无待"的基础上不断尝试建立一个既保护个体权益也促进群体团结的共同体。

(韩子奇:香港城市大学中文及历史系)

---

[1] 《章太炎全集·齐物论释》,第67页。
[2] 《章太炎全集·齐物论释定本》,第142页。

在国家与地方之间:香港的五四[*]

陈学然

一、 世界的"五四"·国家的"五四"·地方的"五四"

五四运动是因应一战后巴黎和会谈判山东权益归属的问题而起。当时在英、法、美、意、日五国主导下,把战败德国在山东的权益转交给日本。这一种列强牺牲中国或公然欺侮中国的外交交易,激发了中国学生团体的强烈国民身份认同与爱国情怀,激发了"外争国权,内惩国贼"的学生爱国运动。出现了全国性的罢工、罢市、罢课的三罢运动,迅速辐射至国内各个城市。

本文盼能有所阐明的一点是,一场关注远在巴黎的国际政治外交运动,由一群北京的大学生引发为一场学生爱国运动,继而演变成一场学生干政运动的历史事件,在大家所认为的有其无远弗届影响力的情况下,有没有波及远离政治文化中心的北京、上海的南方小岛——香港?

从世界的五四、国家的五四到地方的五四,有没有这样的一种不同层面的五四?如果没有,则五四在近代中国史上如何影响深远与巨大的陈述,又或者是"自从五四以来"这样的陈述就很值得推敲。进言之,一

---

[*] 本文部分研究成果获得香港政府研究资助局拨款资助(计划编号 GRF - 11605017"金文泰与香港社会文化的发展(1925—1930)")。谨向该局致谢!

个有国家层面,但没有扩散在地方层面、于普通人民生活世界引起回响的五四运动,它可以说是影响深远吗?但是,再进一步说,如果有,那么它是如何扩散的?如何构成的?而这种在地方里的运动,它的形态、模式与国家的又有什么不同?它们的区别又在哪里?

我们相信,国家文化中心的政治气氛与知识界、商界等等的市民社会构成,肯定是与地方的有很大的不同。那么,本来内涵就十分复杂的五四,其进入不同的地方也必须因为在地的复杂社会环境而必然有各种不同的面相与发展历程。因此,五四在香港也就异于五四在国内任何一个大城市。诸如五四在上海、五四在广州甚或五四在湖南、五四在成都、在哈尔滨、在云南,纵使地域距离北京有多远、文化有多落后,又或者是管治地方的政权曾有多么频繁地更替变革,但管治者同样是中国人,中央与地方的政治体制终究差别不大。

所谓的差异,也许只是源于各自社会文化与生活环境的特性,从而在对待新旧文化、反对日货的态度与处置方法上不尽相同而已。但是,这些国内地方性的差异,放在香港的话,其与中心城市或首善之区的差异性是不小的。故五四在香港之发展,异于五四在中国的其他城市的发展。众所周知的是,香港有150年的英国殖民史。在这百年殖民情境下,此地的政治体制、社会文化以及人口结构等等都会大异于国内任何一个城市。再加上香港作为英国在远东的一个商贸转口港城市,同时也是华南一带居民避难的首选地方,均塑造了这个地方的移民城市或难民聚居的高度社会流动特性。

值得注意的是,香港下层社会是一个高度流动的生活世界,不同于下层的上层社会则是一批早年由买办出身致富的商贾以及在辛亥革命前后避难香江的前清遗老,这些人都不认同中国变局而欲求殖民地政府多加庇护。他们就是鲁迅在《再谈香港》一文里所口诛笔伐的高等华人,他所看见的香港社会是这样的,"中央几位洋主子,手下是若干颂德的

'高等华人'和一伙作伥的奴气同胞。此外即全是默默吃苦的'土人'"。在这样的一种社会文化氛围下,香港是较难拥有类似于内地各大城市的所谓现代性学术团体,也较为欠缺现代性的公共空间。

纵然香港拥有不少码头搬运工人、机器操作工人与运输工人,但他们在争取劳工权益发起工潮时,最终的筹码也不过是集体离港返乡,藉以瘫痪相关行业的运作。因为战乱或天灾等问题而移居香港的下层民众,他们大概只是抱着暂避短居的心态在香港居住,没有落地生根的决定,一待内地政局平稳便又举家回流北上。这种情况在1960年代以前甚为普遍。这些都让在港华人适应社会经济环境时,不太容易生发自觉求变的要求。然而,这是否就说明了五四在香港不可能引起回响,不可能冲击港英政府的管治权威?

从报刊或前人的回忆录所见,香港还是受到五四运动反日风潮的冲击,罢买罢卖日货的行动在香港还是引起了回响。基于香港与周边华南区域的人口流动性与经济商贸的紧密来往,内地发生的任何事情,透过人员的流动与报刊、电报的传播,很快得以在港扩散。在港居住的民众,也许不满意内地政局或执政者,但他们并没有离家弃国的想法,反而表现了一种不认同当政者但认同自身作为中国人的归属感与民族认同感。只是,生活在殖民地上,恪守当地不准排外、抵制日货或反日的法律条例,并在港府的紧密监控下,香港的罢买罢卖日货是难以发展起来的,但也有数则事例说明香港民众受五四风潮冲击的情形:

第一,报载零星的市民罢买罢卖日货事件以及张贴反日货宣传单。

第二,港大学生拍发声援北京学生运动及惩治"卖国贼"的电文,并选派代表到广州参加国耻纪念大会。

第三,九名8至17岁的学生持有写上"国货"二字的油纸伞游街而被送上法庭审讯、判罚。

在政治层面或学生为主体的五四爱国运动,对港产生了一些冲击。

毕竟,政治层面的五四是以一种超越政党政治甚至是国家机制的爱国运动。在"外争国权,内除国贼"的救国主题与口号下,是较容易燃点国人充满义愤的民族主义情绪,引发国人在生活层面实践救国行动。但是,它还是因为警方的控制而没有在香港引起多大回响。我们也许可以这样说,在反日救国的规模上和行动组织上,政治的五四在香港只是零星地、松散地进行,最后因受到港府严加管制而只能昙花一现。然而,相较于政治层面的五四,新文化、新文学等这些属于知识层面的内容,则很难冲击在港华人以至于迟迟未能在香港引起社会回响。

二、新文化的"五四":运而不动

承上,相比起政治层面的五四运动,新文化层面的五四难以冲击香港,更可以说是在一段时间里也没有引起回响。直到 1927 年鲁迅访港,从鲁迅当时所发表的演讲可以了解到,新文化层面的五四在当时的香港实际上是运而不动的。鲁迅在 1927 年 2 月 16 日于香港青年会发表名为《无声的中国》的公开演讲,他对出席讲座的香港年轻人呼吁,要他们舍弃古文以求在现代社会中生存,也鼓励年轻人要推开古人,大胆地说出真心话、勇敢地前进。然而,要年轻人在他笔下保守的香港社会里推开古人、大胆说话,难免是太过强人所难。

香港本身的狭小社会空间是十分保守的,文坛、学坛主要由前清翰林把持,而社会经济也是由殖民地官员及其认可的华人代表所主导。华人代表主要是由原清朝官员或买办所构成的绅商团体。他们在香港书写文言文,主张读经、尊孔,以"海滨即是邹鲁"的心态在香港存续文化道统。鲁迅访港期间便见证了香港总督金文泰如何督率各阶层侨民举办孔诞盛典。洋总督与清朝遗老为尊孔读经之事乐而不疲,促使鲁迅离港后仍愤愤不平地写了一篇《述香港恭祝圣诞》,表达他对香港上层社会的鄙夷之情，明言讥笑金文泰对华人是怎样的"教导有方"。

在 2 月 19 日发表的《老调子已经唱完》的演讲里，鲁迅对清朝遗老、读经、尊孔、祭孔、八股、考试、作古文、看古书、旧文章、旧思想等等一再大力贬斥，将之看作是一堆和现代社会没有丝毫关系的古老旧物。鲁迅对传统严词抨击，是因为这些东西、事物表现了一种对科举、皇权体制的崇拜，是反现代、拒新拒变的传统旧物与封建遗毒。

在鲁迅等新文化运动的认知里，国内的尊孔、忠君等旧思想与新时代不合。早在民元初建，出任教育总长的蔡元培便主张取消祭孔、读经，他在《对于新教育之意见》一文中便提出"忠君"与"共和政体"彼此不合，而"尊孔"与"自由思想"相违的意见。但历经袁世凯复辟，祭孔、读经又大行其道，这举动进一步引起国内趋新群体的反感。鲁迅访港，适逢香港举办祭孔活动。他因此便在面向香港青年演讲时，对港中上层上社的举动作出激烈批判。

香港在新文化、新文学的"进步"发展，到了胡适 1935 年访港时仍然是寂然不动的。胡适应香港大学之邀来港作演讲，指出在香港深受尊崇的清朝翰林在江浙一带多的是，他们"不值得惊羡"，只是一些"不适用的东西"，他们主张的文学也没有价值云云。[1]由此也反映了新文化层面的五四在香港一隅迟迟难以扩散，那些邀请鲁迅、胡适来港演讲的有心人，要打开这运而难动的新文化局面看来一直都是举步维艰的。

新文化发展局面被打开，要直至遗老的相继离世才开始。当然，这与国民政府当政执政的文教方向更有密切关系。统一中国的国民政府推动的是新文化、新文学，并曾度下令停止祭孔，而习用的官方语言又是白话文而非文言文，再加上国内文化环境的转变，这些都促使港府及香港大学主事人急于要跟上国内社会的发展步伐，遂摒弃港大的读经课

---

[1] 郑德能:《胡适之先生南来与香港文学》，郑树森编:《早期香港新文学资料选》，香港:天地图书有限公司，1998 年，第 22 页。

程或文言文教习传统。这也让许地山得以在胡适举荐下出掌香港大学中文学院,他以入室操戈之姿在香港大学打开了新文化、新文学发展的缺口。当然,新文化在香港的传播和发展并不是靠许地山一人之手,乃与日军侵华引发的内地政治环境急剧转变有关。

三、面向国家:左右分裂的"五四"

1930 年代中后期,大批知识分子或负有党政工作的文艺阵营人士大举涌港,或避战火或开展抗日宣传工作,一时间占据了香港的学坛、文坛和思想界。由此也可以看到的是,今天所理解的以土生土长港人为主体的文化活动空间或文艺团体,在当时来说是难以见及的。在 1940 年代,从国共团结抗日、国共内战到中国共产党建立新中国,香港成为了国共两党面向海外华人或国际社会的重要政治舆论宣传基地与情报中心,成为华人共同历史记忆的五四运动,是时人建国救国的精神灯塔和奋斗向前的思想旗帜,它的历史资源与思想价值被不断高举。

五四运动"外争国权,内惩国贼"的口号一开始便反映了它是一场超越党派政治、国家政权的爱国运动,参与者从维护孔孟故乡、保卫民族圣域到旷日持久的罢工、罢市、罢学的抗争运动里,充分反映出人们对于国家主权、民族尊严的思想觉醒与自主意识。这些思想资源一方面让五四在被纪念时,既有其直面民族国家而超越政权、政党的拯救民族家国的口号,被充分利用来展现爱国主义、民族主义的国家话语。另一方面,五四也是很容易被不同政党或不同声称继承五四精神的人所收编、所利用来表达政见的工具。

从香港本土成长的作家、香港大学学者陈君葆的身上,又或者是在 1930 年代在香港成长的本地中学生的体验里,他们也在全民抗日时期发表了不少纪念五四、继承五四的文字,透过"五四"展现他们一套套指向中国的五四爱国言论。不同背景的人的爱国目标一样,但所奉行的方法或原则又因为政见的不同而有南辕北辙之异。

左右分裂、国共对峙,在香港向来是壁垒分明、显而易见的。即使是1940年团结抗日民族统一战线口号下,国民党纪念五四但也不忘防共批共;但到了1948年,则只剩下高喊"奸匪""共匪""国际奸匪"的叫骂声。往后,国民党亦借五四纪念宣扬三民主义精神、强调维护国家统一的爱国意识以及借之批判共产党"愚弄青年,麻醉青年,陷害青年"①。共产党则以五四纪念凸显其民主革命的理念,高呼继承五四精神以掀起"反帝反封建的民族民主的群众革命运动",向"独裁卖国集团"发起总反攻。②

至1940年代后期,随着国共势力的此消彼长,在港国民党的言论阵地被共产党逐步收编而舞台、空间渐为狭小,在诠释五四的力量或感染力上也因此溃散。当作为国共内战期间香港最重要的社会舆情推动器的报刊,在两党权势转移后也迅速出现政治立场变化的结果。《星岛日报》这份当时重要的香港右派报刊,在1949年五四三十周年之际,也开辟了"五四"三十周年纪念特辑,在主要内容上与《大公报》类同,旨在强调青年知识分子应如何自我改造,而知识分子也应与群众紧相结合。譬如麦田的《迎接五四应该做些什么?》便很清楚地向在港在海外的读者指出,知识分子脱离人民群众就是"自取灭亡"③。

不难看见,1949年以来,香港的报刊媒体因为政治形势转变,在五四纪念领域上出现了左右两极此消彼长之势,《大公报》《文汇报》《星岛日报》等等都气势如虹地大篇幅宣扬"五四"新民主革命事业。然而,在亲国民党媒体偃旗息鼓之际,知识界或学术界却出现了大量的反共论述。这些

---

① 《我们誓与青年们站在一起》,《国民日报》1946年5月15日,第4版。
② 原野:《中国学生运动的任务》,《达德青年》1947年第2期,第10—11页。
③ 陈学然:《五四在香港》,香港:香港中华书局,2014年,第251页。

反共论述主要表现于在冷战时期云集香港的知识社群。这些人可以钱穆、唐君毅等人创办的新亚书院及其周边的南来群体为代表。

1949年,不少南来者因不接受外来的马克思思想、共产主义,认为是中共接引异族异国思想文化以摧残中国传统文化、儒家经籍,导致中国有亡国亡天下危机。他们基于浓烈民族主义背井离乡,以逃亡者或流亡者的身份自居留港办学,期望能够保守传统文化与沟通中西思想,培育文化种子以为重建祖国做准备。在他们的思想底层,有其追求民主、自由、人权等普世价值的知识背景,同时也有其亟亟于维护中国传统文化的使命以及致力沟通中西文化异同的学术关怀,故在思想形态上与共产主义、马克思思想分歧不浅。他们在港兴办《民主评论》《自由阵线》《人生》《祖国周刊》等刊物,阐述他们的学术关怀与思想追求。

值得注意的是,南来者对于时代问题、当世学术思想发展的思考都与五四运动关系密切,或以五四为传统的总结与现代学术的开端,或以五四为反传统而造成中国思想真空以兴起共产主义"亡国亡天下"之开端,又或以五四启蒙思想与民主、科学精神为当前建国复国的思想资源。1949年的余英时,来港时便在思想层面发生"精神变异"。这是源于他在潜意识中对于植根于他思想深层的"五四新文化的许多价值,特别是'科学'和'民主'"发生的作用。换言之,他们乃是带着"五四"的思想因素——不论是反对的或赞成的,于边缘的在地者去思考当前国家时局困境出路。职是之故,他们的文章不少都反映了这样的一个共通点:一切改革从五四谈起,一切问题根源的解决也必须回到五四的起点。这些不但从余英时的身上看到,从他的师辈钱穆、唐君毅的身上也能清晰看到。①

---

① 相关文章可见拙文《唐君毅对"五四"的诠释》,《鹅湖》第359期,台北:鹅湖杂志社,2005年5月,第44—57页;《道统赓续与五四批判:钱穆学思管窥》,《钱穆研究暨当代人文思想国际学术研讨会论文集》,台北:钱穆故居管理处,2010年10月,第181—210页。

但是,我们也不难看到,南下的知识社群虽然远离政治文化中心,但他们每逢透过五四纪念的场域,对五四思想精神的诠释除了总结历史的得失外,更多的是在思考国家民族未来发展的大方向、大问题,很少关注香港在地的社会文化发展问题。五四运动在香港的在地化——特别是动用五四追求人权、民主价值来针对自己周遭生活世界的社会问题以发出改革声音的,要直至1960年代末、1970年代初战后第一二代进出大学校园后才有明显突破。

在1970年以前,谈论五四或追求人生目标,大多是一些国家的、历史的大叙述。在港的南来知识分子常以流亡者自喻,家亡国破的危机意识使他们对于中国文化传统显得尤为执着,也视流亡的行动为保护中国文化不灭的重要表现,采取了不与国内政权妥协的姿态。但另一方面,他们也以一种既珍惜香港在地的社会空间,使他们得以实践文化教育理念,但同时也对于这块由殖民地政府管治的中国人土地抱有难以言表的无奈和落寞,这使他们在多方感慨国家民族在现代的多舛命运之余,对在地的社会不公问题或社会文化建设也缺乏足够的关注。

不可否认的是,香港的知识社群,特别是1940年代后期到港的南来者,他们对于作为中国人的身份意识或民族情感是毫不动摇的。正是这种情感,使得他们时刻关注内地发生的大小事情以及亲朋、乡人的动态,任何风吹草动也必然牵引着他们的民族情感。也因为这一情感,致使唐君毅一听到"四人帮"倒台的消息,便命门弟子将其出版的数册著作寄回他曾经求学的北京大学与南京大学,更加谆谆告诫学生群在中国内地政治稍靖时便要回国教书、发展传统文化。从他的这种情感表现里,我们可以看见政党政治在这些生活于国家政治边缘地方的知识群体的思想世界里,不过是一时的,但国家、民族却是永久存在的——更是不可以批评的。

四、结语

总言之,在南来者手上,能够表现民族情怀的、爱国的政治层面的五四,受到了肯定;在质疑传统文化的新文化层面的五四,一再受到批判,并且是往往将之与后来反封建反传统文化、破"四旧"的"文化大革命"思潮捆绑起来一并批判,视五四思潮直接促成中国出现共产革命以及反传统的结果。这种多面相的五四观念在冷战时期左右对立的香港里绝不鲜见,其纷繁和复杂的面相所要反映的是香港社群的不同政治光谱。于南来者眼中,它既是造成现代中国政治巨变的首要因素,但它同时也是救治当下或未来中国的精神灯塔。于在地的左右两派而言,五四也是他们相互争夺的历史遗产与思想资源;或用以振起海外同胞的复国建国之心,或用以鼓动起海外华人对于新民主主义的政治革命热情,藉以扫清反动势力和打倒帝国主义。

五四运动成为不同背景的力量或群体的精神旗帜,也成为不同的人在检讨中国国运兴衰时的起点与终点。不难看到,国家的五四进入地方而有其在地化的发展后,其结果一定是不全然相同于国家的五四。五四在众声喧哗中所呈现的缤纷多姿面相,实际上透现着不同思想背景的人在对百年中国发展的不同角度及不同层次的反思与展望。我们在五四纪念的场域里,也往往得以看见当下社会思潮流变里的时代精神病痛,致使五四运动一直以来都成为在地知识社群瞭望国家民族何去何从的精神灯塔;而五四也因为作为现代中国之起源,以致每年周年纪念均成为香港或海外知识社群为过去招魂的别具意义时节。在这一点上,过去如此,在可见的将来恐怕亦复如是。

(陈学然:香港城市大学中文及历史学系)

五四新文化运动时期的世界语运动
以钱玄同为中心

张仲民

我本来报的论文题目是钱玄同与清末民初的世界语运动,刚好季剑青教授、彭春凌教授对此问题都有所涉及。我自己以前也写过一篇刘师培与世界语关系的文章,钱玄同这个问题是我一直都想写的,主要想讲钱玄同思想的变化同外界的关系,特别是同章太炎、刘师培、吴稚晖的关系,以他对世界语的看法为线索,希望能由此反映出他思想转变的轨迹。两年前已经写了一半,但到现在还没有多少进展,没有能够写出来。所以论文内容我不向大家详细报告了,我只谈一些自己最近读书体会。

很惭愧,自己对于五四新文化运动史,没有多少研究,唯一的研究是为十年前罗志田老师让我们参加北大的五四纪念大会写的,那时候以舒新城为例写了五四新文化运动的地方化问题。我记得为了写这篇文章,从2008年的下半年开始,到2009年5月,一直在看五四时期的报章杂志和回忆录、日记等,渐渐有了一些想法,感觉可以尝试着做一些研究,比如说五四新文化运动中反孔的问题。

论及五四新文化运动时期的反孔论述,论者皆会强调陈独秀、吴虞、鲁迅等人,其实他们之外,还有一以贯之地反对尊孔和树孔教为国教者,这就是基督教会,特别是天主教会。他们宣称是出于信仰自由的目的反对尊孔，实际是担心独尊孔教会影响人们的基督信仰，妨碍传教自由和听众接受效果。所以当时包括马相伯等人在内，多是因为此立场反对尊孔的。马相伯的这些论述没有收到复旦版的《马相伯集》里，而比较多地反映天主教这方面主张的是《圣教杂志》，这个后来影印出版了，十年前我自己就想把这方面的情况写出来，一直都没有时间，那时候《圣教杂志》还没有影印出版，最近要努力把这个问题写出来，拖延太久都变得没有动力还债了。

还有前面有老师讲到从晚清到五四的关系问题，因为最近在关注这个袁世凯当政时期的帝制文化形塑问题，我在想能否从政治层面上面关注五四新文化运动与洪宪帝制的关系问题，因为我现在看的洪宪时期材料稍微多了一点，感觉有很多的关系。刚才有老师讲到巴黎和会交涉，中国失败问题，也包括日本的外交失败。其实在1915年中日关于二十一条交涉之时——在徐佳贵参加本次会议的论文中有提到，关于二十一条的交涉，一个很诡异的事情，就是中日双方舆论都认为本国失败了，当时中国方面认为失败了，这个我们都知道。但是当时日本国内也认为是日本的外交失败，他们没有胜利。中国的一些外交官员——职业的外交官，包括曹汝霖等则不认为交涉是中方失败，他后来写回忆录还信誓旦旦，说这个不是失败，自己被污名化了。其实当时外交总长陆征祥还代表外交部发了一个通电给各省政要，说我们的外交努力尽可能地争取到了最有利于中国，最关键的第五条，在中国派出警察、顾问、军队等严重伤害中国主权的内容都被取消待议了。最高领导人袁世凯也不认为是失败，所以当时各省政要甚至发贺电给袁世凯庆祝中国交涉成功，歌颂他英明神武，表示要提灯庆祝。但是在当时的媒体报道中，包括当时出版的一些"国耻"小册子中，中国是彻彻底底的失败者。补充一点，袁世凯当政时期外交上的努力，唐启华教授的《洪宪帝制外交》及承红磊博士的《洪宪帝制运动期间北京政府的对日策略》都有很好的讨论，他们都对袁政府的外交努力持比较肯定的态度。

但如果回头再看五四新文化运动的起因,很大程度上却来自对巴黎和会上外交失败的认知,来源于对当年二十一条交涉中中方的失利或卖国的认识,这样一个转变或过渡,不知道媒体或那些国耻类文宣以及国耻日记忆打造工程到底发挥了多大作用,或值得联系起来检视洪宪和五四的关系。很可惜现在自己的研究重点还在1917年前,将来若干年后肯定会下移研究的时间段,希望到时候能够贯通起来。

另外,我还比较关注袁世凯当政时期到五四期间钱玄同的表现。虽然没有特别直接的资料,特别是看不到收藏于鲁迅博物馆中的钱玄同档案,但间接的资料一定程度上可以证明钱玄同在洪宪的时候是支持袁世凯称帝的。我们知道他民初是复古的,后来到新文化运动时期就突然激烈反传统起来,这个关键的转变他的日记中并没有能完整表现,原因在于1916年初之后半年的日记没有存在,这个时期正是洪宪帝制走向失败的关键期。我们过去解释钱玄同的这个转变,认为是他受到袁世凯复古的刺激、洪宪帝制的刺激,然后才激进,这个解释看起来很有道理,很符合"进步的修辞",但事实上却不太合情理,为何民初极力主张复古的钱玄同会反对袁世凯复古和称帝?这不太符合历史的逻辑。从钱玄同自己的脉络讲,不太容易看清他这个突变。不过如果从他和刘师培的关系、和章太炎的关系方面来讲,我倒是比较容易理解钱玄同的思想突变,可以说,在复古、存古制层面,钱玄同与袁世凯其实是志同道合者,他是因支持洪宪帝制失败,转向思想大变趋向激进反传统的。有几个比较间接的证据,可以佐证我这个想法,这个留待以后写出文章来仔细讨论吧。

(张仲民:复旦大学历史学系)

五四与儒家三题
价值·历史·世纪节点

彭春凌

我想把我最近这几年关于五四的思考串起来,讲三个主题:价值、历史和世纪节点。其实都跟五四和儒家有关系。

这三个主题里面的儒家不是一个意思。第一个,价值,儒家是作为一种价值伦理体系。第二个,历史,指的是五四反孔批儒的历史,儒家具体化到那个时代,指的是"孔教运动"。第三个,世纪节点的儒家,是作为文明体系的儒教文明。

第一个主题,如何从历史中激活价值。在价值的追问上,我觉得儒教与五四新文化有一个命运的逆转关系。

列文森《儒教中国及其现代命运》,从历史与价值分离的角度来审视儒教和传统文化在 20 世纪中国的命运。他认为,从 19 世纪中期以来,两种互惠的历史动力,即反偶像者抛弃传统和拥护传统者视传统如化石、古董,加剧了包括儒教在内的传统价值的相对化,也就是说从拥有绝对品质的"价值"转变为只具备相对意义的"历史"。儒教与传统价值从原初的、整体的功能和语境中剥离出来,被置诸博物馆,碎片式地存在于我们的生活空间中。这个过程他认为是儒教与传统价值的"博物馆化"。儒教"博物馆化"的重要推手,一个是新文化运动的反孔(反孔教)批儒的思潮，一个是整理国故运动。

最近二十年来，中国的文化场域发生了变化。尽管评价各异，褒贬不同，儒教和传统价值大有走出博物馆，回到舞台中心，再次逐渐成为建构国民生活价值主要力量的趋势。新儒家的活动，大家很清楚。包括儒和马的关系、政治儒学和陆台新儒家之间的争论、国学热的兴起等等。

新文化这方，却面临着意识形态的危机。一方面，很多人批评"全盘反传统"对中国现代道德的失序有责任，因此有学者呼吁要"擦亮五四这个牌子"。另一方面，即便在历史书写里面再次确认新文化运动对20世纪中国教育体制、语言政策、伦理价值等方面有影响，也不能确保它不在某种程度上被反向的"博物馆化"。"历史"所带来的、指向过去的相对化的意义，并不能取代作用于当下和未来的"价值"本身。

两种互惠的历史动力，加剧了新文化运动反向的"博物馆化"。一是打破作为偶像的新文化运动的"价值重估"。一是整理新文化运动"故事"的"历史重写"。"永远历史化"（always historicized），是不可避免的一个趋势。

所谓价值重估，我简单说一下，因为这里面的问题非常复杂。包括陈独秀主张的实利主义的、物质主义的东西，在当时就遇到了梁漱溟所说的印度文明"意欲向后"的价值观的反驳。到今天来看，和物质主义、功利主义的追求相比，中国社会还应该有更高的文明的期许。这是第一个。

第二个，对宗教的态度也比较关键。陈独秀早期否定宗教，蔡元培"以美育代宗教"，都含着比较幼稚的理想主义情怀。这和我们现在的宗教认识，包括对儒教的忠恕之道，对宗教根柢，对作为道德建设、心理依归的天命鬼神这些东西的认识也是有距离的。

第三个，是当时倡导的社会进化论，弱肉强食，是明显带有近代日本色彩的进化论。这种东西其实在晚清就受到抵制了。比如章太炎的"俱分进化论",就认为进化不存在单向度地向善的方向,而是善恶并进的。今天看来,包括佛家的破执看空、道家的逍遥无待、儒家的乐天知命,相对于这样的社会进化观念,都提供了更多的精神选择的资源,所以我说这是一个价值重估的过程。

历史重写包括三个层面:

一是追溯历史的源头。很多老师在做这个工作,包括我自己。追溯源头客观上稀释了被新文化所独享的荣光。比如说思想革命的话题,反孔批儒、民权民主、女性解放、社会主义、无政府主义、马克思主义,都有从晚清引绪发端的清晰脉络。包括文学革命的话题,涉及白话文运动、拼音文字的创制、国语思潮、世界语的讨论等等在晚清也是蔚为大观。新文化运动的独特价值,实际上是被稀释掉了。

二是释放被新文化运动所压抑者的价值,颠覆了新文化独尊的理念。这是王德威老师著名的"没有晚清,何来五四"。"没有晚清,何来五四"并不是说晚清是五四的源头,这里要说的是压抑。王老师的主要意思是,以五四文学为正统的自我检查和筛选机制,压抑了晚清以降多元现代性的追求。

三是我们陈平原老师主张的,触摸历史,重返历史现场。如果用物理人情的日常化、平视化的角度来看待新文化运动,也是一种历史的重写。但任何东西平视化了,日常化了,价值一定程度上是被消解的。

我的看法是,应该从"典型的历史"回到"真实的历史",来发现五四新文化运动所提倡的个体自主的价值对于今天的意义。

"典型的历史""真实的历史",这两个概念来自列奥·施特劳斯。施特劳斯认为,霍布斯对国家生成的自然状态的描述,把握的就是一个"典型的历史",a typical history。这个"典型的历史"是一个彻底的不完美的人类状态,不存在任何秩序的状态。施特劳斯认为这样的状态实际上是不存在的,是一种典型的构想出来的历史。

而西方知识界16世纪以来,从哲学到历史的转向,源自人们对人的意志和能力的信心。因为人越来越不屈服于超验的规则。哲学是超验的,受到理性或者宗教的启示。施特劳斯认为人类社会的秩序并非存在一个超人秩序之下,也不享有神学和哲学上的安全保障,这才有历史的转向。历史的转向意味着,人类社会的秩序产生于人的意志,是人相信自己的能力能够支配、能够安排这个世界。所以施特劳斯说,真正历史的功效是要摆脱过往的全部历史的束缚,摆脱古代权威的束缚,因为进步凿凿可见。进步意味着现存的限度能够超越。

人能够超越限度,我想这是五四这段真实的历史最重要的价值。五四新文化展现了人的意志和力量,挑战权威、摆脱桎梏等等。现在看来这些东西,这种人的力量,反而高于它所主张的那些比较稚嫩的学理。

新文化运动的反孔批儒思潮虽然受到欧化的影响,但从历史演变来看,属于儒学自身新生转进的内生问题,呼应着儒学近代转型的根本问题,即价值的系统与制度设计向人性的回归。

五四新文化运动倡导个体自主的价值。儒家核心的东西,则是以人性为本,强调在"兄友弟恭"等五伦基础上建立和谐社会。两者同向而行,但又互相制约,构成张力。它们都试图从伦理层面出发来思考社会秩序的问题。如果说儒家的伦理观念是积极的建构性力量,那么新文化运动所倡导的个体性则会质疑、挑战社会秩序建构中任何僵化、压抑的结构。

现在来看,只要咱们社会还存在着庸众对个体的伤害、家庭对个人的束缚、男权对女性的压抑、青年与父辈代际之间的权势关系,我想五四运动就有它的力量。这是一种反抗的力量。它告诉我们、激励我们,桎梏可以打破,限度可以超越,这是五四的价值。

第二个主题,如何从反孔批康的历史来看五四,我认为从这里能观察到一个新世代的崛起。

新文化有左右两翼。左翼是李大钊和陈独秀为代表的这一派。右翼则是梁漱溟和胡适。这是冯友兰的分法。无论他们差别有多大，在新文化运动里面，他们有一个共同点，就是都在批判康有为。新文化左翼的批康有一个从政治动员到主义更替的过程。所谓政治动员，即陈独秀《新青年》上的批康主要针对孔教国教化运动，期望在国会投票前夕进行舆论的政治动员。我分析过《新青年》上批康话语的演变。1916年国会的表决，意味着孔教国教化运动失败。此后直到张勋复辟，《新青年》基本上不批康。这说明陈独秀的反孔批康是一种政治动员的表现。

而新文化左翼另一支，李大钊的批康，主要涉及主义的更替，意即儒教和马克思主义（科学社会主义）之间在中国如何实现主义更替的过程，或者说乌托邦——大同世界和科学社会主义的更迭。

新文化右翼的批康，促使我们思考究竟谁是"新儒学"和"新思潮"的源头。究竟梁漱溟是不是新儒学，或者胡适是不是新思潮的源头？在我看来，基于不同的历史框架，即究竟以戊戌变法这一代人作为中国近代思想的起源，还是五四这一代人作为中国近代思想的起源，会有不同的看法。其实梁漱溟和胡适在彼此的交锋、对对方的批判中，很清楚地勾勒了一个对方和康有为的关系。胡适勾勒了一个梁漱溟思想来自康有为的关系，而梁漱溟勾勒了一个胡适的思想来自康有为的关系。这是一个非常有意思的批康史和新文化内部批判史交叠的过程。我们从这里面看出来，如果换一个更大的历史框架，也许康有为就是近代思想转变的一个源头。

从五四批康史的演变还可以看到，在五四之前，陈独秀反对孔教的国教化，实际上有一个坚持世俗化政权的立场。他还希望通过宪法会议来进行制度建设，其目标是美式立宪民主制的共和国，是在现有制度框架内的政党政治。但在五四之后，巴黎和会加剧了俄国式的马克思主义意识形态进入中国,即二月革命之后的列宁主义,并且以托洛茨基的不断革命论为核心的列宁主义。激进左翼,倾向于在现有制度之外来改造中国。这就有后来李大钊倡导以科学社会主义来取代儒教。

另一方面,由于一战之后,西方内部对于现代性的反思——大家知道《欧游心影录》受这些东西的影响,也加剧了同情传统的派别对于激进西化的自然反动。东西文化论战,科学与人生观论争,文化保守主义在新文化内部扎下根来。在五四之后,无论是左右两翼还是右翼内部的不同派别,建构20世纪主要思潮的各种话语取得相对均势平衡的关系。这也意味着一个新的世代真正崛起。这是一个历史的分析。

第三个主题,世纪节点。我认为五四对于中国文明来说是一场被预言和预演的转折。

在东西两个半球,都有这样的世纪节点,但是标志却并不相同。这个世纪节点的转折,在欧洲是从法国大革命到一战爆发。这一百多年人类社会发生了巨大的变化,和物理世界的关系发生了变化,人类思考和构建自然的方式发生了变化。随着工业资本主义的兴起、扩散,自由放任资本主义的理念受到质疑,自由主义在全球出现巨大的困境。19世纪是自由主义思潮高涨的世纪,但是后半期,民族主义与社会主义兴起,并成为推动新的政治实体的动力。自由主义变成一个受到轻视的政治信条,在20世纪更是如此。

在中国这个节点是从马戛尔尼来华到五四运动,两次事件都有强烈的外因。在这期间的一百余年,中国步入了工业资本主义的全球化进程,这就是张东荪所说的,在高地的水要向低地流,水自然会向中国流来,决无法抗阻。在这一个多世纪里面,人类社会产生巨大变化的所有成果,都在向中国流动而来。而五四是这个过程中的一个节点。

所谓"预言",即这个转折的发生,早就被预言了。梁启超1902年预言"从放任到干涉"。如果说19世纪是一个放任的世纪,那么19世纪下半叶干涉主义已经在全球兴起。他认为帝国主义是一种干涉,社会主义也是一种干涉,社会主义要把人群合为机器,扭结起来,在不平等中求平等。他预言20世纪是干涉的世纪。这个预言直到张东荪1919年的《第三种文明》、1946年的《思想与社会》还这么讲。这个预言,在五四后有一个被不断确证的过程。

所谓"预演",我认为"斯宾塞潮"在全球的退潮就是表现。当然这个潮怎么涨起来,是个非常漫长的故事,今天没有时间讲了。斯宾塞是维多利亚时代个人主义、自由主义思想的代表。

"斯宾塞潮"的退潮,在英国的显现,是1871年赫胥黎和斯宾塞之争。而大约在1875年之后英国整个科学界的话语就转向了,从世界性的自我提升转向集体主义、民族主义、军事战备、爱国主义。美国内战之后,工业资本主义蓬勃发展。1880年代之后发生沃德和斯宾塞之争。1894年在华盛顿出现了猛烈抨击斯宾塞的浪潮。新的思潮强调要建立一个更有体系的社会,通过扩大政府的职能来保障个人的自由,自由主义内部出现了一个大的反思,干涉思潮兴起。

在日本,有一个短暂的自由民权运动,但这个短暂运动在1882年加藤弘之《人权新说》之后发生了转变,自由民权运动的领袖加藤弘之开始倡导实力权利论和"国家有机体说"。1890年《教育敕语》颁布之后,日本走向天皇制绝对主义。自由民权运动被国权主义压下去了。日本的社会学思想从有贺长雄、浮田和民到建部遯吾的变化,也能印证这个过程。

在中国,斯宾塞的面目从来都是模糊的,无论严复、章太炎,还是高一涵,对斯宾塞的阐述都不清晰。从这个意义上说,自由主义在中国的面目整体上相当不清楚。五四之前如此,五四之后也是如此。

严复早就说,在世变的感受上,中国和西方不一样,中国强调的是一治一乱、一盛一衰(梁启超也说从干涉到放任、又从放任到干涉,我们是不断循环的）。在西方是日进无疆，盛不可复衰，既治不可复乱。无论循环，还是进步，其实都有乐观的东西在后面。从今天的世界来看，水从西方向东方流动的效应已经没有了，我们共同面对一个前景不明朗的未来，很难说短期是乐观的。我们或许还在19世纪末以来历史演变的漫长进程里。

（彭春凌：中国社会科学院近代史研究所）

地方、日常与细枝末节中的"后五四"时代

沈 洁

前面大家都谈了非常专业的研究,我自己这些年主要的精力还是放在晚清辛亥这一段,五四基本上没有做过特别专业的论文,所以今天,大概也只能开一点"无轨电车"了。

这两天我们的讨论,从启蒙的、运动的、地方的、国家的、世界的,不同角度和维度讨论狭义的、广义的五四。关于"五四",大略想来,我们现在绝大部分的研究基本还是沿着两个路径:一个是思想史的脉络,这个不用多说了,在座老师绝大部分都是做这个方向研究的;另一个路径是,近些年渐渐开始聚拢的五四研究的一种大取向,从地方性视野、从传播的视角讨论五四的延展性影响。

但我的问题在于,如果我们把五四,不管是狭义还是广义的,放在甲午以降中国革命整体的脉络当中考察,从辛亥革命到国民大革命,再到之后国共争端,五四究竟是怎样起到它承上启下的作用的。也就是说,五四之后紧接的"五卅"与"北伐",中国历史从这个地方开始有一个分流,从之前民初的争夺法统而进入到了争夺党统的阶段,进入到了一个非常强调组织化、党化的历史阶段。五四在这个组织化的过程当中,起了什么作用?以及,地方的五四、日常五四,是如何汇入大历史的?这是我所关注的问题,也是我今天想通过一些具体的故事、"细枝末节",想要跟大家讨论的问题。

第一层,地方生活世界中的"后五四时代"。

我之前有写过一篇小文章《后五四时代一个小镇青年的阅读档案》,写的是1920、1930年代,浙江奉化一个小镇青年的阅读和日常生活世界。1920年代,是我们大历史中的"后五四时代"。而距离上海不远的小镇青年张泰荣(1902—1978),他所接触的又是一个什么样的世界? 读些什么书? 他的阅读与日常,与立志、行事如何交融? 青年张泰荣的阅读世界勾勒了一个"后五四时代"的一般思想界,是大历史之外的,我们熟知的梁启超、张东荪等等这些人之外更加寻常和更加普通的、普遍的生活世界。

概论之,这是一个具有典型意义的小镇新青年,如果说不是有一部日记存世,他是一个历史中的无名者,没有人会知道他是谁。家贫,读过高小,18岁开始就一直在家乡做小学教员,后来加入国民党,终身在奉化办孤儿院,服务乡梓。

在他的日记中,我们的后见之明的、耳熟能详的北京与上海的五四启蒙和五四新文化运动、新文学、激进反孔等等,这些东西基本上是缺席的,而他的日常书单,占绝大部分篇幅与时间的,依然是对于传统经、史的阅读。经史,诸如《老子》《大学》《中庸》《论语》《孟子》《孝经》《左传》《战国策》《史记》《汉书》《三国志》《纲鉴易知录》《文献通考》《阳明全集》《张文端公文集》(张鹏翮)等;文学,诸如《古文辞类纂》《古文选读》《古文观止》《古文十八篇》《诗三十六首》《三国》《石头记》《西厢》《儒林外史》《老残游记》《花月痕》《明清轶闻人观》《岳传》《阅微草堂笔记》《右台仙馆笔记》《菜根谭》《今古奇观》《民国野史》等。可以看到,是一些基本的经史与消闲读物。而对他人生和行事产生最大影响的,念兹在兹的人物是曾文正公,《曾文正公家书》与《曾文正公学案》《曾文正公年谱》《求阙斋日记》,这些阅读在整个20、30、40年代贯穿了他的青年至壮年,对其品格及行事影响至深。"要想稍稍仿效曾公,或者可冀成功于万一。"1930

年,在目睹并且亲身遭逢地方党派的纷争与纠葛后,张泰荣曾感叹说,必当学习曾文正所谓打脱门牙和血吞的精神,予今只有力自忍耐,徐图自新,"私人,关于我意气不平者亦有人,予亦相当勉励,随地留心。待人更宜和平,此外亦惟徐图自修而已。"读《学案》,至"'自昔圣贤未有不由勉强以几自然,由阅历悔悟以几成熟'二语,余平日自隳之勇气得以复炽,真上达之良剂也。"张泰荣读书纯真,做事也纯真,动心忍性是曾国藩这样充满了忍耐与坚毅的理学正人,给世事纷扰中的后生们带来的精神力量。晨起功课,午夜灯下,常是这位先贤相伴。许他以平静,亦给予其勇毅。而他也由此认定,新的思想只有与"旧道德"融合,才使一生受用不尽。在张泰荣这个"小人物"身上,在"后五四"的时代背景下,这些记录为我们保留了更加鲜活的时代印迹。对曾文正公的阅读及感悟,几乎贯穿了成年后张泰荣的全部生命历程。也在实际上奠定了他一生对命运与志业的选择。他还曾提到过王阳明,"中国之圣人,观其少时之志趣与努力,所以有此成功,人岂可自暇逸哉!"以《大学》"静而后能安,安而后能虑,虑而后能得"为激励,言静之功用,"余当知所适从"。读《明清轶闻》,感受到的是"忠孝淋漓",读之殊壮吾志。读《四朝先哲言行录》,思决计立志。读《岳传》,武穆之为人,令其"钦慕不已";曲园《右台仙馆笔记》,以为修身提供范本。他立定的家、国志向,抵制洋货、不使利权外溢,所秉持的依然是天下兴亡、匹夫有责,是曾文正公们的修身功夫。

把这些放在"后五四时代"、五四新文化运动之后的处境中来体察,这些细枝末节、这些日常就会变得更加鲜明。在他"抵抗英美日""利权"这些时代性字眼的隐伏处,其实还是儒家士夫的正心诚意、修齐治平贯穿其间,支撑着读了新学堂、念过教会学校,在上海也短暂读过书的小镇知识分子,使他从狭小的生活空间中走出去,关注发生在北京、上海这些大城市,与他的生活并不相关的"国家大事",虽加入国民党,但是他很自觉远离党派纠纷,一心只以关注孤零、建设故土为职志。不顺遂,他会在心中默念曾国藩的忍和耐,"忍经"。在纷乱现世中支撑他的,依然是千年逶迤而来的古中国的精神,这个古中国以一种无声的方式,展现了现代中国巨大的政治、文化转型背面那些隐而不张的故事。这是我想讲的,有关"日常"的第一层。

第二层,是关于"大历史"和"无事件""无名者"如何进入历史?

我们看张泰荣的故事,也是属于五四的故事,是那个非蓬蓬然、非冲决网罗的,但也自有一股沉厚的力道。这同样也构成了我在阅读这部小人物日常与生命历程时,极大的一种感叹,在这部始于1922年的日记当中,五四几乎构成了一种"无事件境",是缺席的。

那么,"大历史"的、京沪的五四对这个被时人称为"闭塞的中古式的"奉化城,产生了什么样的影响呢?我所能看到的一个非常明显的事件,是一个改良地方的自治组织——剡社的创立。剡社之名,源于剡溪,从名字看,我们就知道,是一个地方性的社会组织。这个组织囊括了奉化地区从戊戌名流到辛亥功臣到早期的国民党党员和奉化地区共产党组织的最早一批核心成员。国共两党的这些早期党员,他们是一批接受了新教育或者我们可以称之为接受了五四洗礼的新青年,因为感觉到对现实的不满,回到故乡,邀集同志,成立了这么一个"本互助之精神、行改造之事业"为宗旨的社会改良组织。

这个组织的诞生,延绵了晚清开始的地方自治的脉络和传统,但是又添注了非常新鲜的血液,这个新鲜的血液就是这批经过了五四洗礼的新青年。这个组织在奉化诞生,基本上就是一个五四的产物,是五四后续的发展。更重要的后续的故事是什么呢?这个组织成为奉化地区国民党和共产党两个党派聚合力量最初所依附的东西。1923年,因为卷入奉化地区"新旧两派"势力的激烈斗争,这一年成为剡社发展的关键年份。此时,奉化地方士绅分成两派:一派是"保守的落后的"法治协会,以前清举人周钧棠、戴南邨为首,"纠聚一堂,势力不小";一派以孙表卿、庄崧甫为首,同样拥有科举功名,但他们是晚清以降的维新派绅士,两人亦均为奉化的辛亥元老。剡社的主要发起与领导人庄公间、王仲隅、王任叔(剡社左翼,则是1924年奉化建立国民党支部时的早期跨党党员,后来均在1926年下半年或1927年初正式加入共产党,三人是奉化地区共产党组织早期的核心成员),团结在孙、庄周围,出版《新奉化》,与法治协会相抗。他们推戴庄崧甫,与孙传芳系军阀控制下的县政府抗争。随着庄崧甫当选议长,剡社又吸收了一批开明士绅做社员,扩大了组织。而在此后,庄公间、王仲隅、王任叔等人就依托剡社、《新奉化》以及新成立的奉化县立初中,大力发展党组织,组织农会与学生运动。到1926年,剡社几乎成为奉化地区党组织的一个基地。

也正是依托于剡社,两个党的党组织都开始向纵深处扩张、壮大。而无名者张泰荣,也正因为加入剡社,进而加入了国民党,开始参与到我们所熟知的大历史当中。从五四的"无事件境"到"五卅",他的日记当中开始用很大的篇幅来记录"五卅",并开始亲身参与、组织奉化地区的反帝演说、反帝游行、召开国民大会,以及各式各样的群众运动。从这里,我们可以定义为一个无名者开始"进入历史"。而这个时段,正是国民大革命前夜,国、共均依托着地方上的"旧"绅士,"新"青年则在对抗军阀统治的过程中,开始成为地方社会的中流力量。从张泰荣这个稳健的小知识分子的见闻、感受与记录中,可以得到鲜活而具体的历史事实。然而,也几乎就是以1926年前后为节点,在反军阀、反土豪劣绅的行动中,"清党"已经初显端倪。随着"赤化"传言和军阀分子逮捕赤化行动的展开,剡社内部出现了较为明显的分化。从1925年9月开始,剡社中的左派力量陆续引退、离开,此时的剡社,已经变成了新青年眼中一批"想做绅士而没有做成绅士和做成了绅士而还想做个大绅士的一些地主资产阶级分子的乌合之众。"北伐前夜,发生在张泰荣和他身份各异的朋友们身上的这些故事,已经提前预告了"大革命"之后,中国政治的某些走向。

到这里我想要说明的是什么呢?是第三层,承接辛亥与五卅的、作为节点的五四,以及与之相关的革命和组织方式的变化。

五四通过它后续的受它影响的人群而创生的那些组织,使其成为承接辛亥到五卅的一个中间点,节点。在这个过程中发生的,是中国革命组织方式的转折性变化。新青年们非常自觉地依赖于组织,而林林总总的"组织",以一种前所未有的方式开始深入"群众"、深入到乡村,从社会性的、改良性的组织,一步步地,这些新青年的加入和运作,演变成了后来我们所看到的列宁主义的政党,真正深入到了广袤的中国的大地。

这个演变的过程,五四可以看成是一个节点。在此之前,改良也好,革命也好,是属于知识精英的、城市的,可以说,与民众几无关联。辛亥革命就是一场非常典型的中等社会革命、城市革命。"中等社会"是辛亥党人的自我命名,他们自己认为他们是中等阶级、中等社会。而随着科举制度的废除、学校制度建立,再者,印刷资本主义的昌盛、信息传布加速,伴随着"五四一代"新青年崛起的,不仅仅是我们看到的新青年对于老新党的一种人群之间的代际交替,更重要的是,革命的组织方式发生了非常巨大的变化。比如,小镇青年张泰荣的口号,从"打倒帝国主义"变成了"国民万岁",民族主义,开始从知识阶层,裹挟更大多数的人群。从五四至五卅,"帝国主义"日益成为了小城知识分子日常中的关键词;进而,从"反帝"到"国民一分子"的自觉,亦可看到革命终于从口号、少数人的奋斗扩及一般社会,抵达大量的小知识分子、市民和农民。这从"帝国主义"到"国民万岁"的迁折,恰是国民革命得以成立的轨迹,也是此后国共斗争中,后者能团结和动员更广泛的、最大多数民众的历史原点。"国民"在真正意义上进入到政治运动与社会运动的视野当中来。

城市革命开始慢慢地伸展到乡村,而五四所开创的那些东西,进入地方、进入普通人的世界,它把对于国家和民族的关注从京沪这些大城市中的知识精英扩展到了更加广泛的人群,把那些日常并不与所谓"帝国主义"发生关联的民众动员进来、组织进来。五四作为启蒙运动、作为社会运动,通过这些组织,从知识精英向社会、向大众铺展开去。在这之后的"五卅",我们知道它是中国革命有别于辛亥的另一种意义上的开端,"五卅"在中共组织历史上的重要意义,也早已被强调,瞿秋白就将其定名为中国国民革命的开始,"民众运动的发展,一直波及穷乡僻壤。"而"五卅"和不久之后的北伐,演变为"国民大革命",中国在这里,告别了晚清和晚清的遗产,进入到新的历史阶段,一个一直影响到我们今天的历史阶段。

这是我所看到的,这一点点的新鲜的史料和故事,是很具体而微的,并且,奉化可以说,也有它的特殊性,它离上海很近,容易接受讯息。那么之外呢,更内地的内地,乡镇之外的乡村呢,中国革命力量的动员、组织、聚合,又是怎样的?这些是我所关心的"后五四时代",希望能够从五四去溯源,寻找中国革命力量的原点,以及,这个原点和原力到底是怎样聚拢起来的。章清老师在论文和演讲中提及的信息传播问题,借助林林总总的新型传播媒介,五四的讯息更快捷、更持续、向更广泛的地域传播。而我今天所提出的这个问题,也是关于纵深与传布的,但我说的不是书刊、媒介和信息,而是"组织";阅读抑或信息,并不会天然地把人带进革命,1920年代之后的中国革命,更重要是须借助、依靠组织的力量。从接受讯息到展开行动,这中间所经历的,正是从五四到北伐,中国革命所发生的故事。

借用阿兰·布鲁姆的话,我很喜欢这句话,他说"因为思想本质上不是行为,它只能被充分思考,而无法像行为一样被记录"。所以,不管我们把五四看做思想运动,抑或政治运动、社会运动,可能更加重要的不在于我们怎样讲述它,也就是"记录";而是,怎么能够更充分地去思考它,在一个什么样的更广阔的脉络中勾连它。

(沈洁:上海社会科学院历史研究所)

从个人解放到社会问题
理解五四新文化运动的另一种视角

唐小兵

我想谈的从个人解放到社会问题这样一个主题,也是为了呼应许老师所定的这个会议的主旨,关于地方的五四和世界的五四。

首先我谈关于个人解放,殷海光先生在 50 年代末、60 年代初跟林毓生先生通信里面有一段话对我触动很大,他讲了一段话,因为殷海光先生算深受五四文化影响的学者、知识分子。他对五四这代人有一个观察,他说:"五四人的意识深处,并非近代西方意义'to be free'[求自由],而是'to be liberated'[求解放]。这二者虽有关联,但究竟不是一回事。他们所急的,是从传统解放,从旧制度解放,从旧思想解放,从旧的风俗习惯解放,从旧的文学解放。"呼应今天许老师谈到的,五四很重要的一个趋向是带有一种无政府主义的五四新文化运动,所以寻求这样一种解放。他说:"于是,大家一股子劲反权威、反传统、反偶像、反旧道德。在这样的气流之中,有多少人能做精深谨严的学术思想工作?"这一点余英时先生也反复提到过,说近代中国学术思想的工作难以开展,因为意识形态和救亡的冲动对于学术思想的工作开展造成了一些限制。殷海光先生指出,"新人物反旧,旧人物也反新。互相激荡,意气飞扬。防御是尚,于是形成两极,彼此愈来愈难作理性的沟通。1911 年以后的中国就没有日本那样的稳定的社会中心"。在 1933 年的时候胡适当时在芝加哥大学有一个英文的系列演讲,后来出版了,名为《中国的文艺复兴》(*The Chinese Renaissance*)。在那个演讲集开篇里面也谈到,他其实也是做一个比较,讲中国和日本的近代化历程的异同,日本的明治维新以及中国近代以后的洋务运动和戊戌维新,为什么结果有比较大的差异,其实也有谈到这样一个中间力量的问题,说中国没有日本那样的稳定的社会中心。"加以左右的政策分化和激荡更是不可收拾,正在此时日本从中横扫,土崩瓦解"。这是当时他通信录的一段话。

我在想关于解放和自由的问题,看了这段话之后一直在思考,"自由"对于五四这代人来说到底意味着什么。殷海光先生这个论断在整个意义上面是成立的,我在美国哈佛燕京学社访学的时候曾经跟余先生在电话里面求教过这个问题,他认为解放和自由可能并没有太大的区别,但在我看来,我觉得好像解放和自由还是有比较大的差异。因为你会看到从 1905 年废科举到后来五四新文化运动,从地方的角度来看受到五四新文化运动传播的书刊和观念的影响,其实很多人从地方上是有一个溢出的过程或者说脱嵌的过程,这些人越来越有一个向城市聚集的过程。从一些传统的大大小小的共同体里面脱离出来的过程,在城市以各种方式重新聚集在一起。

对于我来说比较困惑的是我的问题在哪里呢?为什么深受五四新文化运动影响的这样一种从地方脱离出来的个人,到了城市聚集,后来寻求个性解放甚至无政府主义的绝对自由的这一代知识人,到了 1920 年代以后,也就是后五四的主义时代,为什么重新寻找组织加入职业化政党变得这么重要,这是比较困惑我的问题。

我记得以前读王增如、李向东合著的《丁玲传》的时候,丁玲讲的一段话让我特别有感触。丁玲 1930 年代被捕,软禁在南京,逃离出来以后她重新寻找党组织,去了北京找以前的老师(也是湖南同乡)、中共早期重要人物李达,李达跟她说你一个女学生还是先好好地读书吧。后来她到上海,通过冯雪峰这条线辗转西安去了延安。丁玲后来讲这段话,当她从南京脱离出来之后,她觉得找到党组织是最重要的一件事情,母亲和孩子在湖南乡下到底怎么样好像还是第二位的事情。

殷海光先生所提出的问题发人深省,为什么中国的五四,我们认为是一个启蒙的时代,这样一个启蒙运动应该建立一种新的理性自觉的时代,为什么在殷先生看来变成一个无法进行理性沟通的时代?这种悖论是怎么样出现的?这是两个比较困惑的问题。这样一个启蒙时代为什么在后人看来反而是理性变得越来越被边缘化的时代。再者,这样一个新文化运动乃至五四运动,个体从地方上受文化运动影响,慢慢从地方脱离出来,好像寻求更大的自由的生活空间和文化空间的时代,反而到了1920年代以后,后五四时代,他们对于组织有了高度依赖性,无论参加国民党也好、共产党也好、青年党也好,这个问题是如何发生的。

在这样一个历史脉络里面,社会问题凸显了出来,与此相伴随的就是关于社会问题的各种书籍的大量出版和发行。我用上海图书馆大概五六十种各种各样翻译的著作和专著,和中国人自己编的教材、小册子,以及面向中小学、大学的各种书籍做了一个书籍史与思想文化史的个案研究。

当时一个普通作者邝震鸣在《现代社会问题》一书中指出:"社会问题,是发现社会上的变态现象,把它一一叙述出来;并探求每一个现象所发生的原因,和它对于社会的影响,而加以救济的一种有系统的科学。……社会问题负着这么大的使命,所以近十年来研究社会问题的学者,如雨后春笋,多如江上之鲫。有人说,'从欧洲大战后,世界上引起两大种印刷品的生产,一即不兑现的纸币;一即谈社会问题的书籍。'这句话很有意思。"一战以后,这也是中国五四以后很多人开始重新反思,包括梁启超《欧游心影录》,重新开始思考欧洲的文明和所谓资本主义文明体系的问题,晚清以后对西方的乌托邦和浪漫主义想象开始得到反思和清理。谈社会问题的书籍也大量出版,一些外国学者比如河上肇、爱尔伍德的社会学著作也被翻译成中文,中国人自己写了很多书,包括江亢虎等人也就这个主题演讲,后来主要从事马克思主义、社会主义理论翻译的柯柏年也写了很厚的一本《社会问题大纲》,他后来从上海去了延安。

在当时的这个历史情境和思想语境里,学者和知识人对于社会问题有很多针锋相对的讨论。当时争论的社会问题里面比较重要的议题包括人口的问题、贫困的问题、家庭的问题、婚姻的问题、青年学生的问题,学生本身也成为社会问题的一种类型。

知识分子对于当时的中国出现一个诊断,认为中国出现了很严重的社会问题,而且是系统性的政治、社会与文化危机。对于晚清的富国强兵思潮而言,国家主义是一个主导性的潮流,现代的国家也就成了一个偶像。到了五四新文化运动时期,开始对作为偶像的国家进行整体的系统性的反思。陈独秀、傅斯年等人都对国家主义再反思,强调民族国家之上有人类存在,甚至认为只有具体的个人与抽象的作为总体的人类,而夹杂其间的国家、阶级等都是虚幻的偶像。傅斯年等人转向期待于中国社会的变革,提出了"造社会"的观念,对"社会"产生了一个"乌托邦主义"的历史想象。与此同时,很多西方社会学等领域的相关著作翻译出版,中国的知识界也开始自觉建构属于中国自身的社会学理论体系。历史的议题与理论的自觉互相刺激,再加上现实的触动,原本就已存在而习焉不察的"社会问题"开始浮上水面,激起了来自各家各派的学者和实践家的参与讨论。对当时中国"社会问题"批判性的痛心疾首,与对未来黄金世界的中国的历史想象,两者一结合就产生了巨大的理论自觉与精神动力。

怎样解决这些社会问题?在1920年代前后的中国有两种不同的论

述与策略:

一种像陶孟和作为一个社会学家编写了一些关于社会问题的著作,还有其他一些学者比如孙本文都主张温和渐进的思路进行社会变革。他们认为贫困问题也好、富裕问题也好、女性问题也好,其实可以通过不同的社会政策和公共政策进行解决。这其实有点近似"问题与主义"之争中被人批评头痛医头、脚痛医脚的胡适的思路,即通过各种具体的方式、有针对性的社会政策解决一个个具体的社会问题。

另外一种方式认为所有的社会问题都是系统出现问题的表征,比如说在家庭、婚姻、就业、贫困、劳动力各市场出现各种各样的大大小小的问题,是社会这个系统出现问题的表现。如果只是针对局部进行局部性的治疗是不能从根本上解决这样的社会问题的。比如后来成为马克思主义理论翻译工作者的柯柏年等人就持有这种观点。

针对当时中国社会出现的状况,存在两种不同的解决方案的竞争。很明显可以看到,后面社会主义作为整全式的一劳永逸的解决方案慢慢占据主流。这可以从1927年到1937年这十年间,以上海为中心的唯物辩证法、社会主义思潮等左翼书籍的出版和畅销得到确证,根据叶维丽教授的研究,号称是1930、1940年代青年导师的艾思奇的《大众哲学》前后印了28个版本,风行一时,吸引了无数知识青年投身革命。由此可见,后五四时代,大多数青年觉得自由主义的社会改良思路已经缓不济急,而社会主义、马克思主义在理论上无远弗届,在现实中已经有苏俄社会主义革命的经典案例,对后者如饮甘泉,更似飞蛾扑火。

整体而言,五四新文化运动毫无疑问有自由主义的倾向的,但是你会看到最终左翼激进的文化与思潮席卷了更多的知识青年,追求个性解放与自由的五四青年最终却或主动或被动地纷纷投身革命参加政党依靠组织,这个背后到底是怎样的一种历史逻辑与理论导向,是值得进一步去思考的。

当然对这种巨大的历史转折的一般性解释就是说那是因为民族主义观念的影响,民族国家的危机导致对于个人的,比如说追求个性的、个人自主性的这样一种诉求,转向对于寻找哪一种方式来解决中国内外危机的方案,从晚清不同的道路,英国也好、德国也好、法国也好,再到俄国的道路。这是比较方便的解释。

五四这一代人寻求所谓启蒙也好、觉醒也好,这样一种个人主义为什么到了1920年代以后有很明显的一种反个人主义的集体主义,这个状况是如何出现的值得进一步的历史考察。

这种个人主义其实有比较强烈的无政府主义的倾向,而社会主义论述里面毫无疑问有"乌托邦主义"的一元论倾向,这两者之间其实也构成一种张力。

这里面比较有意思的一个问题就在于我们应该如何来思考组织和共同体之间对于五四和后五四这一代人的异同,我觉得这是蛮有意思的。这一代具有浪漫主义和无政府主义倾向的观念人后来怎么样实现自我组织化的,也就是蜕变为一个组织人,其实质就是后来怎么样被政党吸纳的过程。另外一个可以从多元的启蒙观念,包括新文化派也好、学衡派也好、东方杂志派也好,从这些价值观念的生发、引入、传播和接受,也可以感触到章清老师所谈到的新型的报刊媒介、新型的传播技术、新式的报刊出版业主导下的思想媒介的形成与扩散,也就是晚清民国"思想界"是如何历史地形成的。同时也可以从报刊、书籍阅读史、接受史的角度来看这种阅读史研究,这也是我最近在做的研究,关于左翼书刊阅读史的研究,当然还没有完成。大致就是这样一些想法。

(唐小兵:华东师范大学历史学系)

新文化运动中的关联与互动

周月峰

昨天我们已经讨论了很多五四,无论是在"主义"或"事件"上,都充分说明五四的复杂。当时思想界的庞杂与缭乱,远远超出我们已有认知。当年的一位佛教中人观察到,那时,一方面,"欢迎罗素也,介绍杜威也,马克斯之剩余价值也,桑格夫人之生育节制也,纷纷扰扰,迄无宁日";另一方面,"逸老学究之流,复以国故国粹互相标榜",甚至同善社、灵学会也纷纷粉墨登场。

可以说,在不同层面上,五四新文化运动都是多元复合的,但是记忆却常常简化,"把千头万绪简化为二三大事"。沟口雄三很早之前便曾注意到很长时期学术界存在左、右两种"五四"叙述:第一种"只是抽出了倾向于马克思主义、与中国共产党的创立有关的陈独秀、李大钊所代表的道路",是"被作为新民主主义革命的起点,与中国革命的历史相连接的反帝反封建运动";第二种是"胡适等后来走上与中共对立道路的人士的轨迹"。他继而指出,在二者之外,梁漱溟就体现了"另一个'五四'"。这里的"五四",主要指广义的五四新文化运动。无论哪一种叙述,都是对新文化运动"原生态"的裁剪与化约。以比喻来说明,五四原本就如星空,繁星闪烁且斗转星移,而历史叙述者时常突显静态星空中若干颗星,以人为之虚线相连,使之成为星座。然而,历史本盘根错节、此呼彼应,新文化运动更是如此,化约后的叙述,不一定错误,但时或不够准确,遮蔽了史事纷繁的一面。一方面,原本星空中的一些重要星星,因不在星座中,而被忽视;另一方面,抽离出来的星座,离开星空,也就失去了背景,没有了位置。所以,新文化运动研究中的一个重要方面是尽可能恢复当年复杂甚至"无序"的"原生态"。

然而,如果我们仅仅指出五四新文化运动是复杂的,似乎并不能说是对五四研究的推进。更重要的或许是,我们如何在复杂中理解与描述这一场运动。

王明珂曾在一本书的扉页上写了几句像诗的文字,是这样说的:

如在一个夏夜
荷塘边有许多不同品种的青蛙争鸣
不久我们会被一个声音吸引
一个规律洪亮的声音,那便是"典范历史"
被忽略、压抑的其他蛙鸣,便是"边缘历史"
我们对历史的整体了解
在于倾听它们间的争鸣与合鸣
并由此体会荷塘蛙群的社会生态
一个隐藏的景

王明珂以荷塘里的蛙鸣为喻,指出荷塘中既有"规律洪亮的声音",也有"被忽略、压抑的其他蛙鸣",而历史学者"对历史的整体了解","在于倾听它们间的争鸣与合鸣"。无论争鸣与合鸣,都可以看成是一种关联,这也提示我们可以在一种"关系"中去观察历史上的复杂社会生态。

在五四新文化运动中,便有几组不容忽视的"关系"。比如,我们会议的主题是"世界的与地方的五四",中间隐去的是中国(国家)。实际上,中国的五四与世界思潮有一种"争鸣与合鸣"的关系,甚至可以说,欧战的结束、苏俄（包括实质的与舆论的）的进入都曾改变了新文化运动的气质，前者曾在国内引起过"否定现代"的思潮，后者则助力了社会主义思潮的勃兴；同样的，国家层面的新文化运动与"地方"的思想生态也有"争鸣与合鸣"。即使在同一层面，无论是国家或地方，都有高音与低音的或不同派别的"争鸣与合鸣"，而派别内部，每个人又都各个不同，有自身的"争鸣与合鸣"。

新文化运动的这种在不同层级上的复合性与关联性，在某种意义上跟鲁迅说的"文学团体"有点类似，鲁迅说："文学团体不是豆荚，包含在里面的，始终都是豆。大约集成时本已各个不同，后来更各有种种的变化。"换句话说，新文化运动有可能是豆荚，不过这个豆荚是更为开放，边缘更为模糊的。而里面有各个不同、又不断变化的豆子或者更小的豆荚。比如，如果《新青年》的文化努力——白话文运动、文学革命、伦理革命是一场"新文化运动"，那么《新青年》之外的，梁启超、张东荪、张君劢等人的群体，或者国民党群体的文化事业就各是"另一场新文化运动"，在广义的复合的新文化运动的大豆荚之下，他们各自的运动也各具首尾、各有风格，他们"集成时本已各个不同，后来更各有种种的变化"。

以梁启超一派为例。这一群体有自己的"新文化运动"。他们大概从1918年开始，有意识地想要从思想界努力。从汇入到新文化运动开始，他们的目标和方式便与北大师生辈都有所不同，没那么看重"科学"和"民主"，而是希望"以解放求改造"。如果说《新青年》派的新文化运动是"极力提倡西洋化"或"现代化"的运动，那梁启超一派的目标更具有"后欧战"的色彩，对中国文化与西方文化都主张"重估"，希望创造一种既不同于中国文化也不同于西方文化的未来新文化。

如果将这一群体的思想主张梳理清楚，我们便多知道了豆荚中的一粒豆子，这本身便有价值；但是，这粒豆子不是孤立地存在于历史真空之中，而是在豆荚中与其他豆子"争鸣与合鸣"。梁启超等人与《新青年》同人之关系在追随与反对之间,常思调节新文化运动之走向。作为《新青年》某种程度上的对立者与对话方,他们的存在影响了胡适等人的观念表达甚至走向,在这种论辩的过程中把新文化运动引向了某个特定的方向,因此,与一般认识中《新青年》一方单独创造不同,新文化运动是逐步由竞争的各方在关联互动中共同创造的。换言之,历史上的新文化运动本就是一个由复杂的历史因素(思想的、心态的、认同的、人际的等等)共同作用构造出来,如今最需要重建的也即是这个复杂的多层次构造。

有几件事情可以说明梁启超他们对五四风气的影响。胡适反复强调新文化运动被五四学生运动打断了、变质了。他总结原因时说:"一班新分子天天高谈基尔特社会主义与马克思社会主义,高谈阶级战争与赢余价值;内政腐败到了极处,他们好像都不曾看见,他们索性把社论、时评都取消了,拿那马克思——克洛泡特金——爱罗先珂的附张来做挡箭牌,掩眼法!"他说的正是张东荪、梁启超一派,可见这一派的影响有多大。

又如说科学和民主两个口号。其实梁启超他们对科学和民主都有所保留,从《新青年》提出这两个口号开始,梁启超一方便认为在二者之外,还有"哲学"(人生观),认为不能在德先生、赛先生之外忘了费先生,这与稍后的东方文化的重新抬头、人生观论战都有关联。

可以看到,如果把梁启超这一个群体及其所作所为从新文化运动中排除出去,不只是《新青年》失去了重要的对手方,将使他们的不少言论变得无的放矢;更重要的,五四思想界的整体走向,也将不容易理解。

因为五四新文化运动是多元复合,同时是关联互动的,使得我们有条件换一种思维与视角。比如,在新思想的流布方面,此前我们多强调它是由《新青年》慢慢扩散出去的。如果换一个视角,以其他群体(梁启超诸人或国民党等)、其他的个人、其他的地区(温州、漳州等)为主角,更"在地"地去从他们各自的内在去考察他们如何慢慢汇聚到新文化运动中的过程,观察他们的响应与区隔——如何进入、修正或改变整个新文化运动的舆论气场。

关联互动,既是局部与整体间的关联互动,也是局部与局部间的关联互动。不过,值得注意的,在讨论局部时,尤其需要注意局部在关联互动中的位置。例如,把"规律洪亮"的蛙鸣当成唯一的蛙鸣,固然是一种偏差,但将"被忽略、压抑的其他蛙鸣"当成是与"规律洪亮"的蛙鸣同等重要或更重要的蛙鸣,无疑将是更大的偏差。若只见树木不见森林,忽视其为周流变动的关联性结构之一部分或忽视其在关联性结构中的具体位置,则即使考察之后,具体的人与事容或变得清晰(实际也未必),但对历史整体的了解有时不惟不曾推进,反有可能更加模糊。

林同济曾将"相互关系"视为"观察万物的'入道之门'",认为研究历史的要旨便是"谈'关系',谈互动的、相对的关系","谈整个结构中各局部间的相生相成的综合功用"。就五四新文化运动而言,一方面要尽可能"各局部都看到",但同时要意识到,"个别的局部"的总和,并不等于全体,需要在"相互间的微妙关系、交流影响"去"体验"、感受全体,更多注意"整个结构中各局部间的相生相成的综合功用"。

(周月峰:华中师范大学中国近代史研究所)

清末至五四时期的"国家有机体"说及其不满

季剑青

一、梁启超与"国家有机体"说

在晚清民初的国家理论中,"国家有机体"说影响最大,它在中国最有力的鼓吹者和传播者当属梁启超,尤其是他对伯伦知理的引介,在当时产生了很大的影响。1899 年 4 月至 10 月,《清议报》上就连载了伯伦知理的《国家论》,据法国学者巴斯蒂的研究,这个译本是在日本学者吾妻兵治当年的译本《国家学》基础上加工润色而成的。[①] 1901—1903 年间,梁启超好几篇文章都提到了伯伦知理的国家有机体说,但此时他对卢梭以契约论为基础的国家理论也表现出认同感。大概在 1902—1903 年间,梁启超转向了伯伦知理的国家学说[②],1903 年 10 月他在《新民丛报》上发表的《政治学大家伯伦知理之学说》一文,是一篇标志性的文献。

在《政治学大家伯伦知理之学说》一文中,梁启超以吾妻兵治的《国家学》译本为基础,系统地介绍了伯伦知理的国家有机体说。其中比较重要的观点是,国家是一个在历史中形成的、有自身生命、精神和意志的

[①] 参见巴斯蒂:《中国近代国家观念溯源——关于伯伦知理〈国家论〉的翻译》,《近代史研究》1997 年第 4 期。
[②] 参见李春馥:《论梁启超国家主义观点及其转变过程》,《清史研究》2004 年第 2 期。

有机体,国民是国家有机的组成部分,不能脱离国家而存在,国家是一个拥有主权的人格化的主体。伯伦知理是德国历史法学派的重要成员,强调政治科学中历史方法和哲学方法的结合,即所谓"以哲学及史学,定国家之原理"①。伯伦知理谈到国家的起源有两个因素:一是"由国中固有之性质与夫外界事物之刺激而生者",指国家形成过程的历史性;二是"由君长号令所施行与夫臣民意志所翊赞而生者"②,则侧重于制度安排特别是宪政在国家建构中的重要性。前者对应的是国家的"精神",即国家作为一个道德—精神的有机体,是在历史中形成的;后者对应的是"形体",即国家内部的政治结构和宪政秩序。伯伦知理本身也受到自由主义的影响,我们从他这段话中可以看到"历史主义"(historicism)和"宪政主义"(constitutionalism)的某种结合,与他所说的历史方法和哲学方法相对应。

在我看来,伯伦知理之所以对梁启超产生吸引力,是因为国家有机体说为梁启超提供了一种将本土的历史传统和外来的宪政秩序相结合的国家建设方案。换言之,借助伯伦知理的国家有机体说,梁启超可以让中国的历史传统作为一种"精神"要素,在现代国家建设中发挥能动的作用,这样传统就不会被当作毫无价值的东西被抛弃掉。这是卢梭完全基于自然法和契约论原理的国家学说无法做到的。另外,清政府自洋务运动以来的国家建设,以"富强"为目标,表现出鲜明的功利取向,对儒家的道德传统形成极大的冲击。国家有机体说对"精神"层面的强调,恰好可以补偿知识分子在这方面的失落感和焦虑感。例如,在1902—1903年间完成的《新民说》中,梁启超对道德的看法前后有一个微妙的变化。在写于1902年的《论公德》中,梁启超批评中国人有私德而无公德,所谓"公德",乃"人群之所以为群,国家之所以为国,赖此德以成立者也",是

---

① 梁启超:《国家思想变迁异同论》,《饮冰室合集·文集》,文集之六,中华书局,2008年版,第13页。
② 梁启超:《政治学大家伯伦知理之学说》,《饮冰室合集·文集》,文集之十三,第70页。

现代国家建设对国民提出的新的道德要求,这种要求,是基于历史传统的旧道德无法满足的。而在1903年的《论私德》一文中,梁启超则强调今日"所恃以维持吾社会于一线者",为"吾祖宗遗传固有之旧道德而已","此机体之所以成立,舍道德之感情,将奚以哉。"①"旧道德"可以起到凝聚和维系有机体的作用,这显然是国家有机体说的观点。

1903年之后,梁启超基本上秉持国家有机体说来展开他的国家论述。但是需要指出的是,在伯伦知理那里,"历史主义"和"宪政主义"可以得到有机的结合,因为德国的君主立宪体制是内生于其历史之中的,而在中国,外来的宪政秩序和本土的历史传统之间,不可避免地会出现某种缝隙。在这种情况下,梁启超的策略是强化"历史主义",以"历史主义"吸纳"宪政主义",结果是将中国的历史塑造为宪政的历史。他认为"我国数千年相传之政治论,其大本大原所在,与今世所谓立宪政治者,无一不同"②,指出"君权有限之理想,为我国尧舜孔孟所发明垂教,绝非稗贩之于他国"③。为了牵合这种历史主义,梁启超甚至曾短暂地从主张君主立宪倒退到"开明专制论"。另一方面,梁启超在反驳革命派的共和主义观点时,也借助"国家有机体"说,强调中国国民传统的长期熏染下,不具有共和国民之资格,甚至连国民道德程度是否有资格立宪都成了问题。④ 一方面强调中国历史上之传统符合立宪政治,另一方面又担心国民道德程度不足以支撑立宪政治,其间反映出梁启超在"历史主义"与"宪政主义"之间的徘徊和犹疑的心态。

1911年10月,辛亥革命爆发,共和立国已成大势所趋,梁启超也开始思考"新中国建设问题",此时他仍主张"国家为一种有机体,非一时所

---

① 梁启超:《新民说》,《饮冰室合集·专集》,专集之四,第12、132、135页。
② 梁启超:《中国前途之希望与国民责任》,《饮冰室合集·文集》,文集之二十六,第27页。
③ 梁启超:《敬告国人之误解宪政者》,《饮冰室合集·文集》,文集之二十六,第66页。
④ 参见梁启超:《立宪政体与政治道德》,《饮冰室合集·文集》,文集之二十三,第56页。

骤能意造也,其政治现象之变化,必根据于历史"①,认为最理想的政体是"虚戴君主之共和政体",但由于皇室失信于民,已失去了实现的可能与机会。

如果说晚清时期梁启超怀抱君主立宪的理想,尚能勉强将中国君主政体的历史与立宪的制度安排,将"历史主义"和"宪政主义"捏合在一起,构造起想象中的作为有机体的现代中国的话,那么到了民国建立以后,当君主立宪的梦想已成明日黄花的时候,要将中国的历史传统与崭新的从未有过的共和国体"有机地"结合起来,就几乎是一件不可能的任务了。梁启超似乎也意识到这一点,他在1912年写的《中国立国大方针》一文中,设想以一种"新信条"来维系社会,建设国家。② 然而与此同时,梁启超又不愿放弃旧的历史传统和道德风俗,甚至将其提升至"国性""国本"的高度。这继承了之前以"历史主义"吸纳"宪政主义"的策略,并且在君主立宪宣告失败后,更进一步强化了历史主义的倾向。在写于1912年的另一篇文章《中国道德之大原》中,梁启超强调固有之"道德"对于国家建设的重要性,甚至国家之"立法行政"等制度安排也应该以"道德"为出发点。③ 这两篇写于同一年的文章,几乎提出了相反的建国方略,但这两种方略其实都是以"国家有机体"说为前提,实行共和政体的新中国,必须要有"信条""精神""道德"等来维系国家有机体。

民国初年的梁启超,后来基本上是延续后一种思路,即不断地强调历史主义的"国性"话语。所谓"国性",是指国家之存在和延续的精神基础,它形成于历史传统之中④,能够"持挽四万万人为一浑合有机体"⑤。梁启超的这一思路,应该是出于对民国初年政局动荡、共和政治几乎难

---

① 梁启超:《新中国建设问题》,《饮冰室合集·文集》,文集之二十七,第29页。
② 梁启超:《中国立国大方针》,《饮冰室合集·文集》,文集之二十八,第51页。
③ 梁启超:《中国道德之大原》,《饮冰室合集·文集》,文集之二十八,第20页。
④ 参见梁启超:《国性篇》,《饮冰室合集·文集》,文集之二十九,第82—84页。
⑤ 梁启超:《大中华发刊词》,《饮冰室合集·文集》,文集之三十三,第88页。

以为继的不满,当国家建设在制度层面上举步维艰的时候,能够用来支撑信念和认同似乎只有立足于历史传统的"国性"了。与此同时,对民国初年道德沦丧的观察,又强化了对儒家道德传统的关切。

值得注意的是,当时把国家建设寄托在历史中形成的"国性"或"国魂"之上,不只是梁启超一人,至少康有为、严复、杜亚泉等人都有类似的表述。康有为认为国家除了政治机构外,还须有"其教以为人心之本",即所谓"国魂"[①];严复亦云:"国者有机之体也;民者,国之幺匿也;道德者,其相吸力之大用也。故必凝道德为国性,乃有以系国基于苞桑"[②];杜亚泉则强调国家须有"国民共同之概念","庶全国合为一体,政府与国民,亦有指臂相联之谊"[③]。有意味的是,至少康有为、严复和杜亚泉的这三段表述,同样遵循"国家有机体"的逻辑。共和政体是国家之"形式",孔子之教或忠孝节义等儒家道德传统代表了国家之"精神",两者相结合方是完整的有机的国家。然而问题在于,共和国体和传统的伦理道德是否能够"有机地"结合为一体?我们发现,《新青年》对孔教运动的批判,对共和国体下伦理和道德问题的关注,很大程度上即是回应这一问题。

二、 共和国体下的伦理觉悟

从陈独秀早年的文章《说国家》来看,他的国家观更接近英国自由主义和卢梭的社会契约论,认为国家是建立在"民意"基础上的、以保障人民权利和福祉为目的的政治机关[④],与德国的国家有机体说完全不同。

[①] 康有为:《〈中国学会报〉题词》,《康有为全集》第10卷,中国人民大学出版社,2007年,第16页。
[②] 严复:《导扬中华民国立国精神议》,王栻编:《严复集》第2册,中华书局,1986年,第342页。
[③] 杜亚泉:《国民共同之概念》,周月峰编:《中国近代思想家文库・杜亚泉卷》,中国人民大学出版社,2014年,第275页。
[④] 参见陈独秀:《说国家》,《陈独秀著作选编》第一卷,上海人民出版社,2009年,第45页。

但在民国初年共和政治陷入危机的语境中,特别是面对康有为等人提倡的以孔教等传统伦理道德为"国性""国魂"这套话语的时候,陈独秀也开始关注共和国体下的伦理问题。陈独秀在《新青年》上发表的文章中多次斩钉截铁地强调,以孔教为代表的传统伦理道德,绝对不可能与共和国体相结合,更不用说构成某种有机体了:"若一方面既然承认共和国体,一方面又要保存孔教,理论上实在是不通,事实上实在是做不到"①,"即以今日名共和而实不至之国体而论,亦与君道臣节名教纲常,绝无融合会通之余地"②。

如果说陈独秀侧重于对"国性"话语的批判,《新青年》的另一位代表人物高一涵,则主要从正面立论,强调共和国体应有自身的"精神"基础:"共和国家,其第一要义,即在致人民之心思才力,各得其所",即所谓"平等的自由也""发扬共和精神,根本赖此。"③但在高一涵这里,所谓共和国民的"精神",并不是完全服务于共和国家的建设的,而是充分地表现出个人的独立性和自主性。这就冲破了"国家有机体"说的框架。

事实上,高一涵非常自觉地对"国性"话语背后的"国家有机体"说这一理论前提展开了批判,他明确表示,"国家有机体说,又为多数学者所斥驳,掊击之至无完肤"④,国家并非以其自身之生长发育为"蕲向"的"自然物",而是人类所创造的产物,"国家者非人生之归宿,乃求得归宿之途径也。"⑤高一涵也批评了斯宾塞的社会有机体说,指出国家和社会与"有机体"不同的地方很多。⑥ 如果说国家不是一个有机体,那么也就不需要以伦理道德作为维系这一有机体的粘合剂。这样,伦理道德就被

---

① 陈独秀:《旧思想与国体问题》,《新青年》第3卷第3号,1917年5月1日。
② 陈独秀:《再质问〈东方杂志〉记者》,《新青年》第6卷第2号,1919年2月15日。
③ 高一涵:《共和国家与青年之自觉》,《青年杂志》第1卷第1期,1915年9月15日。
④ 高一涵:《共和国家与青年之自觉》,《青年杂志》第1卷第3期,1915年11月15日。
⑤ 高一涵:《国家非人生之归宿论》,《青年杂志》第1卷第4期,1915年12月15日。
⑥ 高一涵:《斯宾塞尔的政治哲学》,《新青年》第6卷第3号,1919年3月15日。关于斯宾塞的社会有机体说在晚清的接受,参见傅正:《斯宾塞"社会有机体"论与清季国家主义》,《近代史研究》2017年第2期。

从"国性"话语中解放了出来,而完全系于个人。事实上,高一涵正是从这一点出发,否认国家与道德之间的关联:"国家的权利,仅能支配人类外部的行为,绝不可干涉人类的思想感情信仰。岂但不可吗?实在是不能的。……然则国家与道德,元首与道德,法律与道德久已互相分开了。"①

"国家有机体"说的一个重要观点,是认为国民作为构成国家有机体的分子,不能脱离这个有机体而独立存在。高一涵从理论上否定了这一点,当"国民"突破有机体的束缚,成为独立自主的"个人"时,"国家"本身以及依托"国家建设"这一目标而展开的种种论述的有效性和合理性,也开始受到质疑。而此时正值一战爆发,战争带来的破坏和灾难,特别是德国的战败,更进一步破除了五四知识分子对"国家有机体"说以至"国家"本身的信赖。19世纪的国家建设模式和国家观念遭受了空前的质疑,在此基础上出现了对新的"世界"和"国家"的想象。

三、 一战与对"国家"的再认识

第一次世界大战爆发后的前两年,德国其实是占上风的,当时国内舆论支持德国或羡慕德国实力的并不少见,如梁启超即称"德国者,实今世国家之模范。国家主义如消灭斯亦已耳,此主义苟一日存在者,则此模范国断不容于劣败之地。"②《新青年》上也有类似的声音,如刘文典即认为"欧洲人以德人为最好战,故德意志在欧洲为最强"③,甚至对德国素抱恶感的陈独秀,也承认"国家主义,实为吾人目前自救之良方"④。

所谓"国家主义",可以看作"国家有机体"说的某种衍生物。"国

---

① 高一涵:《非"君师主义"》,《新青年》第5卷第6号,1918年12月15日。
② 梁启超:《欧洲战役史论·第二自序》,《饮冰室合集·专集》,专集之三十,第70页。
③ 刘叔雅(刘文典):《欧洲战争与青年之觉悟》,《新青年》第2卷第2号,1916年10月1日。
④ 陈独秀:《今日之教育方针》,《青年杂志》第1卷第2期,1915年10月15日。

有机体"说认为国家作为拥有自身意志的人格化的主体,有绝对的主权,在国际关系领域中,为了实现自己的目的,可以不受任何约束和限制。因而有意味的是,在"国家有机体"说那里,国家对内是一个道德和精神的共同体,但对外却不受道德的约束。在美国政治学家韦罗贝(Westel W. Willoughby)看来,"德国政治学者视国家为神奥之物,为超然之物,自有权利,自有目的,自有达其目的之手段。因而国家之权力,非吾人所言主权在法律上之绝对权与最高权,而为一种命令权。命令一发,内而本国人民,外而他国国家,不能执道德以议其后。"①杜威亦指出,德国学者认为,"国家既然是道德生活的根据,所以用不着道德的限制。"②

因而,"国家有机体"说运用于国际关系领域,就会表现出强权的倾向,所谓"国家主义""军国主义",主要是指这一方面而言。陈独秀对此极为不满,所以当1917年3月北京政府宣布与德国断交时,就主张对德宣战。③他甚至把"国家"看作"一种骗人的偶像",呼吁打破对"国家"的迷信:"世界上有了什么国家,才有什么国际竞争;现在欧洲的战争,杀人如麻,就是这种偶像在那里作怪。"④正是在国际关系的领域,"国家"的这种强权倾向暴露得最为彻底。

一战结束后,中国成为战胜国,当时的知识界弥漫着一股"公理战胜强权"的乐观氛围。⑤所谓"公理战胜强权",实际上就是纠正国家主义的非道德的倾向,将道德原则引入国际关系的领域。我们看到,此时梁启超对他多年信奉的国家有机体说和国家主义也进行了深入的反省。他在《欧游心影录》里说,"德国式的国家主义,拿国家自身目的做个标

---

① 韦罗贝:《协约国与普鲁士政治理想之对抗》,《新青年》第5卷第5号,1918年10月15日。
② 孙伏园记《杜威博士讲演录》,《新青年》第7卷第4号,1920年3月1日。
③ 参见陈独秀:《对德外交》,《新青年》第3卷第1号,1917年3月1日。
④ 陈独秀:《偶像破坏论》,《新青年》第5卷第2号,1918年8月15日。关于陈独秀的"国家偶像破坏论",参见尤小立:《陈独秀"国家偶像破坏论"新释》,《学术研究》2004年第3期。
⑤ 参见罗志田《激变时代的文化与政治:从新文化运动到北伐》,北京大学出版社,2006年,第20—25页。

准,把全国人放在个一定的模子里鼓铸出来,要供国家之用,结果犹且不胜其弊",称中国人素持天下大同理想,向来不认为国家是最高团体,所宗尚的"一面是个人主义,一面是世界主义,中间却不认得有什么国家主义"①。有趣的是,此时的梁启超不再像晚清时期那样,从中国历史中寻求德国式的现代国家建构之资源,也不像民国初年,依托历史制造"国性"话语,而是从中国历史中建构出世界主义的传统,作为与西方整体相抗衡的文明论话语。虽然立场一直在滑动,但诉诸历史传统的动机可谓一以贯之。

从全球思想史的视野来看,"国家有机体"说也在一战后失去了影响力,甚至"国家"本身都被视为过时的事物,一个很重要的语境就是各种类型的国际组织的诞生,对国家主权做出了明确的限定,像"国家有机体"那样鼓吹国家拥有绝对主权的学说,已经失去了正当性。②

回到中国的语境中,随着德国战败,"国家有机体"说失去吸引力,"国家"至上和权威的形象滑落的时候,很多五四知识分子都转向了世界主义。③ 不过,这并不意味着五四知识分子放弃了对"国家"的关怀,而是转向了对一种不同于19世纪民族国家的新的国家的想象,特别是十月革命和苏联的诞生,为五四知识分子展示了一种新的国家建设的可能性。更重要的是,"国家有机体"说留下了一个非常重要的遗产,就是在中国革命和国家建设中对伦理和道德问题的关注。陈独秀在接受了马克思主义之后,呼吁"抛弃私有制度之下的一个人—阶级—国家利己主义的旧道德,并发那公有,互助,富于同情心,利他心的新道德"④,李大

---

① 梁启超:《欧游心影录节录》,《饮冰室合集·专集》,专集之二十三,第24—25、126页。
② 参见[美]迦纳:《政治科学与政府绪论·国家论》,孙寒冰译,东方出版社,2014年,第279—280页;Quentin Skinner, "A Genealogy of the Modern State", in *Proceedings of the British Academy*, Volume 162, 2008 Lectures. pp. 359-360.
③ 参见许纪霖:《五四:世界主义情怀的爱国运动》,载《家国天下:现代中国的个人、国家与世界认同》,上海人民出版社,2016年。
④ 陈独秀:《随感录·调和论与旧道德》,《新青年》第7卷第1号,1919年12月1日。

钊也提出要用"伦理的感化"来"救正"马克思主义的观点[1],这些地方都可以看出早期共产党人对清末民初国家有机体说所激发的伦理道德问题意识的继承。

项飚在《普通人的"国家"理论》一文中曾指出当代中国人的"国家"理论中,包含了某种道德想象,而这与中国革命中形成的国家建设模式密不可分。他称之为"动员型国家",其特征是通过倡导激进的意识形态,来广泛动员群众,服务于国家建设的目标。我们可以看到,"动员型国家"和国家有机体是有某种类似之处的,意识形态在其中很大程度上承担了维系有机体的道德伦理的功能。[2] 这提示我们从国家观念及其道德维度的角度,思考五四新文化运动与中国革命之间的内在关联。这其中的脉络,可以一直追溯到清末至民国初年对"国家有机体"说的接受和回应。大体而言,梳理"国家有机体"说从晚清到五四的流变,可以帮助我们思考如何为现代中国的国家建构寻找和确立一个道德和价值基础的这样一个至关重要的问题。这个问题曾经困扰过梁启超、康有为、陈独秀、高一涵,在五四迎来一百周年的今天,也仍然需要我们思考和面对。

(季剑青:北京大学中文系)

---

[1] 李大钊:《我的马克思主义观》,《新青年》第6卷第5号,1919年5月1日。
[2] 项飚:《普通人的"国家"理论》,《开放时代》2010年第10期。

创造一种新的可读性
文学革命前后的句读论及其实践

袁一丹

1930年代小品文运动中提出一句口号:"宇宙之大,苍蝇之微。"今天大家关于五四的讨论,基本上是着眼于"宇宙之大",采取宏观的、鸟瞰的视角;而我想从文学革命前后的句读论切入,跟天下、国家之类的话题比起来,可以说是"苍蝇之微"了。或者说,"天下之大,句读之微。"

我今天的讨论虽是围绕文学革命前后的句读论及其实践展开,但并不是要来讲标点符号的小史,所以加了一个正标题:"创造一种新的可读性"。所谓"可读性"(readability)只是一个暂时的概念工具,主要用来指称五四前后书写习惯、阅读界面的改变,以行款、分段、标点为视觉标记。

五四前后有所谓文学革命、思想革命,在这两个波涛汹涌的革命下面,可能还有一种更根本的,关于读与写的变化。句读论既不属于思想史,也不完全属于文学研究的范畴。我关注的是思想、文学的"上下四旁",以及文本中的停顿与空隙。这些停顿、空隙,看似无关紧要,却是让泛滥无形的思想、文学,得以安置、得以成形的东西。

五四文学革命不仅催生了一种新的语言工具、书写形式,与此同时,还以分段、标点符号为视觉标记,创造了一种新的可读性,或者说一种新的接受视域(a new horizon of reception)。比如从竖排到横排,从木板书的囫囵一片、石印本密不透风的排版，到我们今天习惯成自然的、疏朗的行款、宽阔的天头地脚、分明的段落、整套标点符号的系统。这些书写习惯以及阅读界面的改变，跟从文言到白话的语体变革一样影响深远，而且这种影响在某种程度上是不可逆的。因此，有必要重新检讨文学革命前后的句读论，从文法、教育、印刷甚至阅读生理学等多重角度，考察这种新的接受视域是如何形成的，并且怎样反向作用于当时的读写实践。

首先简单交代一下我所受到的一些理论启发。"可读性"的概念，是 Roger Chartier 在 Texts, Printing, Readings 一文中提出的。此外，京都大学的平田昌司教授在《眼的文学革命，耳的文学革命》中指出，始于1917年的文学革命仅具有印刷语言（print language）的视域，没有涉及语音统一的层面，可以视为一场"眼的文学革命"。我借用这一说法，但更侧重读与写的生理学革命，主要就书写形式与阅读习惯的改变而言，以标点符号与行款为表征。

句读论及其实践牵涉的问题域极多，因为时间有限，我仅从教育、文法、出版、生理学四个维度切入，并有意采取一种"反历史"的叙述方式。第一节利用废名的一篇长篇小说《莫须有先生坐飞机以后》提出一个基本问题，怎么教国语、写白话，什么叫作一个句子？第二节剖析黄侃《文心雕龙札记》的"章句论"，以《马氏文通》为参照，黄侃认为在文法的句读之外，还有一种系于声气的句读。第三节讨论1920年亚东图书馆出版的、加入新式标点及分段的《水浒》，及这个版本与此前流行的金圣叹批点本之间的竞合关系。第四节梳理《新青年》通信栏中关于竖排改横排的讨论，以钱玄同为主力，最后看心理学家陈大齐如何从生理学的角度论证横看比竖看更省力。

首先以废名的小说《莫须有先生坐飞机以后》作引子，抛出一个大哉问：什么叫作一个句子？废名可以算是新文学家中的一个异端，这是他在抗战以后写作的一个长篇小说,严格地说,是一个不像小说的小说。废名根据自己战时逃难到乡下教国语的经验,提出一个基本问题,如何写白话?写白话并不像胡适宣称的那样,话怎么说就怎么写。面对那些只接受过私塾教育的乡下孩子,你得先要教会他们什么叫作一个句子。

废名在小说中举了三个例子,是传统蒙学课本中肯定都有的三句话:"人之初""子曰学而""关关雎鸠"。莫须有先生用来解释什么叫作一个句子,他说"关关雎鸠"四个字不算一句,要"关关雎鸠在河之洲"才算一句。一个句子作为一个完整的语义单位,必须要有一个主语、一个谓语。这对我们来说是再自然不过的语法常识,但莫须有先生的这个说法——"关关雎鸠"不算一句,挑战了当时私塾先生的尊严,在乡间社会引起轩然大波,连一位不爱说话的秀才也坚决表示反对,说"关关雎鸠"不能算一句书,什么算一句书呢?"关关雎鸠"到底算不算一句,与其说是新文学家和私塾先生之间的意气之争,不如说是教授法之争,一方是以欧化语法为依托的国语教育,一方是以经典记诵为基础的私塾教育,新旧教育关于何为一个句子有不同的看法。

废名虽然是新诗人兼小说家,但他不是中文系培养出来的,而是北大英文系出身。废名关于"句子"的定义,受到晚清以《马氏文通》为代表的语法体系的影响。《马氏文通》关于"句读"的定义是:凡有起词、语词,也就是我们说的主语、谓语,辞意已全者谓之"句"。我们今天也仍然接受这种关于句子的定义。事实上,随着现代汉语研究的推进,关于"句子"的定义越来越模糊。日本学者西顺藏就认为汉语其实是无主语的语言,如果"无主语",何来一个句子?在一些所谓"不规范"的写作习惯中,经常出现一逗到底的情况,这说明句号其实是一种非强制性的语法单位。

在文学革命前后的句读论中,黄侃的《文心雕龙札记》是"逆时而动"的。仍以《关雎》首章为例,黄侃认为"以文法格之","关关雎鸠""窈窕淑女"都不能算是一句,但为何《毛传》中视为一句呢?因为诗词等韵文的断句,"但取声气可稽,不问义完与否"。在文法的句读之外,还有一种声气的句读。句读系于声气的前提是"文以载言",也就是说文章和语言本是一体的,句子是声气的自然停顿,就其本义并不是一个完整的意义单位,近代以降受泰西文法的影响,才按意义的完整性断句。

在黄侃的章句论中,文法与声气不是二元对立的,分属于眼学和耳学,"目治之时,宜知文法之句读;口治之时,宜知音节之句读""或以声气为句,或以文法为句",但不能将两种句读混为一谈。黄侃《文心雕龙札记》对文法的态度很微妙,他并不反对用欧化文法剖析中国文章,甚至肯定《马氏文通》的开创性地位。他只是想在欧化文法大举入侵以后,给声气的句读仍保留一个合理的空间和地位。

黄侃《文心雕龙札记》的对手方是《马氏文通》。句读论在《马氏文通》中居于核心地位,从全书结构上看,是以字类即词性划分为前提的。马建忠自称用西文已有之规则"求华文义例所在",其关于"句""读"的定义,并非全盘西化,而是中西合璧的。何容《读马氏文通》指出,"凡有起词、语词",属于"语句构造"(structure of sentence);而"辞意已全或未全",则属于"文章读断法"(division of text);语句构造好比是军事上的部队编制,文章读断法则像是行军途中的纵长区分,二者是性质不同的东西。《马氏文通》将中国固有的句读论赋予新的意义作为语法分析的工具。

第三节以汪原放句读的亚东版《水浒》为例。1920年代亚东图书馆推出了一系列加入新式标点及分段的古典小说,号称以"科学方法"整理"白话文学",施耐庵的《水浒》是亚东推出的第一本试水之作。书前附有胡适的名文《水浒传考证》,指出"这是用新标点来翻印旧书的第一次",并预测亚东版《水浒》作为"新式标点符号的实用教本",所发挥的社会教育功效比教育部颁行的新式标点符号议案还要大得多。确实像胡适预言的,亚东版《水浒》销量惊人,在 1920 年初版时印行 5000 册,到 1948 年已印了 15 版。

亚东版《水浒》是以金圣叹的批改本为底本,却删去了金圣叹的批注。胡适认为这恰是亚东版的一大长处,就是"用文法的结构与章法的分段代替八股选家的机械的批评"。在胡适看来,金圣叹用明末选家评文的眼光,逐句评点《水浒》,于是把一部《水浒》"凌迟碎砍",成了一部"17 世纪眉批夹注的白话文范"。但是亚东版《水浒》用标点符号及分段来代替金圣叹的批注,何尝不是将文本"凌迟碎砍",嵌入一种内置的文法家的眼光?

钱穆晚年的一篇文章给金圣叹的批改本打抱不平,说自新文学运动起来后,金批本遂走入末路。他根据自己早年的读书经验,认为通过金圣叹的眉批夹注,不仅是读透了《水浒》这一部书,还由此窥见古文辞的堂奥,打开于书无所不窥之势。钱穆这篇文章是隔山打牛的写法,与其说是为金圣叹打抱不平,不如说是借《水浒》及金批,挑战新文学的理论预设。他下笔时胸中装着胡适,处处针对新文学,认为文学不当论死活。金圣叹的批点本,遂以钱穆此文为桥梁,不仅与亚东版《水浒》发生关系,进而牵涉到以胡适为主导的新文学的理论建构。

最后谈一下"眼的文学革命"。《新青年》作为文学革命的策源地,在标点符号及行款问题上其实是相对保守的,长期处于圈点与标点混用的过渡形态。钱玄同在《新青年》通信栏中多次提议"改右行直下为左行横迤",列出诸多理由,但《新青年》的行款一直没有改过来。就其原因,一方面固然是因为印刷条件的限制,更重要的恐怕是《新青年》同人内部对此问题意见不一,连率先推动新式标点的胡适在要不要改横排这一问题上都并不积极。钱玄同对书写形式的执着,与其说是文学革命的自觉,不如说是文字复古、思想复古的后遗症。

钱玄同为论证横排的合理性,拉北大心理学教授陈大齐来,从眼球运动及筋肉作用说明横看比竖看更省力。陈大齐指出,根据视网膜的成像原理,外物落到中央小窝(fovea)时最为清晰,因此只有依靠眼球运动才能清晰成像。眼球左右运动只靠一条筋肉作用,但上下运动时需要两条筋肉的复合作用,自然横着看比竖着看更为省力。陈大齐强调精神作用的生理基础,属于"生理的心理学"(physiological psychology),也是当时流行的"行为主义心理学"(behaviorisitic psychology)。但陈大齐的论证中有一大缺陷,就是忽略了我们的视觉习惯。今天我们习惯看横排后,即便是我这样长期与古籍打交道的专业读者,在看竖排书时仍不免出现看错行、看跳行的情况。同理,对"五四"前后的普通读者而言,改右行直下为左行横迤,不是从学理上论证横排比竖排更省力更方便的问题,而是牵涉到从小形成的读写习惯的改变与重新适应。

  句读论牵涉的问题域极多,可以从不同的角度切入,这次很讨巧地找了几个点,先把花架子搭出来,以后还需要动手动脚找材料,来丰富、充实我暂且命名为"可读性"的问题。总之,在所谓文学革命、思想革命的旗号下,还有一场波澜不惊的读写革命,悄然改变了你我的读写习惯。这场漫长的读写革命,不限于新文学的领域,进而牵涉到现代中国述学文体、应用文体的改变,又可视为一场广义的文本革命。

(袁一丹:首都师范大学文学院)

五四时期关于"西方衰落"问题的争论

高 波

刚才听彭春凌老师报告时,我突然意识到王德威老师"没有晚清,何来五四"与自己研究的相关性,我实际上就是想把五四放在晚清脉络下来看,给会议提交的论文也是关于晚清的,探讨薛福成在同光时期的一些思考。首先说明,我不是反五四的。现在对五四的批评者与反对者的研究越来越多,比如东方文化派,我觉得大家对它有点同情过头了,似乎认为只有从东方文化派的角度才能真正了解西方。我比较关注的是他们的对立面,即陈独秀、李大钊等人怎么面对五四后流行的西方衰落论,并把这个问题消化掉。这是一战带来的新问题,一战之后,整个西方文化内部有非常强烈的对自身文明的反思,甚至认为西方文明已经衰落。这种观点对向中国大规模输入西方文化无疑是非常不利的。

我探讨这一问题的办法是回到晚清。此时进化论传入中国,刺激士大夫对传统的循环意义上的兴衰问题产生了新想法。如郭嵩焘认为西方(尤其是英国)实现了 治不乱,而中国则是治乱循环的。如果他的看法成立,衰落问题就是个假问题,是因为你处于比较低历史阶段,陷入了死循环;当你跨入更高的阶段,衰落的可能性就会消失,将只有不断向前的进步。这有些历史终结论的意味。这一思想被他非常赏识的严复做了进一步发挥。

在晚清还有另外一派,这一派在甲午后逐渐被边缘化,变成了"执拗的低音",之前其实是主流。他们对西方有些不以为然的情绪,认为所谓西方一治不乱不过是过誉。治乱循环意义上的兴衰是更根本的问题,任何政治体都无法逃避。比如廖平就认为西方之所以繁盛是因为文明年轻,就像人年轻时肌体耐受力和自我修复能力很强,即使生活习惯不好,健康也往往不会出问题。黄遵宪也认为西方自身的文明原则有问题,像墨家,兼爱尚同,难以持久。这是从儒家立场出发的批评。薛福成则对西方文明有一个很像是赞扬的批评,他说西方文明最厉害的就是它有不断续命的能力。老的文明一旦有衰落迹象,就会整个移到新的民族或地域去。希腊衰落,罗马兴起;罗马衰落,英国、法国、德国次第兴起。文明通过更换身体而不断再生。在这个意义上,他很赞赏19世纪西方的世界性殖民,认为殖民主义就是这种文明的续命式更新。用殖民地当燃料,文明的火就能不断熊熊燃烧。

以上这些晚清的评论和五四时期的政论是在非常不同的脉络中展开的,五四这些人在争论时也几乎不提晚清这些人的名字,但两者其实有内在关联。我认为这是一种无声的继承,通过有意无意的遗忘,在别的脉络中把晚清人提出的问题重新展开。

如刚才其他老师所说,一战对五四新文化运动是个非常大的挑战。我们讲广义的五四从1915年开始,几乎与一战同时,这个同时性带来很多问题。西方在发生这样一场前所未有的内战,新青年派却那么高调地肯定西方,合理性和正当性何在?当然有一个对比项,中国当时也在内战状态,并且还在持续地衰落,这个更糟糕的对比项让肯定相对好一点的西方有了些道理;但新青年派对西方的肯定并不是在中国与西方间两害相权取其轻,他们甚至认为一战本身都有正面价值,如陈独秀一度认为一战是进化意义上的突变,会产生一个新文明。这其实延续了中国知识人对西方文明一个观察,即战争在西方文明演进中扮演关键角色,西方就是通过一场场的内外战实现文明的赓续的。一战只是武器先进一些,战争规模大一些,卷入的人多一些,它和拿破仑战争或三十年战争没有实质性区别。损失虽然更惨重,但文明或许也因此会得到更大的提升。因此陈独秀会颂扬法兰西文明,主张一战将会终结德国的军国主义。但这种观点其实暗含着悖论:如果战争是推动文明的力量,为什么又要否定军国主义呢?新青年派好像有一种历史目的论倾向,就是一战是终结所有战争的最后一场战争,之后文明就会进入到一治不乱的新阶段。

我个人认为从这条脉络反而能比较清晰地看到陈独秀为什么会那么快地转向俄国文明。布尔什维主义兴起于一场血腥的内战,这场内战则是一战的直接产物。如果战争与新文明的诞生有内在联系,他们自然容易认为一战并不意味着西方的衰落,你看到的衰落是个假象,是一地、一时的衰落,西方文明整体其实是在新生。

这种观点在一战结束后遇到了新的挑战。中国在巴黎和会上遭遇了新的列强政治的羞辱,在这种局面下,你还主张一战后西方诞生了新文明,好像不太说得过去了。陈独秀等人采取的办法是将西方文明的衰落问题变为文明中心移动问题,既然美国没有能在巴黎和会上承担起文明中心的重任,那么转向布尔什维主义的俄国就是很自然的了。这种思考方式其实在晚清早有脉络,魏源等第一代西方观察者就发现西方和中国的一个根本不同是它并不定于一尊,其文明中心从古至今不断移动,从埃及到犹太,到希腊,到罗马,最后到近代西欧诸国。

用这个思路,新青年派就可以接着晚清人讲,一战后的局面无非就是文明中心离开老欧洲,向西移动到美国或向东移动到俄国。在这个意义上,所谓的西方衰落问题不过是欧洲衰落问题。而对中国人来说,不管是像胡适那样接受美国文明,还是像陈独秀、李大钊那样接受俄国文明,都不必以西方衰落为前提。

当然,这也引出了新的问题,比如说俄国文明算不算西方文明?或者美国这个新大陆上的国家能不能代表老欧洲文明？但我觉得这一思路至少不比东方文化派认为世界文明中心要向东移动到中国或印度面临的问题更多。

最后想探讨一个附带的问题。说欧洲文明向西移动到美国、向东移动到俄国，这在逻辑上是没有问题的，但问题是，与美国文明对老欧洲的继承性较强不同，俄国文明，特别布尔什维主义兴起后，对老欧洲更多是否定性的，似乎很难将它与老欧洲认作继承性的文明更生关系。与此相关的是马克思主义与西方文明的关系问题。列宁在1920年代后开始主张世界革命的关键在资本主义的外围地区，尤其是亚洲，而这一革命中心向外围的移动则会超出西方文明的边界。在这种意义上，列宁的主张倒是和东方文化派的一些思考有着同构性，他们都认为世界秩序的中心在向东移动，只是各自认为的移动的目标、机理与方式不一样。

最后谈一谈日本因素。在座的研究者对日本有了解的人很多。我们都知道，在东亚文明内部讲文明移动也是有的，京都学派就是代表。内藤湖南的文明中心移动说，对中国乃至整个东亚史都有长期的影响力。他主张东亚文明中心在不断移动，虽然大部分时候是在中国国界内，但有时也会移出国界外。内藤湖南认为在自己所处的时代，这一文明中心就要移出国外到日本去了。京都学派的这些思想成熟于1920年代，我个人感觉和五四新文化运动有潜在的对抗关系，当然还有1920年代后日本对凡尔赛体系的不满，都与它形成日本作为东洋文明中心的历史叙述有关。

不管是东洋意义上的文明中心移动，还是西洋意义上的文明中心移动，我觉得都在以某种方式指向五四，或是要证成它，或是要对抗、否定它，这也显示了"世界的五四"这一主题的一个意涵。

（高波：中国人民大学历史学院）

五四初期的概念史与地方史

徐佳贵

我们知道近年五四新文化运动的研究有两个趋势非常引人注目：一个是地方史的视角，另外一个是概念史的视角。我今天讲地方史的视角，是以浙江温州地区为例，谈温州这样一个在行政和文教双重意义上相对边缘的地方对于五四新文化具体的响应机制。这个我在博士论文结语谈到了一点，我博士论文主要是做晚清阶段温州这个地方知识转型的，结语带到一点民国，但是这个论述不完整，因为博论的整体架构已经闭合了，所以博论直接结束了。后来单篇的研究在结构和结论上面明显完整一些。

为了避免研究者自身的用语掺在历史语境造成混乱，对这个报告里面的用语做了大概这样的处理，就是PPT上面显示的。

首先，今天的人很多时候把1919年5月4日之后全国各地的爱国运动很自然地看成是对于北京"五四事件"的响应，遵循这样一个"事件—响应"的叙述模式。但是实际上这些运动当时在各地多半在"五七"或者"五九"国耻纪念的旗号下面进行，包括温州。当时浙江省和浙江东南部的温州大概是什么情况？昨天章清老师也谈到了，1919年5月6日，上海登出北京"五四事件"的报道，5月6日的晚上杭州之江大学的学生就行动起来了，开会商量下一步的举动。但是这里还有一个问题，反日运动这样一个信息的传播速度，和做出反应的速度不是一回事情。

很快知道了北京的事情,不等于会同样很快地做出剧烈的反应。信息有一个消化的时间,对于信息重要性的评估、认识,也需要时间。杭州中等以上学生联合会是5月12日游行。温州地区,当时已经是瓯海道东部的地区,还要更晚十来天。

这里要强调温州晚十来天作反应,不是说客观上信息从上海、杭州传到温州要十来天,不是这个。温州是什么地方?是个比较"边缘",但不是太"闭塞"的地方。比如说根据温州瑞安县的老辈士人张棡的日记,张棡是5月中旬左右就知道北京出事了,而张棡因为自身在地方的地位,消息应该不是温州地区最灵通的那种,所以实际传到温州的时间应该会比这个更早。而且温州永嘉在晚清1902年底就已经铺设电报了,我们可以看一下辛亥革命的时候,1911年11月4日、5日,杭州光复。5日的晚上,温州府城已经通过电报知道光复的消息了,没有过多少天温州全境就光复了。所以这主要可能还是信息消化的用时问题,即比较边缘的地方对于要不要做出反应、做出多大强度的反应,消化时间可能会更加长一点。

而除了像北京、杭州这些地方有一些温州籍的活跃分子,比如说北京高等师范的周予同(他是温州瑞安人),像在地方,温州属的永嘉、乐清、瑞安这些县是在5月22日陆续发表宣言,组织罢课游行。到6月初,一些温州地方的人在永嘉县城里面办了《救国讲演周刊》,这个刊物大概持续到7月份。当时北京上海的大报已经开始使用"五四运动"的提法了,但这个提法在地方有什么响应呢?我目前的判断是没有什么响应。《救国讲演周刊》反映出来这是一次全国性的反日风潮,没有什么五四的标签。这个周刊的创办者叫陈闳慧,字仲陶,1895年生人,比胡适年轻4岁,在当时地方上可能是小学校长。郑振铎,是祖籍福建长乐,生在永嘉,和陈家住得很近,读中小学的时候郑振铎经常去陈家借书的。1919年郑振铎从北京铁路管理学校暑期返乡的时候对《救国讲演周刊》

也有提供稿子,主要是反日运动的新闻稿,用文言文写的。

我这里说的这个刊物的特点,主要是没有明确的基于新老辈分的思想分歧,不涉及思想新旧的问题。进一步讲,可以析为两点:一个是思想资源接在晚清延长线上,里面比如说有骈体文,也有梁启超的"新民体"。主要意思是外有强邻(日本),内有佞臣(奸佞),还是爱国除奸的思路。还有转载外界的文字,基本上从晚清的《新民丛报》到南社这样一些晚清书刊的资源。

除了晚清的延长线上面,还有一个是接在1915年"五七"或者"五九"国耻纪念的延长线上面。总之,从温州地方的视角看,后来人谈到的五四比较独立的时代意义,实际上没有显露,"地方"上对这个的理解还是基于晚清以降亦新亦旧的救亡的话语,和后来人指称的"五四"新思潮或者新文化没有什么关系,地方的反日运动和所谓新思潮可能没有什么关系。

进一步讲,迄今为止我没有发现在北京五四之前,温州居乡的知识人当中有读《新青年》或者后人认为的五四新文化相关刊物的证据,没有读什么《新青年》《新潮》的证据。但这个不是说这些刊物就很难流传到温州,不是这个意思。而是说当时温州无论是新辈还是老辈的知识人普遍分享的还是像《小说月报》《东方杂志》这些全国各地流行的杂志,他们不觉得《新青年》《新潮》这些有多重要。换句话说,地方能否接触到某些知识思想资源,和是否认识到这些资源具有别样价值,乃至可以汇合成一种新的汹涌的运动,这是两个不同的问题。

而且上面谈到1919年五四爱国运动当中,地方上可能看不出多少新老思想的差异,都是从晚清的思想资源里面直接延续下来的。到了1919年7月底,永嘉才成立了新学会,这个主要是一些从大城市返乡的高校生和本地一些学校系统,尤其是中等学校系统的师生联合成立的。一开始这个新学会也得到了一些地方老辈的支持,对这个会实际上还有捐款。

但是 1920 年 1 月,永嘉新学会出了一个《新学报》,里面像周予同、梅祖芬(梅思平)、高卓这些人开始比较多地使用"五四"这个词,也用"新文化"这个词,当然也包括郑振铎,明确地攻击地方老辈、攻击旧文化,这两边思想立场的分歧开始进一步加深。

1920 年 5 月的时候,永嘉县城又成立了一个慎社,当中有地方老辈,但是也有非常多的年轻人。这些老辈和新人有一些明确参加了五四爱国运动,但他们的特点是基本没有大学生,都是本地中学或者师范毕业以后长期留在地方的,比如说夏承焘这些人。夏承焘是 1916 年在温州的浙江省立第十师范毕业以后,留在地方,1919 年他在地方一个高等小学里面教书,也鼓动小学生参加反日的运动。但 1920 年,慎社这个社团提倡旧式的诗文,有一定的遏新潮横流的意思。

说白了,关键点是这里,第一点,1919 年 5 到 6 月间的反日爱国运动,不是被多数当时的参与者理解为"五四运动"。第二点,政治性的爱国运动无论叫不叫"五四运动",和今天所谓的"新文化运动",是被一些人通过一些方式、一些表述"粘"在一起的,这些人一开始主要可能只是活跃于北京、上海这些中心城市,像温州这样比较边缘的地方开始是不太有这些人,也不太有把爱国运动、文化运动两个人为地粘起来的动力的。所以地方的新文化和地方的反日爱国运动在传播机制上面可能就有明显的差异。而且就概念使用的情况而言,地方上稍后习惯用"五四"的人一般比较习惯用"新文化"这种词,或者比较接受我们今天所理解的"新文化"的具体内容。而其他一些人几乎从来不用"五四"或者"五四运动"的提法,这种不用的情况相当复杂。但有一点可以肯定,这些不用的人当中,包括了地方上的老辈和不太认同新文化的年轻人。两边,一边是一部分返乡的大专学校学生和学校系统的趋新分子,另外一边是地方老辈和地方上与老辈亲近或者久居地方的年轻辈。也就是说实际上这样一个可能的阵营划分,并不是在新辈和老辈之间。

总之,我们现在往往把思想史这个阶段性的划分那一刀切在所谓的"晚清"和"五四新文化"之间,但结合概念史、地方史视角,存在一种可能性,这一刀似乎更应该切在1919年反日爱国运动和后续的新文化运动之间,就是切在狭义的"五四"和"新文化"之间。

今天比较自然而然地把"五四运动"和"新文化运动"连称,甚至普遍接受可能是到1930年代才兴起的所谓"五四新文化运动"的提法,可能正是对于这条"刀痕"确切位置的涂抹和遮蔽。

(徐佳贵:上海社会科学院历史研究所)

五四阐释史的意义与认识价值
以 1989 年京沪两地学人的五四论述为例

李浴洋

我的专业主要是做近现代时段的研究,但今天却要"旁逸斜出",讨论一个当代时段的问题,即 1989 年京沪两地学人的五四论述。这是一个属于五四阐释史的题目。

所谓"五四"阐释,大于一般意义上的"五四"研究,其主体是各家各派的五四论述。而蕴藉在形形色色的五四论述中的,往往不仅有对于五四的认识,更包含了对于现代中国的历史与现实的理解,以及对于未来的想象。在我看来,谈五四不应忽略对于五四阐释史的关注,甚至可以说,五四阐释史已经构成了五四的一部分。当我们说继承五四、超越五四、反思五四或者走出五四时,在很大程度上指的都是某种对于五四的阐释,而非五四本身。在过去一百年间的中国历史上,大概没有其他任何一个事件,像五四这样被一代又一代的政治家、思想家、学者、文人乃至普通民众反复阐释。各式各样的五四言说的数量之多、种类之繁与争议之大,不仅已经形成了一个重要的"传统"与"场域",而且也是我们今天讨论五四的直接前提。换句话说,如果缺少对于五四阐释史的关注、理解与把握,则很有可能对于我们自己的五四论述究竟是在何种基础上做出,凭借了怎样的资源与逻辑展开,又指向何方,以及具有怎样的历史、现实与理论可能性缺乏自觉。当然,对于五四阐释史进行系统而深入的研究,是一项专门的课题。但保有对于五四阐释史的兴趣与关怀,则可以并不夸张地说,是每一位五四研究者应当具备的"技艺"与"修养"。概而言之,五四阐释史不仅高度内在于五四,而且也深度介入了每一位五四研究者"当下"的研究。在五四百年到来之际,我希望提出清理与检讨五四百年阐释史的倡议。而我今天的讨论,则是个人的一点尝试。

我提交的发言题目是《在"80 年代"与"90 年代"之间——1989 年京沪两地学人的五四论述》。这是我正在写作的一篇专业论文。今天我准备具体以此为例,来谈五四阐释史的意义与认识价值问题。前面说到,五四阐释大于一般意义上的五四研究,具有理解历史与现实,以及想象未来的功能。特殊时期,尤其是转型时代的五四论述更是如此。在历史关头,凭借重新阐释五四而获得一种位置感与方向感,通过论述五四参与时代核心议题,是过去一百年间屡见不鲜的思想/历史"事件"。而在"文革"结束之后的"新时期"肇始的二十年间,便是如此。

说到"新时期"的起源问题,不能忽略三场重要的纪念活动,即 1979 年的五四六十周年纪念、1981 年的鲁迅诞辰一百周年纪念与 1983 年的马克思逝世一百周年纪念。在我看来,这三场纪念活动共同参与并且最终见证了从"毛时代"到"新时期"的意识形态转型。如果再算上 1984 年的国庆三十五周年纪念,那么这一过程则更加清晰与完整。而五四纪念在其间发挥的作用可谓"导夫先路"。

具体而言,1979 年的五四纪念重提"民主"与"科学"的口号,将对于种种"不民主"与"非科学"的现象与制度的批判正式列入日程,而且与其时轰轰烈烈的"思想解放"运动交相辉映,以一种重审与重释曾经被遮蔽与歪曲的历史事实的方式为"新时期"的意识形态转型甚至社会转型提供了重要的资源与参照。与此同时,该年的五四纪念也与正在进行的

"拨乱反正"工作相互配合,逐渐将五四阐释权的重构与知识分子这一群体合法性重建紧密联系在了一起。五四阐释自此被回收到知识分子群体的主体性与自足性的建构中来。这些都决定了此后的"五四"论述的基本方向。

1981年的鲁迅纪念在五四纪念的基础上重提了国民性批判与"立人"的命题,而1983年的马克思纪念则更是以明确反思社会主义制度下的"异化"问题而著称。经由三者的接力与合力,人的主体性问题成为"80年代"中国知识界乃至中国社会的核心议题,而对于这一问题的阐释向度则在很大程度上与知识分子群体主体性的建构进度相关。五四、鲁迅与马克思,原本都是"毛时代"关键性的精神意象与思想资源,但通过1979至1983年间的重新论述,其在"新时期"的意义也就被重新理解。"80年代"的诸多言说便是建立在这一被重新确立的历史与逻辑起点上。1989年的"五四"论述,自然也不例外。

之所以特别讨论1989年的五四论述,原因是在我看来,该年的五四七十周年纪念是知识界迄今为止最后一次以五四阐释的方式成功参与到时代洪流中去的尝试。此后,由于1990年代以后社会结构的变动,也基于知识界自身的原因,无论是1999年纪念"五四"八十周年时的论述,还是2009年纪念五四九十周年时的言说,以及2005年与2007年纪念《新青年》创刊百年与"新文化运动"百年时的五四研究,都未能再如1989年的五四纪念这般与时代和历史进程产生密切关联。当然,进入"90年代"以来外部环境的急剧转型是制约知识界以五四阐释的方式参与时代命题的重要原因。但如果回顾从1979年到1989年十年间知识界走过的道路,则可见其本身同样存在问题。"80年代"的五四论述因为与时代洪流同构与同步,所以带有异乎寻常的历史势能,但这也决定了其内含着在特定的历史结构与价值谱系中几乎无法消化与转化的局限性。而在1989年的五四纪念时,知识界已经反思并且尝试做出某些自我调整。这是在既往的研究者将"80年代"作为一个过于整体性和同质化的概念与对象加以谈论时，不易得到彰显的一面。也就是说，该年的五四论述，可以为清理与检讨"80年代"某些逻辑的产生背景、展开前提、现实诉求与历史后果提供入口。而讨论该年的五四论述，另外一重意义便是能够看到在通常被认为发生"断裂"的"80年代"与"90年代"之间具有的内在连续性，即走向"90年代"并非纯粹是外力作用使然，也是知识界在某种程度上的自觉选择。这种包孕在相关论述中的丰富性与复杂性，使得1989年的五四纪念具有很高的认识价值。

不过必须说明的是，以"在'80年代'与'90年代'之间"为题，只是重读1989年的五四论述的角度之一。该年的五四纪念活动很多，知识界举行了多场会议，也出版了多种论集与集刊。我今天准备讨论的，是其中京沪两地学人编辑的四种。它们当然无法覆盖与代表1989年知识界的全部五四言说，而以论集与集刊为单位，也就意味着必然会有"遗珠"，因为并非所有学人的相关论述都发表在专集与专刊上，散见的或许更有价值。[①] 这点是需要首先说明的。

专集与专刊尽管不能完整反映1989年的大陆学人的五四论述，但在呈现彼时知识分子思考与表达的某些群体性与规律性的症候方面，还是具有不可替代的意义。我选择的具体讨论对象，是北京学人编辑的两种论集——《论传统与反传统——纪念五四七十周年论集》和《北京大学纪念五四运动七十周年论文集》，与上海学人编辑的两种集刊——《新启蒙》和《时代与思潮》。它们都是在1989年前后为纪念"五四"七十周年而专门编辑与出版的，是知识界有意为之的表态与发言。

《论传统与反传统——纪念五四七十周年论集》由李中华主编，是中国文化书院为即将于1989年5月在北京联合香港大学、香港中文大学

[①] 许纪霖教授在评议我的发言时，便提到汪晖的《预言与危机——中国现代历史中的"五四"启蒙运动》（《文学评论》1989年第3、4期）是他认为在1989年的"五四"论述中最具影响的一篇文章。

与二十一世纪研究院召开的"五四运动与中国知识分子问题"国际学术研讨会编辑的论文集,于 1989 年 3 月问世。全书共收入中国文化书院导师与相关学人的文章 21 篇,以及时任书院院长汤一介的序言 1 篇。辑中文章大致分为三辑:一是对于五四的总论,尤其关注如何评价五四的"反传统"问题,以及应当怎样看待五四与"传统"的关系,包括王元化的《论传统与反传统——从海外学者对五四的评论说起》、汤一介的《五四运动的反传统和学术自由》、张岱年的《评五四时期对于传统文化的评论》、李林的《新文化运动与非理性主义思潮》、李中华的《五四梦幻与文化选择——评五四以来的几个文化口号》与李泽厚的《五四的是是非非——李泽厚先生答问录》等,是为全书的主体部分;二是关于现代中国知识分子问题的讨论,这一部分原本应当也是重点,但实际却只有彭明、舒衡哲、冀建中与王晓秋的 4 篇文章,并非大宗;三是对于毛泽东、蔡元培、胡适、梁漱溟与丁文江等具体的五四人物的个案研究,作者包括姜义华、冯友兰、李侃、耿云志、包遵信、王宗昱与王骏等。特别值得一提的是,论集以乐黛云的《重估〈学衡〉——兼论现代保守主义》一文殿后,颇有"卒章显志"的意味。中华文化书院自创立之日起,便秉持文化保守主义的立场,以推进传统的现代性转化为己任。这一追求在《论传统与反传统》的五四论述中也有集中体现。

如果说《论传统与反传统》的"五四"阐释具有特定的文化立场与价值取向的话,那么由北京大学社会科学处编辑的《北京大学纪念五四运动七十周年论文集》则可谓"众声喧哗"。该书在 1989 年 3 月完成,但由于各种原因,迟至 1990 年 3 月才正式出版。集中收入三代北大学人的 19 篇文章,皆为纪念"五四"七十周年而作。全书未设主题,各文作者的观点也不尽相同,但绝大多数文章都不约而同地讨论到"中国文化"的出路问题,显隐之间在在回应了应当如何理解五四的"反传统"这一"难题"。论集以季羡林的《从宏观上看中国文化》一文开篇,以王瑶的《五四时期对中国传统文学的价值重估——纪念"五四"七十周年》与罗荣渠的《从"西化"到现代化——五四以来现代化思潮演变的反思》篇幅最巨。王、罗二人的长文均以具体而系统的历史研究的方式,为理解"文学革命"与"中国传统文学"的辩证关系以及五四以降的中国思潮演进提供了在当时颇具新鲜感与冲击力的线索。不过,除去这两篇文章,书中的其他文章则更多是就"中国文化"的出路问题发表自己的见解。如果说《论传统与反传统》一书的风格更近于"史",那么《北京大学纪念五四运动七十周年论文集》的特点则更在于"论"。乐黛云关于《学衡》的文章经过修订之后也收入其中,并且已经更名为《世界文化对话中的中国现代保守主义——兼论〈学衡〉杂志》。乐文不仅主副标题对调,将"现代保守主义"更加旗帜鲜明地推出,而且在修订时也增添了更多的理论色彩。当然,集中不仅有主张文化保守主义的学人的声音,也有中国现代文学学科的学者与传统的马克思主义理论工作者的思考。[①] 围绕"中国文化"的出路问题,诸文展开了热烈对话,仿佛是在向五四时期"思想自由,兼容并包"的北大致意。

王元化主编的《新启蒙》创刊于 1988 年 10 月,第 1 期印数 2 万册,第 2 期印数 1 万册,是"80 年代"后期声名煊赫的学术集刊。根据王元化在第 1 期"编后"中的自述,该刊致力"办成有自己特色的读物,以打破目前大多数刊物彼此相仿而无独特个性的格局",所以"不打算兼收并蓄,而要选载表现丛刊个性的文章"。《新启蒙》的头两期几乎同时送交印厂,分别以"时代与选择"与"危机与改革"为题。王元化所谓"丛刊个

---

① 五四是中国现代文学学科的立科基础,所以这一学科的学者大都采取捍卫五四的态度。《北京大学纪念五四运动七十周年论文集》中收录的王瑶、严家炎与孙玉石三位现代文学学者的文章即是如此。但值得一提的是,现代文学学者在 1980 年代对于五四的捍卫,并非只是简单地坚守既定的价值立场,而必须对于诸种质疑五四的思潮做出学理层面的回应。在这一过程中,现代文学学科内部关于五四的讨论也日趋多元。这些"同中有异"的声音集中体现在中国现代文学研究会为纪念"五四"七十周年编辑的专题论集《在东西古今的碰撞中——对"五四"新文学的文化反思》(中国城市经济社会出版社,1989 年)中。

性",在这两期中便显露无遗。其中,第 1 期收文 5 篇,其中有童大林的《中国改革开放与思想解放运动》、王元化的《为五四精神一辩》、阮铭的《时代与选择》、许纪霖的《知识分子独立人格论》等。一个月后出版的第 2 期同样收文 5 篇,分别是王若水的《论人的本质与社会关系》、金观涛的《儒家文化的深层结构对马克思主义中国化的影响》、李洪林的《危机与改革》、王小强的《改革对经济学研究的挑战》与顾准的遗稿《希腊思想与史观文化》。从目录中不难看出王元化主编此刊的追求之高与气魄之大,不仅刊中作者均为一时之选,而且刊中文章也几乎囊括了"80 年代"知识界的所有核心议题。之所以将《新启蒙》列入讨论对象,原因是该刊虽然不是研究五四的专刊,但其主要关怀却与知识界在纪念"五四"七十周年前后提出的诸多话题密切相关,并且刊中也有若干五四论述,王元化的答问《为五四精神一辩》在此刊中更是具有"提纲挈领"的地位与作用。在这篇访谈中,他回应了部分海外学者对于五四的批评,尤其是林毓生以"激烈的反传统主义"定义五四以及杜维明将五四作为"文革"源头的做法。他更进一步指出,20 世纪中国革命传统中的"批孔"与"批儒"大都有其具体含义,并非是对于孔子与儒家的全盘否定。王元化特别强调,毛泽东与共产党人一向肯定孔子与儒家的价值。[①] 值得一提的是,王元化此文经过修订以后,也收入了《论传统与反传统》一书中。而经由这篇文章,1989 年京沪两地学人的五四论述也产生了某种关联与呼应。

《时代与思潮》创刊于 1989 年 4 月,其灵魂人物同样是王元化。该刊由此前一年成立的"民办的学术文化的研究实体"上海中西哲学与文化交流研究中心编辑。王元化是这一中心唯一的名誉主席,也是该刊的唯一顾问。与《新启蒙》一样,《时代与思潮》每期设一主题。其中第 1 期

[①] 王元化在 1990 年代对于五四的态度发生了一定程度的变化,在继续肯定五四的历史意义的同时,提出了"反思激进主义"与"克服启蒙心态"等主张。参见王元化《关于近几年的反思答问》,《文汇读书周报》1994 年 12 月 3 日。这是后话。

便题为"五四反思",收录了冯契与陈旭麓等上海学人的文章。主编王亚夫在具有发刊词性质的《弁言——时代的呼唤》一文中指出,该刊旨在"进一步发扬五四新文化运动的精神,更高地举起科学与民主的旗帜,对五四以来以至20世纪以来的学术文化事业的成败得失进行反思、总结"。"中国文化"的出路问题也是《时代与思潮》的核心关切所在。在王亚夫看来,"新的思潮冲击着旧的文化传统,引起学术界对外来文化与传统思想问题的争论。这是近年来中西文化交流中的一个争论焦点,也是继五四以来还没有完全解决的一个学术思想问题。这个争论将有利于我国学术文化事业的发展,有利于我国的学术文化从低谷中走向坦途,走向繁荣,走向世界,走向21世纪。"循此,《时代与思潮》集刊此后一连4期集中讨论了"中西文化"的关系问题与"中国文化"的转化议题,分别以"中西文化冲撞""中西文化交流""文化传统寻绎"与"文化传统辩证"为题,直到1991年10月暂时休刊。[①] 该刊的讨论揭橥了在"80年代"的历史语境中五四评价与"中国文化"的出路问题相互关联与彼此生发的内在逻辑。

如此详尽地介绍两本论集与两本集刊的情况,希望可以呈现四者的背景、旨趣、作者阵容与论述方向。如前所述,它们都是知识界有意为之的表态与发言,所以在考察1989年京沪两地学人的五四论述时,也就具有了一种学术史与思想史意义上的"标本"价值。对于它们,以及大陆学界在"五四"七十周年纪念之际的更大范围的相关论述的具体分析,有待在专业论文中完成。限于篇幅,我以下仅报告若干要点。第一点谈我重读1989年的五四论述的主要角度——在"80年代"与"90年代"之间,后

---

① 时隔数年之后,《时代与思潮》于1998年与2000年又各续出了一期。在第7期,即最后一期上,头题发表了王元化的《五四新文化运动的再认识》一文。王文分为"首先要打破既定观念""对'五四'精神不能用简单地肯定或否定""关于'五四'民主精神""关于'激进主义'问题"与"不宜把'五四'比拟为'文革'"五个部分。时值"五四"八十周年纪念初度,此文的基调既延续了《论传统与反传统》一文中的部分主张,同时也包含若干新的思考,可以视为1989年大陆学界的五四论述的余响与新变。

笔谈 中国现代思想的起源 239

两点谈这一视野提供的勾连起八九十年代的历史连续性的两个具体向度——文化保守主义的兴起与知识分子的自我调适。

首先,关于"80年代"与"90年代",既有论述已经提供了一种相对通行的描述,即这是两个精神气质完全不同的时代。例如,查建英在《八十年代:访谈录》中就曾经使用一系列对举的语汇来彰显"80年代"与"90年代"的区别,前者是"激情、贫乏、热诚、反叛、浪漫、理想主义、知识、启蒙、思想、集体、人文、论争"等,后者是"现实、利益、金钱、市场、信息、个人、书斋、学术、边缘、失落、国际、多元"等。两相比照,"世殊事异"当然是不可否认的事实。但不应忽略的是,对于"80年代"的印象大都出自两股力量的反复叙述:一是以《八十年代:访谈录》为代表的功成名就的"80年代"当事人的自我陈述,二是年轻一辈学人基于当下时风与世态对于"80年代"展开的批判。前者是一种自我经典化的努力,并且已经在相当程度上主导了对于"80年代"的历史叙述;后者则致力揭示某些"80年代"的立场与逻辑,还有其间奠立的历史惯性与思维惯式在取得巨大成就的同时,其实也造成了,或者至少在客观上参与合谋了此后严重的现实后果。两者各有道理,但共同的不足却是为了强化各自的问题意识,而把原本十分丰富与复杂的"80年代"符号化了。而在这样的论述框架中,每每被用作参照的"90年代"同样难免被抽象化的命运。在这一背景下,重读在"80年代"与"90年代"之间的历史坐标处的1989年的五四论述,也就具有了一种穿透与突破既有的历史叙述的意义。因为单是该年京沪两地学人的有关言说,便已经可以呈现出更为丰富与复杂的意涵,尤其是对于两个时期的内在连续性的凸显,值得特别关注。

第二,谈到"80年代"与"90年代"之间的连续性问题,一个在1989年的五四论述中不容错过的例证便是文化保守主义的兴起。时下对于"国学热"的叙述,已经太过习惯于从1993年8月16日《人民日报》的整版报道《国学,在燕园悄然兴起》说起。① 但"国学"之所以能够在"90 年代"强势崛起,除去若干政治、经济与社会条件,还与其在"80 年代"便已"伏脉千里",准备好了相应的思想与学术资源直接相关。在 20 世纪中国历史上,文化保守主义的几次中兴都是借助大的历史与文化转型,尤其是某种"危机时刻"得以完成。五四时期如此,抗战时期如是,八九十年代之交也是一样。倘若直接从 1993 年讲起,那么便可能遗漏其"前史"。而事实上,文化保守主义的声音在 1989 年的五四论述中占据相当分量,与"80 年代"的历史语境和现实议题密不可分,这在一定程度上同样也是一种回应"危机"的反应。一方面,出于反拨"毛时代"的"激进主义"意识形态的诉求,在"80 年代"中期出现的"文化热"中即内含了接续中国文化传统的追求。以"守成"促"改良"的思想与学术方案,在被"革命"论述压抑数十年之后,再度成为知识界瞩目的焦点。而另一方面,从林毓生的《中国意识的危机:五四时期激烈的反传统主义》(中文本 1986 年初版,1988 年再版)的问世到电视专题片《河殇》的公映,"中国文化"本身成为反思与拷问的对象。也就是说,基于修正"毛时代"以及 20 世纪中国革命传统中的激进路向的需要,"中国文化"成为被重新选择的资源,而在走向"现代化"——亦即以欧美现代文明为核心想象蓝本的"世界化"(实际上是"西方化")——的过程中,"中国文化"又需要辩护与自我更生(或曰"现代转化")。在这样的背景下,"中国文化"的出路问题自然成为知识界关注的核心命题。而文化保守主义的出场,正是以此作为前提。

无论是在《论传统与反传统》,还是《北京大学纪念五四运动七十周年论文集》中,文化保守主义论述的位置都十分突出。这是此前有关五四纪念的言说中从未有过的现象,而更加饶有意味的是当时不同的知识

---

① 或许不应忽略的,还有两天之后《人民日报》的头题文章《久违了,"国学"!》。

群体做出的反应。相对而言,坚守启蒙立场的知识分子大都对此表示抵触,但革命传统内部的知识分子却率先就此表达了认可,并且在理论建构上及时做出了调适文化保守主义与社会主义的尝试。前举王元化的《论传统与反传统》一文便是一例。当然,启蒙立场的知识分子对于文化保守主义一度持有抵触态度,也不难理解,因为"80年代"的"新启蒙"运动的自我设定的首要目标乃是"反封建"。

第三,在重读1989年京沪两地学人的五四论述时,可以发现他们对于知识分子群里在重新获得"解放"之后发挥的功能与作用其实并不满意。而之所以要在"五四"七十周年纪念之际提出讨论"五四运动与中国知识分子问题",可谓知识界的一次自我调整的努力。这也构成了观察"80年代"与"90年代"之间的历史连续性的另一线索。

当时间行进至"80年代"的最后一年时,知识界对于知识分子群体的不满主要集中在两个方面:一是毫不避讳地指出其把握与介入现实能力的不足;二是坦陈其在思想与学术建设上的贡献无多,太过流于粗疏与空泛。二者互为因果,前者指向"80年代"后期知识界在与外部世界发生关系时屡屡受挫的遭遇,后者则认为知识分子应当更多加强自身建设,特别是应当首先致力成为某一具体领域的"微观专家"。众所周知,知识界关切的核心从"思想"转向"学术",是一种十分流行的对于"80年代"与"90年代"的时代差异的描述。而李泽厚在1994年做出的"思想家淡出,学问家凸显"的判断更是每每成为此种叙述的点睛之笔。但如果细读李泽厚本人以及其他学人在1989年的五四论述,便会发现最早倡导知识界应当"凸显学问家"的不是别人,正是李泽厚。在《五四的是是非非》一文中,李泽厚再三呼吁知识界要"多作具体的、实证的研究"。在他看来,"中国现代缺乏的正是这些研究,一讲就是古今中外一大套,自以为一篇文章、一次演讲、一本书就解决了问题,找出了中国的道理,我觉得没有那么容易"。他认为知识分子应当是"微观专家",因为"微观的研究才是真正的科学,也只有在这种基础上才可能有更科学的宏观把握"。换句话说,"90年代"的中国知识界转向自身建设,例如倡导"学术规范"、注重"学术史研究"以及加快专业化进程,在某种程度上乃是"80年代"知识分子群体在自我调整时已经达成的共识。只不过当时规划的调整步骤不仅限于这些方面,而"90年代"的历史与现实条件只为这些方面的调整提供了更多基础与契机罢了。但将知识界从"80年代"到"90年代"的变迁简单概括为从"思想"到"学术"的转折,显然并不准确。其中还有更多缠绕与暧昧的脉络有待清理,否则只能强化某些单一向度的既成印象。就"80年代"与"90年代"的关系而言,所谓"断裂"大概更多是彼时加诸知识分子群体身心的一种强烈的不适感,而历史的内在连续性——既包括其间的经验,也包含其中的局限——则在新的时期中继续展开,所不同的可能只是具体的表现形态以及发挥作用与产生后果的领域罢了。

当然,除去以上三点,通过细读1989年京沪两地学人的五四论述可以展开的话题很多,比如京沪两地学人在议题设定与言说策略方面的差异,彼时大陆学人的五四论述与海外资源的关系问题,等等。而且在充分理解当时学人的热肠与苦衷之余,也必须指出他们存在的偏颇。根据研究者的梳理,1989年官方的五四纪念定调"体制改革"[1]。相比之下,知识界的论述无疑多少有些"自说自话",对于其时的社会现实并未表达出足够的关切与思考,更不用说以学理的方式加以有效与有力的回应了。[2]

---

[1] 参见陈平原《波诡云谲的追忆、阐释与重构——解读五四言说史》,《读书》2009年第9期。
[2] 许纪霖教授对于我的这一判断,在评议时做出的回应是"80年代"后期的知识界大致有"理论界""思想界"与"学术界"三分的共识。我讨论的五四论述主要出自"思想界"与"学术界",而当时与官方进行互动,甚至直接介入现实决策的是"理论界"。三"界"各有定位,而且互有规避。罗志田教授也在讨论中指出,"80年代"的不同知识群体存在身份感与位置感的显著差异,而自我认识与对于其他群体的认识,是会左右个体的议题选择与发言方式的。这些必须进行更为细致的分梳与整理。感谢许纪霖教授与罗志田教授的宝贵意见。

我以1989年前后大陆出版的两本论集与两本集刊为代表,讨论"五四"七十周年纪念时京沪学人的部分论述,希望可以从一个切面呈现五四百年阐释史的意义与认识价值。如果再多说一句,在五四百年之际,学界能否以自己的准备、姿态与方式提出或者回应时代的核心议题,值得我们拭目以待。而五四阐释——甚至五四——是否还有生机与活力,在很大程度上便有系于此。

(李浴洋:北京师范大学文学院)

专题

百年中国思想

1920 年代以后反主义的思想言论

王汎森

自 1920 年代中期开始,中国进入了一个"主义的时代",在这一异常强大的新政治论述之下,也出现了一些反主义的思想言论,与颇具系统的"主义论述"相比,这些批评或反对"主义"的言论显得十分零碎,不成系统,无法与之相抗衡。在 1920 年代之后的一段时间,这些"主义"的批判者主要批评对象是辩证唯物主义,北伐之后批评的则是三民主义。"主义"与"反主义"的思想分歧关涉两种不同的真理观、救国观和社会秩序观。在"主义"笼罩的时代,"反主义"论者对于如何统一心志与力量,如何形成有力的团体等当时青年关心的问题,大多既未明确地提出另一套思想来对抗,也未能连结成一种力量,甚至不屑连结成一种力量,这进一步彰显了"主义"的优势和"反主义"者所面对的困境。今日重访"反主义"者的思想言论,仍有一些现实的意义。

本文是《主义时代来临》一文的续篇,主要是在讨论各种"主义"风风火火之时,其实也有一些公开或隐然持反对态度的人,但无论何者,都呈现零碎而不成体系的现象。不管是消极地回应"主义"这个"包医百病"的新政治理论,或是零碎而不成体系的批评,其现象本身也都反衬出"主义化"时期在思想上巨大的力量。本文便是对这个现象的一些初步讨论。

胡适曾说,1923 年以后的中国进入了"集团主义(Collectivism)时代"①,我则认为 1920 年代中期以后的中国可以称为"主义的时代"。不管是"集团主义的时代"或"主义的时代",都有几个大致的特征:一是在思想意见上求同;二是在组织上求团结;三是在工作上求效率。"求同""求团结""求效率"这三个主轴在当时虏获了许多青年人的心。但一个国家是否真的举国一元化,以"求同""求团结""求效率"为唯一的一条路,在政治世界中是否有独一的、不变的真理?是否应遵循独一、不变的真理?在政治社会上是否有"根本解决"?是否应寻求"根本解决"?当时的"主义"者与"反主义"者对此有不同的看法。

如果更深一层考虑,对"主义"的赞成与反对隐然涉及了两种真理观、救国观以及社会秩序观的对立。"主义"者认为有一种无限的真理观,一旦获得了,它便可以穷尽所有现在及未来可能出现的事理。"反主义"者则主张有限的真理观,认为事物的个别现象才是真实的,不可能有一种抽象的真理可以照应或解决所有现象、所有问题。在这样的差异下,延伸出一系列的问题:社会秩序是从社会内部自发生成的,或是可以从外部加上去的?是有系统、有计划、可以人为构作并加以调动支配的,还是自然而然运作着的?到底社会是可以一夕之间全盘改变,还是只能一点一滴改良进化?政治上是否有"一抓就灵"的万灵丹或"圣药"(李求实语)②,或是只能有因时制宜的有限处方?是应该统一所有思想、意志、力量在一个领袖下运作,还是应该是多元的政治?这些问题都是当时"主义"与"反主义"两个阵营的争论重点。

我们可以说五四之后不久,"主义"即已开始风行,在"主义时代"甚至连政治以外的事物,也往往以是否有"主义"为高——古文字学家胡朴

---

① 胡适著,曹伯言整理:《胡适日记全编》,第六册,安徽教育出版社,2001 年,第 257 页。
② 求实:《评胡适之的"新花样"(续)》,《中国青年》4;99(1925.9.28),第 732 页。

安称自己为"朴安主义"即是一例。① 从1920年代中期以后,左、右两种"主义"一直主导着政局,吸引了无数的信从者。由"五四"到"主义时代"的这个转变,其实是"思想的"或"信仰的"区别。五四时代的特色是"思想的""学理的",但在主义的时代,"信仰"是第一,"思想"或"学理"附随在信仰之下,受信仰的指导。在"真相""真实"之前还有一个所谓的"真理",而这个"真理"是一种信仰,"真相"或"真实"是在这个"真理"的统摄之下才显得有意义。此处的新"真理",即是"主义"。不过当"主义"风行草偃之际,始终还有一些知识分子对不管是"左"或是"右"的"主义"进行反思或批判。

一

在这里我无法充分罗列所有"反主义"的思想家,不过我尽可能地把散在各处的言论作一个整理并综合观察、讨论。主义的批判者往往具有如下一种或几种元素:实验主义,如胡适等;实证主义(positivism),如傅斯年等;受到英美自由主义或宪政思想影响的人,他们未必对西方自由主义理论本身作过深入的研究,或只是在西方或是日本生活过,如朱光潜、林语堂、张东荪、吴景超等;受中国传统影响,不能同意"主义式政治"的运作,如梁漱溟、章士钊等。

"反主义"思想家的批判对象也有前后的变化,在1920年代之后一段时间,他们批评的主要对象是"辩证唯物主义"。北伐之后,批判对象主要是"三民主义"或是"党义",当然左右并兴,对左右两种主义皆予以批判的也所在多有②。主义的崛起与"新舆论界"的出现有关,与五四前

---

① 胡朴安:《病废闭门记》,收于氏著,雪克编校:《胡朴安学术论著》,浙江人民出版社,1998年,第9页。
② 见下文对胡适《我的歧路》的引用和讨论。

后的舆论界不同。"新舆论界"提供一个思想动员的有力平台,这个平台的主产品便是各种主义。胡适是当时"反主义"思想阵营的代表性人物,但他对于"主义"的态度也有过一些犹疑不定的时候。

早年的胡适对新苏俄曾有过一段向往,1917 年 3 月 21 日,在美读书的胡适,有《沁园春·俄京革命》上半阕;4 月 17 日,日记上记录当晚续成《沁园春·新俄万岁》的下半阕[①]。从这一阕词的内容上看,胡适兴奋的是对帝制的推翻,人民得到自由,对社会主义的着墨有限。不过这种表述,此后便不再出现。在 1919 年 7 月开始的"问题与主义论战"中,胡适坚持以实验主义的精神以"问题"对抗"主义"。他坚持实验主义本来就以一切皆实验为原则,没有永恒的、确定不变的真理,既然连永恒的、确定不变的真理都不存在,当然也不认为会有那种笼罩一切的"主义"[②]。

但到了 1920 年代,原本不大谈政治的胡适屡屡对政治发声。1922 年 6 月 16 日,胡适在《我的歧路》中说:"我现在出来谈政治,虽然是国内的腐败政治激出来的,其实大部分是这几年'高谈主义而不研究问题'的新舆论界把我激出来的。"当时的胡适在文章中重申,实验主义虽然也是一种"主义",但实验主义只是一个方法,一种研究问题的方法。这个方法是"细心搜求事实,大胆提出假设,再细心求实证。一切主义、一切学理,都只是参考的材料、暗示的材料、待证的材料,绝不是天经地义的信

[①] 胡颂平编著:《胡适之先生年谱长编初稿》第 1 册,台湾联经出版公司,1984 年,第 277 页。之后该词收入《尝试集》中,全文为:"客子何思? 冻雪层冰,北国名都。想乌衣蓝帽,轩昂年少,指挥杀贼,万众欢呼。去独夫'沙',张自由帜,此意于今果不虚。论代价,有百年文字,多少头颅。冰天十万囚徒,一万里飞来大赦书。本为'自由'来,今同他去;与民贼战,毕竟谁输! 拍手高歌,'新俄万岁!'狂态君休笑老胡。从今后,看这般快事,起后谁欤?"见胡适:《尝试集》,安徽教育出版社,1990 年,第 23 页。从内容上看,胡氏对俄国革命的向往偏重于人民从帝制中重获自由的解放,对革命本身社会主义的一面着墨有限。另外,周策纵也曾指出该诗对毛泽东的影响,见周策纵:《附录:论胡适的诗——论诗小札之一》,收于唐德刚:《胡适杂忆》,台湾远流出版公司,2005 年,第 328—329 页。

[②] 胡适:《问题与主义》,台湾远流出版公司,1986 年。

条。"①而且他对读到任何"根本解决"的字眼,都异常敏感,连过去的著作中,使用这个词而不自知时都提出来加以检讨,以示改过。1923年12月,胡适在《哲学与人生》演讲中说:"我在《中国哲学史大纲》上卷所下的哲学的定义说:'哲学是研究人生切要的问题,从根本上着想,去找根本的解决',但是根本两字意义欠明,现在略加修改,重新下了一个定义说:'哲学是研究人生切要的问题,从意义上着想,去找一个比较可普遍适用的意义'。"②1925年8月,胡适在《爱国运动与求学》中说,"救国的事业须有各色各样的人才,真正的救国的预备在于把自己造成一个有用的人才"③,而不是跟随一种信仰之人。

然而胡适在北伐前后,对"主义"及"社会革命"似有了不大一样的看法,两件事情引起这个曲折,第一是到俄国,第二是北伐成功。

胡适于1926年,在莫斯科停留了三天,深深被所见所闻吸引,使他对7年前在"问题与主义"论战时的看法有所修正,他在日记中大叹中国的政客"没有理想主义"④。民国时期许多学者、文人都曾访问过俄国,如果能将这些纪录加以整理爬梳,各人的不同反应会是一个值得深入研究的问题。譬如徐志摩原是相当崇拜俄国及共产主义的,可是访问俄京莫斯科之后所写的文章就开始对共产主义和俄国革命感到迟疑,他一方面赞颂其新锐与壮盛,一方面又批判其残酷与血流成河。⑤ 在徐志摩主编的《新月》中,便常有反对新主义的言论。然而,持"实验主义"观点的胡适则说:"我的感想与志摩不同。此间的人,正是我前日信中所说有理想与理想主义的政治家;他们的理想也许有我们爱自由的人不能完全赞

---

① 胡适:《我的歧路》,收于欧阳哲生编:《胡适文集》第3册,北京大学出版社,1998年,第365页。
② 胡颂平编著:《胡适之先生年谱长编初稿》第2册,台湾联经出版公司,1984年,第556页。
③ 同上,第612页。
④ 胡适:《致张慰慈》,收于胡适著,季羡林编:《胡适全集》,第23卷,安徽教育出版社,2003年,第493—494页。
⑤ 徐志摩:《欧游漫录》,收于徐志摩著,蒋复璁、梁实秋编:《徐志摩全集》,台湾传记文学出版社,1969年,第509—598页。

同的……他们在此做一个空前伟大的政治新试验。"①他又说:"去年迟疑不肯加入'反赤化'的讨论,根本上只因我的实验主义不容我否认这种政治试验的正当。"②但是胡适语调中又有些保留,他说冯玉祥在俄国常给列宁画像,"我对他的秘书刘伯坚诸君说:我很盼望冯先生从俄国向西去看看。即使不能看美国,至少也应该看看德国。"③

因为访俄能有这么大的转移思想作用,所以当时人时常争论是不是应该要某人假道俄国回来,或是避免从俄国回来,怕从俄国回来后便会被一种"主义"绑架。李大钊在被捕前一二月,曾对北京的朋友说:"我们应该写信给适之,劝他仍旧从俄国回来,不要让他往西去打美国回来。"④胡适后来还是从美国回来了,美国的颜色又深深地盖在俄国的颜色上面,所以他归途经过日本时,见到日本老牌共产主义福田德三时,郑重地记下福田一生不敢去美国,免得推翻了他一生信持的学说。⑤

当胡适1926年11月从海外归来时,北伐正在进行中,胡适认为这是近代中国的一大转机。沈刚伯见胡适,胡适说:"因为要使中国近代化,就非除掉割据的军阀,让国民党完成统一的工作,来实行三民主义的政治不可""他本来反对武力革命同一党专政,但是革命既暴发,便只有助其早日完成,才能减少战事,从事建设。"⑥ 1927年,胡适在武汉大学演讲时,说社会主义是未来的潮流,而且表示应该让国民党实行三民主义,相比于1917年时的态度,胡适似乎已经有了明显的转变。

总结胡适对"主义"前后不一的态度,我认为和胡适"实验主义"的主张有关,故他的看法每每要在此标准下才能理解。当他看到俄国大革命建立了一个有理想、有成绩的新政府时,在实验主义的标准下是正面而

---

① 胡颂平编著:《胡适之先生年谱长编初稿》第2册,第645页。
②③ 同上,第646页。
④ 胡适:《漫游的感想》,《胡适文集》第4册,第29—40页。
⑤ 胡颂平编著:《胡适之先生年谱长编初稿》第2册,第678页。
⑥ 同上,第664页。

值得歌颂的。在"主义与问题"的争论时,他坚持实验主义,认为天下没有永久不变的真理,一切都是"待证"的,其实在某个意义上,与他歌颂俄国革命的成果并不全然矛盾,乃至于在1927年时,他主张应让国民党实行三民主义,也是同一道理。虽然胡适自认为说得通,但在外人看来他多少还是摆荡在两个极端之间。整体而言,凡胡适比较同情"主义"的言论,大多是比较私人的谈话,或出现在演讲中。但他对"主义"的公然质疑仍然留给人们最为深刻的印象,譬如1924年8月1日,孙中山在《广州国民日报》上的批示即可看出,当天该报"影响录"栏目刊登了胡适的"多研究些问题,少谈些主义"(案:此文原来发表于1919年)。孙中山在一旁怒批说:"编辑与记者之无常识一至于此,殊属可叹!汝下段明明大登特登我之"民权主义",而上面乃有此"影响录",其意何居?且引胡适之之言,岂不知胡即为辩护陈炯明之人耶?胡谓陈之变乱为革命。着中央执行委员会将此记者革出,以为改良本报一事。文批。"[1]

《广州国民日报》上刊出胡适多年前反主义的文章,可见这篇文章受当时人重视的程度。孙中山之愤怒,除了因为胡适对陈炯明之态度为孙中山所不喜之外,也可以看出孙中山清楚地认为胡适的文章,对他所宣传的主义是有批判性的。

1928年《民铎杂志》出现了两篇痛批实验主义者的文章。作者朱言钧出身少年中国学会,后来成为数学家。他从哲学的角度出发,在《驳实验主义》一文中说,他要驳的便是"实验主义者主张天下没有永久不变的真理"。作者用了很多的逻辑论证,得出"如果凡能发生实验效果的才是真理,那末实验主义本身果为真理与否,还是很可怀疑的事""主张实验主义的人到处以'拿出证据来'的气概凌人却不知道'拿出证据来'本身

---

[1] 秦孝仪主编:《国父全集》第7册,台湾近代中国出版社,1989年,第317页。此处参考了孟彦弘:《胡适的政治立场——以其对国共两党的态度为中心》未刊稿。

还是一个成见,'拿出证据来'本身却拿不出证据。"①正因为胡适及一群自由主义知识分子的公开形象是以实验主义反对"主义",主张学术独立,主张要走英美大力发展学术的路,而不是俄国的革命道路,所以遭到"主义者"的猛烈攻击。

二

在"主义化"的时代,学生社团最为风起云涌,但是在无数史料中,我也找到一些对主义持保留或反对态度的,他们大多受了五四思想的影响。他们常常只有只言片语,而且论点各殊,大致可以分成四类。第一类是资格论,如《浙江青年团月刊》,这似乎是一个无政府主义刊物,它主张要人人皆圣贤才能行主义。② 如《新共和》便引用张东荪所言,主张:"人性未经改造以前,决不可轻行无政府共产主义。"③论者中还有一种样态,认为要先有一种职业的人才配实行主义。如1922年8月,有一位笔名"勉人"的在《学灯》上发表〈为谈主义者进一解〉一文中,痛斥"伪学者"高谈主义,他问:"'主义国'人人可谈吗?"认为谈主义的人须有一种正当的职业才行,"你们没有职业,你们实在不配谈主义""年富力强的青年,他们正当为社会服务,这是他们为社会服务的大好时机。他们偏偏不然,高谈主义,旁的什么事都不愿做。"又说,谈主义的人须对主义有研

---

① 朱言钧:《实验主义》,《民铎杂志》,第9卷第4号,第1页、第7页。但贺麟的《当代中国哲学》批评说:"由于实验主义重行轻知,重近功忽远效,重功利轻道义,故其在理论上乏坚实的系统,在主义上无确定的信仰。在他们的目光中,一切都是假设,随时可以改变。所以其理论是消极的破坏意义居多,积极建设的意义很少。所以实验主义者,没有坚定的信仰,没有革命的方案,头痛医头,脚痛医脚。'不谈主义,多谈问题',正是实验主义者最直率的自白,这种零碎片断的作风,其结局在哲学上不能成立伟大的系统,在行为上无团体的组织,无坚定不移的理想和信仰。故不论在政治方面、理论方面,都不能满足青年精神生活的要求。"贺麟:《当代中国哲学》,胜利出版公司,1945年,第52页。
② 中共中央马克思恩格斯列宁斯大林著作编译局研究室编:《五四时期期刊介绍》,第2集上册,三联书店,1979年,第428—430页。
③ 中共中央马克思恩格斯列宁斯大林著作编译局编:《五四时期期刊介绍》,第2集下册,三联书店,1979年,第518页。

究,不应该"跪在主义面前",硬说马克思主义一无可訾,俄国实行了马克思主义,中国也应该实行。①

第二类是五四的正脉,主张道德、教育、文学优先论,如《北京大学学生周刊》:"不鼓吹一种主义,不主张一种学说,创造一个新道德、新教育、新经济、新文学之愉快美满的社会。"②第三类是受问题与主义论战的影响,主张"问题"优先论者,如《芜湖》"宣言"中说,芜湖学社反对空谈主义,认为必需借着一个问题来应用我们一种主义研究的心得。③ 毛泽东在"问题与主义论战"之后相当一段时间内,也是持"问题"优先的观点。④ 第四类是怀疑主义者,如《芜湖学生会旬刊》说:"怀疑一切,怀疑旧的,也怀疑德谟克拉西主义",痛斥时人"并不明了新派是何种主义,就崇拜起新派来"⑤,或是认为在"主义"之前有更重要的,如良心、怀疑、觉悟,它们都优先于主义论者。

认为谈主义,实行主义必须有前提、有条件的学者,我认为以张东荪最有代表性。先是罗素说他不给中国推荐社会主义,在罗的观察基础上,张东荪于1920年11月发表的《由内地旅行而得之又一教训》一文中,认为当时中国人尚未得到"人的生活",所以还不配谈任何主义。张东荪先引了舒新城的一段话说:"中国现在没有谈论什么主义的资格,没有采取什么主义的余地,因为中国处处都不够。"然后是他自己的话:"我们苟不把大多数人使他得着人的生活,而空谈主义必定是无结果。或者我们也可以说有一个主义,就是使中国人从来未过过人的生活的,都得着人的生活,而不是欧美现成的甚么社会主义,甚么国富主义,甚么无政

---

① 勉人:《为谈主义者进一解》,原载于《时事新报·学灯》(1922.8.16)。
② 中共中央马克思恩格斯列宁斯大林著作编译局编:《五四时期期刊介绍》,第2集上册,第241页。
③ 中共中央马克思恩格斯列宁斯大林著作编译局编:《五四时期期刊介绍》,第2集下册,第480页。
④ 见毛泽东:《问题研究会章程》,《北京大学日刊》,第467期(1919),第2—4页。
⑤ 《芜湖学生会旬刊》条,见中共中央马克思恩格斯列宁斯大林著作编译局编:《五四时期期刊介绍》,第2集上册,第477页。

府主义,甚么多数派主义等等。"①他一方面认为"主义"是一个高远的目标,不是随随便便可以谈的,要一般人皆可以过"人的生活"时才能谈,同时也把中国当时努力的目标放在另一方面,即开发实业增加中国的富力,使大部分人过着"人的生活"。

这里面有一个紧张,一边是"主义国"是人人能进的吗? 一边认为若不进"主义国",则"人的生活"要如何达到。陈望道反驳张东荪说:"你难道以为处处都成通商口岸和都会,才可得着人的生活,才有谈主义的资格吗?"邵力子也说:"而要使中国人得着'人的生活',一定非先有一种主义不可。"②主义者认为要实行主义才能有产业、经济,有"人的生活",反主义者认为要先有现代的产业、经济的生活,才能谈主义。这种悖论在当时所在多有,如蒋介石,批评他的人认为不够自由才形成败局,而蒋介石则认为是太过自由才形成败局。

大体而言,从上述的言论中,我们可以归纳出几种论调:一是"主义资格论"者,这一派人认为"主义"是一种向上才能达到的境界,不是人人可及的,而且它多少认为要透过修善的努力才能企及"主义"的境界。譬如说要如"圣贤"般为团体献身才能谈主义,或是人先有一种职业之后才配谈主义。二是认为先成"党"才能谈主义,在此之前不配谈主义,或是如舒新城、张东荪所说的,先过一种"人的生活"才能谈主义。

有一点值得注意的是,后五四时代有些反对"主义化"的零星言论中都隐含一种不满,即"主义化"迫使人们只能在"左""右"之间选择,并认为"调和""折中"是最大的罪过,故有一种反主义的论点是主张"调和",他们反对一个人非得选择向"左"或向"右"不可,认为"调和""折中"的态

---

① 陈独秀:《关于社会主义的讨论:(一)东荪先生"由内地旅行而得之又一教训"》(原载《时事新报》),《新青年》8:4(1920年),第1页。
② 陈独秀:《关于社会主义的讨论:(三)望道先生"评东荪君底'又一教训'"、(四)力子先生再评东荪君底"又一教训"》,《新青年》8:4(1920年),第4、7页。

度才是人的正常生活。此时的"调和"不一定是"新""旧"之间的调和,而是"左""右"的调和,陶孟和、章士钊等人便是宣扬这个主张。章士钊的"虚主义"或"消主义",就是在这个背景下说的,因而引起"主义者"极大的反感与愤怒,用朱执信的话说,章士钊失去了"学者的良心"①。曾在英国受过学术训练的社会学者陶孟和在北伐前后"主义"横扫一切时,发表了《主义与他的限制》一文,他说:"在这个人人都用主义相标榜,用主义相攻击的时候,我们有时真觉得有废止一切主义的必要。"②

这些争论在北伐之后,因为国民党以三民主义为全国的"大经大法",引起了对"主义"式政治的反思与批判,其中可以民初青年党领导人、国家主义者常燕生为代表。常氏在1927年所写的《三民主义批判》,是我目前为止所见到过对三民主义最成系统的批判。这本小书原是天壤间的罕本,所幸经过学者的努力,我们终于可以读到。③ 这本小书左打共产党主义,右打三民主义,并处处指出孙中山迷信俄国,套用俄国主义的情形。书中对民族、民权、民生主义都有长篇大论的批判,譬如他说:"把三个主义硬拉在一起,让人好像觉得可以选择执行其中一个主义即可解决一切的错觉。"又如说民族主义六讲中,大错之处有三点;民权主义东拼西凑,不了解民权民生主义与社会主义夹缠不清等,不一而足。但是在最后他还是向孙中山致敬。④

常氏除了在学理上对民族、民权、民生有所批评外,他的评论中最值得注意的是他指出三民主义不是一种政治理论,而是一种"信仰"。他说:"自国民党势力扩张以来,三民主义已完全变为宗教信仰,在青天白日满地红的旗帜之下,对于三民主义是只许顶礼膜拜""三民主义即已脱

---

① 朱执信在1920年的文章,见《朱执信文录》。我用的是蔡尚思主编:《中国现代思想史资料简编》第一卷,浙江人民出版社,1982年,第517—524页,尤其是第522页。
② 孟和:《主义与他的限制》,《现代评论》第五卷,第109期,第85页。
③ 经陈正茂多方查找,将它整理编入《被遗忘的学者:常燕生教育政治论文集》后,始得面世。
④ 常燕生:《三民主义批判》,收入陈正茂编著:《被遗忘的学者:常燕生教育政治论文集》。

离了理论的根据,而变成神秘的信仰了。"①而我认为常燕生对"主义"作为一种新型政治"信仰"的反思,与他对三民主义内容本身的批判是同等重要的。

不过更值得注意的是常燕生在《三民主义批判》中还提到,即在这么紧的"主义"政治之下,调子唱得很高,要求这样、要求那样,但落实到实际状况,却是在弥天大网下形成了奇怪的"无治状态"。他说当时在"主义"滔天的局面下,流行的其实是另一套:"至于今日中国所流行的无治主义,世界主义,人道主义,和平主义,等等各色,乃是从老、庄以来的传统东方思想,是懒惰的,落后的,反动的思想。这传统的思想,在中国人的脑筋中,已经根深蒂固,发之于文艺,发之于思想,发之于谈话,结果徒造成两晋清谈之祸。"②究竟该如何了解这一种"无治状态"的形成,值得更深入研究。不过,一方面把政治主义化、信仰化,正像是把一切关注集中到一个看似很高的高调,但同时却把日常的现实政治抽空,成为空虚状态。常燕生藉此反思"主义式政治",不但不是"一抓就灵"的万灵丹,而且是对正常政治的严重干扰。

另外,更值得注意的是1933年6月,当吴经熊以个人名义发表了"宪法草案",而其中第一条为"中华民国为三民主义共和国",引爆了关于"三民主义共和国"的争论。这个论战断断续续了13年(1933—1946)之久,前后分成两波,一波是抗战前,一波在抗战后,双方展开激烈的文章论战。③ 参与这次论战的两方分别是国民党三民主义理论工作者,以及反对方——主要是一些宪政法治学者,他们反对将三民主义当成唯一的"主义"明定在宪法条文里。

吴经熊的草案发表之后,《大公报》《益世报》都发表社评加以强烈反

---

① 常燕生:《三民主义批判》,收入陈正茂编著:《被遗忘的学者:常燕生教育政治论文集》,第241页。
② 同上,第295页。
③ 依据"晚清期刊数据库",以"三民主义共和国"检索而得的标题数字,就高达27篇之多,可见一斑。

对。《大公报》短评说,把三民主义分配到全部宪法之内各占一篇,看来是国民党的中华民国宪法,而不是中华民国的宪法,"因为政党和主义是一时的,国家和宪法是永久的。"《益世报》的社评说:"今后政治集团违背三民主义即不许组织,今后政治信仰违背三民主义即缺乏自由。"国民党的理论工作者胡梦华,首先以《三民主义共和国》一文,引用两段社评为破题,一一加以反击。① 胡梦华曾在安徽省立一师担任校长,当时正担任国民党中央组织部训练处长。他批评反对者犯了三种错误:"一、未能认清宪法为革命和历史的产物;二、未能贯通三民主义与中华民国建国的联锁关系;三、未能认识国民党之真精神。"他说:"宪法只有革命者的利益",所以英国的《权利要求》、法国的《人权宣言》都反映了革命者的要求,而俄国革命后的宪法"只有工农兵苏维埃的利益,便抹杀了资产阶及其他一切人士的利益"②。此文一出之后,支持"主义"作为宪法第一条者的意见,大多与胡梦华如出一辙,形成了一定的格套。像张绚中的文章便强调说,以"主义"为宪法之第一章是"一劳永逸的革命思想"③。陈之迈则认为一个国家要有"立国精神",而"三民主义共和国"中"共和国"是表明"团体",三民主义是表示"立国精神",而且强调"我们的政府是一个万能的政府,是有无限威力的政府",并进一步强调传统无政府主义式的自由主义,是完成不了三民主义的使命的。④

上述诸家中最值得注意的共同点是以"历史事实"为基础的"主义国家论",认为辛亥革命成功以及抗战胜利都是在国民党领导之下成功的,这两个历史事件证明"主义""国家"为一体的必然性。如张彝鼎《三民主义共和国之解释问题》,认为历经与日本的七年血战后,人们应清楚明白中华民国"国魂"之所在,"矢誓服膺三民主义,成为中华民国立国之主

---

① 胡梦华:《三民主义共和国》,《人民评论旬刊》第一卷,第9期,1933年,第6页。
② 同上,第7页。
③ 张绚中:《论一劳永逸的革命思想》。
④ 陈之迈:《三民主义共和国》,《新认识》第5卷(1942),第1、2页。

义,而后意见乃归于齐一",认为反对的是"忽略历史事实。"①支持者或赋予另一种解释,如1946年孟云桥《"三民主义共和国"一条应否删除?》一文中说,三民主义不只是中国全体国民乃至世界人类,所应共同相信之真理,因为民生主义就是现在流行的社会主义,民权主义就是现代流行的所谓民主政治,民族主义的最后目的即是世界大同。②

"团结"与"效率"这两件国家最需要的东西,究竟如何获得?"三民主义共和国"的支持者认为只有在唯一"主义"之下才能得到。反对者如余家菊则不这样认为,他在《宪政与三民主义共和国》中说:"弭争之法何在?即宪政轨范是也""人心平则民气和,而团结有可能,效率有可高之望。信仰之统一,未必能奏此功也。"③留学日本的宪法学者林纪东则在1933年发表了一篇评论,说:"大凡一种主义的实用性都附有严切的时间和空间的条件。在环境需要的时候,他固然应运而生,但一旦时过境迁,就有增缀减缩或根本废弃的必要了""至于宪法,虽则未必是什么'行之百世而不悖'的东西,然而他终竟是国家的根本大法,其受制于时间性的程度,远视一种主义为不同""既然实行多党政治,则一党有一党的主义,一党有一党的政策,势不能以国民党之三民主义,强使同之。在宪法里规定三民主义,岂不仍然是一党专政?宪政于何有?"④

在这一波"三民主义共和国"的论战中,民社党张君劢在《立国之道》(1938)中攻击孙中山的主义,但他并不直接提"三民主义",而是说民族、民权、民生"三原则"⑤。同样是民社党的左舜生,在《哥德论革命》中说:"但不幸中国在最近的五十年,革命乃成了无上的美名。好像凡革命都

---

① 张彝鼎:《三民主义共和国之解释问题》,《三民主义半月刊》第4卷(1944),第3页、第5页。
② 孟云桥:《"三民主义共和国"一条应否删除?》,《新批评半月刊》(1946),第158页。
③ 余家菊:《宪政与三民主义共和国》,《民宪(重庆)》第一卷(1944),第18页。
④ 林纪东:《关于"三民主义共和国"》,《独立评论》第四十七号(1933),第19—20页。
⑤ 张君劢:《立国之道》,台北:中国民主社会党中央总部,1969年,第1页。

是对的,凡不革命或反革命都是该死的。自革命职业化,而天下皆乱人,自功利革命化,而天下皆强盗。"①

三

因"主义"在当时已成了绝对唯一的真理,故消极放弃或积极反对都是表达一种态度,如傅斯年留欧回来后不谈主义,而谈政治、法律、国民训练,或是像朱光潜热衷于摆脱"主义",谈"人生观"与"修养"的问题。如朱光潜《谈修养》中说:"我信赖我的四十余年的积蓄,不向主义铸造者举债。"②朱光潜有这样的观点并不会令人惊讶,他在书中强调的是个人的觉悟与努力。看他书中各章的题目,即可知道他走的是五四以来个人的、伦理的、艺术的道路,而不是主义的、革命的道路,故他攻击后者说:"他们凭自己的单纯心理,建造一种难于立而实现的社会理想,而事实却往往与这理想背驰之。"③

"人生观"与"修养"是"主义"与"反主义"两个思想阵营决战的战场之一,而朱光潜《谈修养》一书的内容,与当时各种右派或左派谈人生观的书是相当不同的。所以他说不向"左"或"右"的主义"举债"。朱氏的《中国思想的危机》,则批评当时不允许不在"左"或"右"之间选择一种主义的"政治思想的伦理化"的危机。他说,"左"即推翻中国政治经济现状,而"右"则包含了一切:主张维持现状者;或不满意现状,而不同情苏俄与共产主义者;或是同情之,觉得现时中国尚谈不到这一层者;甚至于不关心政治而不表示任何态度者。但他对两者概不赞同。朱光潜认为,

---

① 左舜生:《万竹楼随笔》,收入沈云龙主编:《近代中国史料丛刊》第五辑,台湾文海出版社,1967年,第398页。
② 朱光潜:《谈修养》,收于朱光潜全集编辑委员会编:《朱光潜全集》第4册,安徽教育出版社,1987年,第5页。
③ 朱光潜:《谈修养》,第24页。

政治思想成为划分敌友之界线,"误认信仰为思想,以及误从旁人的意见为自己思想的恶风气""以口号标语作防御战,已成为各党派的共同战术",使得一个人非左倾或右倾不可。青年们是先确定了"信仰"再去"思想"——"他们脑里先充满着一些固定观念,这些固定观念先入为主,决定了他们的一切思路,一切应付事务的态度。"[1]而他的文章则想避过"信仰"先于"思想"的套路。

至于传统主义者则是透过另一种方式,对"主义式政治"或"主义式生活"进行答辩,以下便以梁漱溟为例,说明他们不同的处方。梁漱溟认为现代社会不可能不求同,不可能不求团结。他说:"在中国以前的士人,没有团体,只有朋友,其原因甚多,但根本还在一点:即中国士人理性开发,喜出己见,从吾所好:而不信仰一个对象,与宗教正相反""拿一个主义主张结团体,是强人从我;在见解上求同,是忽略人格,这个在中国大概是不可能。中国士人要想结合团体,大概须掉转过来:在见解主张上可以从容商量,而在另外一点——人格志趣上求同。必志趣相投才有结合的可能。志趣相投,即志同道合,即同有志于人生向上的人。"[2]梁漱溟的意思是,用传统的办法也能达到"主义"所欲达成的目标,而且更合乎人性。

梁漱溟认为传统中国是一个职业分途,没有阶级分野的社会,故他提出的解答带有宋明以来乡约色彩的乡村建设,然后"以农业来引导工业的民族复兴"。在这样的社会不需要"主义式的政治""主义式的生活",也可以达到重建社会的目标,只需要有大方向,顺着社会发展的要求所产生出的数条"方针路线"即可。[3] 章士钊则提出"农国"的主张,其实也是在回答如果不要"主义",要如何渡过难关的问题。

---

[1] 朱光潜:《中国思想的危机》,收于朱光潜全集编辑委员会编:《朱光潜全集》,第8册,第514—518页。
[2] 梁漱溟:《谈组织团体原则》,收于中国文化书院学术委员会编:《梁漱溟全集》第2册,山东人民出版社,1989年,第112页。
[3] 梁漱溟:《乡村建设理论》,上海人民出版社,2006年。

但是比较有传统农业社会式的道路,也不一定是传统主义者的专利。章士钊1926年提出"农国"的思想,在当时的中国这是非常独特的想法,他主张以"农国"为根本,再适度引进近代工业的好处。章士钊的《农国辨》中对中国传统的"农国"与西方现代的"工国"做了不少深入而有意思的比较,他认为西方近代"工国"产生了无数的问题,譬如工国"因之资产集中,贫富悬殊,国内有劳资两级相对如寇雠""明言财利,内贿外政,比周为党""同业之相兼亦急,而谋垄断天下"等,最终导致第一次世界大战。而共产党的第三国际有"逃工归农"之意,与"农国"之本义相默契。① 在"农国"之中不会发展到贫富"相对如寇雠"的地步,也就不需要第三国际、共产主义、阶级斗争。章士钊的《农国辨》写于1926年,梁漱溟的《请办乡治讲习所建议书》于1927年提出,恐怕都与"主义"的风潮不无关系。②

在1950年代的台湾,国民政府整军经武,准备反攻大陆,并且将"主义"与"领袖"提到极高的地位,同时对中国传统文化的价值,也以宣传运动的方式大加鼓吹。胡适就在1958年从美国回台湾接任"中央研究院"院长,胡适、蒋介石这两个极不相容的人,在睽违多年之后,又被命运摆在一起。

1958年胡适在"中央广播电台"对大陆同胞的广播中,强调共产党为什么要清算他,因为他"一贯认为一切的主义和思想,都不是绝对的真理"③。同年在光复大陆设计委员会的演讲中,他表示支持蒋介石说"三民主义是科学的"。他说:"这句话是有 个解释,即三民主义因为不是武断的,不是独裁的,不是教条主义的,是兼容并蓄的",又说:"我们的三

---

① 孤桐:《农国辨》,《甲寅》(北京)1:26,1926,第9、10、11、12页。
② 梁漱溟:《请办乡治讲习所建议书》,收于中国文化书院学术委员会编:《梁漱溟全集》,第4册,第825—832页。此外,以傅斯年为例,他则提出所谓的"国民训练"来取代"主义",见傅斯年:《政府与提倡道德》,《大公报》(天津),1934年11月25日,第2版。
③ 胡颂平编著:《胡适之先生年谱长编初稿》,第7册,第2683页。

民主义,民族、民权、民生这三方面都没有独断一尊的意思"①。胡适支持蒋介石的同时,其实是为"主义"做一个新解释,希望把它从定于一尊的"信仰",转成是一种"政治的学理"。

胡适在1959年《杜威在中国》的讲词中说:"在合理的思想过程中,所有的理论,所有的学说,统统不能看作是绝对的真理,只能看作是有待考验的假设,有待于在实用中加以考验的假定,只能看作是帮助人类知识的工具和材料,不能看作是不成问题、不容考虑的教条,因而窒息了人类的思想。"②上面所引这一些说话,都同时既针对共产主义和三民主义,可以说明他在"问题与主义论战"中对"主义"所持的批判态度前后一致。

最后,值得注意的是,"主义"是一种"信仰"。这种"信仰"不但支配政治行动,它还要决定人们的生活方式,所以讨论"反主义"时不能不略略提及这个问题。

对于受传统心态影响的人而言,"主义"式政治很新、很陌生。它要人们的日常生活直接或间接地都与政治有关,不停地透过口号、标语动员,胡适在1928年时即已不满地表示这是一种"新名教"③。而且"主义"往往还要决定,是要过个人优先的生活还是团体优先的生活,是个人优先的生活还是主义优先的生活。不同的主义还以不同方式来指导、决定人们生活的方式,甚至要全面地接管人们的私人领域。④ 1930年代起,许多进步青年是主动希望将"主义"与"生活"结合在一起,并且以最大的热情来检查自己的日常生活及私人领域。

---

① 胡颂平编著:《胡适之先生年谱长编初稿》,第7册,第2787—2788页。
② 胡颂平编著:《胡适之先生年谱长编初稿》,第8册,第2986页。
③ 胡适:《名教》,《胡适全集》,第3册,第61—72页。
④ 详细论述请参见王汎森:《烦闷的本质是什么——"主义"与近代私人领域的政治化》《主义时代的来临——中国近代思想史的一个关键发展》等文章,收入氏著:《思想是生活的一种方式:中国近代思想史的再思考》,台湾联经出版公司,2017年。

茅盾的女儿沈霞的日记中便充斥着"主义"与"生活"结合在一起的写照，这里我就胪列几条例子："今后，不是说什么朋友或爱人，主要的是在感情的内容上加以革新，这样才会有前途""我要用学习来统制自己，排除一切不必要的思想活动""对一个同志的爱，主要是对整个阶级的爱，如果是与阶级有冲突的东西，那就需要绝对的无情""向组织讲，组织上将说什么话是我行动的指南""记住在党的原则下，私人感情等于灰尘""现在除了党的话，任何人的话我都不会懂得，不会了解""我下决心在这三个月冬季学习中，把自己审查得清清楚楚，然后，将来能有一天，带着崭新的姿态去见他们""为什么我还要爱他这个从思想上、政治上都不健全的人。"[1]

正因为"主义"想要决定人们的生活方式，所以有一种"反主义"者，是借着提倡一种刻意非政治的生活方式，刻意把头别过去来投射出他们反主义的意思。譬如林语堂一方面说："今日谈国是最令人作呕者，乃无人肯承认今日中国人根本败类的民族，无人肯承认吾民族精神有根本改造的必要""今日之病在人非在主义，在民族非在机关。"[2]另一方面他的文学主张，包括提供幽默、性灵、小品等，显然都是想解消正经八百的"主义"式生活，但以不在正反相对的范畴之外的方式来解消之。郁达夫1935年在《中国新文学大系》所写的导论中即指出林语堂是"隐士和叛逆者"，而且认为他提倡幽默与性灵是对当时政府及社会主义文学之消极批判。[3] 我完全同意这个观察，但是林语堂针对的是"左""右"两种"主义"，甚至是所有政治上的"正经八百"，而不只是社会主义。

---

[1] 沈霞、钟桂松整理：《延安四年（1942—1945）》，大象出版社，2009年，第92、105、110、118、124、137、168页。
[2] 林语堂：《给玄同先生的信》，收入刘志学主编：《林语堂散文集》第一册，河北人民出版社，1994年，第116—117页。
[3] 转引自 Chih-p'ing Chou（周质平）"On Lin Yutang: Between Revolution and Nostalgia," in *The Cross-cultural Legacy of Lin Yutang: Critical Perspectives*, edited by Suoqiao Qian (University of California Press, Berkeley, 2016), pp. 19-37.

结论

归纳上述,在主义时代来临之时,人们认为五四以来的民主、自由主义本身的论述或价值,会对单一、强制的"主义"观点,自然而然地形成一种对抗作用,故大部分的人对"主义化"的浪潮选择沉默、安静或噤声,只有零星的人表示保留意见或公开地加以反对,但是他们提出的主张往往十分零碎。当然,这些零碎的说法可能是重要的,但是在客观影响上,当时不足以形成一个对抗"主义"狂潮的思想资源,更遑论集结成为反主义的力量。

反主义者们主要是质疑政治是不是一种"信仰"?政治世界有没有永恒不变的真理?政治领袖或一群党员是不是足以代表主义这一套概括一切的真理主张?但因当时"主义化"的力量太大,故对"主义"持保留意见者亦每每依违两可,不敢直视。他们对于当时青年所关心的,如何统一心志与力量,如何形成有力的团体等问题,大多并未明确地提出另一套思想,或另一条有用的思路来对抗。同时,在实质上也未能联结成一种力量,甚至不屑联结成一种力量。我觉得这也显示了"主义"的优势,和反主义者所面对的两难,因为在孙中山的论述中,主义为"一种思想、一种信仰、一种力量",目的在于如何以思想上的控制力统合出集体的力量,这是主义吸引力或价值所在,却也是反主义者所反对的。于是反主义者不屑联结成力量,符合他们对主义的看法,却也无法拥有和主义抗衡的实力基础,后来"问题派"的败退也可以归导于此。值得注意的是,在1930年代有一种言论,认为"主义"不一定是求团结、求一致、求效率的唯一道路。如前述,梁漱溟便不认为应该是由上而下的主义,而是个人自觉所结合而成的志趣相投的团体。

此外,新文化运动对反主义的影响,可归纳为两种不同的思想资源。

一是新文化运动的正统派,他们认为文学、哲学、道德、教育等才是优先的,主义的、一抓就灵的、全盘根本解决的,不是正路。"问题与主义"论战中,"问题派"即为代表,我们知道许多原先主张"问题"的青年后来转向服膺主义,但从五四之后零星的反主义言论中,仍可以识认出一些受"问题"主张影响而持续对主义保持反省的人。另一种"反主义"的路数则是新文化运动中强大的怀疑精神,"重新估定一切价值",有些则受到无政府主义的影响。不过,无政府主义和主义时代的关系,十分复杂,非本文所能完全回答,在拥护主义和反对主义的阵营中,皆能见到无政府的影响。

北伐之后,反主义者的主要对象是国民党,本文中所提到的"三民主义共和国"的争论即与此有关。在"三民主义共和国"的争论中,关键的主题是"党可以由主义决定,但国家不可以"。常燕生的《三民主义批判》也是这一方面的代表,不过常燕生的书后来几乎成为天壤间的孤本,所以实际影响很有限。

在"主义"之下反"主义",在当时最常见的是用主义式的思维或语言反主义,变成即使反对主义,也必须要加上"主义"的名号,如自由主义。要不就在论述上走上另一极端,被主义规范、挤压下的反主义,为了避免被人视为另一种主义,刻意走向零碎之解决,譬如"问题"与"主义"论战中之"问题",本来不一定是这样谈的。

最后我想提到一点,我们通常都注意到主义"定于一尊"的权威,不但要人做什么,而且同时也不要让人们做什么;但是它有一个副作用是"不解决",不单是不想或不能解决,同时也不准别人解决实质生活中的问题。不主义的,或是没有掌握权力,不具备主义诠释权的人,常常不被鼓励去做什么。尤其是纸上谈兵式的"主义化"时代,最容易形成这样的吊诡之局。常燕生批判的三民主义所形成的"无治状态",即是最好的例子。依样画葫芦式的主义,只是在沙滩上无限广阔地画下一幅政治蓝图,既没有真正影响沙面之下的土壤,海水一来亦冲刷殆尽。不停地规划、动员、呼口号,但实际上是什么都没做,也不让人家做,对主义的歌颂,从信仰的手段变成了信仰的目的,造成实质生活中的"政治空洞化"的主义政治,是值得深入思考和反省的。

我个人认为今天重访"反主义"者的思想言论,仍有一些现实的意义。那种"包医百病"、一抓就灵,在总发电机下全力运行的政治想象,往往是一种极大的诱惑。尤其是当人们藉对话以形成共识的耐心已经磨光的时候,在许多人脑海深处,很自然地想回到"主义"的方式来思考如何应付"后主义时代"的政治、思想、存在的危机。值得关心民国以来的政治历史者注意。

(王汎森:台湾"中研院"历史语言研究所)

"胡先生"的困惑

再思五四前后的"人道主义"观念[*]

章 可

中文里的"人道主义"一词最早出现在1903年。从民国成立到五四运动期间，伴随着一战爆发后国际人道主义思潮的兴起，这个观念也被新文化派学人频繁谈论，寄予很大理想。但当时的"人道主义"表述主要体现为一种博爱、慈善的态度，缺乏社会条件和更坚固的伦理支撑，在五四之后也遭到许多质疑。"人道主义"言说中的重要特点，是"人道"的施与者和受与者、先知者和后觉者、启蒙者和被启蒙者之间的不对等性。这种不对等在五四运动时期的中国社会环境中，激发出更深层次的困境。

五四运动前后，正是中国思想舞台上众声喧哗、各显神通的时期，除了"德先生"(Democracy)、"赛先生"(Science)、"穆姑娘"(Moral)等人们较为熟知的名词外，还有许多"主义"在此时期公众舆论中也颇为常见，"人道主义"就是其中之一。

由于"人"之观念的重造是现代性的核心命题之一，因此五四时期和

---

[*] 本文为教育部人文社会科学研究项目青年基金项目(编号:14YJC770045)的资助成果。

"人"有关的思想变迁也受到越来越多重视。近年有学者提到五四思想的另一面向"Mr. Humanism",命名其为"胡先生"①;还有学者则强调另一位"和女士"(Human Right),即"人权"②。不论如何,回到五四前后的历史场景中,在舆论里被提到最多的与"人"有关的"主义",莫过于"人道主义"。

其实,"近代中国人道主义问题"很早就受到关注,从上世纪 90 年代起,大陆学界就陆续问世了许多关于近代"人道主义思潮"的研究成果。③相关研究大多从今人定义的"人的发现与觉醒""对人之价值的尊重"等抽象思想原则出发,对近代中国"人道"思想衍变进行勾画。

然而,这些研究都致力于从事对近代中国思想历史的重新构造,而不太触及当时人使用特定词汇的"语言"层面。因此,无论这些学者将近代中国"人的觉醒"描述为不断进步或者颇有反复的进程,他们都很少真正揭示当时人究竟如何看待与"人"有关的这些"主义"和观念。

就"人道主义"而言,尽管有关讨论在五四运动时期风行一时,尤其新文化派学人多有援引"人道主义"以申说自己理想的文字,但在进入 20 世纪 20 年代后,各方对于未来美好"人道主义"时代的憧憬和热情显而易见地减退,"人道主义"无论作为普遍理想,还是生活实践原则都遭到许多质疑,似乎就此离开言论界的核心。对这一现象该如何分析,目前学界还付诸阙如。本文就希望在既往研究基础上,对"胡先生"在五四

---

① 王宁:《科学与人文的冲突与共融——兼论后人文主义语境下的数字人文》,《武汉大学学报》(人文科学版)2017 年第 4 期,第 8 页。王宁此文用"胡先生"指 humanism 的另一译词"人文主义",但后者是从 1922 年《学衡》创刊后才开始被中文学者使用,本文用"胡先生"代指五四时期更为通行的 humanism 译词,即"人道主义"。
② 夏勇:《论和女士及其与德、赛先生之关系——写在五四运动八十周年》,夏勇主编:《公法》,第 1 卷,法律出版社,1999 年,第 41 页。
③ 参见陈少峰《生命的尊严:中国近代人道主义思潮研究》,上海人民出版社,1994 年;邵伯周:《人道主义与中国现代文学》,上海远东出版社,1993 年;雷颐:《辛亥革命前夕资产阶级人道主义思想》,《雷颐自选集》,广西师范大学出版社,2000 年;宋慧昌:《人的发现与人的解放:近代中国价值观的嬗变》,四川人民出版社,2008 年。

时期风光背后所面临的困境略作考察。当然,近代中国思想界的变化风起潮涌、大浪不断,一个思想观念的起伏,往往非单一的内在原因所致,需综合整体情况而后能得以论定。笔者在此以"人道主义"为例,期待揭示五四时期有关"人"之思想变化的一个侧面。

五四"人道主义"止于博爱

尽管在中外思想史的研究中,人们早已习惯用"人道主义"指称东西各个文明古典时代以来的诸多思想,但"主义"(-ism)这种构词和表达方式的出现,是最近几个世纪的事,在西欧是18、19世纪才大规模为人使用,在中国则是19世纪90年代才开始流行。[①]

今日世界已为人普遍接受的看法是,现代人道主义可以上溯到文艺复兴时代对"神/人"关系的重新考量,而更为关键的转变是18世纪后半叶启蒙运动思想家提出的"天赋人权"理念和"自由、平等、博爱"等主张[②],至此现代人道主义观念才真正成型。

从概念史的角度来看,英语中 humanism 和 humanitarianism 这两个概念确实到19世纪才发生了重要变化,尽管这两词出现较早,但都是到19世纪中期才有了一种新的涵义,即"以人本身的价值和福祉为关注核心,将其看作目的和基础,而不是实现其他目标的手段"。其他欧洲语言中对应词的情况也大致近似。[③]这种新含义出现后,它迅速取代了其他一些旧的含义,而同时,这两个词也是借由这种新含义而在社会层面被更大量地使用。

然而,这并不意味着19世纪中期以后,所有西欧语言和中文的使用

---

① 王汎森:《"主义时代"的来临——中国近代思想史的一个关键发展》,载《思想是生活的一种方式:中国近代思想史的再思考》,北京大学出版社,2018年,第141页。
② 参见王邦佐等编著《政治学辞典》,上海辞书出版社,2009年,第275页。
③ 参见拙著《中国"人文主义"的概念史,1901—1932》,复旦大学出版社,2015年,第28页。

者在言说"人道主义"时就自然而然地接受了"自由、平等、博爱、人权"之类的思想观念,在此不加分疏的研究者往往会面临"时空误植"的危险。尤其在近代中国的语境中,后几个观念各自的演变都有复杂脉络,并非"人道主义"一词所能简单包容。

中文里"人道主义"一词最早出现在1903年出版的辞书《新尔雅》中,该书由汪荣宝和叶澜编写,其中"人道主义"有两条释义。第一是"钻研古典,不授生活上卑近之学者,谓之人道主义";第二是"以扶植人类为国家社会之任务者,谓之人道主义"①。第一条释义是历史学角度的,如今一般归之于"文艺复兴人文主义";而第二条释义才表达以"人"为最终目的、为关注核心的观念。

既然这一观念以"人"本身为目的,那么自然要反对那种利用人、戕害人、"以人为刍狗"的行为。但"人"作为一个集合名词,范围广大,施与者为人,接受者亦为人,笼统言之,不免空泛。实际上,无论是"自由""平等"还是"人权"等,在现代意义上的实现都需要社会层面的结构性转变,并非"人道主义"主张所能承担。就清末学人的理解而言,"人道主义"主要与"人"和"人道"观念的转变相呼应,其出现的语境基本是表达慈善同情、反对暴力流血,是一种"博爱"的态度。

1903年《大陆报》"杂录"栏载有《记人道教育会》一文,介绍美国人道教育会(The American Humane Society),其中说,该会创立是基于19世纪战争不断、生灵涂炭的背景,专门"鼓吹慈悲之主义"。该会关注问题包括"高等教育上人道教育之必要,对于犯罪豫防之人道教育之必要,家畜之搬运,动物之屠杀,原野中家畜之处置,虐待动物及于公众卫生之影响,身体解剖等,皆最有关于人道者也"②。如果把人对动物的关心和同情也归之于"人道",显然这大大扩充了"人道"的关心对象,也改

---

① 汪荣宝、叶澜编:《新尔雅》,上海明权社1903年出版,第57、70页。
② 阙名:《记人道教育会》,《大陆报》第5期"杂录"栏,1903年。

变了"人道"的基本含义,使之与普遍性的"善"的价值联系起来。

"人道主义"成为正面标尺的同时,也迎来了新的问题,即如何定位作为对象的"人"。革命派的《中国日报》在1907年刊有一文,辨析"人道主义"与中国革命的关系,其主要观点为:革命会有武装斗争,需要流血,当时很多人认为,这违背人道主义;但实际上,革命是为了解救人民、谋得更大幸福,迈向更久远的和平,从长远来看,这是一种更大的人道主义。[①]

该文利用边沁所谓"为最大多数谋最大幸福"的伦理命题,以一种功利主义学说来诠释人道主义,在论证革命正当性的同时,却也打开了通向未知未来的另一扇大门。这种将暂时的"不人道"和长远的"人道"两相分解,制造出"人道主义可以将人牺牲"的吊诡论述,其实已经削弱了以"人"为目的之"人道主义"的独一性和普遍性。

清末民初之际,国内政治局势动荡、征伐不断,在此大背景下,"人道主义"当中"博爱"的一面被放大,成为核心。人们将反对战乱、避免生灵涂炭、减少人类痛苦等等期望都寄予该观念之上。因此,它在某种程度上成为"政治正确",不难理解。1914年国际局势急剧变化,一战爆发。借助"反战"意识,"人道主义"彻底成为一个世界性议题。全球范围内兴起对战争和现代文明的反思,一股新的人道主义思潮逐步酝酿,同样也影响到中国。

许多敏感的学人以"人道主义"观念为桥梁,将中国经验置入对人类文明的整体性反思中,实现一种世界主义的表达,其中以蔡元培和周作人最为突出。然而,新文化学人的取向是,他们不喜欢用中国传统中的慈善、慈悲、仁爱等思想来阐释"人道主义",因为他们大多意识到,单纯从博爱、反暴力的角度去诠释"人道主义",并不具备太强的批判力度,反而会被软性、消极的精神所局限。毫无疑问,在他们看来,欧洲现代人道

[①] 阙名:《论人道主义与中国革命》,《中国日报》1907年9月25日。

主义观念是对"人"之认识的全面革新,绝不仅仅只是"博爱"而已。周作人在 1918 年发表名文《人的文学》,提出一种"人道主义"的文学和文化主张[1],就是最好的证明。尽管从概念含义的角度看,此文中"人道主义"的解释不免仍有含糊之处。

周作人的努力算不上成功。在 1918 年至 1922 年间,他不断倡导"人道主义"理想,并试图找到其合适的社会实践方式。作为理想,他的"人道主义"希望建立在"个性/人类"或者说"利己/利他"的二元融合之上。他不断摇摆,尝试找到能统合这两方面的最佳方法,但又无法舍弃其中任何一个。无论他着力于从基督教精神中寻找现代人道主义源泉[2],还是他热衷于引介日本新村运动[3],都可找到其中的冲突和紧张。最后到了 1921 年,他的意志趋于消沉,自己也承认,这种思想努力已经失败,"托尔斯泰的无我爱和尼采的超人……我都一样的喜欢尊重,却又不能调和统一起来。"[4]

总体上看,新文化运动中的"人道主义"观念体现出极为矛盾而富有张力的景况。一方面,越来越多的学人将其视为未来理想社会的主要特征,社会改良的主要目标,它成为"现代"意识和"反传统"批判思想的主要工具,乃至很快被符号化、口号化,就连很少直接谈"主义"的鲁迅,都有"将来人道主义终将胜利"的想法[5];但另一方面,对于如何到达这种个人的尊严被充分尊重、个人和群体的价值得到充分实现的理想社会,仅就"人道主义"自身的表述而言,很少有学人能给出可行的方案。

这种围绕"人道主义"的矛盾在社会生活中迅速被放大,在"主义"盛行的时代,"人道主义"始终立足于单纯的"博爱",而又止于"博爱",缺乏

---

[1] 周作人:《人的文学》,《新青年》第 5 卷第 6 号,1918 年。
[2] 周作人:《文学上的俄国与中国》,《新青年》第 8 卷第 5 号,1920 年;《圣书与中国文学》,《小说月报》第 12 卷第 1 号,1921 年。
[3] 周作人:《日本的新村》,《新青年》第 6 卷第 3 号,1919 年。
[4] 周作人:《山中杂信之一》,见止庵校订《周作人书信》,河北教育出版社,2002 年,第 5 页。
[5] 鲁迅:《致许寿裳的信》,《鲁迅书信集》上卷,人民文学出版社,1976 年,第 19 页。

伦理深度和实践力,仅仅诉诸"同情"的个人情感,并无法承担对生活诸领域的全面指导功能。

于是,在五四之后,"人道主义"很快迎来了新的对手。1922年,梅光迪、吴宓、胡先骕等人创办《学衡》,试图将白璧德(Irving Babbitt)的"人文主义"(humanism)观念引入中国,而这正是基于对他们所谓"人道主义"(humanitarianism)的批判。在一些学衡派人士的眼中,"人道主义"不但无法指导现代生活,反而是应被批判的对象。

按白璧德的想法,近代以来欧洲产生了两种人道主义,即培根式的人道主义和卢梭式的人道主义,这两种人道主义流弊重重,其中最重要的就是带来一种泛滥的、放纵的情感主义,对现代社会产生了很大的破坏力量。换句话说,"博爱"不但无益,反而有害。白氏提倡由"人道主义"到"人文主义"的转换,是希望将泛滥的、消极的同情之爱,纠正为一种积极主动的道德自制。[①]

学衡派人士适时地将这种思考引入中国语境,并融入自身对于新文化派的"博爱人道主义"的批判当中,在这一点上毫无疑问极具力量。这或许也是《学衡》杂志在时隔多年以后,自20世纪80、90年代以来重新引起众多中文学者关注的重要原因之一。而且,以吴宓为代表的一些学衡派人士试图从新的文化保守主义方向,比如从传统儒学的"礼教""中庸"之类观念中挖掘道德资源,为新的"人文主义"观念奠立伦理基础,从而为"人道"和"人文"之争加上了空间化、民族化的维度。

无论今日我们如何评估学衡派在当时思想界的影响,从概念的角度来看,自20年代后期开始,以"人文""人文主义""人文精神""人文思想"之类的概念来诠释中国传统、发掘伦理意义的论述在中文世界里变得越来越多见,却是不争的事实。而与此同时,"人道主义"却不断地被打上

[①] 白璧德:《文学与美国的大学》,张沛、张源译,北京大学出版社,2004年,第30—39页。学衡派人士选用"人文主义"译名的过程参见吴宓《吴宓自编年谱》,三联书店,1995年,第233页。

"西方的"之烙印。用汪晖的说法,它和一种特别的"欧洲扩张主义"联系在一起。①民族主义思维如何对"博爱人道主义"形成消解力量,这是另一个话题。不论怎样,"人道主义"在20年代以后,已不复它在五四时期的"荣光"。

启蒙的困境:施与者与受与者的矛盾

不论在哲学还是语义学角度,"人道主义"和"人文主义""人本主义"一样,都存在着一种内在张力,"人"作为主体的价值和尊严,却要通过"主义"这样一种外在的思想主张来保证,其构词本身就是对人类生存处境的一种嘲讽。概念的意义往往要在具体的社会情境中才能被充分理解,"人×主义"这些词汇在近代世界的流行,背后折射出来的,恰恰是人类社会中因种族、阶层、性别等因素形成的区隔和不对等。

前面提到,周作人在1919年前后试图把"个性/人类"或"利己/利他"这些不同的两面都统合到一个新的"人道主义"观念当中。实际上,与其说周作人试图做协调和统合的工作,不如说他是希望把"尊重个人与个性"这一面加入到当时流行的"利他"的、全人类博爱的"人道主义"内涵当中。他已经敏锐地意识到,"人道主义"的宏大话语可能会对"个人"领域形成侵害,并不一定就利于个人意愿的实现和个性的发展,因此不愿放弃"个人"的这一面。

在实践层面,尤其是具体到个人,"博爱人道主义"当然不会是普适而理所当然的。其内含有两个问题:第一是"爱"的来源与动力,软性的"同情"之心理情感能发挥多大作用,本就因人而异,清末民初世道艰辛,许多人自身处境尚难,任舆论多方倡导,也并无确保,因此"人道主义"的

---

① 汪晖:《人文话语与中国的现代性问题》,陈清侨编《身份认同与公共文化》,香港牛津大学出版社,1997年,第374页。

推进往往需要更深动力,一些新文化学人着力寻找更深层的伦理资源,甚至求诸宗教信仰,便是如此。只不过在"科学"和反传统的大潮流下,这种努力尤为不易。

第二是"爱"之施与者与受与者之间的不对等。如若彼所施之"爱",并非我真正所欲,则反而产生新的冲突。近代中国新旧转换剧烈,不同群体之间的思想观念转型和生活改变都不同步,甚至可能差之甚远。各方对于"个人之理想生活"为何往往有不同看法,一些人孜孜以求的"人道主义",对另一些人则无异于空中楼阁,甚至起到反作用。

举性别平等而言,清末时期女权运动便已兴起,到民国成立后,因政治变化,男女平等、家庭改良的呼声再次高涨。1912年,"中华民国家庭改良会"就在北京成立,在该会的"暂行草章"中便提出以"人道主义"为宗旨,"改良家庭惯习,实行男女平等"[①]。在民国初年讨论性别和家庭话题时,"人道主义"是常被提到的字眼,然而,这种"主义"所关涉的大多并非男女之间在人格和社会权利上真正的平等,而是对处于弱势地位女性的"爱"的施与。

从五四前后到20年代,新的婚姻观念与旧式婚姻之间的冲突,是常见的社会问题,报刊舆论中也多有讨论。1922年《小说月报》上曾刊登"高歌"撰写的小说《人道主义的失败》,颇有代表性。主人公是青年学者A君,他颇具才华,在学界已小有成就,但在婚姻上则遵从父母,娶了一位目不识丁的女子为妻。在小说中,尽管朋友们都感叹这对夫妻不相称,多加嘲讽,对A的妻子则抱以冷眼,但A并未抛弃发妻,还是出于"人道主义"自我牺牲,勉力维持婚姻。但是,A的太太感受到了周围的压力,她发现别人都为丈夫感到惋惜,这给她带来的只有"侮辱和怜悯",最后突然离家出走,不知所终。[②]

[①] 《中华民国家庭改良会暂行草章》,《北京档案》1986年第2期。
[②] 高歌:《人道主义的失败》,《小说月报》第13卷第9期,1922年。

在小说中,女人要 A 给他解释,什么是"人道"? A 回答:"人道二字,就是不肯自私自利的意思……不肯自己快乐,不愿别人痛苦。"尽管男主人公本着通行的"人道主义"观念,对发妻加以慈悲之爱,但女主人公显然对"人道"的含义并不了解,对丈夫这种单方面的"爱"的施与也难以接受,最后造成了悲剧性的结局。

在 20 世纪 20 年代讨论"人道主义"的小说为数不少[1],但这一篇最为明显地体现了施与者和受与者的不对等。事实上,这种不对等并不仅仅体现在性别问题上,而是广泛存在于社会方方面面。比如在劳工问题上,民国年间各行业中"人道主义"问题被讨论最多的,莫过于人力车夫。在趋新人士看来,人力车作为交通工具,车夫与牛马无异,就"博爱"而言,车夫常年忍受酷暑严寒、风吹日晒,工作条件艰苦、工作强度极大,且常年来往于城市街道,极为瞩目,因而与"人道主义"最为不合。

无论来自左翼还是其他阵营,许多学人都从"人道主义"的理念出发对人力车夫深表同情,但设想若贸然取消该行业,则又断人生路,结果更糟。李大钊在 1917 年就写下《可怜之人力车夫》,他和陈独秀在随后几年也多方谋划,希望找到改变人力车夫困苦处境的出路,但并不算成功。[2]

对其他人来说,同情当然有,到眼前则又贪其便利,对这种矛盾心态的刻画在民国文学中很常见。胡适于 1918 年初发表新诗《人力车夫》,描绘的便是"客人"见天寒而车夫年幼,心有不忍,但少年车夫苦苦哀求其照顾生意,最后客人只好上车的场景。[3] 而后,谢远定在 1923 年发表的一首诗更是直抒胸臆,描写自己内心的交战:"我坐上了黄包车了/人道主义的良心命令我下来/我但终于违抗了/怜忤的表现,在脸上放出晚霞来了!"[4]

---

[1] 具体参见拙著:《中国"人文主义"的概念史,1901—1932》,第 202—205 页。
[2] 刘秋阳:《人力车夫与五四运动》,《档案》2007 年第 5 期。
[3] 胡适:《人力车夫》,《新青年》1918 年 1 月 15 日。此诗后来收入《尝试集》。
[4] 谢远定:《黄包车上》,《民国日报》1923 年 1 月 18 日。

理想与现实总有距离,我之同情,并非彼之所欲,这种情况又再次发生。20世纪初的中国知识和思想精英们引入了现代"人道主义"观念,又以"先知者"和"启蒙者"的角色来推行这种观念,但在大规模的社会变革到来之前,"博爱"的施与者和受与者之间产生了很大落差,"人道主义"观念的传播,反倒是强化了先知者和后觉者、启蒙者和被启蒙者之间的分别和不对等,在这个特别的历史阶段,形成了一种"启蒙的困境"。

无论如何,这种困境正为后来阶级革命理论的介入提供了空间。出于人道考虑,吴稚晖在民国初年曾经公开提出"不坐黄包车",得到呼应的同时也招来批评,因若无人坐人力车,则车夫们生计无着,按评论者说法,"这种不人道,岂不比坐黄包车的不人道还厉害吗?"到30年代,尽管有人将希望寄托在将来社会交通技术的改良,但一些"激进的青年"已批判"人道主义"在其中起了恶的作用,是受压迫者的麻醉剂:

> 他们以为人道主义是虚伪的,不彻底的,因为社会问题之根本解决,在于整个不良制度之推翻,而不在于人道主义的隔靴搔痒的补救。他们以为人道主义者解决社会问题的方法,适足以养成一般流氓无产者的依赖心理,而消磨其革命性。①

实际上,阶级意识对"人道主义"的介入,以及后来"资产阶级人道主义"的表述出现,并不是左翼人士石破天惊的发明,这同样植根于对言说"人道主义"者权力的批判,早在中华民国成立之初,就有国人担心,"人道主义"是西方列强用来麻醉被压迫的东方各国之武器,若笃信此种主义,居安而忘危,在20世纪国际竞争的大格局中,无异于自杀。②前后两种思考,都揭示了"人道主义"言说背后主体的不对等关系,只不过前者

---

① 杏雨:《由坐黄包车说到人道主义》,《礼拜六》第551期,1934年。
② 朱进:《人道主义》,《留美学生季报》第2卷第4期,1915年。

专题 百年中国思想 279

为国族之间,后者为阶级之间。时至今日,无论是国际社会交往,还是各国国内团体冲突中,强、弱者之间围绕着"人道主义"施行的纷争,依然时有发生。"胡先生"的困惑,并不能轻易解除。

结语

最后,我们将目光从中国五四前后"人道主义"表述上暂且移开,放大视域,从东西方社会的发展来看,现代人道主义观念是一个有机的组合体,它当然需要利他的、博爱的情感支撑,但也需要"天赋人权""自由""平等"等基本观念的制度化作为必要的社会保证。尽管完全的"平等"世界其实很难达到,大到民族国家间,小到社会生活中,不对等的权力关系依然存在。但是,在一个民族国家的现代转型过程中,如果没有必要社会变革支撑,那么所谓"博爱人道主义"之类的表述,只是建造了一堆新观念的空中楼阁,在实践效果上因为伦理资源的暂时缺乏,有时甚至还不如传统宗教信仰的仁爱、慈善观念。

在20世纪初,"胡先生"早早来到中国,尽管前路曲折,但中华民国的成立还是为它的传播提供了必要的条件和土壤:民主共和的政治体制、相对宗教自由的环境、妇女运动和一夫一妻制在法令上的确立(且不论实践)等等。五四之后一段时间里,它多遭质疑,但并未就此退出中国历史舞台。不论后来的政治表述为它赋予了何种新的意义,但对"人"本身价值和尊严的关切毕竟就此铸入了国人精神世界当中。用王若水的话说,"人道主义的幽灵,在中国上空徘徊。"它从此不再离去。

(章可:复旦大学历史学系)

文明尺度、世界认知与革命的正当性

以李大钊的思想演变为中心[*]

段　炼

作为近代中国"转型时代"的重要思想人物之一，李大钊在五四时期对于"世界"与"文明"的议题有着新的思考，并以此为基础阐述文明、世界与革命之间互动共生的内在关联。面对民初共和政治的挫败与世界格局的巨变，李大钊不断调整其认知世界与评价文明的价值尺度，形成了从"风俗保群"到"第三"文明的思想转变。到了新文化运动中后期，出于对俄国革命的认同和对马克思主义的接纳，李大钊一方面反思作为现代文明重要表征的西方共和制度与资本主义发展模式，另一方面通过对互助、合作、博爱的思考与实践，试图以此催生超越民族国家的新的文明主体——平民（大众）。在文明觉悟与世界认知不断转变的背景下，李大钊心目中的平民革命，既为五四时期的思想启蒙提供了现实动力，也从历史时空（世界）与内在品质（文明）上，深化了启蒙的思想内涵。

作为近代中国"转型时代"的重要思想人物之一，李大钊在五四时期对于"世界"与"文明"的议题有着新的思考，并以此为基础阐述文明、世

---

[*] 本文系国家社科基金一般项目"清末民初天理世界观的瓦解与公理世界观的形塑研究"（15BZS085）以及湖南省教育厅科研优秀青年项目"清末民初世界观转型研究"（15B144）阶段性成果。

界与革命之间互动共生的内在关联。与晚清时期读书人多从世界反观中国,尝试以"泰西诸国"为模式"寻求富强"的思路不同,面对民初共和政治的挫败与世界格局的巨变,五四时期的李大钊开始超越国家去认知世界,并且不断调整其关于世界与文明的价值尺度,从而形成了从"风俗保群"到"第三"文明论的思想演变。

到了新文化运动中后期,对于俄国革命的认同和对马克思主义的接纳,则让李大钊开始反思作为现代文明重要表征的西方共和制度与资本主义发展模式,试图塑造一个"人人相爱"的新世界以实现新文明。为此,他通过革命、互助、合作、博爱等思想言行,积极介入现实政治,并试图以此催生超越民族国家的新的文明主体——平民(大众)和以平民为主体的世界革命。从此,"有血的革命"的主张、个人改造必须以人类命运改变为前提的认知,以及全世界被压迫者荣辱与共的互助博爱情怀,成为李大钊心目中实现新文明、创造新世界的核心内容。

一、从"国家"到"世界"的语境转换

晚明的耶稣会士给中国带来了早期的环球地理知识,但作为意指"全球各国"的世界观念,直到晚清时期,才在士大夫群体当中形成较为强烈的思想冲击。19世纪中后期,在西方列强"商战""兵战"和"学战"带来的时代危机刺激之下,中国逐步卷入一个列国林立的世界。对外战争的一系列屈辱性溃败与不平等条约的签订,加深了晚清中国对于世界的理解以及对于组成世界的"泰西诸国"的认知。从此,仿效西方发达国家以寻求中国的自强之路,成为晚清朝野因应时代危机的共识,也成为士大夫谋求变革的思想动力之一。

不过,"世界"自始就并非一个恒定的概念,而是时人认知当中因时因势而变的一则变量。1907年,杨度在发表于《中国新报》的《金铁主义

说》当中,即以《今中国所处之世界》为题开宗明义地指出,"中国数千年历史上,无国际之名词,而中国之人民,亦唯有世界观念,而无国家观念。此无他,以为中国以外,无所谓世界,中国以外,亦无所谓国家。盖中国即世界,世界即中国,一而二二而一者也。"杨度论述当中的"世界"一语,其实和传统儒家的"天下"观念大体一致。而随后"国际之名词"的出现,则正是因为"数十百年以来,经西洋科学之发明",西方人在全球范围内不断探险、扩张乃至殖民的结果。从此,"以世界自命"的中国人开始意识到,"向之所谓世界者非世界也,不过在世界之中为一部分而已。此世界之中,除吾中国以外,固有大国在也。"[1]另一方面,率先意识到"世界"的存在,然后逐渐接受中国之外"固有大国"的观念,导致源自传统的"天下"观开始解体,进而使得国人不得不承认中国其实是世界(国际)中的一国,并自觉地将自身纳入这一世界体系当中。

在晚清的历史语境之下,对于"世界"的接纳虽然促进了对于现代国家的理解,读书人却也多少保留传统"天下"观支配之下对于二者的价值判断。晚清之际的梁启超不止一次批评中国人"知天下而不知有国家"[2],但他那时其实也不忘强调:"有世界主义,有国家主义。无义战非攻者,世界主义也,尚武敌忾者,国家主义也。世界主义,属于理想;国家主义,属于事实。世界主义,属于将来;国家主义,属于现在。"[3]梁启超曾援引乃师康有为的看法,认为"小康为'国别主义',大同为'世界主义'"[4]。可见,在彼时康、梁诸人的心目当中,"国家"与"世界"(及其延伸的"主义")的差别,乃是基于理想与现实、现在与未来的历史判断,但在其潜意识当中,多少仍秉持着世界高于国家的价值判断。

不过,对于晚清读书人而言,随着对于世界诸国认知的深入,一个更

---

[1] 杨度:《金铁主义说》,刘晴波主编:《杨度集》,湖南人民出版社,2008年,第213页。
[2] 梁启超:《新民说》,张品兴主编:《梁启超全集》,北京出版社,1999年,第665页。
[3] 梁启超:《自由书》,《梁启超全集》,第357页。
[4] 梁启超:《南海康先生传》,收入康有为《我史》附录,中国人民大学出版社,2011年,第119页。

大的思想变化则是,"文明"开始成为衡量国家与世界进化水平的新尺度。其实,作为 civilization 的对应翻译,"文明"一词起初并非价值中立地形容西方社会的状况,或表现类似"华夷之别"的教化之有无,而是以"历史进步"为前提,确认一种以西方列强为代表的"一元性顺序"和"普遍公理"的价值。因此,当晚清读书人使用"文明"这一词汇的时候,不管其意图如何,都只能是在认识一种"非中国"价值的存在。[1] 另一方面,正如杨度观察到的那样,"今日有文明国而无文明世界,今世各国对于内则皆文明,对于外则皆野蛮"。因此,在"文明"尺度的支配之下,"所谓世界的国家主义者……特欲以中国与各文明国并立于此野蛮世界中,而无不适于生存,有优胜而无劣败之国也。"[2]

然而,晚清读书人的思想困惑也由此产生:既然西方列强代表了"普遍公理"的文明价值,为何由其主导的世界却是一个弱肉强食的"野蛮世界"? 进而言之,在一个由"文明国家"主宰的"野蛮世界"当中,中国又将如何立国? 大体来看,晚清中国率先接受了世界的观念,继而通过涉及现代国家的诸多范畴(主权、国民、民主、宪政等等),将外部世界具体化,进而考察西方列强的崛起之路。因此,对于当日的读书人而言,中国的因应之道集中表现为接受西方现代性方案,通过建立新型现代国家体制以捍卫国权与民权。

晚清读书人逐步了解"世界",进而深化对于现代国家认知的努力,随着亚洲第一个共和国——中华民国的建立,初步告一段落。然而,民国初年袁世凯称帝、张勋复辟与军阀政争的此起彼伏,标志着新生的共和理念遭遇挑战,也让知识界对于民国政治深感失望。从清朝的君主制到民国的共和制,1911 年的辛亥革命改变了国体,但当日杜亚泉"革命

---

[1] 石川祯浩:《梁启超与文明的视点》,见氏著:《中国近代历史的表与里》,北京大学出版社,2015 年,第 98 页。
[2] 杨度:《金铁主义说》,《杨度集》,第 217—219 页。

之伟业虽成,而立宪之前途尚远"的言说①,却传递出读书人对于国家政治的共同忧虑。另一方面,几乎同时爆发的欧战及其悲惨结局,也引发民初读书人对于世界格局的观察与对于英、法、德、俄等"文明国"的深刻反省。1916 年,陈独秀注意到:"创造二十世纪之新文明,不可因袭十九世纪以上之文明为止境。"他认为,在欧洲战争的影响下,军事、政治、学术、思想"必有剧变,大异于前"②。因此,在战争的刺激下,对于西方现代国家发展模式与西方文明的反思,构成这一时期读书人思想的新基调。一年以后,俄国二月革命爆发。陈独秀进一步指出,"此次大战争,乃旷古未有;战后政治学术、一切制度之改革与进步,亦将旷古所罕闻。吾料欧洲之历史,大战之后必全然改观。以战争以前历史之观念,推测战后之世界大势,无有是处。"③1917 年 11 月,俄国布尔什维克革命的爆发以及苏俄社会制度的确立,进一步为中国读书人批判性地理解西方文明,提供了新的契机与现实参照。

如果说,晚清读书人主要通过感知世界进而了解现代国家及其治理体系,那么到了五四时期,知识界的视角却逐渐转化为以超越国家的方式,重新思考世界与文明的意义。这意味着,一度被中国人奉为圭臬的西方现代国家的建构方案,在这一时期遇到了尖锐挑战。知识界逐渐意识到,在新的历史情境之下,这一方案必须纳入更为开阔的世界与文明的背景下予以重新审视。因此,针对晚清读书人关于"野蛮世界"与"文明国"的思想焦虑及其因应之策,到了五四新文化运动时期,读书人的反思主题逐渐转化为:国家虽然"野蛮",但世界应该"文明"。因此,如何创造一个具有新文明形态的"新世界",以此超克西方现代性方案下的"野蛮国",进而实现比晚清时期"寻求富强"的国家目标更为高远的价值诉

---

① 杜亚泉等:《辛亥前十年中国政治通览》,中华书局,2012 年,第 23 页。
② 陈独秀:《一九一六年》,《青年杂志》第一卷第五号(1916 年 1 月 15 日)。
③ 陈独秀:《俄罗斯革命与我国民之觉悟》,《新青年》第三卷第二号(1917 年 4 月 1 日)。

求,成为包括李大钊在内的五四时期知识分子的中心议题之一。

二、 内外视角下的"第三"文明

民国初年李大钊的思想历程较为复杂。大体而言,晚清以来风起云涌的预备立宪运动与天津北洋法政专门学堂以及日本早稻田大学的求学经历,让李大钊对于通过完善宪政秩序以建构强大的共和国家有着强烈期待。因此,他才"急思深研政理,求得挽救民族,振奋国群之良策"①。但这一时期的李大钊并非一个单纯的共和国家的制度论者。他倾注了相当多的心力,思考和论述何为真正的共和精神。而这一系列的思考和论述,建立在他对于文明问题的复杂多变的理解之上。

在发表于1914年8月10日《甲寅》杂志第一卷第三号的《风俗》一文中,留学日本的李大钊表达出对于"群"的高度重视。他指出,"亡群甚于亡国"。这是因为"群"的意义不仅仅意味着"人体集合"的数量意义,而是拥有"具同一思想者之总称"的内在品质。在李大钊看来,对于"群"而言,其实质乃是"风俗":"群,其形也;风俗,其神也。群,其质也;风俗,其力也",因此,"离人心则无风俗,离风俗则无群。"《风俗》一文抨击的是民初的政治窳败和道德沦丧,呼吁"好学知耻之士"作为"群枢","积为群力,蔚成国风"。这一看法显然来自传统儒家的道德吁求,即倡导通过"国之君子"的率先垂范,以"风行草偃"的方式改变世风。所以,李大钊援引顾炎武、曾国藩的言论,指出"风俗之厚薄,自乎一二人之心之所向"②。进而言之,李大钊已经注意到,在现代社会当中,"群"的凝聚不仅仅依托于良善的政治制度,更多的是源自自身独特的文化("风俗")及

---

① 李大钊:《狱中自述》(1927年4月),《李大钊全集》(第四卷),河北教育出版社,1999年,第713—714页。
② 李大钊:《风俗》,《甲寅》第一卷第三号(1914年8月10日)。

其陶冶的世道人心。

值得注意的是,在这一时期李大钊的笔下,一种建立在内外视角之上的"第三"文明论述开始出现,并逐渐超越"风俗保群"的论述。这一文明论述的形成,与李大钊在这一期对于"自然之真理"——进化论的深刻服膺密切相关。晚清以来,随着"天理"世界观的瓦解与"公理"世界观的兴起,使得进化论被提升到新宇宙论的层次,成为解释万物之生成与运作的基本原理,也成为支配知识分子探讨政治秩序合理性的重要依据。① 因此,以进化论为核心的公理世界观,深化了李大钊对于政治更迭背后历史规律的理解,也在进一步形塑他的历史观念与文明尺度。李大钊开始自觉地以一种二元论的视角理解文明,进而以此观察中国与世界。

从文明内部来看,在"世运嬗进"的时代潮流当中,需要以除旧立新的态度,破除一切旧的政治制度。李大钊已经注意到,"老成者每病新进者之思想动作,不能同于己,则深斥而痛绝之,此大谬也。宙合万化,逐境而进,一经周折而或滞或退者,逆乎宇宙之大化者也。居今日而求治,断无毁新复古之理。虽人唯其旧,倚重老成,而世运嬗进,即有大力,亦莫能抗。旧者日益衰落,不可淹留,新者遏其萌芽,勿使畅发,此自绝之道也。"②他进而通过"老年"与"青年"的对立,建立起对于"青春中华(中国)"的论述:"吾族今后之能否立足于世界,不在白首中国之苟延残喘,而在青春中国之投胎复活。"③

1916年8月15日发表于《晨钟》报创刊号上的《〈晨钟〉之使命——青春中华之创造》一文,清晰地彰显出李大钊心目中"白发中华"与"青春

---

① 陈独秀在刊于《青年杂志》创刊号上的两篇文章《敬告青年》以及《法兰西人与近世文明》中就谈及:"自宇宙之根本大法言之,森罗万象,无不在演进之途。"又称:"近代文明之特征,最足以变古之道,而使人心社会划然一新者,厥有三事",其中达尔文本诸拉马克的"生物进化论",是缔造"近世文明"的三大基石之一(其余二者为"人权说"和"社会主义")。《青年杂志》第一卷第一号(1915年9月15日)。
② 李大钊:《政治对抗力之形成》,《中华》第一卷第十一号(1914年11月1日)。
③ 李大钊:《青春》,《新青年》第二卷第一号(1916年9月1日)。

中华"的对立。在李大钊看来,这一对立不仅仅是时序上的后来居上,乃是因为两者分享的是截然不同的两种文明形态:"老辈之文明,和解之文明也,与境遇和解,与时代和解,与经验和解。青年之文明,奋斗之文明也,与境遇奋斗,与时代奋斗,与经验奋斗。"因此,"一切新创造,新机遇,乃吾青年独有之特权。"①李大钊笔下的"青春中国(中华)",显然是晚清时期梁启超呼吁的"少年中国"的历史性延续。因此,李大钊所谓"青春中国""投胎复活"之说,从晚清民初的思想脉络言之,其实渊源有自。不过,针对新旧两类文明的嬗递,李大钊主张采取调适渐进的态度。在他看来,"现代之文明,协力之文明也……现代之社会,调和之社会也",是以"群演之道,乃在一方固其秩序,一方促其进步。无秩序则进步难期,无进步则秩序莫保"②。

从文明外部来看,李大钊的思想尝试则是以"灵与肉""动与静"等二分方式,理解东西方文明及其差异。在发表于1917年4月《甲寅》日刊的《动的生活与静的生活》一文中,他指出:"东西文明绝异之特质,即动的与静的而已矣",而动静之别则源于"生活之依据"不同。③ 然而,李大钊也注意到,近百年以来,"西方之动的生活,挟其风驰云卷之势力,以侵入东方静的生活之范围",导致了一个"动的世界"的不期而至。从价值立场上看,李大钊显然更倾向以西方文明之"动"。他认为"动的国家,动的民族,动的文明,动的生活"乃是"世变"带来的"潮流"。不仅如此,他还力倡以"动的文明"来挽救东方文明之"静",从而更好地让东方文明融入西方文明。

以"动静"二分的方式对待东西方文明的思路,在五四时期知识分子当中具有广泛代表性,对于李大钊的思想也产生了相当持续的影响。直

---

① 李大钊:《〈晨钟〉之使命——青春中华之创造》,《晨钟》创刊号(1916年8月15日)。
② 李大钊:《青年与老人》,《新青年》第三卷第二号(1917年4月1日)。
③ 李大钊:《动的生活与静的生活》,《甲寅》日刊(1917年4月12日)。

到一年后的1918年,他在反省"一战"之时,都还在论述"东西文明根本之异点"即在于"东洋文明主静,西洋文明主动"。那时,他依然相当现实地承认,"吾人之静的文明,精神的生活,已处于屈败之势"。而"西洋之动的文明,物质的生活,虽就其自身重累而言,不无趋于自杀之倾向,而以临于吾侪,则实居优越之境"①。不过,1917至1918前后的李大钊的思想深处,这一"动"的文明并非理想文明的终极形态。因此,他提出一种调和两种文明的"第三"文明的论说。李大钊认为,"第一文明偏于灵;第二文明偏于肉;吾宁欢迎'第三'之文明"。显然,对于东西方文明之优劣偏至,李大钊的即时反应虽重在"扬西抑中",其实对二者皆有反省。因此,他明确指出,"'第三'之文明,乃灵肉一致之文明,理想之文明,向上之文明",显然有着调和东西而又更上一层的意味。不过,李大钊也坦承,这一理想的"第三"文明,乃是"有其理想而无其实境"的文明②,故而在具体言说当中,李大钊更侧重其超越东西文明的理想特质。而以"后见之明"来看,这一"第三"文明的论述,多少也成为他后来孕育"新文明"的思想契机。

三、"解放的文明"与新文明主体的创制

与五四新文化运动同步,对于1914年爆发的欧战的反思,则带给李大钊反思欧洲文明与世界格局的新契机。随着19世纪末到20世纪初期的全球资本扩张与劳工扩张,原有民族国家的界限被彻底打破。资本的扩张带来了资本主义扩张,劳工扩张则带来劳工阶级扩张。两者对于既有的现代国家形态及制度均提出挑战,超越国家的"世界"命题成为李大钊思考的重心。

---

① 李大钊:《东西文明之根本异同点》,《言治》季刊第三册(1918年7月1日)。
② 李大钊:《"第三"》,《晨钟》(1916年8月17日)。

1917年至1918年期间,是李大钊理解世界文明的重要时段。他开始将"近世的文明"视为"解放的文明"。所谓"解放",即指挣脱"少数专制之向心力",根据"离心力以求解脱而伸其个性复其自由"。所以,"解放"不仅仅意味着个人的自由,从更深的层次上看,它所带来的"向心力"与"离心力"的合力作用,更是世界文明进步的推动力。李大钊据此分析,世界政治的趋势将是"向心主义之势力日见缩减,离心主义之势力日见伸张"。因此,"对专制主义而有民主主义,对于资本主义而有社会主义"①。

因此,在世界大战与全球化的背景下,李大钊的文明视野开始超越既有民族国家框架,从一开始就将"自由政治""民主主义"的主体明确为"世界各国之平民"。在这一时期的论述当中,一方面,李大钊率先洞察到全球资本主义扩张,带来了资本家与劳动阶级之间巨大的贫富分化。而因贫富分化导致的帝国战争,更使得"资本家……获丰厚之利益,其下级劳动社会,则为国家驱入凄惨之战场……"②在全球化的背景之下,这一悲剧性的后果,不单单影响到某一特定国家下的特定国民,而是全世界民众的共同灾难。

另一方面,世界大战的爆发,除开经济上因资本主义国家财富过分集中与疯狂逐利之外,政治上的原因则在于各国的独裁政治与侵略野心。因此,李大钊指出,"此次战争不全为国家间争胜利之战争,乃有几分为世界上争自由之战争。……此次战争告终,官僚政治、专制主义皆将与之俱终,而世界之自由政治、民主主义必将翻新蜕化,以别开一新面目,别创一新形式,蓬蓬勃勃以照耀二十世纪之新天地。然则吾侪今日,不愿为某一特定之国民希望胜利,而为世界各国之平民希望胜利,不愿

---

① 李大钊:《政治之离心力与向心力》,《甲寅》日刊(1917年4月29日)。
② 李大钊:《欧洲各国社会党之平和运动》,《甲寅》日刊(1917年4月24日—5月5日)。

为某一特定之国民祝祷自由,而为世界各国之平民祝祷自由。"①在这一超越单纯国家政治的立场之下,李大钊反复思考的"第三"文明的目标指向与理论视野,显然较之此前的调和论述更为明确开阔。

随着第一次世界大战的推进,1917年的俄国相继爆发"二月革命"与"十月革命"。"二月革命"推翻沙皇统治,结束帝制,建立起资产阶级临时政府。但是,临时政府并未退出战争,而是试图通过战争来获得更多的殖民地和国家利益。不到一年,以列宁为首的布尔什维克发动武装暴动,推翻二月革命建立起来的临时政府。随后,新生的苏维埃政权退出第一次世界大战的行列,彻底改变了欧洲的战局。1917年俄国政权更迭及其带来的世界政局的演变,成为李大钊在五四新文化运动期间思考世界、文明与革命议题的重要思想资源。

1918年7月1日,在发表于《言治》季刊第三期的两篇文章当中,李大钊依然在思考如何通过东西文明的调和再造,以"第三新文明"化解世界危机。但在俄国革命的宏大背景之下,"第三新文明"的指向已经相当清晰,即"俄罗斯之文明,诚足以当媒介东西之任"②。从另一个角度来看,俄国革命的历史情境清晰表明,如果俄罗斯文明的确代表了一种"新文明"的话,那么它的产生过程,并非如同此前诸多人类文明那样,经由一系列漫长的自然演化而成。相反,作为"新文明"的典范,它诞生源自接连不断的暴力革命,特别是日益扩张的民众革命,最后才得以在超越东西方文明的基础之上革故鼎新。

这一思考强化了李大钊此前对于世界"离心主义之势力日见伸张"的历史判断,也让他对于此前试图通过调适的方式,融汇东西方文明的构想予以反省。从此,作为创造新文明重要手段的革命以及对于革命正

---

① 李大钊:《自由与胜利》,《甲寅》日刊(1917年5月21日)。
② 李大钊:《东西文明根本之异点》,《言治》季刊第三册(1918年7月1日)。

当性的论证,成为李大钊思考世界与文明的焦点。在发表于 1918 年 7 月 1 日的另一篇文章《法俄革命之比较观》当中,李大钊将法兰西革命与俄罗斯革命进行充分比较。在李大钊看来,"法兰西革命是十八世纪末期之革命,是立于国家主义上之革命,是政治的革命兼含社会的革命之意味者也。俄罗斯之革命是二十世纪初期之革命,是立于社会主义上之革命,是社会的革命而并著世界的革命之采色者也。"这意味着同为革命,20 世纪初的俄罗斯革命在其价值取向与精神境界上,已经大大地超越了 18 世纪的法兰西革命——"法人当日之精神,为爱国的精神,俄人之今日精神,为爱人的精神。前者根于国家主义,后者倾于世界主义;前者恒为战争之泉源,后者足为和平之曙光。"

见证了俄国十月革命,李大钊对于文明产生了新的认知。如果说法兰西革命缔造的共和国,代表着 18 世纪到 19 世纪现代国家构建的新模式,那么,第一次世界大战的灾难性结局,标志着这一西方现代方案已成沉舟病树,亟待在新的世界潮流洗礼之下枯木逢春。因此,李大钊对于俄罗斯革命开创的新文明形态予以高度评价:"世界将来能创造一兼东西文明特质,欧亚民族天才之世界的新文明者,盖舍俄罗斯人莫属。""吾人对于俄罗斯今日之事变,惟有翘首以迎其世界的新文明之曙光,倾耳以迎其建于自由、人道上之新俄罗斯之消息,而求所以适应此世界的新潮流"[①]。显然,当"爱人"取代"爱国"、"世界主义"取代"国家主义"、"和平"取代"战争","革命"就不再单纯等同于在 18 世纪国家主义模式之下资产阶级推翻专制王权建立共和国的过程。19 世纪的世界历史已经表明,资产阶级共和国方案与实践虽然瓦解了专制,但它带来的仍然不是充分的民主和平等,反而因资本以及资本主义无法克服的文明局限,在全球范围内制造了新的压迫、宰制与战争。因此,只有对"法兰西革命"

[①] 李大钊:《法俄革命之比较观》,《言治》季刊第三册(1918 年 7 月 1 日)。

及其代表的西方现代方案予以充分反省,才能为新文明主体的创制拓展空间,进而证成新的革命的正当性。

在1918年10月15日出版的《新青年》第五卷第五号上,李大钊发表了《庶民的胜利》一文。在文章中,李大钊已经相当明确地将1789年的法国革命,视为"十九世纪中各国革命的先声",而将1917年的俄国革命,视为"二十世纪中世界革命的先声"。这标志着李大钊的历史观的重大改变。在他看来,"这回战胜的,不是联合国的武力,是世界人类的新精神。不是那一国的军阀或资本家的政府,是全世界的庶民。"①换言之,第一次世界大战的胜利,并非协约国战胜同盟国,而是"全世界的庶民"打败了"军国主义"。从文明的视角来看,强权之上有公理,国家利益和政治民族主义的立场之上,有着更为深远的民主主义。因此,当革命的主体从资产阶级转向广大庶民,革命的对象从专制皇权转向"军国主义",革命的空间从一国内部转向整个世界,证成革命正当性的基础必然转变为革命能否带来最广大的"人民民主"的实现。因此,在李大钊眼中,"廿世纪的群众运动,是合全世界人类全体为一大群众"以形成"世界的社会力"②。

故而李大钊认定,"Democracy就是现代唯一的权威,现在的时代就是Democracy的时代。"③在接受俄罗斯布尔什维克革命的主张之后,他显然对于人民民主和革命新模式的认可有了新的典范,"Bolshevism的胜利,就是廿世纪世界人类人人心中共同觉悟的新精神的胜利"。具体而言,这是"人道主义的胜利,是平和思想的胜利,是公理的胜利,是自由的胜利,是民主主义的胜利,是社会主义的胜利,是Bolshevism的胜利,是赤旗的胜利,是世界劳工阶级的胜利,是廿世纪新潮流的胜利。"④

---

① 李大钊:《庶民的胜利》,《新青年》第五卷第五号(1918年10月15日)。
② 李大钊:《Bolshevism的胜利》,《新青年》第五卷第五号(1918年10月15日)。
③ 李大钊:《劳动教育问题》,《晨报·自由论坛》(1919年2月14—15日)。
④ 李大钊:《Bolshevism的胜利》,《新青年》第五卷第五号(1918年10月15日)。

不仅如此,这一更广泛的人民民主(Democracy)的目标,超越了捍卫国家利益的政治民族主义,成为贯通国家、世界乃至大同社会的核心思想。因此,李大钊指出,"今日的 Democracy,不仅是一个国家的组织,乃是世界的组织。这 Democracy 不是仅在人类生活史中一个点,乃是一步一步的向世界大同进行的一个全路程。"所以,"必要把世界作活动的舞台,把自国的 Democracy 作世界的 Democracy 一部分去活动,才能有成功的希望"。"我们要求 Democracy,不是单求一没有君主的国体就算了事,必要把那受屈枉的个性,都解放了,把那逞强的势力,都摧除了,把那不正当的制度,都改正了,一步一步向前奋斗,直到世界大同,才算贯彻了 Democracy 的真义。"①

四、以"有血的革命"再造"我与世界"

1918 年 11 月,第一次世界大战结束,德国战败的消息让各界人士欢欣鼓舞。国人对于处理善后的巴黎和会以及美国总统威尔逊抱有极大的企盼,"公理战胜强权"一时间成为社会共识。然而,在 1919 年的巴黎和会上,列强最终拒绝了中国的要求,将德国在山东的一切权益让与日本。这让中国社会各界最初对和会抱有的幻想彻底破灭。李大钊在发表于 1919 年 5 月 18 日的《秘密外交与强盗世界》一文中尖锐指出:"我们且看巴黎和会所议决的事,那一件有一丝一毫人道、正义、平和、光明的影子! 那一件不是拿着弱小民族的自由、权利,作几大强盗国家的牺牲!"巴黎和会上中国外交的失败,让李大钊看到了"现在的世界,还是强盗世界"。

李大钊的观察和前引晚清杨度所言"野蛮世界"几乎同义。从晚清

---

① 李大钊:《〈国体与青年〉跋》,《国体与青年》(1919 年 1 月 16 日)。

到民初,以西方现代国家作为模板以实现国富民强,成为中国社会的变革者们无限憧憬的目标。然而,第一次世界大战的爆发和战后巴黎和会沦为帝国主义列强的分赃大会,呈现在世人眼前的是"强盗国家"对于"弱小民族"的压制,是世界真正实现平等与正义的遥遥无期。李大钊认为,"我们若是没有民族自决、世界改造的精神,把这强盗世界推翻,但是打死几个人,开几个公民大会,也还是没有效果。"① 这是五四新文化运动时期,读书人从"国家"到"世界"的视角位移带来的新觉悟:通过彻底改造"强盗世界",进而从更高的层次反省西方现代国家的方案。

在俄罗斯的经验启示下,革命相当自然地成为李大钊心目中改造世界的途径。在李大钊的思想当中,改造世界进而创造新文明的"革命",具有社会变革和文明变革的双重意涵。就前者而言,李大钊的思想逐渐从昔日力主调适的温和渐进的方式,转向对于"有血的革命"的认可。他指出,"社会革命的潮流……不是英、美式民主主义的胜利,乃是新发生的德、俄式社会民主主义的胜利。……今天的世界,大有 Bolsheviki 化的趋势"。他援引哈利孙(Harrison)氏在《隔周评论》上的话:"一七八九年的革命,引起了恐怖,引起了过激革命党的骚动,但见有鲜血在那扫荡世界的革命潮中发泡,一种新世界就在那里面造成。Bolshevism 的下边,也潜藏着一个极大的社会进化,与一七八九年的革命同是一样的,意大利、法兰西、葡萄牙、爱尔兰、不列颠都怵然于革命变动中的暗中激奋。"②

就后者而言,李大钊心目中"有血的革命"带有相当强烈的人道主义互助论与基督教末世救赎的色彩。这使得李大钊心目中的"革命"不仅仅只是意味着政权更迭,更重要的乃是如基督教传统中"创世记"一样的

---

① 李大钊:《秘密外交与强盗世界》,《每周评论》第二十二号(1919 年 5 月 18 日)。
② 李大钊:《战后之世界潮流(有血的社会革命与无血的社会革命)》,《晨报·自由论坛》(1919 年 2 月 7—9 日)。

文明再造。因此,李大钊把 1910 年代以来造成世界动荡的大事件,视为《旧约》中荡涤地球的大洪水。他说:"一九一四年以来世界大战的血、一九一七年俄国革命的血、一九一八年德奥革命的血,好比作一场大洪水——诺亚以后最大的洪水——洗来洗去,洗出一个新纪元来。这个新纪元带来新生活、新文明、新世界,和一九一四年以前的生活、文明、世界,大不相同,仿佛隔几世纪一样。"①李大钊将 1914 年世界大战的爆发作为心目中新文明创生的重要时间节点,显然奠基于他对现代国家政治模式的扬弃以及对于俄、德人民通过暴力革命创造新世界的向往。与依托军力平衡和财富剥削的 19 世纪现代国家共处方式不同,这样的新世界的精神基础,是"协合、友谊、互助、博爱的精神。就是把家族的精神推及于四海,推及于人类全体的生活的精神"。

那么,经过"有血的革命"荡涤之后的世界,又究竟怎样?李大钊说:"我们为继续人类的历史,当然要起一个大变化。这个大变化,就是诺亚以后的大洪水,把从前阶级竞争的世界洗得干干净净,洗出一个崭新光明的互助的世界来。"在这里,李大钊将未来由新文明构建的新世界的重心,归结为"协作与友谊"。他认为,二者才是人类社会生活的普遍法则。在他看来,"一切形式的社会主义的根萌,都纯粹是伦理的。"②他后来表述得更具体:"博爱、自由、平等、牺牲,这是我们创造'新生活'的基础,也就是我们建立民国的基础——我们相信人间的关系只是一个'爱'字。我们相信我能爱人,人必爱我,故爱人即所以爱我……爱世界的人类比爱一部分人更要紧,总该知道爱的生活才是人的生活。"③可见,李大钊对于新文明与新世界的渴望,其实质是建立在一种对于新道德的想象与旧道德的彻底决裂之上。这种新道德所带来的新文明,是对于人世间一

---

① 李大钊:《新纪元》,《每周评论》第三号(1919 年 1 月 5 日)
② 李大钊:《阶级竞争与互助》,《每周评论》第二十九号(1919 年 7 月 6 日)。
③ 李大钊:《双十字上的新生活》,《新生活》第八期(1919 年 10 月 12 日)。

切具有压迫性的制度性存在的最终超越:"我们现在所要求的,是个解放自由的我,和一个人人相爱的世界。介在我与世界中间的家国、阶级、族界,都是进化的阻障、生活的烦累,应该逐渐废除。"①对于未来新文明只有完善的"自我"与美好的"世界",这样充满道德感的表述,在李大钊这一时期的笔下多次出现:"我们的新生活,小到完成我的个性,大到企图世界的幸福。我们的家庭范围,已经扩充到全世界了,其余都是进化轨道上的遗迹,都该打破。"②为了达到这个美好的新世界,"有血的革命"的意义是双重的——对社会而言,通过"阶级竞争"以打破家庭、国家、阶级、种族的界限,是"必须经过的,必不能避免的";对个人而言,"我们主张物心两面的改造,灵肉一致的改造"③,按照未来新文明需要造就新人。

学界一般认为,完成于1919年的《我的马克思主义观》一文,标志着李大钊成为一个"马克思主义者"。本文则倾向于将李大钊对于马克思主义的接纳,视为他在具体历史情境的刺激之下对于五四新文化运动时期丰富多元的知识资源的取舍过程。从1917年俄国十月革命开始,李大钊已经相当积极地通过对俄国的布尔什维克运动的了解,开启对于马克思主义的初步诠释。从另一角度来看,李大钊对于马克思主义思想资源的接受、言说与想象,也实现了马克思主义中国化的最初建构。正是在李大钊特有的问题意识与时代关怀的刺激之下,他头脑当中已有的知识体系与马克思主义理论,构成了相当紧密的互动关系。

1919年之后,李大钊更为系统、纯熟地运用马克思主义相关术语与理论,分析第一次世界大战的历史性后果:"这次的世界大战,是从前遗留下的一些不能适应现在新生活新社会的旧物的总崩溃。由今以后的

---

① 李大钊:《我与世界》,《每周评论》第二十九号(1919年7月6日)。
② 李大钊:《"少年中国"的"少年运动"》,《少年中国》第一卷第三期(1919年9月15日)。
③ 李大钊:《阶级竞争与互助》,《每周评论》第二十九号(1919年7月6日)。

新生活新社会,应是一种内容扩大的生活和社会……就是人类一体的生活,世界一家的社会……我们所要求的新道德,就是适应人类一体的生活,世界一家的社会之道德。"①虽然这时他还在延续此前对于东西文明的"动"与"静"的区分,但马克思主义理论当中"经济基础决定上层建筑""阶级斗争"等理念开始产生了新的解释力:"凡一时代,经济上若发生了变动,思想上也必发生变动。"由此,"全国民渐渐变成世界的无产阶级,一切生活,都露出困破不安的现象……在世界的资本制度下被压迫而生世界的无产阶级"②。

经济环境的转变带来了阶级的分化,阶级的分化又深刻改变了社会的结构。这呼应了李大钊此前关于社会变化由"离心力"与"向心力"合力作用的观察。但在马克思主义的影响下,对于这一社会变动现象的表述更加简洁明快:"从前的社会组织是分上下阶级竖立系统的组织,现在所要求的社会组织是打破上下阶级为平等联合的组织;从前的社会组织是以力统属的组织,现在所要求的社会组织是以爱结合的组织。"李大钊意识到社会组织结构的变化,必然带来阶级的重组与斗争,从而创生新的社会形态。所以,他指出现今世界的趋势是"纵的组织日见崩坏,横的组织日见增多扩张,就是中土各种民众的自治联合,也从此发轫了"。在他看来,从第一次世界大战到苏俄革命再到中国五四运动的历史,贯穿其中的主线就在于,学生、教职员、商界、工人、农民、妇女乃至各行各业,以横向联合的革命方式,彻底颠覆了过往现代国家模式下以"力"上下压迫的格局。李大钊认为,"在此一大横的联合中,各个性都得自由,都是平等,都相爱助,就是大同的景运"③。

---

① 李大钊:《物质变动与道德变动》,《新潮》第二卷第二号,(1919年12月1日)。
② 李大钊:《由经济上解释中国近代思想变动的原因》,《新青年》第七卷第二号(1920年1月1日)。
③ 李大钊:《由纵的组织向横的组织》,《解放与改造》第二卷第二号(1920年1月15日)。

结语 以世界革命重建"新文明"

大致而言,晚清朝野各界对于"世界"的理解,经历了一个率先碰触到与"天朝"异质的外部"世界",然后通过对泰西诸国逐层深入地了解,将"世界"不断具体化的过程。在这一过程中,以西方现代性方案建立现代国家,进而通过竞争进化在"野蛮世界"中立于不败之地,成为这一时期"文明论"的核心内容。然而,在经历了民初内政外交的急剧动荡之后,五四时期知识分子对于"世界"的认知发生了深刻转变。第一次世界大战和俄国布尔什维克革命的爆发,成为他们对"国家"及其背后的西方现代性方案展开批判的思想资源。通过对"世界"的"理想化"塑造,他们扬弃了19世纪以来的竞争进化论,转而主张互助、和平、博爱等超越国家与种族的人类价值,进而展开了对于未来新文明的想象与言说。

在这一思想转型的时代背景之下,通过不断深化世界认知以及对于文明尺度的调整与修正,五四时期李大钊心目中理想世界的样貌,也经历了相当复杂的变迁过程——从调和东、西文明但仍侧重于西方文明的"第三"文明,到归属于"庶民"与"劳工"的俄罗斯文明,再到全面接纳马克思主义之后,试图通过"阶级竞争"与"互助论"建构的"世界大同"。因此,文明的觉悟与世界的认知不断演变,使得李大钊思想演变当中的"革命",既是为五四的思想启蒙提供源源不绝的现实动力的过程,也是一个不断从时空上(世界)与内在品质上(文明)深化启蒙自身内涵的过程。

从革命主体来看,就五四时期李大钊的思想与社会实践而言,这一过程展现了五四时期救亡与启蒙、革命与启蒙之间,并非相互对立和彼此压倒的关系,而是相互激发、相互生成,并最终共同创造新的社会主体——"人民大众"的历史过程。因此,对于五四时期李大钊而言,革命不再是简单意味着,以西方现代国家的形成方式再造共和,而是在于通过革命,不断扩大民众参与,让最底层、最广泛、最受侮辱与损害的庶民与大众,成为塑造新文明及其命运共同体的新主体。

从革命的深度来看,创造新文明的革命是全世界和全人类的一次"整体革命"。五四时期的李大钊清晰意识到,一方面,革命对于每一个体具有彻底性,"我们主张物心两面的改造,灵肉一致的改造",从而使得每一个体具有精神上的内在同一性。另一方面,正是因为个体命运与国家、民族乃至阶级命运的紧密联系,个人改造又必须以人类整体命运的改变为前提。因此,"有血的革命"、为了整体命运而牺牲个体以及全世界被侵略与压迫者荣辱与共的情怀,成为五四时期李大钊心目中实现新文明、创造新世界不可或缺的思想内容。

从革命的理论和实践来看,李大钊一方面曾经借助"新中华民族主义",投身于现代民族国家的政治实践[1],另一方面基于对民初共和政治以及西方文明的失望,又极力通过底层民众的不断革命与民主参与来创造新文明,从而实现对于代议制立宪制度的超越。而马克思主义的传播与1917年俄国的两次革命(特别是十月革命),从理论上与实践上,共同整合了对于寻求富强的民族国家与追寻"世界大同"的新文明目标。马克思主义产生于以"外在超越"作为核心文化传统的西方社会,然而其价值实践方式,却与中国儒家"内在超越"的精神传统极为相似。马克思主义者相信,个人通过内心良知和"内在超越"的淘洗,才能实现自我价值的超越,进而成为一代"新人",完成在"人间"建立"天国"的"德性统治"[2]。

---

[1] 针对当时日本宣扬以日本民族为中心的"大亚细亚主义",李大钊重新反思"今日世界之问题,非只国家之问题,乃民族之问题"。他提出,中国人应该以此激发出以各民族融合为基础的"新中华民族主义"的政治自觉。李大钊在《新中华民族主义》当中指出,"今欲以大亚细亚主义收拾亚洲之民族,舍新中华之觉醒、新中华民族主义之勃兴,吾敢断其绝无成功"。李大钊:《新中华民族主义》,《甲寅》日刊(1917年2月29日)。

[2] Benjamin Schwartz, "The Reign of Virtue: Some Broad Perspectives on Leader and Party in the Cultural Revolution", in Benjamin Schwartz, *China and other Matters*, Cambridge: Harvard University Press, 1996.转引自许纪霖、宋宏编:《史华慈论中国》,新星出版社,2006年,第148—149页。

因此，在新世界与新文明视野之下，对于中国命运及其世界位置的整体把握，既构成了李大钊心目中不断革命的内在基调，也现实地因应了近代中国转型时代当中政治秩序和心灵秩序的危机的诸多具体问题（如改造社会的觉悟、劳工与妇女地位、青年的人生观等等），并为此提供了化解危机的新路径，从而在对文明与世界的重新塑造中，确立革命（特别是"有血的革命"）的正当性。

(段炼：湖南师范大学历史文化学院)

五四时期民粹主义思潮中的乌托邦意识

于海兵

民粹主义是一种现代性思潮,以"民"为根本准则,在不同地区各有表现,由此也产生了多种发展模式。① 近代中国的民粹主义主要受到俄国的影响,但中国并无一个界限明晰、派别森然的"民粹派",而是知识阶层在无政府主义、社会主义、马克思主义等思潮之间共享的一种思想取向和认同。清末民初的维新派和革命党虽然都不同程度地诉诸民众、民权、民意,但多将"民"作为一种新的论证理据或宣传口号。五四时期,知识阶层眼见世界革命形势和国内社会经济结构的巨变,开始目光向下,尝试从民众和底层着手来重建"一盘散沙"的社会秩序,想象新的世界图景。民粹主义思想遂伴着"庶民""平民""民主""劳工"等流行词汇传播开来,并通过平民教育、工读互助、新村、"到民间去"等社会运动进一步扩散,接引了马克思主义,推动了20世纪20年代革命的兴起。②

虽然难以给出清晰明确的定义,但我们仍可概括出民粹主义在中国的一些普遍特质。别尔嘉耶夫曾指出,俄罗斯民粹派具有一种"大地的

---

① 李大钊对"平民主义"做了详尽的界定,参看李大钊:《平民主义》(1923年1月),《李大钊全集》(第四卷),2013年,第140—160页;还可参看[英]保罗·塔格特:《民粹主义》,袁明旭译,吉林人民出版社,2005年。

② 有关民粹主义在中国的发展脉络,请参看林红:《发现民众:历史视野中的民众与政治》,中央编译出版社,2017年。有关民粹主义与无政府主义、马克思主义、民主主义等激进思潮的关联互动,参考顾昕:《"五四"激进思潮中的民粹主义主题(1917—1922)》,载许纪霖编:《二十世纪中国思想史论》(上),东方出版中心,2006年,第507—529页;顾昕:《无政府主义与中国马克思主义的起源》,《开放时代》1999年第2期。

特征""想回到土地怀抱"①。所谓"大地"不仅指乡村社会和农民阶层，也指固有的文化传统，更意味着一种精神上的寻根冲动，以及思想和行动上的回向本土。中国的民粹主义也具有这种特征，诉诸民众，多将"民"理解为劳工和农民，区分劳力和劳心，赞美劳动，憧憬自然的田园生活，反思资本主义经济制度及其生活方式，具有道德理想主义和反智主义的思想取向。这些特征固然是对西方现代性模式和资本主义现代化进程的反弹，但"想回到土地怀抱"并不等于躲在怀抱里，其目的乃是扎根并生长出新的现代性，乃至构想、创造新的乌托邦社会。在民粹主义的"大地的特征"之另面，恰恰有不可忽略的"天空"，即构想一个理想社会的乌托邦意识。

既往研究多从"大地"的面向来解读民粹主义，而忽略其理想面，或将其笼统地纳入无政府主义、社会主义、共产主义的乌托邦意识中加以讨论。② 当然，这些思潮确实纠缠在一起，相互融摄，很难分清彼此。作为一种共享的思想取向，民粹主义可能提供什么样的理想社会形态和乌托邦意识呢？"五四"时期有大量关于民众"大联合"的论述，这些论述正是民粹主义的理想社会形态。这种理想社会具有空间、时间和精神三种意涵：空间上的"大联合"，是世界主义和国际主义的体现，与清末康有为大同学说中的"破九界"论述与谭嗣同仁学世界观中的"冲决网罗"论述一脉相承；时间上的历史必然性，具有未来主义和进步主义的特征，是严复天演进化学说的进一步延伸；精神上的道德理想主义，将理想社会理

---

① ［俄］别尔嘉耶夫：《俄罗斯思想的宗教阐释》，邱运华、吴学军译，东方出版社，1998年，第57—58页。
② 如迈斯纳认为马克思主义和民粹主义结合而推动了中国革命；林毓生认为革命的乌托邦主义具有强烈的宗教性和政治性，既有理想蓝图，又有在当下落实的方案；张灏将乌托邦主义区分为"软性"和"硬性"两种类型。参看［美］莫里斯·迈斯纳：《马克思主义、毛泽东主义与乌托邦主义》，张宁、陈铭康等译，中国人民大学出版社，2013年；［美］莫里斯·迈斯纳：《李大钊与中国马克思主义的起源》，中共北京市委党史研究室编译组译，中共党史资料出版社，1989年，第81—82页。林毓生：《二十世纪中国的反传统思潮与中式马列主义及毛泽东的乌托邦主义》，《新史学》（台北）1995年第3期，第137页。张灏：《转型时代中国乌托邦主义的兴起》，《幽暗意识与民主传统》，新星出版社，2006年，第268—304页。

解成一种精神性大我,与儒家传统及清末的乌托邦想象渊源甚深。这三方面共同构成了民粹主义论述中的乌托邦意识。列宁在1912年便指出俄国民粹派存在乌托邦取向,认为民粹派诉诸村社、农民、土地的方式是背离革命现实的不切实际的空想。① 乌托邦被称为"乌有之乡",确实具有空想的面向。起源于欧洲的社会主义和无政府主义学说都描述了各自的乌托邦,康有为的大同学说也开启了近代中国的乌托邦想象。② 但无论在俄国还是中国,恰恰是这种"乌有之乡"给迷惘艰难中的落后国家及其国民带来了新向往,给革命者带来了革命的力量和方向。所以,从乌托邦意识的角度讨论民粹主义在中国的起源和发展脉络,或可提供一些新的参考。

创造理想社会的目标渊源有自,是戊戌以来合群运动的延续和扩展。清末的合群运动虽抱有强烈的乌托邦意识和世界主义情怀,但重在从政治方面创建民族国家;经过民国初年共和政治的混乱与帝制复辟的摧折,加之欧战的影响,到五四时期,人们的关切焦点渐渐疏离了政治和国家层面,合群运动的重心转向个人启蒙与社会改造。③ 如何克服中国社会一盘散沙的弊病,重新组织起一个社会有机体,以及如何形成人类社会的大联合,成为时代议题。如傅斯年所谓"造社会"的提法便颇为典型,但他在五四运动后对"群众"和群众运动多有反思,最后选择从"个人运动"着手,反而远离"社会"走向了学术运动。④ 与此相对,毛泽东却主张"民众的大联合",认为应该"以小联合做基础",培养觉悟,训练能力,最终形成"中华民族的大联合"。他对此抱有必胜的信念,"我们黄金的

---

① 列宁:《两种乌托邦》,《列宁全集》第22卷,人民出版社,1990年,第129—134页。
② 列维塔斯从功能、形式和内容三个层面总结了历来对乌托邦的各种定义,请参看[英]鲁思·列维塔斯:《乌托邦之概念》,李广益、范轶伦译,中国政法大学出版社,2018年。
③ 对"群"与"社会"兴起过程的梳理,请参考陈旭麓:《戊戌时期维新派的社会观——群学》,《陈旭麓文集》(第二卷),华东师范大学出版社,1997年,第386—403页;金观涛、刘青峰:《从"群"到"社会""社会主义"》,《观念史研究:中国现代重要政治术语的形成》,法律出版社,2009年,第180—225页。
④ 参考傅斯年:《社会——群众》《时代与曙光与危机》,欧阳哲生主编:《傅斯年文集》(第一卷),中华书局,2017年,第162—164、406—419页。

世界,光华灿烂的世界,就在前面!"①这种空间上"大联合"的新社会是世界主义的,而其基础则是民粹主义的,并受到了流行的无政府主义和社会主义思潮的影响。李大钊在这方面的论述最为典型,下面将主要以他的论述为中心展开讨论。

1918年末,在欧战和俄国革命的刺激下,李大钊开始关注民众的力量和新的社会组织形式,民粹主义思想从此生长。他明确地认识到,战局终结的真正原因不在武力,而是民众的觉醒。他认为,协约国的胜利,实质上"是人道主义的胜利,是平和思想的胜利,是公理的胜利,是自由的胜利,是民主主义的胜利,是社会主义的胜利,是 Bolshevism 的胜利,是赤旗的胜利,是世界劳动阶级的胜利,是二十世纪新潮流的胜利"。他的思考主要从政治和社会两个层面展开,如他将政治上的民主主义与社会上的劳工主义视为欧战的最大胜利,二者是一体之两面。尤有进者,他将"民众"("庶民")理解为"劳工",而"劳工"不仅是一个社会阶层或阶级属性,更是一种普遍的人性和权利,"劳工的能力,是人人都有的,劳工的事情,是人人都可以作的,所以劳工主义的战胜,也是庶民的胜利。"由是之故,民主主义和劳工主义才能同步绾合。这些想法来自俄国革命的启发,而在他看来,Bolshevism 不独属于俄国,具有普世性,"是二十世纪世界革命的新信条""是二十世纪全世界人类人人心中共同觉悟的精神"②。论者多将李大钊对"庶民"和 Bolshevism 的论述视为转向马克思主义的标志,但他此时并未诉诸阶级斗争和无产阶级专政,而重在描绘互助进化的理想社会蓝图。

同时,基于对传统社会和现代社会的考察,李大钊区分了两种社会

---

① 毛泽东:《民众的大联合》(1919年7月21、28日、8月4日),《毛泽东早期文稿》,湖南出版社,1990年,第338—342、373—378、389—394页。
② 以上所引述内容,出自李大钊《庶民的胜利》(1918年11月)、《Bolshevism 的胜利》(1918年12月),《李大钊全集》(第二卷),第357—359、362—368页。

组织形态,"从前的社会组织是纵的组织,现在所要求的社会组织是横的组织","看现今世界的趋势,纵的组织日渐崩坏,横的组织日渐增多扩大";"纵的组织"是"分上下阶级竖立系统""以力统属",而"横的组织"则"打破上下阶级为平等联合""以爱结合";"横的组织",即"民众的自治联合",由民众基于自由、平等、互助的精神联合而成,"团成一大势力"。具体而言,先是各社会阶层、各行各业的小联合,进而"超越国界种界而加入世界的大联合",最后"合全世界而为一大横的联合"。此种构想,除了受到社会主义思潮的影响,与康有为"去国界合大地""去种界合人类"等思想也颇为相应。① 特别是,在这种大联合的结构中,李大钊同时注重个性和共性,希望民众都能够恢复个体的个性权威,进而在互助精神作用下,团结成世界性组织,若其所言,"各个性都得自由,都是平等,都相爱助,就是大同的景运"②。

如何实现这种世界主义的大联合? 随着时势变化,李大钊提出了多种方案,风气所及,当时学生辈的青年们也在各地不约而同地组建小团体进行"小联合"的试验。沈定一在评论新村运动时曾指出,当时改造社会的模式有"普遍"和"模范"两种类型。前者如李大钊所论的层层递进的世界范围内的大联合,又分为联邦自治和新村落联合两种方案;后者如无政府主义和新村主义的小团体所做的小团体试验。但无论何种类型,皆如沈定一所言,最终是为了"创造到那么一境",即理想的社会。③

第一种方案是世界范围内的区域联合,分别受俄国布尔什维主义和美国威尔逊主义的影响,有阶级联盟和自治联邦两种形式。④ 鉴于各国之间与国内各军阀之间争战的残酷现实,以及世界上兴起的大亚细亚主义、大欧罗巴主义、大美利坚主义等违背民主主义的思潮,李大钊开始构

---

① 参考康有为:《大同书》,周振甫、方渊校点,中华书局,2012年。
② 李大钊:《由纵的组织向横的组织》(1920年1月15日),《李大钊全集》(第三卷),第213—214页。
③ 沈定一:《新村底我见》,陶水木编:《沈定一集》下册,国家图书馆出版社,2010年,第401—403页。
④ 李大钊:《联治主义与世界组织》(1919年2月1日),《李大钊全集》(第二卷),第399—400页。

想世界范围内的大联合。首先是1918年末,在世界各国社会革命的刺激下,李大钊意识到"新纪元"已经到来。他把无产阶级联合的革命运动比作"大洪水",称其必将洗出新生活、新文明、新世界。新世界的基础是互助进化,而不再是弱肉强食、优胜劣败的天演进化[1];民族国家不再是目的,而要民族自决以至于世界联邦,贵族、资本阶级的势力也要让位于劳工阶级,"从今以后,生产制度起一种绝大的变动,劳工阶级要联合他们全世界的同胞,作一个合理的生产者的结合,去打破国界,打倒全世界资本的阶级。"[2]他构想了一种打破国界的劳工阶级的大联合,"要联合世界的无产庶民,拿他们最大的、最强的抵抗力,创造一自由乡土,先造欧洲联邦民主国,做世界联邦的基础。"[3]而他心中的世界主义大联合典范,则是俄国。之后因俄国声明归还沙俄侵占的中国领土,他盛赞道:"我们是因为他们能在这强权世界中,表显他们人道主义、世界主义的精神,才去钦服他们的。"[4]

1919年初,受到威尔逊提议的国际大同盟的影响,李大钊提出联治主义,主张世界各区域的联邦自治。他认为国际性组织是世界联邦的初步,并相信"将来的世界的联邦,也必是这回国际大同盟蜕化而成的","只要和平会议变成了世界的议会,仲裁裁判所变成了世界的法庭,国际警察如能实现,再变成了世界的行政机关,那时世界的联合政府,就正式成立了"。李大钊断言,"非行联治主义,不能改造一个新中国""现在的世界已是联邦的世界,将来的联邦必是世界的联邦"。他认为"联治主义"是最佳的政治组织形式,"没有联治的组织,而欲大规模的行民主政治,是不能成功的"。因为联治主义是个性与共性的统一体,"一面是个

---

[1] 从竞争进化到互助进化的转变脉络,请参考许纪霖:《现代性的歧路:清末民初的社会达尔文主义思潮》,《史学月刊》2010年第2期。
[2] 李大钊:《新纪元》(1919年元旦),《李大钊全集》(第二卷),第375—377页。
[3] 李大钊:《Bolshevism的胜利》(1918年12月),《李大钊全集》(第二卷),第365页。
[4] 李大钊:《亚细亚青年的光明运动》(1920年8月15日),《李大钊全集》(第三卷),第230页。

性解放,一面是大同团结",既能够保障地方、国家、民族的独立个性,不受他方侵犯;也能体现它们的共性,结成一种平等的组织,达到互助目的。李大钊进而设想了三步计划,首先是依据民族自决原则,"各土地广大民族众杂的国家,自己先改成联邦",进而"美洲各国组成全美联邦,欧洲各国组成全欧联邦,亚洲各国组成全亚联邦",然后"合美、欧、亚三洲组成世界的联邦",最后是"合世界人类组织一个人类的联合,把种界国界完全打破","就是我们人类全体所馨香祷祝的世界大同!"①李大钊提出的"新亚细亚主义",可作为这种世界联合体的一个体现。②

这两个方案多从描绘蓝图和高远理想着眼,而俄美模式及其背后"主义"的矛盾,以及民族主义和世界主义的紧张,却暂时被遮盖了。而以什么途径和动力来实现中国的阶级联合或联邦自治,进而打破国界、世界大同,李大钊也没有具体说明。清末以来,中国知识人在追求民族国家独立富强的同时,大多仍抱有世界主义的乌托邦想象,这在李大钊的思想中亦体现得相当充分。③ 世界主义与公理相应,与强权相对立,代表着人人自由而平等,互助又博爱,进而结成大联合,一度成为"五四"时期知识人的信念。而这时的李大钊对世界主义、社会主义、民主主义、布尔什维主义、劳工主义等的理解,都重在理想目标层面,强调共通性和普遍性,意在构建某种地球上的大同蓝图。故各种主义之间的矛盾尚未凸显,而阶级联合与联邦自治两种不同制度也能同时出现。但1920年代国内外的形势走向,皆与世界主义理想相悖,如所周知,巴黎和会后威尔逊主义及国际联盟的设想便破产了,但追求大联合的理想并未破灭,

---

① 李大钊:《联治主义与世界组织》(1919年2月1日),《李大钊全集》(第二卷),第395—400页。
② 李大钊:《大亚细亚主义与新亚细亚主义》(1919年2月1日),《李大钊全集》(第二卷),第379—381页;《再论亚细亚主义》(1919年11月1日),《李大钊全集》(第三卷),第96—100页。
③ 迈斯纳指出,李大钊的国际主义、世界主义取向随着时势几经起伏,在1919—1921年间最为兴盛;之后试图通过阶级联合的方式化解民族主义与世界主义的矛盾,认为中华民族是"无产阶级民族",将带领世界无产阶级反抗资产阶级,以达到大联合的目标。参考莫里斯·迈斯纳:《李大钊与中国马克思主义的起源》,第191—211页。

而俄国则越来越成为理想之典范。

第二种方案是发动青年学生,"到民间去",联系农民,践行民主主义与劳工主义,创造新村落,以趋大联合。受俄国民粹派"到民间去"运动的启发,基于大量青年学生无法在城市找到出路的现实问题,李大钊主张把知识阶级和劳工阶级打成一片,要求"知识阶级作民众的先驱,民众作知识阶级的后盾。知识阶级的意义,就是一部分忠于民众作民众运动的先驱者。"①又因"我们中国是一个农国,大多数的劳工阶级就是那些农民",故将问题转移到"青年与农村"的关系中。他指出,"都市上塞满了青年,却没有青年活动的道路。农村中有很多青年活动的余地,并且有青年活动的需要,却不见青年的踪影。"进而号召"立宪的青年"和"都市里漂泊的青年"要像俄国民粹派知识青年一样到民间去,做农民的伴侣,宣传民主政治,建立互助组织,也可以找到自身出路。他热情地鼓动青年们:"那些终年在田野工作的父老妇孺,都是你们的同心伴侣,那炊烟锄影、鸡犬相闻的境界,才是你们安身立命的地方呵!"

沿着前述劳工主义和民主主义两个脉络,他认为,在社会层面,"只要知识阶级加入了劳工团体,那劳工团体就有了光明;只要青年多多的还了农村,那农村的生活就有改进的希望;只要农村生活有了改进的效果,那社会组织就有进步了,那些掠夺农工、欺骗农民的强盗,就该销声匿迹了。"在民主政治的实行上,他认为要从占国人多数的农民做起,需要青年去农村宣传,"你们若想得个立宪的政治,你们先要有个立宪的民间;你们若想得个立宪的民间,你们先要把黑暗的农村变成光明的农村,把那专制的农村变成立宪的农村。"②

知识阶层与民众的紧张关系是民粹主义最关切的议题之一。李大钊将青年学生当作都市和乡村、知识阶层和民众之间的沟通者,而农民

---

① 李大钊:《知识阶级的胜利》(1920年1月25日),《李大钊全集》(第三卷),第221页。
② 李大钊:《青年与农村》(1919年2月20—30日),《李大钊全集》(第二卷),第422—426页。

和农村则被悬置高阁,既是令人憧憬的,也是有待被动员和改造的对象。以青年为中心,他构想了一种由"新村落的大联合"而来的世界主义的"少年中国"。他告诫青年们,民族国家的列国竞争场不是"少年的舞台",要把中国当作世界的一部分,改造中国是改造世界的一部分责任,"少年中国的运动,就是世界改造的运动,少年中国的少年,都应该是世界的少年。"他所希望的"少年运动","是物心两面改造的运动,是灵肉一致改造的运动,是打破知识阶级的运动,是加入劳工团体的运动,是以村落为基础建立小组织的运动,是以世界为家庭扩充大联合的运动。"[①]

第三种是青年学生组建的小团体,如工读互助团、新村、合作社等,立足于广大群众和底层社会,信仰互助进化,进行组织化和共同生活的试验,即"小团体大联合"[②],进而趋向民粹主义的理想社会。前述两种普遍型的大联合分别以民族国家和村落为单位,又将发起、推行运动的使命寄托在青年身上,那么,这些青年要如何具体操作呢?五四时期全国遍地开花的小团体便是一种试验的模型。以《五四时期的社团》所编入的团体为例,带有民粹主义性质的有平民教育社、平民学社,各地的工读互助团、新村主义团体、合作主义团体、无政府主义团体,以及后来成为融入革命的新民学会、互助社等。这些社团的宗旨、章程、通信和相关讨论,反映出他们对平等和互助精神以及民生疾苦、民众命运的关切,透露出他们所向往的理想蓝图乃是一个乌托邦式的社会。

五四时期的中国社会犹如各种思潮和运动的试验场,问题和答案都相当开放。面对如何重组社会的难题,老师辈的大知识分子们在东洋与西洋之间各取所需,不断向青年学生们输出新的见解和方案。他们一直想找一种灵丹妙药,可以兼顾个性与共性、个体和团体、民族与世界,也

[①] 李大钊:《"少年中国"与"少年运动"》(1919年9月15日),《李大钊全集》(第三卷),第66—69页。
[②] 语出王光祈《工读互助团》,张允侯、殷叙彝、洪清祥、王云开编:《五四时期的社团》(第二册),三联书店,1979年,第380页。

可以解决内外一切问题。如李大钊在 1919 年已开始密切关注世界上的新村运动、工读运动。在著名的问题与主义之争中,李大钊向来被认为主张"根本解决",但他在文中却以新村为例子,说明根本解决之前可以做试验,新村便是"理想的社会组织""理想社会的标本""使一般人由此知道这新社会的生活可以希望,以求实现世界的改造的计划。"① 后在评论工读问题时,他注意到中国乡村的"耕读传家"传统与现代世界的工人运动,提倡做工和读书并重,"工读打成一片,才是真正人的生活。"② 另如周作人受托尔斯泰、日本新村主义的影响,提倡"泛劳动"和"共同生活",认为劳动是"新社会中第一重要的人生义务",向青年们宣传新村运动,"一方面尽了对于人类的义务,一方面也尽各人对于个人自己的义务,赞美协力,又赞美个性;发展共同的精神,又发展自由的精神。实在是一种切实可行的理想,真正普遍的人生的福音。"③

老师辈起着规划者和引路人的作用,学生辈则是信仰者和实践者。如 1919 年末北京的工读互助团开始租屋共同生活,脱离家庭、学校、婚姻的关系,绝对实行共产,男女共同生活,互助劳动;一边在学校听课,一边亲自从事体力劳动,如办食堂、洗衣、印刷、做手工、贩卖书报等;共同做工,所得财产归团体所有,人员衣食住行亦由团体支出,俨然一共产组织的模型。王光祈描述工读互助团的前景道:"工读互助团是新社会的胎儿,是我们理想的第一步。……若是工读互助团果然成功,逐渐推广,我们'各尽所能、各取所需'的理想渐渐实现,那么,这次'工读互助团'的运动,便叫作和平的经济革命。"④ 施存统则一再强调,要把工读互助团

---

① 李大钊:《再论问题与主义》(1919 年 8 月 17 日),《李大钊全集》(第三卷),第 49—55 页。
② 李大钊:《工读(一)》《工读(二)》(1919 年 12 月 21 日),《李大钊全集》(第三卷),第 178—179 页。另外,李大钊还在 1920 年先后介绍了宗教的新村、欧文派的新村、傅利耶派的新村、伊加利派的新村等四派"乌托邦派的学说",参见李大钊:《美利坚之宗教新村运动》(1920 年 1 月)、《欧文(Robert Owen)底略传和他底新村运动》(1920 年 12 月 8 日),《李大钊全集》(第三卷),第 194—207、316—323 页。
③ 周作人:《日本的新村》(1919 年 3 月 15 日),《新青年》第 6 卷第 3 号。
④ 王光祈:《工读互助团》(1920 年 1 月 15 日),《五四时期的社团》(第二册),第 369—380 页。

作为终生的团体,把工读互助作为终生的生活,并希望"将来的社会都变成工读互助团""成为一个工读互助的社会"。由此他主张,"凡是理想社会所当作的事情,我们可以试验的都试验起来,做一个理想社会的模型,得一个改造社会的方针"①。

可见,学生们将小团体的共同生活视作理想社会的模型。他们要求自己改变古来读书人的习气,养成互助劳动的习惯,劳力与劳心并重,做民众的先导,并相信个人的自由发展与小团体的共同生活以及社会的大同可以兼顾实现。但在小团体的试验模型尚未成熟,更未向民间和民众推广之时,这场在政治之外谋求社会改造的试验失败了。

对于这次失败,众说纷纭,参与者众,老师辈如胡适、李大钊、陈独秀、戴季陶等,学生辈则有王光祈、施存统、恽代英等。胡适明确指出,失败源于学生们沉迷高远的理想和主义,实行共产制度,过重"新生活"和"新组织",却忽略了工读本身。② 李大钊并不否定追求新生活,而是在操作层面指出都市里实行共产的不切实际,并建议"欲实行一种新生活的人"到乡下从农作入手;从而将都市里的工读互助导向了农村的新村运动,并未动摇"小团体大联合"的模式本身。③ 而戴季陶则从资本主义经济制度展开分析,号召青年到"资本家生产制下工场"去试验。④ 施存统认同戴季陶的论断,认为失败乃"环境造成",进而主张"改造社会要用急进的激烈的方法,钻进社会里去,从根本上谋全体的改造"⑤,"要改造社会,须从根本上谋全体的改造,枝枝节节地一部分的改造,是不中用的","社会没有根本改造以前,不能试验新生活;不论工读互助团

---

① 施存统:《工读互助团底实验和教训》(1920 年 5 月 1 日),《五四时期的社团》(第二册),第 424—434 页。
② 胡适:《工读主义试行的观察》(1920 年 4 月 1 日),《五四时期的社团》(第二册),第 401—405 页。
③ 李大钊:《都市上工读团底缺点》(1920 年 4 月 1 日),《李大钊全集》(第三卷),第 226 页。
④ 戴季陶:《工读互助团与资本家的生产制》(1920 年 4 月 1 日),《五四时期的社团》(第二册),第 405—412 页。
⑤ 施存统:《存统复哲民》(1920 年 4 月 11 日),《五四时期的社团》(第二册),第 420 页。

和新村"①。

由此,大联合的模式出现了逆转,部分改造进而大联合的模式转为根本改造,小团体由内部共同生活变为一致对外改造社会,而改造的思想和手段则由缓进变为急进。同时,空间大联合方案中各个群体的角色和选择也将改变。作为引路人的老师辈要厘清各种"主义"的关系,选择、确定新的道路,如李大钊在1920年初已经开始用马克思主义理论详细论证走社会主义道路的必然性及具体方法。② 而之前作为大联合之基础却面目模糊的"民众"也要登上前台,化身为更加具体的农工阶层。试验失败后的青年学生们则要转变运动方向,探索比试验性小团体更具有改造能力的团体组织,并进一步去组织和发动民众。此后,虽然试验的道路转变了,对新社会的理解也不尽相同,但这种乌托邦想象所提供的思想力量和精神力量,却同样巨大。

以上是民粹主义与乌托邦意识在空间"大联合"上的表现,接下来略述其在时间和精神两方面的表现。空间上的乌托邦想象与时间上的乌托邦意识是密切相关的,世界主义式大联合的背后,是一种相信历史必然进步、未来必然美好的时间意识。人类不仅在空间上能够大联合,在时间和精神上也存在一种大关联。如康有为大同学说中便以三世进化的线性进步观念为大同社会的必然性奠定了理论基础,而人类的仁智能力及精神境界也是不断进步日臻完善的,以至于最后超越世间进入仙佛大游境界。③ 再如李大钊在论证人类的自由联合时便指出,"现在世界的进化的轨道,都是沿着一条线走,这条线就是达到世界大同的通衢,就

---

① 施存统:《工读互助团底实验和教训》(1920年5月1日),《五四时期的社团》(第二册),第439页。
② 对李大钊何时转向马克思主义,论者提出多种视角,如果以侧重构想理想社会蓝图转向探索社会革命可行性方案为参考,1920年4月李大钊还在《工读互助团的缺点》《亚细亚青年的光明运动》中提倡互助、大联合,之后便少见了,而重在讨论实行社会主义的具体方法。相关研究参看王远义:《李大钊到马克思主义之路》,《人文及社会科学集刊》(台北)第13卷第4期,2001年,第477—513页。
③ 成庆:《晚清士人的普世主义想象:以康有为〈大同书〉为例》,收入许纪霖、刘擎主编:《知识分子论丛》第11辑,2013年,第151—165页。

是人类共同精神连贯的脉络"①。这种看法亦源自他的宇宙观和历史观，"宇宙进化的大路，只是一个健行不息的长流，只有前进，没有反顾；只有开新，没有复旧；有时旧的毁灭，新的再兴。"②他将历史看作"人间最普遍心理表现的记录"，历史直线向着大同世界，个人的未来终将汇入人类的未来，"人间的生活，都在这大机轴中息息相关，脉脉相通。一个人的未来，和人间全体的未来相照应。一件事的朕兆，和世界全局的朕兆有关联。"③宇宙与历史，精神世界与物质世界，人类的全体与个体，当下与未来，似乎都笼罩在一个更大的规则之中，而且"脉脉相通""息息相关"。传统时代儒家的天理观起着这样的整合作用，在科学与进化的时代，宇宙观衰落，一切神圣性和超越性都不具有正当性，仍然追求秩序的知识分子们只能诉诸某种科学世界观所支撑的乌托邦，即空间上的世界主义与时间上的进步主义。这种整全性的思维模式在近代知识人思想中十分普遍，李大钊仍保持着这种思维结构，只是用宇宙进化和世界大同替换了天理。④

不仅如此，时间的乌托邦意识也表现在对民主政治秩序的论证上。时人普遍认为民主(Democracy)是世界潮流，是历史的必然趋势，是达到人人自由而平等的大同世界的途径。蔡元培在庆祝协约国胜利大会上慷慨陈词，提倡互助合作论，主张民粹主义，反对竞争进化与强权独断，以世界大同为归宿。⑤ 李大钊则认为，"Democracy 就是现代唯一的权威，现在的时代就是 Democracy 的时代。"⑥他劝诫青年解放个性，投

---

① 李大钊：《联治主义与世界组织》(1919 年 2 月 1 日)，《李大钊全集》(第二卷)，第 396 页。
② 李大钊：《物质变动与道德变动》(1919 年 12 月 1 日)，《李大钊全集》(第三卷)，第 146 页。
③ 李大钊：《Bolshevism 的胜利》(1918 年 12 月)，《李大钊全集》(第二卷)，第 367—368 页。
④ 对李大钊的宇宙观和历史观的最新讨论和综述，参考杨芳燕：《再造新文明：李大钊思想中的普遍与特殊》，收入许纪霖、刘擎主编：《知识分子论丛》第 14 辑，上海人民出版社，2016 年，第 260—270 页。
⑤ 蔡元培：《黑暗与光明的消长》(1918 年 11 月 15 日)，《蔡元培全集》(第 3 卷)，中华书局，1984 年，第 216—218 页。
⑥ 李大钊：《劳动教育问题》(1919 年 2 月 14—15 日)，《李大钊全集》(第二卷)，第 407 页。

入民主的潮流:"应该知道今日的 Democracy,不仅是一个国家的组织,乃是世界的组织。这 Democracy 不是仅在人类生活史中一个点,乃是一步一步的向世界大同进行的一个全路程。"① 傅斯年和罗家伦也都称民主是"世界的新潮流","正在那里'摇天撼地''一泻千里'","我们既然明白晓得 Democracy 是光明的代表,是我们未来一切的希望和幸福所托命,就要竭力除去这黑暗的代表,这社会上无穷罪恶和苦恼所托命!"② 陈启修则说,"人文进化,世风丕变,人人以自觉自制为重,于是 Democracy,遂为一世之标语"③。李大钊经过思想整合后,将 Democracy 翻译为"民粹主义",认为民粹主义是一种普遍的"气质",是"精神的风习"和"生活的大观",在政治上表现为民主主义,经济上为社会主义,遍一切处,意味人人平等,自由联合。④ 凡此种种论述,都可见进步主义和未来主义的时间意识在世界主义理想蓝图中的作用,都将历史的必然发展与民众的大联合结合起来,从而共同塑造了一种乌托邦想象。

但另一方面,空间上大联合的挫败也使时间意识发生逆转,由之前诉诸未来转向当下拯救。⑤ 如前所述,工读互助团试验失败后,施存统便决心离京赴沪,去找办法钻到工厂里,寻求根本改造和社会革命的方法。他表达了一种绝路上迫不及待的时间感,"现在的社会要想找一片净土,是找遍天下而不能得的。我们要想改造社会,一定免不了许多痛苦,坐在家里是不成功的。前途光明,他是不会来的,是要我们去创造

---

① 李大钊:《〈国体与青年〉跋》(1918年12月),《李大钊全集》(第二卷),第372页。
② 傅斯年:《去兵》(1919年1月1日),《傅斯年文集》(第一卷),第101—102页。
③ 陈启修:《庶民主义之研究》,《北京大学月刊》1919年第1卷第1期。
④ 李大钊:《平民主义》(1923年1月),《李大钊全集》(第四卷),第140—160页。
⑤ 张灏在讨论硬性乌托邦时也指出这一点,以谭嗣同、刘师培和李大钊为代表,他们相信可以彻底改变当下社会秩序来达到理想社会,并认为人具有改造社会的能力。参看张灏:《转型时代中国乌托邦主义的兴起》,《幽暗意识与民主传统》,第268—304页。

的。"①空间的大联合是在未来,虽然依旧相信历史的必然和未来的美好,但重心已从对未来世界大同的想象、规划和试验,转到了当下的根本改造。我们在李大钊的名文《今》中可见这种当下拯救的时间意识,"无限的'过去'都以现在为归宿,无限的'未来'都以'现在'为渊源。'过去'、'未来'的中间全仗有'现在'以成其连续,以成其永远,以成其无始无终的大实在。"②同时,根本改造的使命重担也落在了改造者身上,他们将需要更大的动能,而之前时间上的乌托邦意识与空间上的乌托邦图景则回转为一股精神力量,感召着改造者去走向民间、发动民众,推动革命。至此,或可说,中国的民粹主义已经由列宁所谓的不切实际的"乌托邦"转向了行动派,从理想层面落到现实,真正具有了别尔嘉耶夫所谓的"大地的特征"。

最后,民粹主义论述中的理想社会,也包含了道德乌托邦的成分,是一种精神上的道德理想主义,甚而形成一种小我向大我的投身感和信仰感。道德乌托邦的第一个特点是,将理想的社会理解成一个道德完满的良善共同体。相对而言,现实社会则是丑陋、黑暗、充满压迫和罪恶的。这种以光明与黑暗的譬喻描述现实社会和理想社会的论述,反映了一种二元对立的社会观。蔡元培甚至将两种社会的对立溯源至拜火教中黑暗之神与光明之神的斗争,"光明必占胜利"③。李大钊则从唯物史观出发,指出道德并非一成不变,而是由社会经济基础决定,故新社会需要新道德。所谓"新道德","就是适应人类一体的生活,世界一家的社会之道德。"具体而言,"我们今日所需要的道德,不是神的道德、宗教的道德、古典的道德、阶级的道德、私营的道德、占据的道德;乃是人的道德、美化

---

① 施存统:《"钻进工场里去"的解释·存统复轶千》(1920年4月16日),《五四时期的社团》(第二册),第421—422页。
② 李大钊:《今》(1918年4月15日),《李大钊全集》(第二卷),第284—288页。
③ 蔡元培:《黑暗与光明的消长》(1918年11月15日),《蔡元培全集》(第3卷),第216页。

的道德、实用的道德、大同的道德、互助的道德、创造的道德!"①由此,创造新道德亦与创造新社会息息相关。如一些无政府主义团体对互助进化公理与未来理想社会抱有信念,合并改组成进化社,黄凌霜在宣言中说道:"人类社会发展的标准,由较不高尚而至于较高尚,这是为全世界人类造幸福的目的。"②

当想象了一个高尚道德充满的理想社会,对现实世界的不满便会越加强烈,会更加需要分析和批判现实的新方案;当未来时间日程中的世界大联合无法通过试验方式抵达时,便需要寻找新的改造现实的根本途径,并付诸行动。在这个历史时刻,基于对现实的不同判断,便出现了知识阶层的大分化,带来了知识阶层与民众关系的变化。对于后来成为激进革命者的那些人,所有的问题和不满都汇总到了经济制度和社会环境,而劳苦大众则成为道德纯洁的典范和被压迫剥削的对象。由此,知识分子产生了强烈的忏悔意识,同时诉诸修身自省、严格要求自己的道德。

别尔嘉耶夫从宗教传统审视俄国民粹派,指出他们都高悬了一个道德理想,或为宗教真谛或为社会真理,对人民、劳动都有一种负罪感和忏悔意识,"感到自己的孤独,意识到与土壤的脱离,意识到自己的罪孽,并投身于下层,想贴近土地,贴近人民。"③中国虽无俄国那么强烈的宗教传统,但在士农工商的社会结构解体后,知识阶层对劳苦大众也产生了类似的忏悔意识。如李大钊在反驳劳力、劳心的区分时说道:"凡是劳作的人,都是高尚的,都是神圣的,都比你们这些吃人血不作人事的绅士、贤人、政客们强得多。"④他强调精神的改造与心的悔悟,赞美能够"忏悔

---

① 李大钊:《物质变动与道德变动》(1919 年 12 月 1 日),《李大钊全集》(第三卷),第 146 页。
② 黄凌霜:《本志宣言》(1919 年 1 月 20 日),《五四时期的社团》(第四册),第 185 页。
③ [俄]别尔嘉耶夫:《俄罗斯思想的宗教阐释》,第 57—63 页。
④ 李大钊:《低级劳动者》(1920 年 1 月 18 日),《李大钊全集》(第三卷),第 170 页。

的人"①,认为个人之罪恶"同时亦为社会之罪恶","忏悔之责,故不仅为躬犯罪恶之人所独任,即呈布此罪恶社会中之各个分子,亦当因之以痛加省察,深为忏悔。"如前所述,个人与社会的息息相关是一种社会有机体论,也是整全性宇宙观的一种体现。不仅个人的未来与人类的未来、个人的精神与人类的精神,是"脉脉相通"的,个人的罪恶与社会的罪恶也是如此。由此,为了去除社会的罪恶,便要从个人的忏悔开始,"积小己之忏悔而为大群之忏悔,而造成清洁善良之社会力,以贯注于一群之精神,使人人不得不弃旧恶,就新善,涤秽暗,复光明"②。

这意味着,在实现理想社会的过程中,不仅需要社会蓝图与试验手段,还需要改造者具有自我忏悔、道德自新的能力。这种力量既可以为改造者提供实践所需的精神动力,让他们改造自我,更加"贴近土地""贴近人民";也可以更新"大群"乃至整个社会的道德,实现自我和社会的道德完满。李大钊曾指出,在过去与将来之间有一个"连续不断的生命力","人生本务,在随实在之进行,为后人造大功德,供永远的'我'享受、扩张、传袭,至无穷极,以达'宇宙即我,我即宇宙'之究竟。"③这样的自我可以通过道德生命力的延续,贡献人类,融入宇宙,成为一种永恒的大我。在此意义上,乌托邦本身即内在于自我,不是外在于自我的乌有之乡,而是内在于人类自身的存在、欲望、想象和认同之中。如列维塔斯便认为,乌托邦是"企盼更好的存在和生存方式的欲望"④;蒂里希则指出,乌托邦是存在的一种投射,"要成为人,就意味着要有乌托邦,因为乌托邦根植于人的存在本身。"⑤

---

① 李大钊:《忏悔的人》(1920年1月4日),《李大钊全集》(第三卷),第210页。
② 李大钊:《罪恶与忏悔》(1917年4月21日),《李大钊全集》(第二卷),第168—169页。
③ 李大钊:《今》(1918年4月15日)、《现在与将来》(1919年3月28日),《李大钊全集》(第二卷),第287、444—445页。
④ [英]鲁思·列维塔斯:《乌托邦之概念》,第10页。
⑤ [美]保罗·蒂里希:《政治期望》,徐钧尧译,四川人民出版社,1989年,第214页。

综上所论,五四时期有关民众"大联合"与理想社会形态的描述,反映出民粹主义思潮包含着浓厚的乌托邦意识。这种民粹主义的乌托邦意识表现在空间、时间和精神等三个层面。具体而言,空间上的乌托邦意识表现为世界主义式的民众"大联合",分为普遍和模范型两类,普遍型以李大钊所论的阶级联合与联邦自治为代表,模范型主要是工读互助团等学生团体的"小团体大联合"试验。时间上的乌托邦意识是一种进步主义,相信理想社会必然到来,并将个人的未来融入社会的未来之中。精神上的乌托邦意识是一种道德理想主义,相信理想社会是至善完满的,对民众存在愧疚感和忏悔意识,对自己则诉诸道德自省,最终催生小我向大我的投身感。特别指出的是,在"大联合"的理论方案和模范型试验遭遇挫折而不断失败的困境中,民粹主义的乌托邦意识也发生了逆转,渐进式的民众"大联合"转为对现实社会的根本改造,想象民众变为发动民众,诉诸未来转向当下拯救,道德理想和忏悔意识化为行动的精神动力。这些转向的发生,标志着民粹主义在近代中国发展的两个阶段,意味着民粹主义开始从理想层面降落到现实,逐渐放弃了世界主义式的"大联合"构想,转而投入中国社会的"大地",到民间和民众中去,并付诸行动,也由此推动了 1920 年代的群众运动和革命运动,开启 20 世纪的民粹主义时代。

在现代性的视野中,当旧日权威一一被打倒,当一切价值都有待重估,独立自主的个人或抽象整体的民众必然成为社会政治秩序的正当性根据;当民众被赋予某种终极价值或被作为某种目的之时,民粹主义便出现了。在中国近代思想与政治的变迁中,民粹主义与无政府主义、社会主义、民主主义、共产主义、马克思主义等交织在一起。它们当然各有脉络,但其中最大的公约数正是人人平等的诉求和乌托邦意识。不同时期和地域的人们所处的"大地"是迥异的,但这股扎根向下的力量却是一致的。而五四时期民粹主义在理想社会层面展现出来的乌托邦意涵,恰恰显示了民粹主义的另一面。列宁斥之为不切实际的空想,但这种乌托邦意识却蕴含了巨大的能量。在民粹主义侧重理想层面的前一时期,乌托邦意识给寻路的人们带来了想象世界的可能和希望,也在某种程度上调和了投向"大地"的倾向;在侧重现实行动的后一时期,乌托邦意识则提供了改造世界的方向感和精神动力,推动了民众运动的兴起。

拉塞尔·雅各比将乌托邦区分为蓝图型和批判型,他认为,被诟病为导致极权主义灾难的是前一种类型,而后者在现代社会仍具有生命力和批判意义。[1] 从五四时期民粹主义的乌托邦意识来看,社会蓝图与道德理想往往是同构的,关键的转折发生在从理想蓝图到现实行动、从憧憬未来到当下拯救、从想象民众到发动民众的历史时刻。然而在近代中国秩序危机的处境中,正如老师辈的李大钊与小团体中的学生们,一切抉择似乎又是不得不如此的。与乌托邦一样,民粹主义并非是天生的贬义词,而是现代社会必须面对的一种处境。在当今世界日益大众化、保守化的背景下,如何抱持一种良性的民粹主义和乌托邦意识,如何处理民众及其乌托邦的关系,仍是悬而未决的难题。

(于海兵:陕西师范大学历史文化学院)

---

[1] [美]拉塞尔·雅各比:《乌托邦之死:冷漠时代的政治与文化》,姚建彬译,新星出版社,2007年。

伯林与施特劳斯之争在中国

2019年是伯林诞辰110周年,也是施特劳斯诞辰120周年。在这个特殊的年份,反思伯林与施特劳斯的中国的思想遗产具有非比寻常的思想史意义。20世纪末,中国思想界最重大的事件是自由主义与新左派的大论战。在这次论战中,伯林的政治哲学为自由主义阵营提供了丰富的思想资源,因此,伯林一度成为中国思想界炙手可热的学术明星。21世纪初,随着自由主义与新左派之争的落幕,中国的施特劳斯学派强劲崛起。与之相应的是,伯林的影响力日渐式微,而施特劳斯瞬间成为学界新宠。然而,二十年后的今天,曾经如日中天的施特劳斯也逐渐淡出了公众的视野。在这样的时刻,我们如何评价伯林和施特劳斯呢?伯林和施特劳斯的著名论战跟中国语境到底有什么关联呢?我们如何在自由主义与施特劳斯学派之争的背景下考察伯林与施特劳斯之争呢?这是本专题三篇文章要重点探讨的问题。

二十年来中国的思想格局*

马华灵

二十年来,中国思想界最有影响力的思想流派是施特劳斯学派。施特劳斯学派的标志性思想是批判自由主义。施特劳斯本人明确指出,著名的自由主义者伯林是自由主义危机的典型代表。因为伯林的自由主义抛弃绝对主义,走向了相对主义。在施特劳斯看来,自由主义的致命病症正是源于它所感染的相对主义病毒。在这个意义上,伯林与施特劳斯的思想纷争实际上是自由主义阵营与施特劳斯学派之争的缩影。然而,自由主义阵营尚不足以回应施特劳斯学派的挑战。因此,本文将提出一种新的方式来回应施特劳斯学派的批评。本文的观点是,伯林的自由主义所主张的不是相对主义,而是多元主义,因此,施特劳斯学派的自由主义批评是错误的。

伯林与施特劳斯是20世纪著名的思想家。两人都是疏离于主流社会的犹太人,都是流亡他乡的异客,都具有痛彻心扉的黑暗政治体验。然而,两人的思想观点却截然相反。两人之间曾经发生过一场具有重大意义的学术争论。伯林批评施特劳斯是一元主义者和绝对主义者,而一

---

* 本文是上海市社科基金一般项目"施特劳斯的西方自由主义批判研究"(2017BZZ005)和中央高校基本科研业务费项目华东师范大学人文社会科学青年跨学科创新团队项目(2018ECNU—QKT011)的阶段性成果。

元主义与绝对主义蕴含着灾难性的政治后果。施特劳斯则批评伯林是多元主义者和相对主义者,而多元主义和相对主义是20世纪政治悲剧的根源。为什么具有如此相似生命体验的两位思想家却具有如此相反的政治哲学观点呢?伯林与施特劳斯的思想争论跟我们的时代有什么特殊的联系?为什么我们要研究伯林与施特劳斯的思想争论?两个西方人跟我们中国人有什么关系?

为了回答这些问题,本文将从二十年来中国思想界的思想格局出发,来考察施特劳斯学派在中国语境中的兴衰。接着,从伯林与施特劳斯的思想纷争入手,考察自由主义与施特劳斯学派的思想争论。这是因为伯林与施特劳斯之争实质上是自由主义与施特劳斯学派之争,抑或自由主义与保守主义之争。最后,本文将表明,目前的自由主义阵营尚不足以回应施特劳斯学派的批评,因此文本将区分多元主义与相对主义,从而以一种新的方式来捍卫伯林的立场。

一、二十年来中国的思想格局

二十年来,施特劳斯学派在中国大陆一枝独秀,风头无两。在某种意义上,施特劳斯学派塑造了整个二十年的中国思想格局。不管是新左派、新儒家,还是自由主义,他们多多少少都受到了施特劳斯学派的影响。他们要么吸纳施特劳斯学派的思想资源,要么提出新的学术观点来回应施特劳斯学派的挑战,鲜有人会无视施特劳斯学派的思想。正是如此,施特劳斯学派无疑是二十年来中国思想界最特别的思想现象。在这个意义上,施特劳斯学派的崛起和衰落反映了整个二十年中国思想界的动态和趋势。

中国的施特劳斯学派来源于美国犹太裔著名思想家列奥·施特劳斯。施特劳斯于1973年逝世后,美国学术界逐渐形成了以施特劳斯的弟子和再传弟子为核心的施特劳斯学派(Straussian School)。然而,施特劳斯学派在美国学术界的处境微妙,饱受争议。古典学界并不承认施特劳斯学派的古典学研究,美国许多大学也排斥施特劳斯学派中人,美国媒体甚至炮制出了施特劳斯学派进军华盛顿并掌控美国政治的阴谋。例如,托马斯·潘格尔(Thomas Pangle)的耶鲁教职风波。1979年,青椒潘格尔申请耶鲁大学政治系的终身教职。然而,政治系的评审委员会却联手封杀了潘格尔的终身教职晋升。其中一位评审委员查尔斯·林德布洛姆教授(Charles Lindblom)不但在评审程序上动了手脚,而且还毫不掩饰地对潘格尔说:潘格尔的晋升障碍不是学术水平问题,而是施特劳斯问题。耶鲁政治系中有一股反施派分子的潮流,因此,他们不会同意施派分子的晋升!而另一位评审委员道格拉斯·莱伊(Douglas Rae)则赤裸裸地宣称:"学术自由是一回事。但是有两种人永远不应该被允许在这里教书——列宁主义者和施派分子。"[①]尽管耶鲁校方后来重新组建了一个评审委员会,并通过了潘格尔的终身教职申请,但是最后,潘格尔不得不远走多伦多大学,逃离耶鲁的是非之地。实际上,另外两位施特劳斯学派得力干将艾伦·布鲁姆和沃尔特·伯恩斯(Walter Berns)也曾在耶鲁大学政治系任教,但是两人都没有获得终身教职,令人唏嘘不已。

早在1985年,施特劳斯的名字就已经进入中国了。詹姆斯·A.古尔德和文森特·V.瑟斯比主编的论文集《现代政治思想》收录了施特劳

[①] Robert William Kagan, "God and Man at Yale—Again," *Commentary*, Vol. 73, No. 2, 1982, pp. 50 - 51.当事人之一林德布洛姆后来矢口否认罗伯特·威廉·卡根(Robert William Kagan)的所有指控,他认为耶鲁政治系的决定是正当的,他们并不是因为潘格尔是施派分子才否决他的晋升,而是因为他当时的学术水平不足以成为政治哲学界的领军人物。潘格尔的教学水平不错,在学生中大受欢迎,但是他的学术水平却不够标准。然而,卡根则用充分的证据反驳了林德布洛姆的自我辩护。关于两人的详细辩驳,请参考 Charles E. Lindblom and Robert William Kagan, "Yale and the Pangle Case," *Commentary*, Vol. 74, No. 2, 1982, pp. 4 - 11.

斯的经典名篇《什么是政治哲学?》。① 在这本书中,施特劳斯的中文译名不是现在的通译,而是"利奥·斯特劳斯"。在那个年代,施特劳斯也不是如今的天下谁人不识君,而是天下无人识此君。在1980年代的新启蒙浪潮中,施特劳斯的政治哲学迅即消失得无影无踪,没有留下任何回音。

1993年,施特劳斯及其弟子约瑟夫·克罗波西(Joseph Cropsey)主编的《政治哲学史》就已经在中国大陆出版了。② 这本书对萨拜因的《政治学说史》提出了强有力的挑战,从而开创了新的政治哲学史写作范式。然而在当时,这本《政治哲学史》湮没无闻,在中国知识界也没有产生任何影响力。施特劳斯何许人也?世人只知钢琴家约翰·施特劳斯,人类学家列维·施特劳斯,根本不知道什么政治哲学家列奥·施特劳斯。甚至到了施特劳斯风靡中国大陆的2006年,还有译者把"Leo Strauss"翻译为"列维·施特劳斯"③。

施特劳斯的政治哲学正式进入中国知识界的视野已经是2000年前后的事情了。刘小枫回忆道:"1999年冬,我在北大比较所讲了两次施特劳斯的《什么是政治哲学》研讨课,'刺猬的温顺'是2000年秋天在浙江大学哲学系和中山大学哲学系作的讲演。"④而后,刘小枫于2001年在《书屋》杂志发表了同名文章《刺猬的温顺》。⑤ 毫无疑问,《刺猬的温顺》是中国施特劳斯学派崛起的标志,也是施特劳斯学派向自由主义全面发起挑战的战斗檄文。2002年,甘阳在香港出版了专著《政治哲人施

---

① 詹姆斯·A·古尔德与文森特·V·瑟斯比编:《现代政治思想》,杨淮生等译,商务印书馆,1985年,第58—86页。
② 施特劳斯、克罗波西主编:《政治哲学史》,李天然等译,河北人民出版社,1993年。英文版参 Leo Strauss and Joseph Cropsey, (eds.), *History of Political Philosophy*, Chicago and London: The University of Chicago Press, 1987.
③ 杨-维尔纳·米勒:《危险的心灵》,张䂮、邓晓菁译,新星出版社,2006年,第2页。
④ 刘小枫:《刺猬的温顺》,上海文艺出版社,2002年,第1页。
⑤ 刘小枫:《刺猬的温顺》,载《书屋》2001年第2期,第4—27页。

特劳斯》,这本书深入剖析了施特劳斯学派与美国政治的纠葛。[1] 同年,刘小枫主编的论文集《施特劳斯与古典政治哲学》在中文学术界第一次全面介绍了施特劳斯的政治哲学。[2] 2003年,施特劳斯的政治哲学代表作《自然权利与历史》中译本问世,这本书成为许多青年学子阅读施特劳斯的起点。[3]

而更为影响深远的是刘小枫所策划的"经典与解释"丛书,这套丛书全面推动了施特劳斯学派在中国大陆的发展,在中国知识界掀起了一股强劲的施特劳斯旋风。迄今为止,这套丛书已经出版了三四百种,已经成为中国施特劳斯学派最重要的思想阵地。在这套丛书的推波助澜下,施特劳斯思想风靡中国大陆,大批青年学子争相阅读施特劳斯的作品,知识界甚至出现了言必称施特劳斯的惊人现象。中国的施特劳斯学派俨然成为中国学术界炙手可热的思想流派。2010年马克·里拉访问中国时,一位上海记者告诉里拉:如果你在中国不谈施特劳斯和施米特,那么没人会认真对待你![4] 由此可见,施特劳斯是当时中国最热门的思想家。

然而,最近十年来,施特劳斯学派在中国大陆的处境急转直下。他们受到了知识界的严厉批评。2008年,白彤东和肖涧秋在《世界哲学》发表了《走向毁灭经典哲学之路?》。他们在文章中指出,美国的施特劳斯学派是数代耕耘的结果,然而中国的施特劳斯学派却突然流行,其中肯定有问题:"当他们振臂疾呼复兴经典哲学并痛击那些痛击经典哲学的人的时候,我的当下反应是想笑。因为他们中的一些人曾是八、九十年代的文化掮客,他们领来的浪潮往往针对的就是中西经典,尤其是对

---

[1] 甘阳:《政治哲人施特劳斯》,牛津大学出版社,2002年。
[2] 刘小枫主编:《施特劳斯与古典政治哲学》,上海三联书店,2002年。
[3] 施特劳斯:《自然权利与历史》,彭刚译,三联书店,2003年。
[4] Mark Lilla, "Reading Strauss in Beijing," *The New Republic*, December 17, 2010.

中国经典的肆意攻击。他们掀起的一波波的浪也是摧残有根基的研究的祸首之一。他们中有些人自称是文化基督徒,这使得他们缺乏先痛击自己一下的忏悔精神更显滑稽。"此外,他们更是对"经典与解释"丛书作出了尖锐的批评。在他们看来,美国的施特劳斯学派重视经典,翻译经典,并忠实经典。然而,中国的施特劳斯学派却以丛书、系列等方式"铺天盖地"地译书,翻译质量没有保障,而且所译之书并非都是经典。这跟美国施特劳斯学派的作风完全背道而驰,而且是"对传播施特劳斯学派思想、回到古典根源的最大威胁"[1]。此后数年间,诸如此类的批评不绝于耳。施特劳斯学派遽然从炽热的巅峰迅速跌落冰冷的谷底,从而成为知识界鄙薄和嘲讽的对象。

实际上,施特劳斯形象的剧变更重要的原因不是"经典与解释"丛书的质量问题,而是施特劳斯本人的思想倾向。这要从施特劳斯学派的中国思想遗产谈起了。大体而言,中国的施特劳斯学派有三大思想遗产:一、回归古典,重新阅读西学经典和中国经典;二、现代性批判,尤其是施特劳斯的现代自由主义批判;三、隐微书写,强调字里行间阅读法。其中,回归古典是最具有启发性的思想遗产,现代性批判是最具有争议性的思想遗产,而隐微书写是最受人诟病的思想遗产。据说,隐微书写潜藏着神秘主义和精英主义的浓烈味道。施特劳斯认为,如果伟大思想家犯下了连高中生都会感到蒙羞的低级错误,那么他们这样做就是有意为之,故意为后来者留下秘密的思想线索,从而让后来者捕捉他们的真实想法。[2] 这就是隐微书写的神秘主义证据。同时,施特劳斯主张:"无思想者是粗心的读者,只有思想者才是细心的读者。"[3]因此,只有那些潜在的哲学家才能真正理解这些伟大思想家所留下的思想线索,广大芸芸

---

[1] 白彤东、肖涧秋:《走向毁灭经典哲学之路?》,载《世界哲学》2008年第1期,第56—59页。
[2] Leo Strauss, *Persecution and the Art of Writing*, Chicago and London: The University of Chicago Press, 1988, p. 30.
[3] Ibid., p. 25.

众生根本无法解读伟大思想家的经典作品,所以,他们注定跟伟大思想无缘。这就是隐微书写的精英主义证据。隐微书写的神秘主义让中国的施特劳斯学派具备了某种准宗教性的隐秘特征,而隐微书写的精英主义使其产生了某种居高临下的距离感与不适感。因此,中国的施特劳斯学派逐渐成为中国学术界备受争议的思想流派。甚至,公共场合的讨论出现了每谈施特劳斯必分裂的现象。在这样的思想环境下,公共讨论的最佳方式是避谈施特劳斯。

二十年来,施特劳斯学派在中国大陆起起落落,毁誉参半。如今,他们也逐渐淡出了公众的视野,这在某种意义上表明"施特劳斯热"已经成为过去了!

二、 中国思想脉络中的伯林与施特劳斯

1990年代以来,中国自由主义面临着三大挑战,分别是新左派、新儒家和施特劳斯学派。其中,施特劳斯学派是二十年来自由主义所遇到的最强劲的理论对手。之所以如此,其原因有二:第一,施特劳斯学派已经发展成为最近二十年来中国思想界最有影响力的思想流派;第二,施特劳斯学派有一套自圆其说的自由主义批判思想框架。

伯林与施特劳斯的思想纷争本质上是自由主义与施特劳斯学派之争的历史缩影。因此,我们必须在自由主义与施特劳斯学派之争的大背景下考察伯林与施特劳斯之争。

施特劳斯学派的自由主义批判有三大要点。第一,现代自由主义的理论基础是价值中立,而价值中立是一种典型的相对主义观点。第二,相对主义认为没有是非善恶,没有好坏对错,因此,一切都是平等的,一切都是被许可的。怎么做都行!因此,第三,现代自由主义为纳粹主义

的兴起铺平了道路,为道德堕落打开了无法弥合的缺口。①

正是基于这种批判,施特劳斯学派主张一种古代自由主义理念。古代自由主义理念的核心观点有二:第一,既然现代自由主义的理论基础是相对主义,那么,现代自由主义摆脱危机的起点就应该是回归古代自由主义的绝对主义;第二,既然现代自由主义的自由败坏了我们时代的道德品质,那么,拯救我们时代的道德品质的关键就应该是回归古代自由主义的美德。②

在这个思想背景之下,我们再来考察伯林与施特劳斯的思想纷争。伯林显然无法同意施特劳斯的观点。在他看来,施特劳斯就是自己一直以来所批判的一元主义者和绝对主义者。一元主义和绝对主义的共同特征是,这个世界上存在着无论何时无论何地无论针对何人都绝对正确的永恒价值。而施特劳斯跟伯林在芝加哥相遇时,施特劳斯居然试图说服伯林相信"对所有时代所有地方的所有人都真实的永恒、不变且绝对的价值"。伯林怎么可能会接受呢?他立场鲜明地表示,除非具有神秘莫测的形而上学魔眼,否则,人类是不可能知道什么永恒而绝对的价值的。而他不幸没有这样一双形而上学魔眼,所以他无法相信施特劳斯所相信的绝对价值。伯林与施特劳斯之间的分歧,最清晰地体现在两人对施特劳斯著作的评价上。伯林认为,施特劳斯的最佳著作是《霍布斯的政治哲学》,而施特劳斯却认为《霍布斯的政治哲学》是他最糟糕的作品。③

反之,施特劳斯也完全无法认同伯林的观点。在施特劳斯的眼中,伯林就是自己毕生不遗余力所批判的多元主义者和相对主义者。在施

---

① 更详细的讨论请参考马华灵:《现代自由主义的困境:施特劳斯的极权主义诊断》,载《学海》2017 年第 3 期,第 126—136 页。
② 更详细的分析请参考马华灵:《古代自由主义的复兴:施特劳斯的古典政治哲学》,载许纪霖、刘擎主编:《西方"政治正确"的反思》,江苏人民出版社,2018 年,第 351—382 页。
③ Isaiah Berlin and Ramin Jahanbegloo, *Conversations with Isaiah Berlin*, New York: MacMillan, 1991, pp. 32 - 33.

特劳斯的文本中,多元主义与相对主义是一回事,所以他从来不分析两者之间的内在差异。施特劳斯在《相对主义》一文中指出,伯林的自由主义是自由主义危机的典型案例。其原因是,伯林的自由主义陷入了难以解脱的自相矛盾之中。一方面,伯林主张最低限度的消极自由是神圣不可侵犯的,而一旦承认最低限度的消极自由是神圣不可侵犯的,就等于承认消极自由是一种绝对价值。另一方面,伯林却认为人类的各种价值之间都是平等有效的,因此,各种价值之间的选择应该交给个人来决定。然而,一旦承认人类的各种价值之间都是平等有效的,就等于承认了相对主义。因为在施特劳斯看来,相对主义的主要观点就是,所有价值都是平等的。这样,伯林的自由主义就既主张绝对主义,又主张相对主义了。[1] 施特劳斯认为,这正是伯林的自由主义所面临的根本困境。自由主义选择相对主义,无异于自由主义的自掘坟墓。施特劳斯早年的魏玛德国经历让他深切地感受到,以相对主义为基础的自由主义是20世纪政治悲剧的思想根源。在他看来,正是魏玛德国的自由主义襁褓孕育了纳粹主义的怪胎,而纳粹主义的怪胎最终反过来吞噬了自由主义的母体。所以,施特劳斯终其一生都在批判以相对主义为基础的自由主义,并且号召世人回归古典政治哲学,从古典政治哲学的绝对主义药箱中寻找解救这种自由主义的药引。然而,伯林的"自由主义却抛弃其绝对主义基础,从而试图成为完全的相对主义"[2]。这实在是自寻死路!正是如此,施特劳斯认为,如果以相对主义为基础的现代自由主义要走出危机,就必须回归以绝对主义为基础的古代自由主义。

继施特劳斯之后,中西施特劳斯学派开始猛烈攻击自由主义的相对主义倾向。潘格尔继承了施特劳斯的余绪,继续批判伯林的自由主义。

---

[1] Leo Strauss, "Relativism," in Thomas Pangle (ed.), *The Rebirth of Classical Political Rationalism*, Chicago and London: The University of Chicago Press, 1989, pp. 13–26.
[2] Ibid., p. 17.

在他看来,伯林的自相矛盾是,一方面,伯林认为消极自由是绝对的;另一方面,伯林却又主张消极自由和积极自由是同等绝对的价值。然而,以伯林为代表的自由主义者却抛弃了绝对主义,最终投入了相对主义的怀抱。[1]

哈维·曼斯菲尔德在一次访谈中指出,"相对主义是一种自由主义观点",正是这种相对主义使大学生在大学校园里无心向学。他哀叹道,大学不再是追求真理的地方了。因为在相对主义者的视野中,根本就没有什么真理。既然没有真理,那么大家想学什么就学什么,这是大家的自由选择。在相对主义者看来,"所有文化都是平等的。因此,没有任何一种文化优越于其他任何一种文化。这是因为没有什么真正的文化,抑或,没有一种文化优越于任何其他文化。"[2]

跟施特劳斯一样,刘小枫在《刺猬的温顺》中也把伯林的多元主义等同于相对主义。他批评伯林道:如果伯林承认所有价值都是相对合理的,而法西斯主义也是一种价值,那么,伯林不就等于承认法西斯主义也是正当的了吗?如果这个批评是成立的,那么,伯林的自由主义不就是在为法西斯主义做正当性论证吗?这样的指控无疑是致命的。刘小枫更进一步指出伯林与施特劳斯的分歧所在:"对于伯林来说,纳粹的极权政治是绝对主义价值观的结果;相反,在施特劳斯看来,正是由于蔑视某种绝对的价值,彻底拜倒在历史相对主义脚下的德国哲人们,才在1933年没有能力对德国的政治命运做出道德裁决。"[3]

---

[1] Thomas L Pangle, *Leo Strauss: An Introduction to His Thought and Intellectual Legacy*, Baltimore: The Johns Hopkins University Press, 2006, pp. 19-21.

[2] Harvey Mansfield, "An Interview with Harvard's Harvey Mansfield," *Minding the Campus*, May 5 2016.

[3] 刘小枫:《刺猬的温顺》,第175、184页。刘小枫对施特劳斯的判断是正确的,但是对伯林的判断却是错误的。伯林反复表明,德国法西斯主义是浪漫主义的结果。请参看 Isaiah Berlin, *The Roots of Romanticism*, ed. Henry Hardy, Princeton: Princeton University Press, 1999, p. 145. Isaiah Berlin, *The Power of Ideas*, ed. Henry Hardy, Princeton: Princeton University Press, 2001, pp. 134-135, 203-204.

针对施特劳斯学派的批评,自由主义阵营也作出了回应。钱永祥在《多元论与美好生活:试探施特劳斯政治哲学的两项误解》中指出,施特劳斯、刘小枫与甘阳的共同问题是混淆了多元主义与相对主义。首先,钱永祥认为,价值相对主义意味着各种价值都"一样好/一样对",而价值多元主义并不认同这种观点。因为在价值多元主义者看来,从不可通约性与不可兼容性无法推出各种价值都一样正当,除非我们假定无法比较的价值都是同等的价值。正是这样,价值多元主义并不主张价值平等。实际上,价值多元主义认为价值选择取决于个体特殊的主观考量。其次,价值多元主义主张价值选择取决于个体特殊的主观考量,并不会导致价值相对主义,因为从"理由"可以推导出普遍主义。如果我们要通过说理的方式来说服对方,那么,我们必须超越我们双方的立场,并借助对说理双方来说都成立的共通价值来让对方理解并同意自己的立场。如果这是站得住脚的,那么,普遍主义就渗透进来了。[1] 在这个意义上,多元主义并不是相对主义,两者之间有本质区别。

周保松在《自由主义、宽容与虚无主义》中对施特劳斯学派的自由主义批判进行了回击。在施特劳斯学派的视野中,自由主义宽容的理论基础是虚无主义,而虚无主义是相对主义的结果。但是,周保松认为自由主义主张宽容,却并不需要接受虚无主义。周保松的主要主张是:(1)自由主义主张宽容,但不会宽容违背自由主义基本原则的行为;(2)宽容与虚无主义之间没有必然的联系,自由主义主张宽容,并不是因为虚无主义;(3)施特劳斯的推理无法成立。从无法获得绝对正确的知识,无法推出所有偏好都是同样正确的结论。因为同样正确本身已经预设了两者的可比较性。(4)施特劳斯误解了宽容的含义。宽容意味着宽容者有合

---

[1] 钱永祥:《多元论与美好生活:试探施特劳斯政治哲学的两项误解》,载《复旦政治哲学评论》2010年第1期,第61—77页。此文重刊于钱永祥:《动情的理性:政治哲学作为道德实践》,联经出版事业股份有限公司,2014年,第259—285页。

理的理由指责对方,并且有能力强制干预对方,但却主动克制自己的行为。①

陈建洪在 2015 年出版的《论施特劳斯》中对钱永祥和周保松又作出了反批评。在陈建洪看来,钱永祥在有三大问题:第一,钱永祥一方面用说理的普遍主义来批评伯林的多元主义,另一方面又用伯林的人性观来支持说理的多元主义。第二,钱永祥认为施特劳斯的自然正当是为了回归一元主义,但是陈建洪认为施特劳斯不可能预设一元主义。第三,钱永祥主张只有说理才能论证个人选择的正当性,然而陈建洪却指出,人们可能在说理之前就已经进行选择了。针对周保松的观点,陈建洪的核心批评是:周保松认为施特劳斯把洛克以来的所有自由主义都视为虚无主义,然而,实际上,施特劳斯并没有把洛克视为虚无主义者,施特劳斯所针对的不是洛克时代的自由主义,而是当代自由主义。②

三、自由主义与施特劳斯学派

伯林与施特劳斯之争实质上是自由主义与施特劳斯学派之争。那么,在伯林与施特劳斯之间,到底谁对谁错呢?在自由主义与施特劳斯学派之间,到底谁的主张更加合理呢?本文认为目前自由主义阵营所作出的回应尚不足以回应施特劳斯的批评。因此,本文将站在伯林的立场上,提出一种新的论证来批评施特劳斯学派的批评,从而捍卫一种区别于相对主义的多元主义。

就自由主义的观点而言,本文同意陈建洪对周保松的批评。确实,施特劳斯的自由主义批判针对的是施特劳斯同时代的自由主义,而不是

---

① 周保松:《自由人的平等政治》,三联书店,2010 年,第 101—143 页。
② 陈建洪:《论施特劳斯》,华东师范大学出版社,2015 年,第 112—115、125—127 页。

20世纪之前的自由主义。因此,周保松的回应并不足以回应施特劳斯学派所提出的批评。但是,对于钱永祥的观点,本文将提出不同于陈建洪的批评路径。

第一,钱永祥所谓的价值相对主义实际上就是伯林所谓的价值多元主义。伯林在文本中曾明确表示多元价值之间同等终极、同等绝对且同等客观。[①] 因此,伯林的价值多元主义本身就预设了钱永祥所谓的"一样好/一样对"。这样,钱永祥怎么可以说价值多元主义不认同这种观点呢? 除非他明确拒斥伯林的价值多元主义立场。

第二,钱永祥从理由推导出普遍主义的依据,实际上不是理由,而是共通价值。钱永祥认为只有通过对说理双方来说都成立的共通价值,理由才能发挥作用。如果共通价值对说理双方来说都成立,那么,共通价值本身就是超越说理双方的普遍价值。在这个意义上,共通价值已经预设了普遍主义。而我们之所以能够从理由推导出普遍主义,正是因为我们借助了超越说理双方的共通价值。基于此,从理由推导出普遍主义本质上就是从共通价值推导出普遍主义,而不是表面上所谓的从理由推导出普遍主义。也就是说,普遍主义的来源根本不是理由,而是共通价值。然而,钱永祥并没有论证共通价值本身是如何产生的。因此,钱永祥的思路实际上是通过预设普遍主义来证明普遍主义。

第三,即便假定共通价值是存在的,而且也假定我们可以借助共通价值,通过说理的方式推导出普遍主义。但是,通过说理的方式来说服对方,并不一定需要借助共通价值。在某种意义上,特殊价值(也就是钱永祥所谓的成见)本身就足以说服对方。例如,我要说服一个不喝茶的中国人去喝茶,我并不一定需要给出喝茶有益于健康等普遍的共通理由来说服对方,我可能只需要说"喝茶是体现某种特殊文化品位的方式",

---

① Isaiah Berlin, *Liberty*, ed. Henry Hardy, Oxford: Oxford University Press, 2002, pp. 213-214.

就足以让对方改变不喝茶的习惯。在这个意义上,特殊价值或成见本身可能就足以成为说服的理由,而不是钱永祥所说的成见不能成为理由。

第四,如果钱永祥承认价值选择取决于个体特殊的主观考量,那么,他可能无法以理由为基础来论证价值多元主义不是相对主义。钱永祥指出,"我们自己的特殊考虑""决定了我们每一项特定选择是来自什么理由"①。换言之,成见决定了价值选择,也决定了价值选择的理由。如果"成见"足以决定价值选择及其理由,那么,我们为什么需要"理由"来支撑我们的价值选择?如果我们需要通过"理由"中所蕴含的普遍主义来支撑我们的价值选择,那么,我们的价值选择以及价值选择的"理由"怎么可能被我们的"成见"所决定呢?而且,钱永祥假定我们需要以理由为基础来说服对方,也需要以理由为基础来评判价值之间的高下。但是,如果我们的价值选择及其理由被我们的特殊考虑所"决定",那么,我们的价值选择就不可能超出我们的特殊考虑,如此,我们根本就没有必要去说服对方,也没有必要去评判价值之间的高下。你爱喝咖啡,我爱喝茶。既然我们的习惯被我们的特殊考虑所决定,我干吗还要去说服你来喝茶呢?我们干吗非得争个谁高谁低呢?我们只要自己喝得舒服就行了,仅此而已。

第五,即便从理由可以推导出普遍主义,钱永祥的论证跟伯林本人的论证依旧有很大的出入。一方面,他忽略了伯林论证多元主义不是相对主义所涉及的客观性、可理解性与可评价性特征。② 另一方面,他所提出的从理由推导出普遍主义的思路,并不是伯林所采取的论证思路,而是他本人所采取的论证策略。钱永祥的论证确实具有原创性,然而他在文中并没有清晰交代自己的论证与伯林的论证之间的差异,以至于我

---

① 钱永祥:《动情的理性:政治哲学作为道德实践》,第 268 页。
② 关于这个问题,请参考马华灵:《多元主义与相对主义:伯林与施特劳斯的思想争论》,载《学术月刊》2014 年第 2 期,第 32—40 页。

们无法分清哪里是他的论证,哪里是伯林的论证。

就此而言,钱永祥与周保松的思路并不足以回应施特劳斯学派的批评。本文认为,回应施特劳斯学派批评的关键是区分多元主义与相对主义。

多元主义与相对主义的共同点是,两者都承认人类的价值是多种多样的,不同的文化有不同的价值,不同的民族有不同的价值,不同的性别有不同的价值,不同的历史有不同的价值,不同的出身有不同的价值,不同的地域有不同的价值……一言以蔽之,两者的相同之处是承认多样性(diversity),这是两者的共同理论基础。正是如此,两者都否定一元主义和绝对主义。因为人类的价值是多种多样的,所以并不存在什么单一而绝对的价值。

但是,两者的区别来自两者不同的理论预设。相对主义假定,各种价值都被历史、文化、民族、种族、性别等因素所决定。多元主义则假定,各种价值并不是被历史、文化、民族、种族、性别等因素所决定,而只是受历史、文化、民族、种族、性别等因素的影响。如果我们假定各种价值是因变量 Y,而历史、文化、民族、种族、性别等因素是自变量 X。那么,相对主义的公式是 X 决定 Y,而多元主义的公式的是 X 影响 Y。

基于此,多元主义与相对主义的区别有两点。第一,相对主义主张所有价值都是特殊价值,而多元主义认为有些价值是特殊价值,而有些价值是普遍价值。易言之,前者否定普遍价值的存在,而后者肯定普遍价值的存在。从相对主义的公式可以看出,相对主义之所以否定普遍价值,是因为相对主义预设各种价值都被历史、文化等各种因素所决定了,如此,人类就无法超越历史、文化等各种因素来获得普遍价值。正是如此,所有价值都是特殊价值,没有什么普遍价值。但是,根据多元主义的公式,人类的各种价值只是受到了历史、文化等因素的影响,并不是被这些因素所决定。因此,尽管人类在一定程度上受制于历史、文化等因素,但是人类依旧有超越这些因素的可能性。一旦人类可以超越这些因素的限制,那么人类就有可能获得普遍价值。

第二,相对主义认为普遍的价值判断是不可能的,而多元主义则认为普遍的价值判断是可能的。这个判断同样来自两者的理论预设。在相对主义者看来,所有价值都已经被历史、文化等因素所决定了,这样,人类只能在某种特殊的因素中获得某种价值,也只能在这种特殊的语境中作出价值判断。在这个意义上,相对主义认为,特殊的价值判断是可能的,而普遍的价值判断是不可能的。然而,在多元主义者看来,人类的各种价值只是历史、文化等因素所影响罢了,这并不表明人类无法超越历史、文化等因素的限制,从而获得某种普遍的价值。如果人类可以获得某种超越性的普遍价值,那么人类同样可以以这些普遍价值为基础作出普遍的价值判断。正是如此,多元主义主张普遍价值的可能性。

基于此,我们再反过来审视施特劳斯学派对伯林的批评。首先,施特劳斯学派混淆了多元主义与相对主义。施特劳斯学派不加区别地使用多元主义与相对主义概念,以至于无法看到多元主义与相对主义的内在区别。施特劳斯学派之所以混淆多元主义与相对主义,是因为他们只是看到多元主义与相对主义的共同点是承认多样性,却没有注意到两者对于多样性的理解是基于两个完全不同的理论预设的。相对主义主张历史、文化等因素决定了人类的各种价值,而多元主义只是承认历史、文化等因素影响了人类的各种价值。

其次,多元主义并不意味着一切都是平等的,一切都是正确的。在多元主义者看来,有些价值是特殊价值,但是有些价值是普遍价值。例如人类对生命的尊重要求我们不能滥杀无辜。因此,尊重生命与滥杀无辜不可能是平等的,滥杀无辜当然不可能是正确的。施特劳斯学派之所以以为多元主义主张一切都是平等的，一切都是正确的，正是因为他们混淆了多元主义与相对主义。

第三，施特劳斯学派同样也误解了相对主义。在施特劳斯学派看来，相对主义的观点是一切平等，一切皆好。然而，这并不是相对主义的观点。如果相对主义的逻辑是自恰的话，那么相对主义不可能主张一切平等，一切皆好。因为一切平等、一切皆好本身就是普遍的价值判断，而相对主义否定普遍价值判断的可能性。实际上，施特劳斯学派把不属于相对主义的观点归之于相对主义的名下了。

第四，多元主义未必会导致纳粹主义和道德堕落。根据以上的论述，我们知道多元主义承认普遍价值的存在，因此，多元主义绝对不会认同纳粹主义的主张，也根本不会赞同没有底线的道德堕落。如果多元主义认同纳粹主义，并无视道德堕落，那么多元主义就沦为相对主义了。

四、结论

二十年来，中国的思想格局在很大程度上是施特劳斯学派的产物。施特劳斯学派对自由主义学说提出了强劲的挑战，然而自由主义阵营的回应尚不足以应对施特劳斯学派的批评。而且，自由主义阵营也没有发展出一套足以抗衡施特劳斯学派的思想框架。正是如此，施特劳斯学派在中国思想界可谓一枝独秀。然而，二十年来，施特劳斯学派自身也面临着重大的认同危机。最初十年，施特劳斯学派风靡中国大陆，成为众多青年学子争相热捧的思想流派。然而，最近十年，施特劳斯学派急转直下，成为社会大众批评和嘲讽的对象。

尽管如此，施特劳斯学派与自由主义的学术争论并未结束，伯林与施特劳斯的思想纷争也没有落下帷幕。对于施特劳斯学派而言，实际上，施特劳斯学派的自由主义批判在很大程度上是基于对自由主义的误解,因此,施特劳斯学派的矛头所向应该是相对主义,而不是自由主义。自由主义认同多元主义,但并不认同相对主义。相对主义是施特劳斯学派和自由主义的共同敌人。此外,施特劳斯学派的学术重心应该是开掘中国古典的思想资源。在 20 世纪新文化运动的影响下,中国古典曾经一度被视为传统的糟粕而被扔进历史的垃圾桶,以至于整整数代人都没有接受过任何完整的中国古典教育,这是多么令人痛心的历史悲剧!随着传统与现代两分法的破产,中国思想界才逐渐意识到中国古典的魅力,然而为时已晚,我们已经失去了数代人的光阴。在这样的历史时刻,开掘中国古典的思想资源更是刻不容缓。[1]

对于自由主义而言,最重要的不是鄙视和揶揄施特劳斯学派,而是认真对待施特劳斯学派的自由主义批判,并发展出一套严密的思想框架来回应施特劳斯学派的批评,从而撇清自由主义与相对主义看似紧密的关系。同样,自由主义也应该重视中国传统的思想资源。自由主义的关键不是林毓生所谓的中国传统的创造性转化,而是自由主义的中国转化。[2] 许多实证研究表明,自由民主有效运转的关键是,是否有一套能够适应自由民主的文化土壤。[3] 要改变一种文化土壤通常需要数代人的努力,甚至数代人的努力也未必能够成功。即便成功了,这种文化彻底变革的历史阴影依旧在当代人的眼前挥之不去。因此,中国传统的创造性转化恐怕会背道而驰。然而,根据某种文化土壤来设计某种相应的自由民主制度,其社会成本恐怕相对来说会低得多。在这个意义上,自由主义的中国转化可能是一条更加可行的道路。倘若如此,我们就有必要搞清楚中国到底是怎样的中国,传统到底是怎样的传统。

---

[1] 关于传统与现代两分法的问题,请参考柯文:《在中国发现历史》,林同奇译,中华书局,2002 年。邓正来:《中国法学向何处去》,商务印书馆,2006 年。
[2] 关于林毓生的观点,请参考林毓生:《中国传统的创造性转化》,三联书店,1994 年。
[3] 例如哈佛大学教授帕特南的经典研究,Robert D. Putnam, Robert Leonardi, and Raffaella Y. Nanetti, *Making Democracy Work: Civic Traditions in Modern Italy*, Princeton: Princeton University Press, 1993.

因此，我们的问题是，我们是否可能化解伯林与施特劳斯的恩恩怨怨，从而使自由主义与施特劳斯学派握手言和呢？自由主义与施特劳斯学派是否有合作的可能性呢？

(马华灵：华东师范大学历史学系)

伯林与施特劳斯的纷争

重读《刺猬的温顺》

黄 涛

《刺猬的温顺》一文是刘小枫研读施特劳斯政治哲学的开端,是理解刘小枫在世纪末的政治哲学转向的一份重要文献,对理解施特劳斯政治哲学的基本论题及其在当代中国的传播有着重要的意义。《刺猬的温顺》以伯林和施特劳斯之间的学术思想纷争入手,揭示了施特劳斯的政治哲学与伯林的自由主义哲学在品质上的差异。在这篇文章中,施特劳斯揭示了伯林在《两种自由概念》一文中的相对主义立场的内在矛盾,凸显了价值冲突与价值选择的必然性和不可回避性,也由此展示了美好生活的可能性。在施特劳斯看来,对美好生活的追求必须直面价值冲突,而不是在不同的价值中间做中立的选择。通过有关苏格拉底之死的讨论,《刺猬的温顺》表明,对于美好生活的追求需要坚持一种审慎的哲人美德,这就是,通过运用一种隐微的教诲,培养一种内在的有德性的灵魂。着眼于灵魂的教育因此成为理解施特劳斯政治哲学的核心命题。

引 言

2011年,刘小枫出版《施特劳斯的路标》,将10年前撰写的《刺猬的温顺》一文作为打头的第一篇,暗示这是他研读施特劳斯的开端。①这显然不是一个寻常的开端。写于2009年的该书题记中说得清楚,撰写《刺猬的温顺》一文的起意是为了告别:不仅是告别1999年,也为了告别1919年的文化精神,甚至为了告别1789年的哲学精神。这个告别的话说得极富深意。1999年不过是一个自然时间,1919和1789年的哲学和文化显然是启蒙的哲学与文化。如今我们已经很明确地知晓刘小枫的反启蒙立场。因此,回顾《刺猬的温顺》这篇文章对于理解他自1999年代以来的自然时间中的文化与哲学生命来说,有着不同寻常的意义。值得一提的是,本文的目的并非仅仅是为了介入施特劳斯和伯林的纷争,更是为了搞清楚这一争论对于我们理解刘小枫以及当代中国政治哲学的意义。

一、 自由主义者的逃避与隐瞒

《刺猬的温顺》从施特劳斯对于伯林的《两种自由概念》一文的纠弹说起。众所周知,1958年撰写的《两种自由概念》是伯林的代表作,这篇文章为消极自由辩护,将消极自由视为绝对价值,在20世纪的政治哲学文献中占有显赫的地位。②这篇文章发表三年后,施特劳斯给出了如下评论:"伯林的表述是自由主义危机的标志性文献——此危机源于自由主义已抛弃了其绝对主义根基,而且试图变得完全相对主义化。"③施特劳斯并未直接地说,支撑伯林的论述就是相对主义,我们仅可以推论性地指出,伯林的自由论的基础是相对主义。其实,究竟在何种意义上使

---

① 刘小枫:《施特劳斯的路标》,华夏出版社,2011年。以下简称《路标》。凡是涉及《刺猬的温顺》一文的引文,都随文注出页码。
② 该文收入伯林:《自由论》,参见《自由论》(修订版),胡传胜译,译林出版社,2011年。
③ 施特劳斯:《相对主义》,载于施特劳斯著,刘小枫选编:《西方民主与文明危机》,华夏出版社,2018年,第141页。

用相对主义并不重要,施特劳斯在《相对主义》一文中一上来就提醒不要陷入学究气的迂腐,重要的是要看到,伯林的自由论不过是自由主义危机的标志性表达。

刘小枫的分析显然把握了施特劳斯针对伯林的批评的要点,在施特劳斯的指引下,他提示我们注意施特劳斯揭示出来的伯林主张背后的自相矛盾:"按照伯林的理解,若没有一个绝对根基,自由主义就无法生存,而若具有一个绝对根基,自由主义也无法生存。"①

自由主义的危机说到底是因为这种自相矛盾,一方面,主张自由价值的优先性,主张个人自由选择的绝对价值,认为这种价值是普遍有效的;另一方面,自由选择恰恰本身并不能做出对普遍有效的绝对价值的选择。用一个稍微拗口一点的说法就是,自由主义无法自由地选择去进行自由的选择(或者说,自由主义必须进行自由选择)。因此,自由主义奉行的自由选择的价值说到底就是一种欺骗性的说法。在这里,对于最基本的价值,也就是自由选择,我们无法自由选择。因此,对于自由选择这项价值,我们是被迫接受过来的。刘小枫从施特劳斯的评论中看到了自由主义主张背后的"思想的专制特征"(《路标》,第13页)。

自由主义主张背后的思想专制意味着,我们在面对世界时,面对的仅仅有一项选择,我们实际上是被迫进行自由选择,而且视这种自由的选择为最佳。这在施特劳斯看来恰好是自由主义的失败所在,因为这种认为自由选择是唯一出路的观点,实际上是"想抹去人类不同生活理想之间不可调和的冲突,没有认识到价值冲突不可能解决始终是一个存在的事实"(《路标》,第17页)。自由主义的危机因此在于,它奉行的自由选择逃避了生活中必然要做出的选择。如果必须做出选择才是生活的事实的话,自由选择的生活就肯定不是最好的生活。也因此,以自由选

---

① 《西方民主与文明危机》,第139页。

择作为核心内涵的消极自由的观念无法面对一个必须要做出选择的世界。

这是刘小枫通过施特劳斯的分析看到的伯林自由论的最深刻的问题所在。他的分析表明,自由选择的价值看起来是一种相对主义,但这种相对主义只是从内容上讲如此,自由选择意味着我可以进行这种选择,也可以进行其他种选择,选择对象因此是相对的,但自由选择的本身却是绝对的。自由主义必须要对于这种绝对的自由选择的终极价值进行论证。因为这种绝对的自由选择的价值无视生活必须进行选择的事实,或者说,在生活要求我们做出选择的地方,绝对的自由选择忽视了其他类型的绝对价值,因而无法对1933年德国的政治命运做出抉择。绝对的自由选择显然需要一个为自身进行论证的理由,它要回到如下这个问题,为何在生活需要我们必须做出选择的地方还能无视这种选择的需要?

《刺猬的温顺》第一部分接下来讲犹太人问题(参见《路标》,第13页以下),讲述犹太人政治上的选择,这个部分显得同前面揭示自由主义的前后矛盾的部分毫无关系,为何这里要谈论犹太人的处境?生活在欧洲的犹太人似乎正面临一种自由选择,他们可以坚持自己的犹太人身份,创建犹太人的国家,也可以融入欧洲文化,但后一选项并不乐观,因为"这样的努力仍然不能解决犹太人的身份问题",反而"犹太裔文化人的欧洲同化热情甚至连一些欧洲文化人觉得是一种文化入侵"(《路标》,第15页)。

这就意味着,对犹太人来说,他们看起来可以自由地选择,但其实这里并没有可供他们选择的空间,"犹太人问题是人的问题的样板:人的存在依群而分,群与群之间总是相互对抗,不同的生活理想难免相互抵牾。"(《路标》,第16页)犹太人的问题似乎说明了自由主义的自由选择说的破产,这里没有办法进行自由选择,犹太人必须对自己的命运进行一场决断。

对犹太人的政治命运,伯林和施特劳斯的看法不同。伯林认为,纳粹的极权政治是绝对主义价值观的结果,但在施特劳斯看来,正是由于蔑视绝对价值,彻底拜倒在历史相对主义脚下,才使德国人没有能力对德国的政治命运做出正义抉择。对 1933 年的德国人的政治上的无能,施米特进行过深刻的分析,在自由主义的框架下,魏玛政府无力做出政治决断,从而为元首的决断提供了空间。他的言下之意是,奉行自由主义的议会没有能力做出政治决断,议会的自由选择的结果,是决断权最终被纳粹党人篡取。这种说法背后因此就蕴含着一种潜在的批判,即纳粹的极权政治是魏玛议会没有能力做出选择的结果,议会在最不应自由选择的地方进行自由选择,丧失了最佳的政治时机。①

问题自然地转移到何谓政治的问题上。奉行自由选择作为绝对价值的消极自由观究竟如何看待何谓政治这个问题?这就将哲学问题同政治问题联系在一起。哲学本质上是政治的,这就意味着,自由主义哲学宣扬的自由选择在本质上就是政治的。但是否如此,令人生疑。因此,刘小枫在接下来转到了有关政治理论的问题。

政治理论要回答怎样的问题?我们在《刺猬的温顺》第二部分的分析中,看到了政治理论必须关心的内容,这就是"价值和意义问题——什么是应该的,更美好的生活"(《路标》,第 20 页)。在这个问题上,人们彼此有着深刻的分歧。我们的哲学正是诞生在这样的领域。既然在这里存在着深刻的分歧,存在不可化解的冲突,那么,面对这些价值和意义问题,我们就必须选择。自由选择说因此显得极成问题,它毋宁说是悬置了我们必须要选择的对象。

---

① 施米特对于魏玛政治的批判集中地表达在他的《领袖捍卫法律》一书中,值得注意的是,刘小枫十分清晰地梳理了施米特有关魏玛议会缺乏决断的批判,参见刘小枫:《现代人及其敌人——公法学家施米特引论》,华夏出版社,2005 年。

然而,面对这种不可避免的价值评价,伯林的反应怎样呢?他否定我们可以找到更高的价值标准来进行裁决,否定存在终极价值。他认为,在这个世界上,被人类视为最高价值的东西有许多。换句话说,在必须做出选择的地方,他做出了不去选择的选择。这样的选择看起来仍然是自由的,但自由的选择回避了必须做出选择的现实需要。

刘小枫清醒地意识到生活中必须做出选择的道理,"生活意义上的不圆满和价值目的之间的冲突,是人类生存的无奈本质"(《路标》,第21页)这就意味着,想要逃避做出选择,想要无视这样的冲突,不过是自欺欺人。而哲学一直想要通过对于意义和目的的探究摆脱这种无奈和冲突,但在另一方面,也产生了一种作为"精明的智慧"的哲学(《路标》,第21页)。这种哲学认为,这些价值目的之间不存在冲突,它们受限于不同经验范围的知识,或者从历史的民族机体中产生。这些价值从各自的土地和历史中生长出来,彼此不相干,因此不存在价值的冲突问题。

很明显,作为"精明的智慧"的哲学巧妙地回避了选择的问题。既然不同的文化都有各自的地方性或历史性,它们之间就不存在冲突。每个地方、每个历史时代都有属于它们自身的生活,它们从来不需要追问生命的意义问题,或者生活得是否美好的问题。实际上,刘小枫正是从这里出发来揭发伯林的"价值多元论"。在这种价值多元论背后是一种浪漫主义的"伟大的活力论":

> 人类的价值不是靠形式理性推导出来的,也不是神圣的上帝赋予的;没有什么普遍客观的真理,所有真理都是像生物集体那样生产出来的。(《路标》,第22页)

伯林的政治哲学的问题因此在于,他借助浪漫主义的"伟大的活力论"回避了选择问题。但价值问题实际上不可选择。刘小枫告诉我们,价值多元论有自己的政治信念,这就是反对观念的和政制的专制。因此,他们并非没有选择,也并非没有坚持一种价值,只要我们读一读伯林《论自由》中讲述穆勒的那一篇,就不可能认为伯林式的自由主义什么也不坚持,价值多元论背后显然有一种对于某种绝对价值的认信,这就是反对"社会化与齐一化的罪恶",渴望"人类生活与性格的最广泛的多样性""不相信有一种绝对的价值,就是价值多元论者的价值信念"①。因此,刘小枫借助施特劳斯的魔眼看到,伯林回避了自由主义背后预设的这一绝对的价值,或者刻意地将其隐藏起来。

二、美好生活与选择的必然性

对哲学或政治哲学来说,价值选择问题不可避免,这是刘小枫从古典政治哲学那里得到的启示。在揭露了伯林的自由选择论背后刻意隐藏的绝对价值之后,刘小枫谈到了色诺芬与苏格拉底的一次相遇,在这次相遇中,苏格拉底追问色诺芬"人在哪里可以变得美好"。之所以追问这个问题,在于人世间存在的种种不圆满和价值选择。色诺芬知道可以在哪些地方购买各种生活用品,却不知道如何才能生活得"美好"。刘小枫告诉我们,苏格拉底并未直接回答这个问题,而是带着色诺芬一道沉思。看起来,美好的生活仅仅值得探讨,苏格拉底没有向色诺芬说清楚美好的生活究竟是何种生活,苏格拉底终其一生,仅仅是在探究美好生活的可能性问题。

在伯林的《两种自由概念》一文中,美好的生活的问题并非核心关注,但在这篇文章之后的《穆勒与生活的目的》一文中,伯林似乎触及了这个问题,在那里,穆勒对于生活的目的有一种恐惧和忧心。在这篇文

---

① 伯林:《自由论》,修订版,第233页。

字中,一个来自《两种自由概念》之中的重要词语——"内在城堡",令人印象深刻。内在城堡并不美好,这个词首先令人想到的是那厚厚的城墙,很难说被这堵墙封闭的心灵拥有一种美好内容。在阅读穆勒的传记的过程中,我们感觉不到美好的东西给穆勒留下的深刻印象,他为感伤的故事感动得掉泪,甚至开始主动亲近诗歌,会见柯尔律治,但很难说这些都是美好的东西本身。对穆勒而言,远离统一的、压制的生活是美好的。长期生活在统一的规矩、冷冰冰的理性之下的人,会认为生活的多样、易变与丰富性来说就是美好的生活。生活的多样、易变与丰富性本身还并不美好,它们充其量仅仅是美好生活的条件,而并非完全等同于美好的生活。

在刘小枫笔下,有关美好生活的话题引出了另一个问题,这就是,哲人如何为自己的生活方式辩护,或者说哲学如何为自己辩护。刘小枫敏锐地从伯林那里看到,对自由主义者而言,"追问美好的生活是一个历史错误"(《路标》,第 24 页)。之所以如此,是因为在伯林看来,人类对美好生活的看法历史地存在差异,这就意味着:

> 关于美好生活的所有看法,都是相对的,而且相互冲突,永远不可能达成一致。(《路标》,第 25 页)

不同于苏格拉底要搞清楚为何可以过上美好的生活,在伯林看来,过美好的生活不是道德哲学家的任务,道德哲学家的任务毋宁是,"帮助人们面对问题""面对可供选择的行动范围""解释有哪些选择以及做出某种选择的原因"(转引自《路标》,第 25 页)。由此看来,伯林对道德哲学做出的辩护是,道德哲学不对如何过上美好的生活做出承诺。非但如此,伯林对那些有关美好生活的方案感到怀疑,这些方案最终可能带来对于个体自由的压制。

伯林担心的因此仅仅是美好生活方案对于个性的压制,他并未思考如下问题,这就是,在施特劳斯那里,古典的道德哲学家,例如苏格拉底,并未承诺道德哲学能够给出对于美好生活的某一种确定的看法,而是坚持哲学不占有真理,只是寻求真理。换言之,道德哲学并不确定某种生活是美好的生活,而仅仅确定对美好生活进行沉思的生活是一种美好生活,最美好的生活莫过于探究美好生活。这就是我们从苏格拉底的道德哲学那里获得的启示。但对此伯林显然是无知的,他不认为这是道德生活的使命。在他看来,道德哲学也好,政治哲学也罢,都不必探究何谓美好的生活。

通过伯林的《两种自由概念》中的论述,我们看到,道德哲学无力给出对美好的生活的承诺。消极自由的精髓因此在于,我们对美好的生活究竟是什么给不出确定答案。因此,有必要放弃对美好生活的探问和追求,这样的探问和追求没有意义。按照伯林的逻辑,道德哲学能够做的是揭示人必然要面对的价值冲突,而且揭示这种冲突无法解决。

刘小枫看到,伯林"这位狐狸哲人从来不涉足价值冲突的河流,仅仅指出冲突无法解决这回事情就算了"(《路标》,第31页)。在做出这个判断之后,刘小枫指出,"施特劳斯所谓哲学在本质上是政治的,其含义与狐狸哲人的理解怎么会一样呢?"(同上)道德哲学也好,政治哲学也罢,都无法摆脱人类历史具体的价值冲突,这是我们在前面读到的内容。面对这些必然会产生的人类历史具体的价值冲突,我们该怎样做?

伯林的态度是对这些冲突进行理论的把握,他仅仅描述这些冲突。在他看来,描述这些冲突是道德哲学的任务,他认为道德哲学根本无法解决这些冲突。不同于伯林,施特劳斯想要涉足冲突之中。从刘小枫的叙述中,我们看到施特劳斯和伯林对人类历史的具体价值冲突的两种不同态度,一种是超然地面对它,对冲突是否能解决存而不论,另一种是完全地介入其中,想要解决冲突,尽管在此过程中,这位参与者都知道,冲突不可能解决。施特劳斯对于美好生活的探究,正是发生在价值之间的激烈冲突中,古典的道德哲学与政治哲学的魅力恰恰在于,不是教导我们在相互竞争的价值之中如何选择,而是在这种价值冲突中,追问什么是美好的生活,哪怕眼下的任何一种价值都远离了这种美好的生活。

从刘小枫笔下施特劳斯与伯林针对价值冲突的选择中可以看到,伯林的立场与美好的生活无缘。伯林的问题在于,他仅仅用一种描述性的立场来言说我们生活的处境,言说我们遭遇的各种价值冲突。在《两种自由概念》中,伯林试图通过消极自由的界定为我们彼此不同的价值提供空间,他能想到的办法是,当我在追求自身的价值时,不对于价值追求进行干涉,这样就可以期待一种更丰富和更多样的生活。

伯林没有思考的问题是,多元的生活不一定是美好的生活。尽管多元的生活有可能是美好生活的前提条件,但多元的生活中并不一定有朝向美好生活的动力。多元的生活是对现实生活的客观描述,每个人、每个民族都现实地过着不同的生活,这些生活中的任何一种都不能压倒其他的生活。因此,一个人的消极自由就体现在,个体可以过他选择的任何一种不对他人选择构成冲击的生活。每个人都退回到了自身的内在城堡,尽管安全,却丝毫没有考虑到在厚厚的城墙封锁的内在城堡之中,阴暗、潮湿,并且冷清。

三、 灵魂的内在城堡与自然权利的转化

《刺猬的温顺》尽管从针对《两种自由概念》的施特劳斯式分析开始,接下来却没有针对这篇伯林的代表性文献,而是将笔墨大篇幅地用于比较伯林和施特劳斯分别发表在1950年代的《什么是政治哲学》和《政治理论还存在吗》两篇文章上面。为何是这两个文本,而不是更能体现施特劳斯与施米特之争的《两种自由概念》和《相对主义》这两篇?

《刺猬的温顺》前三部分的主要篇幅在于揭示伯林的自由主义对不可回避的价值问题的逃避，行文之中似乎早已预设了逃避的不可能性，也揭示了伯林的自由主义无法回应施特劳斯提出的美好生活问题。但在前三部分中，并未大篇幅地讨论社会政治问题。

在第一部分中，刘小枫曾大篇幅地讨论犹太人在德国的命运，在他的笔下，犹太人并不知道如何抉择自己的命运。他们试图融入自由主义政治，幻想在自由主义的宽容中搞好同德国民族的关系，但这种对于人类不同生活理想之间的不可调和的冲突的无视，导致了德国犹太人的生存危机，在那里，引出了上帝与政治的关系问题。

什么是上帝与政治的关系问题？刘小枫在提出这个问题后，并未继续讨论这个问题，而是转向了自由主义的失败，转向伯林和施特劳斯在犹太人问题上的分歧。这令人想起了马克思笔下的犹太人问题。在马克思的《论犹太人问题》中，宗教反而在获得了政治解放的市民社会中得到繁荣和生长，在市民社会中，宗教成了每个人生命的意义所在，这种意义同公民所在的国家提出的权利和义务要求可能相互冲突。每个人都有自己的世界，宗教是这个内在世界的守护神，对犹太人的宗教的批判因此转化为对一切宗教的批判，当国家从宗教中独立出来之后，宗教变成了市民社会中每个人的内在信仰，这十分类似于伯林的价值观。①

在自由主义的框架下生活的犹太人，难保在心灵中没有这样的内在城堡，伯林的形象类似于马克思描述的犹太人形象，他们追求政治解放的目的正是为了获得和捍卫这样的"内在城堡"。但在施特劳斯看来，当心灵深处存在这样的内在城堡时，就没有能力对价值做出抉择，因此，造成纳粹事件的，恰恰是这样的心灵的内在城堡。换言之，即便这样的心

---

① "宗教成了市民社会的、利己主义领域的、一切人反对一切人的战争的精神。它已经不再是共同性的本质，而是差别的本质。它成了人同自己的共同体、同自身并同他人分离的表现。"参见马克思：《论犹太人问题》，载《马克思恩格斯全集》，第三卷，人民出版社，2002年第二版，第174页。

灵的内在城堡的存在是实情,我们也要人为地(通过理性或者信仰)拆除这座城堡,只有这样,我才能真正地面对他者,面对和他者共同的美好生活。

《刺猬的温顺》从第四部分开始进入到了有关政治哲学的严格意义上的讨论,探讨施特劳斯的《什么是政治哲学》一文。从形式上看,似乎偏离了心灵的内在城堡的问题,它讨论的是"自然权利抑或自然正当"。刘小枫没有明确地向我们表明这个部分的讨论同此前的讨论究竟是什么关系。但可以感觉到的是,自然权利绝非只是树立了内在的城堡,也树立了外在的城堡。在这一部分,自然权利不再仅仅与个体关涉在一起,而与具体的法律和民族生活关涉在一起,他从施特劳斯那里看到,"任何社会都有自己的理想,人人相残的社会所拥有的理性,不会少于文明社会。"(《路标》,第38页)如此来看,每个民族似乎也有其自然权利,因此每个民族和其他民族之间也就是一座座坚固的城堡。

如果从专业的法学知识出发,会看到这部分的讨论出现了学识方面的错误,但这种错误丝毫不影响实质意义上的结论。实际上,实证主义和历史主义法学都尖锐地批判自然权利,而非想要解释自然权利。他们反对自然权利,而提出了法律权利或者民族的权利。换言之,他们承认的是从属于一个特定的法律秩序或者一个民族的权利。在他们这里,自然权利转换为一种社会习传或民族传统意义上的权利。

在刘小枫看来,特定的法律秩序或历史上具体的民族,都不过是社会事实,所谓的社会习传或民族传统的权利不过是为这种社会事实辩护而已。因此,从本质上讲,实证主义法学和历史主义法学不过是否定了心灵的内在城堡对于法律生活的意义,取而代之的是另一种外在的城堡,外在的城堡的建立不以内在城堡的摧毁为前提,反而使内在的城堡更为坚固,实证主义法学和历史主义法学对个体的内在世界存而不论,仿佛制度和历史可以满足我们对于美好生活的向往。刘小枫没有说出来的是,实证主义法学和历史主义法学是自由主义法学发展的两个高级阶段,在这两个阶段,自然权利摇身一变成为法定权利和民族权利。

很显然,我们不能指望通过实证主义法学和历史主义法学满足自身对美好生活的向往,来自施特劳斯的有关自然正当与自然正确的区分无疑提醒了刘小枫。他看到,所谓的自然,应该是一种"超自然",而不可能是局限于制度和历史之中的东西。他从施特劳斯那里获知,古典形式的自然正确是与一种宇宙的目的论联系在一起的。在第四部分的末尾,刘小枫第一次转向了古典政治哲学。

四、价值冲突与美好生活的可能性

《刺猬的温顺》第五个部分到第七部分的论述看起来同前面讲述的主题毫无关系,这三个部分实际上是对古典政治哲学主题的讨论,也是刘小枫同柏拉图式政治哲学的第一次相遇。《刺猬的温顺》全文八个部分,这三个部分的内容占了近三分之一,令我们好奇刘小枫究竟想要讲什么。

这三个部分从表面上看是对于施特劳斯的《什么是政治哲学》一文的进一步梳理。刘小枫注意到了一个问题,施特劳斯对古典政治哲学的讨论是从柏拉图的《法义》开始。但是,施特劳斯的讨论从《法义》开始,与我们关切的伯林与施特劳斯之争有何关系?

直到看了刘小枫的疏解,我们才终于清楚,原来《法义》的开端讲述的是价值冲突的事情。雅典哲人跑到了克里特岛,和两位长老讨论立法问题。按照伯林的看法,雅典、克里特属于不同的文明,有不同的习传观念和传统。也就是说,他们的谈话肯定谈不下去,充其量展示给我们在他们之间的观念和价值冲突。

刘小枫对施特劳斯的解释感到好奇,因为施特劳斯解释说,雅典哲人之所以去克里特,不是为了展示价值冲突不可避免,而是明知存在冲突,还想向克里特人灌输"应该如何生活"的道理。换言之,在雅典哲人看来,克里特人和斯巴达人尽管有不少行之有效的法律,但他们的法律未必可以满足人们对于美好生活的渴望,或者未必能指引人们过上美好的生活。

伯林攻击一元论或者价值绝对论的理由是,在这世上根本不可能存在唯一正确的价值,雅典的哲人难道是想要向克里特岛灌输自己唯一正确的立法智慧?显然不是。我们看到,接下来雅典哲人话锋一转,同两位长老大谈宴饮伦理,由此引出了一个让施特劳斯产生兴致的问题:"为什么柏拉图要把如此广泛地谈论饮酒作为他的政治和法律的对话的开端?"(《路标》,第41页)

接下来刘小枫的笔墨转到了古典的自然观,在这里我们第一次看到,自然正确的说法背后蕴含着对美好生活的承诺。雅典哲人当然想在这方面做一些努力,刘小枫借助施特劳斯的魔眼看到,哲人遵循自然。所以作为政治哲学的创始人的苏格拉底对任何事情都要问个究竟:什么是争议、虔诚、美好、政治、高尚、好人……根据刘小枫的提示,我们会产生如下印象:古典时代的哲人追问的,或者在《法义》的开端雅典哲人要问的,肯定与美好的生活相关。但雅典哲人没有直接进入这个问题,他不是一上来就问,克里特岛的法律好不好,而是讨论饮酒的伦理问题。为何如此?

哲人对自然的探究,也就是对于万物的目的的探问,必然突破很多日常道理,"诉诸自然的人——哲人,无异于脱离甚至挑战祖先、习俗或神的权威"(《路标》,第32页),依据"自然"的生活是叛逆的生活,苏格拉底是雅典的"牛虻"与哲学追问"自然"的气质有内在关联。这必然使哲学面临最初的价值冲突,也就是哲人和民众的冲突。对民众而言,被哲人质疑或反对的祖先习俗或法律是他们在日常生活中必须无条件地信任和尊奉的东西。哲人视民众生活的空间为阴暗潮湿的洞穴,这个洞穴如同我们在前面揭示的伯林的"内在城堡"。民众不愿自己的洞穴被照亮或被捅破,正如伯林担心这个内在城堡被摧毁一样。

由此可见,刘小枫通过施特劳斯的魔眼看到了最早的哲人遭遇到的政治危机或价值冲突。更直白一点说,这就是他在今天饱受质疑的有关少数人和多数人区分的说法。少数人和多数人的区分的实质不在于少数人一定有多高明,一定要在少数人和多数人之间划出清晰的分界。如今,我们对人性的高低等级的划分已经十分不耐烦,而且极其反感。但如果我们能意识到,少数人与多数人的区分意味着人与人之间的价值冲突,就不会感到奇怪。

在《刺猬的温顺》这篇写于18年前的文章中,我们首次看到了哲人与大众的对立。但其实刘小枫想要说的是,人与人之间的价值冲突不可避免。在人群中,必然会有一些人对自身的生活有不同于其他人的看法。但有不同看法,甚至系统表达这些看法,并不表明这些人是哲人。苏格拉底之所以是哲人,是因为他面对这种冲突有与常人不同的反应。这个反应就是,苏格拉底为了求得真正的认识,不得不超越法律或约定而追溯自然。

接下来刘小枫进入到了苏格拉底之死的分析中。苏格拉底抱持不同于民众的看法并传播这些看法,必然遭遇城邦的指控,其结果是思想史上的一桩大事件,苏格拉底被雅典的人民法庭判处死刑。施特劳斯的分析说,"苏格拉底宁愿在雅典保护哲学而牺牲自己的生命,不愿意为保全自己的性命把哲学引进克里特。"刘小枫将这一施特劳斯的分析引入到对于苏格拉底之死的讨论之中(参见《路标》,第45页),究竟有何意图?

面对着价值冲突,也就是哲人和民众之间的价值冲突,究竟该如何选择?说苏格拉底是哲人,并不只是说他宁愿为真理赴死那么简单,苏格拉底并非真理的"烈士"。如果苏格拉底只是为了揭示价值冲突的不可避免,他就没有必要坚持,更不会进监狱。如果按照伯林式狐狸哲人的做法,苏格拉底没有必要陷入到价值冲突中,他仅仅展示出不同的生活方式就罢了,至于选择过何种生活方式,全凭个体自由意志的选择,也就是说,取决于个体的"内在城堡",但这恐怕是连个体也无法认真搞清楚的事情。

苏格拉底之死向我们提出了一个问题,在哲人和民众之间的价值冲突中,我们应该抱有何种立场?我们是选择站在哲人一边,还是站在民众一边,我们应该做出何种选择?如果苏格拉底回避了这一决断,回避了这一选择,他就不会是一个真正意义上的政治哲人。一个真正的哲人的一生有若干重大的关节,尤其是他自身有意造成的死亡,是尤其重大的哲学事件。

施特劳斯说,苏格拉底作出了"最高尚的政治选择",可见,他选择赴死是基于"我应该如何生活"的考虑,或者更准确的说法是,苏格拉底慷慨赴死的原因就在于他做出了"应该如何生活"的决断。也因此,我们或许可以说,苏格拉底之死之所以是一桩哲学事件,就在于他的死亡本身向我们解释了美好生活的道理。

这是一种怎样的道理?为何苏格拉底选择赴死成为了"最高尚的政治选择"?为什么苏格拉底"高高兴兴、平平静静"地饮尽杯中毒酒,而且在临终一刻还吩咐克立同宰一只公鸡祭献给雅典民众信奉的神灵?他的行动显得是一种妥协,刺猬哲人此刻显得温顺无比,全然没有一个作为雅典城邦的牛虻的疯狂哲人的形象。

直到这里,我们才看到《刺猬的温顺》这篇文章的题眼。"刺猬的温顺"是一个非常漂亮而又晦涩的标题。从生活常识出发,我们如何想象一只变得温顺的刺猬?刺猬变得温顺显然不是因为某种疾患,而是性情转变。这样的性情或是基于驯服,或是基于一种自觉的转变。从生活常识出发做出的推论或许能够给我们一点启发,如果我们还记得伯林的刺猬和狐狸之说不过是对两种哲人类型的描述的话,苏格拉底式的刺猬哲人变得温顺就是一件值得考究的事情。坚持一元论的哲人锋芒毕露,一不小心就会令世人受伤。世界并不如同刺猬哲人想象的是一个一贯的整体。相反,世界是狐狸哲人描述的那般多元的、复杂的,充满着各种可能性。温顺的刺猬尽管仍然危险,但却不大可能会令世界受伤。

由此可见,刺猬的温顺似乎暗示了哲人品质的转向,这个转向使伯林的狐狸哲人和刺猬哲人的划分不再有效,更何况,我们在这里看到刘小枫的明确提示,他将刺猬哲人丧失疯狂的天性与"最高尚的政治选择"联系在一起。

五、"温顺的刺猬"与哲人德性的转变

"刺猬的温顺"的第六部分显得极其晦涩,刘小枫在这里不是直接回应第五部分末尾提出的"刺猬哲人的疯狂天性哪里去了?"这个问题,而是讨论一个截然不同的主题,这就是政治制度与美好生活的问题。在这一部分中大篇幅讨论古典和中世纪的政治生活。在神支配的世代里面,尽管人的邪恶无法根除,但美好的生活是有指望的,只要我们信仰上帝,信奉神灵,就不必追问什么才是美好的生活。只有当人运用自己的理性,想要凭借自身来承担生活中的罪恶与亏欠的时候,美好的生活才成为问题。

不同于现代自由主义的法学传递给我们的种种常识,刘小枫并不认为,可以通过实定的法律规范获得法律的合法性。如果一切合法性的来源就是既有的法律制度,我们就仍然悬置了一个问题,这就是最终的合法性来源的问题,也就是法律本身的合法性来源的问题,刘小枫对此作了一个偏离自由主义法学常识的评论,令人印象深刻。他说,"法律的合

法性来源不是法律规范的形式体系本身,而是政治制度。"(《路标》,第47页)他在这里强调的政治制度,不是自由主义法学意义上通过法律制度确定的政治制度,而是一种生活方式,一种哲人确立的生活方式。既然如此,这就意味着,我们不得不面临一种价值冲突,"一种政治制度的设立,因此带有一种关于生活理想的主张,表明对人类理性的价值冲突做出了裁决。"(《路标》,第52页)

这样的立场显然同伯林格格不入,因为在伯林看来,如果要求政治制度做出这种价值判断,政治制度将不堪重负,甚至将会导致极权主义的灾难。当伯林做出这样的评论时,他想的一定是那种为美好生活做出确定安排的政治制度。在他看来,任何一个民族或个人,不管如何明智或富有德性,总是无法对美好生活做出这样的安排。

为伯林倾心赞赏的自由主义政治制度因此放弃了价值方面的裁决,对于公民相信什么、信仰什么这类问题存而不论,这就是自由主义政治哲学的价值中立原则,在此强调的是对多元价值的宽容。显然,这是一种自相矛盾,因为,当自由主义政治哲学强调要对于不同的价值加以宽容时,就肯定了个体的自由是生活中最美好的价值。自由是美好的价值,在一切价值选择之中,自由的价值高于其他一切价值。但这里的自由不是有内容的自由,而仅仅是一种自由选择。选择自由高于其他一切价值,相当于什么也没说,此处或许可以套用黑格尔对康德道德观的反驳,这不过是一种形式意义上的自由,它的内容是空的。

政治制度的美好究竟体现在什么地方?按照刘小枫的理解,政治制度的美好体现在它是否有能力引导共同体的生活走向美好。走向美好需要一个"审查城邦的生活理想"的标准。在这里,"自然正确"的概念再度出现,"正义与高贵的区分表明,建立秩序的政治(正义的体现)必须诉诸更高的自然正确"(《路标》,第54页)。并且,与之伴随的是一个来自古典政治哲学的自然正确的标准:

> 古典政治哲学主张精英主义和反平民主义,不是基于弱者和强者的区分,而是基于自然的人性差异:并非人人平等地有成为"好的臣民"的能力。(《路标》,第 53 页)

在这里我们看到了刘小枫在此后引发争议的"自然的人性差异"论,在古典政治哲学的视野中,美好的政治制度显然同美好的灵魂相关,由此引出了"好人"和"好公民"的关系问题。这是亚里士多德在《政治学》卷三的开端提出来的著名区分,好人不等同于好公民。好公民的身份是因政治制度的不同而不同,体现出来的是人在政治制度中的德性身份,换言之,好公民是政治制度塑造的,但好人却并非如此。[1]刘小枫从施特劳斯的《什么是政治哲学》一文中得知,"希特勒德国的一个好公民,在别处就会是一个坏公民,……好人的意义在任何时候、任何地方都是同样的。"(参见《路标》,第 54 页)因此,政治制度的高贵与否,取决于好人。而进一步的问题是,好人不是政治制度的创造,而是自然的造物。因此,要想探究好人的德性,就要重返自然,探究自然的德性。

在伯林看来,自然权利不属于古典世界:

> 在古代世界,似乎很少有对作为自觉政治理性的个人自由的讨论。……隐私意识本身,个人关系领域自有其神圣性的意识,这种自由观念尽管有其宗教根源,但其获得发展决不早于文艺复兴或宗教改革。[2]

---

[1] 参见亚里士多德:《政治学》,1276b15—1277b35,中译本参见颜一、秦典华译,中国人民大学出版社,2003 年,第 76—80 页。
[2] 伯林:《论自由》,第 177—178 页。

这不是什么新发现。如前所述,自然权利捍卫的仅仅是人的"内在城堡"。在这里并不存在任何美好的东西,而只是一种劫后余生的侥幸:

> 当外在世界证明是特别地沉闷、残酷而又不公时,逃至真实自我的内在城堡这样一种理性圣人的概念便以个人主义的形式兴起了。①

因此,现代自由民主的政治形式考虑的不是好人的品德,而不过是一种安全的生活,一种不受外界侵犯的生活。现代的自然权利论想要构建一个属于个体的内在城堡,至于这个内在城堡是否温馨、舒适,是属于每个人的私事。

按照古典政治哲学的看法,政治制度的"好"当然意味着好人的统治,自然的"好"才真正可以说是灵魂的优异。因此,柏拉图赞同精神的优良政制,在这里,好的制度是根据自然来加以评断的。古典的优良政体因为是以培养自然意义上的好人为目的。现代政治哲人伯林并不相信存在这种自然意义上的好人,在他赞美的现代自由民主政体中,这样的好人存在与否取决于机会,取决于个体自身选择成为好人的意愿。现代自由民主政治期待的是那些相互不干涉对方,不加害于对方的自由公民。

将美好的德性视为政治生活的基础,不同于将相互不干涉对方的行动范围视为政治生活的基础,前者必然要面临着来自城邦的阻力,因为称某种品质为美好的德性,必然会遭遇到与其他品质的竞争,凭什么可以说这种品质而非其他品质才是美好的德性。这是伯林关心的问题,价值冲突由此产生。

伯林将这个问题摒弃在一边,而致力于设计一种价值中立的制度,

---

① 伯林:《论自由》,修订版,第187页。

通过协调相互的行动空间,禁止相互侵犯对象的自由行动的范围,从而避免这种价值冲突。尽管价值冲突仍然不可避免,但伯林将其逼迫到了人的内在世界。那么,问题在于,将价值之间的冲突置于内在的世界中不加理会,结果反而导致了纳粹的上台。

伯林和施特劳斯同样对于犹太人问题进行了深刻的思考。但施特劳斯的思考令人惊奇,在他看来,正是因为魏玛德国的自由民主制度,放弃了对于人的内在世界的教育,反而无法遏制逐渐增长起来的反犹情绪。(参见《路标》,第 14—17 页)人的内在世界的价值冲突终究有一天要从内部爆裂,纳粹的出现不过是内在世界的冲突无法缓解在外部世界的反映,换言之,内在的城堡中的阴霾最终必然体现为外部行动的罪恶。

施特劳斯无视伯林的内与外的区分,直面人的内在城堡中必然要做出来的价值评判,并且在这个价值批判之间明确了优劣等级。严格意义上的美德,不仅是个人品质优良,还关切共同体的美好。而所谓美好的共同体,也就意味着,它不放弃其他人的美好生活的愿望和承诺。那么,究竟如何才能实现这一点,通过怎样的外在制度影响人的内在灵魂世界?关键是教育。但这里的教育有特殊的规定,教育的目的只为了教化,是"品德修养",而非仅仅是"实用的技术知识培训"(《路标》,第 58 页)。一句话,教育的目的在于培养对智慧的热爱。

在施特劳斯的引导下,刘小枫开始讨论有关热爱智慧的话题。这里的智慧不是技术和实用的那种聪明,而是对整体的知识,是对灵魂的知识。而要获得这类知识,就必须要同世俗的社会美德隔离开来(《路标》,第 59 页)。施特劳斯也讨论有关自由的话题,但他所谓的自由,讲述的是自由的教育。伯林讲述自由,但这里的自由无须教育。伯林对通过教育而获得的自由感到担忧,正如穆勒通过他父亲传递给他的教育不是获得了自由,而是感觉到了对于自由的丧失一样。古典时代的自由教育是要发现灵魂和自然中的美好东西。这是伯林担忧的事:凭什么你说你发现的就是美好的东西,而我发现的就不是?

对美好世界的探究始终面临着一个困难,伯林和施特劳斯都看到了同样的困难,这就是"邪恶无法根除,完美的政治制度也就不可能实现"(《路标》,第59—60页)。现实地设想的一切制度都不完美,非但如此,它还可能是邪恶的华丽外衣。但在这里我们却看到了面对人类邪恶的不同态度。面对人类邪恶造成的后果,也就是价值间的冲突,伯林选择了逃避,他决定不去触碰导致邪恶的原因。他决定远离邪恶,而将邪恶留给政治共同体中的那些孤独个体。个人的内在城堡如何阴暗,如何潮湿,都与我无关,救赎成为个人的事。这样的哲人因此不会面临任何风险,不去触碰恶,也就不会遭到邪恶的报复。

但是,施特劳斯笔下的哲人却并非如此,在施特劳斯笔下,哲人坚持要去触碰恶,要去揭示政治制度中种种不美好的东西。也因此,他们也就冒犯了普通人生活的根本,普通人赖以生存的制度中的很大部分,都依赖于恶而存在。在现代自由主义法学家群体中流传着这样一种常识,即法律是为恶人准备的。[①]

对古典政治哲学来说,自由教育的关键在于培养一种能够独立沉思德性的人,这些人对德性的沉思的最核心部分不是发现美好的制度究竟是什么,而是发现哪些制度其实乏善可陈,并不美好。如此,他们就势必挑战大众的道德或社会道德,甚至否定现存政治制度的正当性,从而与政权构成潜在的政治冲突(《路标》,第60页)。这就使哲人不得不直面一个问题,为了灵魂知识的成熟必须离群,但为了避免与人民和政府发生误会,又必须合群。

如果我们意识到,迄今为止我们所讨论的仅仅是哲人的自由教育导

---

① 参见霍姆斯的著名格言:"如果大家只想认识法律,不想认识其他的东西,大家必须像坏人那样而不是像好人那样看待它,坏人只在乎通过该知识而得以预测的实质性后果,好人则从相对朦胧的良心约束中来为自己的行为寻找理由,无论它在不在法律的范围内。"参见霍姆斯:《法律之道》,姚远译,《厦门大学法律评论》(总第26辑),厦门大学出版社,2015年。

致的问题,那么,我们就可以看到,即便在这里有潜在的政治危险,也并不意味着哲人积极参与了政治行动,他们是现实政治生活的潜在的对手和批判者,而并非是现实的对手和批判者。这就使我们摆脱了作为牛虻的苏格拉底形象,于是我们就看到了刘小枫对于苏格拉底的如下描述:

> 但苏格拉底的确真心要敬重人民敬神的习惯、尊重人民的生活方式,被人民法院传讯甚至判刑,并没有让苏格拉底觉得自己的哲人生活方式错了,而是让他产生了这样的政治意识:必须学会与人民信仰和谐相处。这不是畏惧人民和人民政府,而是审慎。哲人的德性不仅是理性疯狂,哲人还需要另一种德性。(《路标》,第 62 页)

为何苏格拉底要放弃他作为刺猬哲人的疯狂,为何刺猬要变得温顺? 是哲人的明哲保身之举,还是另有其他目的? 我们在这里看到,刘小枫是在分析古典自由教育的语境中讨论这个问题,这种教育的目的是想要培养出卓越的心性。但这种卓越的心性未必为普通常人理解,有的时候,非但不理解,还容易造成彼此间的敌对,从而使得美好的灵魂成为真理的烈士。显然,这不是施特劳斯揭示给我们的古典时代政治哲人们的特征,或者至少不是苏格拉底的特征,因为苏格拉底已经意识到哲人"需要另一种德性"。

刘小枫给出的回答是,审慎之所以成为哲人的美德,与柏拉图所思考的"稳健的"政治秩序相关(《路标》,第 56 页)。这里首先是看到了德性差异。显然,普通常人无法懂得哲人们的所思所想,在这种情形下,充当城邦的牛虻,只能令生活在城邦中的普通常人惶惶不安。因此,为了城邦多数人的利益,有些真理必须隐藏。在另一方面,考虑到即便最好的城邦也不可能是完善的,考虑到邪恶不可能在世间彻底消失,"哲人在这样的认识前提下坚持追求灵魂的知识,就得知道有的事情不能说白"。

哲人们不能指望一蹴而就地说出和实现真理。

在这里,我们看到了显白教诲与隐微教诲的最初表达。而在伯林的身上全然看不到这种审慎,消极自由以及内在城堡的讲述已然是公开地宣告了人的孤独与无援。我们从《两种自由概念》的论述中看到了伯林对统一的生活方式的恐惧。但摆脱外部的规范性力量的强制,进入到人的灵魂的内在城堡,不过是将我们从一种恐惧推向另一种恐惧。

六、柏林与施特劳斯之争

如果不从启蒙以来现代人遭遇到的危机出发来看待施特劳斯与伯林之间的争论,就很难理解题为"浪漫主义与世间恶"的第八部分。这一部分的核心已经不再是伯林,而是施特劳斯。在刘小枫看来,伯林的认识未免太过简单,伯林自认为已经超越了启蒙的理性主义,发现了浪漫主义思想的意义,具体来说:

> 浪漫主义主张价值多元论,反对启蒙理性的普遍主义,给予了专制制度的文化以致命打击。(《路标》,第63页)

在刘小枫看来,浪漫主义的价值多元论可以反专制,不过是伯林创造的神话而已。他通过施特劳斯看到,伯林的浪漫主义鼓吹历史相对主义,实质不过是启蒙理性的另一种表达。

对于理解伯林和施特劳斯之争而言,重要的是看到,两者坚持的东西存在内在品质的差异。伯林站在启蒙的道路上,对专制大加挞伐,他担忧的是公共权力对私人空间的侵犯,担忧的是统一的权力对私人空间的蚕食。但在施特劳斯那里,对于专制的担忧让位于对灵魂德性丧失的担忧,套用马克思的著名说法来说,伯林关心人的政治解放,而施特劳斯则关心人的解放。

当伯林对自由主义的发展感到希望,并因此捍卫自由民主制度的内在品质时,施特劳斯早就看到了现代自由民主制度内部存在的内在矛盾。那些关注自身内在城堡的人,如何真正产生对某种共同东西的服从?如何在不同个体之间确立牢靠的纽带?按照伯林的消极自由原则,只需从制度上调解人与人的外部空间就足够,至于内在城堡中的阴暗与潮湿,并不为人关心。但在施特劳斯的古典政治哲学那里,我们看到,哲学对共同体的生活来说不可或缺。

在刘小枫通过施特劳斯展示给我们的古典政治世界中,在共同生活中,内在与外在没有截然分立。城邦生活中仍然有一种对智慧的热爱。这种对智慧的热爱阻止城邦走向狂热。自由民主制度尽管表面上通过制度与规范确立了每个人自由发展的空间,但现实的人在私下里的情绪与欲望,乃至于掌握统治权力的个体的情绪与欲望,只能通过规范以及相关强制来压制,却无法缓解。唯有哲学的追问与指向灵魂深处的教育,对于美好生活的追问,才能够节制这种内在的狂热与情绪。

在施特劳斯那里,不存在伯林担忧的绝对价值论的风险,不存在伯林担心的一元论的普遍价值的压制。在柏拉图那里,我们没有发现那个内在融贯的、具有实质性内容的价值体系。苏格拉底承认人的智慧的局限,他的哲学认识到了人在智慧方面的不足,因此不会对美好生活抱有一种不加反思的看法。实际上,在苏格拉底对美好生活的追求中,永远没有告诉我们美好生活的内容究竟是什么,没有对美好生活的元素加以确定,他们悬置了对美好生活的可能性的断定,这就意味着,"哲人可能终身都生活在追究自己的生命意义的不确定状态之中"(《路标》,第75页)。

尽管我们永远无法真正抵达美好生活,但是美好的生活永远可能,这是施特劳斯从古典政治哲学那里得来的信念。对施特劳斯笔下的政治哲人来说,美好的生活最终变成了沉思的生活:

> 哲人生活方式的美好,恰恰在于认真琢磨美好生活的可能性——思考何谓美好的生活,作为一种生活方式本身就是美好的。(《路标》,第 75 页)

而在伯林那里,美好的生活就是自由选择的生活,这是伯林并未明言的预设。但自由选择的生活为何美好,伯林并未给出论证,灵魂的内在城堡在多大程度上会给人带来美好感觉,取决于个体自身的体验。因此,充其量可以说,自由选择的生活是美好生活的前提,但并非必要的前提。自由选择的生活带来的东西常常并不足够美,自由选择的生活中有着种种亏欠。

这不是说要否认自由选择的生活的价值,而只是说它无力或放弃给出对灵魂的教导,自由选择理论的主张者伯林并未思考灵魂内部的进一步生活,他似乎更关心外部身体的事情。在灵魂的内部无法对于私人和公共的东西做出区别,自由选择充其量为我们设定了外在自由的范围,在这个范围之内,我可以随意地安排自己,打量自己,但伯林并没有进一步地告诉我们应该如何打量自己。对于内在世界的关注因此是被自由主义遗忘的区域。对自由选择的强调使伯林发出了容忍的命令:要容忍,哪怕我们并不尊重他人。哪怕不赞同,反感,甚至于嘲笑或者轻视,但是要容忍,我们可以带着激情与仇恨去争辩、攻击、拒绝、责难,但不要去压制或者倾轧。①当内心仇恨的火焰在熊熊燃烧的时候,要有多大的力量才能避免对于他者随时可能造成的伤害?穆勒对于自由的关切同对法律的关切紧密联系在一起,有法律才能有自由。唯有法律,唯有外在的强制力量,才能压倒内心的怒火。伯林对于自由的辩护最终必然走

---

① 伯林:《论自由》,修订版,第 233 页。

向对于法律、对于制定法律的代议制政府的辩护。

穆勒对制度的关切,对外在身体的关切要远甚于对灵魂世界的关切,穆勒很少谈及教育,即便在他谈论教育的场合,也很少涉及灵魂的教育。可是在施特劳斯所描述的古典政治的世界中,对于灵魂的教育,对于美好生活的无穷探究,才是政治生活的核心所在。尽管在外在世界中,古典政治哲人一样强调法律,强调要使用强制力。但教育或哲学却永远作为尺度衡量着一切现实政治制度的善与恶。在古典政治的世界中,哲人永远是作为教育者出现的,古典世界中行之有效的制度是混合制度,是一种将强制和劝说结合起来的制度(《路标》,第 80 页)。而在现代的自由的民主制度中,劝说的因素已经失去,哲人不再反思,要么变成了鼓动革命的启蒙知识分子,要么变成了擅长于制度学问的政法专家。

结语

重读《刺猬的温顺》,可以看到 1999 年代末的刘小枫向着古典政治世界的转向,在施特劳斯的提示下,他开始自觉地同自由民主的当代辩护士以赛亚·伯林保持距离,而转入古典政治哲学的世界。如今,这篇他与施特劳斯初次相见的文字中的若干论点都已得到展开。他如今的说法要较这篇文章中的说法更加清晰和明确,例如哲学与民众、显白和隐微教诲、多数人和少数人、灵魂的品位等级等等。单独拿出来看,这些论题中的任何一项都显得有悖常识,令熟悉现代自由民主的人性论与政治思想的知识人不悦。

在刘小枫的思想与文字生涯中,《刺猬的温顺》有着不寻常的意义,他由此开始了长达近 20 年的对古典政治哲学的求索,这也是出自他之手的第一部反启蒙的政治思想文献。对当代中国的政治哲学研究而言,这篇文献也同样意义非凡,它是施特劳斯政治哲学进入当代中国的第一份系统文献。由此,它呈现了一个全新的政治思想的世界,在这个世界中,对于政治生活的反思没有脱离对美好生活的向往。不仅如此,它还提醒我们,启蒙的自由民主政治思想并未对于美好的政治生活这一论题做出正面回答,也因此,这篇文章开启了当代中国思想界对现代性的政法学问的反思和批判。

(黄涛:华东政法大学政治学与公共管理学院)

中国语境中的施特劳斯与伯林之争

苏光恩

刘小枫的《刺猬的温顺》是施特劳斯学说在中国兴盛的开端,它对施特劳斯与伯林之争的演绎也奠定了国内施派与自由派之间纷争的主基调。本文通过比对《刺猬的温顺》和《沉重的肉身》两个文本,呈现刘小枫在转向施特劳斯前后立场的一致性:他对自由主义存在相对主义的危险的忧虑是一以贯之的,而他原持有的神学立场在他转向施特劳斯之后也并没有遭到抛弃。本文试图证明,刘小枫的施特劳斯主义实质上是一种政治神学。国内的自由主义学人对伯林的辩护主要是回到原初的伯林与施特劳斯之争,其重心在于证明多元主义不是相对主义,但施特劳斯给刘小枫的启示则在于自由本身是否值得追寻。人究竟是有原罪的还是具有道德自主能力的,构成了刘小枫与许多中国自由主义者的最核心的分歧,正是这一分歧使他们在自由与服从孰重孰轻上分道扬镳。

引 言

施特劳斯的学说自新世纪初被引介进入中国以来,除了形成一场蔚为壮观的学术风潮,它也在一定程度上影响了中国的政治和文化生态。如果说在西方自身的语境当中,施特劳斯与自由主义的关系还是一个富有争议的话题——即他究竟是自由主义的敌人还是诤友——的话[1],那么施特劳斯的中国引介者从一开始便将其树在了自由主义的对立面。施特劳斯对现代性危机的揭示赋予了其中国追随者拒斥以自由主义为代表的现代西方价值,从而回返古典学问——尤其中国古典——的理由,换句话说,施特劳斯这位西方自身内部的批判者赋予了中国学人以肯定自身文明传统的自信。因此,施特劳斯进入中国不单单是一场外国学术的中国传播,而是一起重新审视和校准百余年来的中国政治和社会转型的思想事件。对施特劳斯的阅读和诠释内在于关于中国转型道路选择的纷争当中,因此若想更为准确地把握这场中国的施特劳斯热,不仅仅需要关切施特劳斯自己的作品,更需要仔细检视中国的引介者对施特劳斯的诠释,查考他们试图塑造的施特劳斯形象。

刘小枫是施特劳斯热最重要的推动者,他于 2001 年发表的《刺猬的温顺》一文可为国内介绍施特劳斯的先声,而 20 世纪最重要的自由主义者之一以赛亚·伯林在这篇文章中被树为攻击的靶子。文章演绎自施特劳斯《相对主义》一文对伯林的批判和伯林在访谈录中表露的两人在理念上的分歧。在刘小枫那里,施特劳斯与伯林分别代表了两种不同的政治哲学在品格上的高低优劣,伯林是一位不关心一切好坏之分的相对主义者,而施特劳斯则是"何为美好生活"的虔诚的探寻者。为了回应伯林和自由主义学说所遭到的矮化,不少自由主义学人著文加以反驳,并对伯林的学说进行辩护,因此中国语境中的施特劳斯与伯林之争构成了中国的施派与自由派交锋的一部分。不过这些伯林的辩护者主要针对的是施特劳斯本人对伯林的批判,而没有太多考虑刘小枫的解读与施特劳斯自身的观点之间是否存有差异,以及他为何要以对伯林的批判作为引介施特劳斯的开端,而对这些问题的回答与施特劳斯是否驳倒了伯林

---

[1] 参见扎科特夫妇对美国语境当中关于施特劳斯的纷争所进行的梳理和辩护,凯瑟琳·扎科特、迈克尔·扎科特:《施特劳斯的真相》,宋菲菲译,商务印书馆,2013 年。

同样重要。

　　本文将主要围绕两方面展开：一是重新审视刘小枫《刺猬的温顺》一文对施特劳斯与伯林之争的呈现，将说明他在转向施特劳斯之前的立场如何在这篇文章当中获得了延续，而这一延续性又如何使他与施特劳斯本人的立场保持了一种微妙的距离；二是简单梳理国内自由主义学人对伯林和自由主义所做的辩护，探讨他们的得与失，以及他们的自由主义立场与刘小枫式的施特劳斯主义的根本分歧。笔者曾经在《哲人的面具》一文中探讨了刘小枫如何借由施特劳斯完成与自由主义的决裂，它主要关心刘小枫在转向施特劳斯前后立场上的巨大变化，而本文则试图勾勒其立场的延续性，正是这一延续性赋予了施特劳斯学说在中国的一些独有面貌。[①]但本文与前文只是侧重点的不同，《哲人的面具》中的一些核心论点在本文当中仍获得了保留。

一、"价值冲突的不可解决"

　　《刺猬的温顺》聚焦于伯林与施特劳斯之间的"不和"，但在展开对伯林的批判之前，刘小枫先强调了伯林与施特劳斯的一致性，即他们都认为人类不同生活理想之间存在着不可调和的冲突，"价值冲突不可能解决始终是一存在的事实"[②]。这一论断的出现颇为突兀，也令人疑惑，它所包含的三个要点——（1）存在着多种不同的人类生活理想或价值；（2）这些价值之间是相互冲突的；（3）价值冲突是不可能解决的——几乎是对伯林价值多元论的准确概括，但问题在于，刘小枫何以认为这也是施特劳斯的观点，并将其作为进入两人思想纷争的共享前提？在文中

[①] 苏光恩：《哲人的面具——评刘小枫的施特劳斯转向》，载《思想》第 21 期，台湾联经出版公司，2012 年，第 215—231 页。

[②] 刘小枫：《刺猬的温顺》，载《刺猬的温顺：讲演及其相关论文集》，上海文艺出版社，2002 年，第 175 页。以下对该文的引用均随文标注页码。

刘小枫提供了两点佐证。这一论断最初是由犹太人问题引出的,据刘小枫所言,施特劳斯认为犹太人问题不可解决,因为"人的存在依群而分,群与群之间总是相互对抗,不同的生活理想难免相互抵触"(第174—175页)。但对放弃了犹太教信仰的施特劳斯来说,犹太人问题在他那里并不居于核心的位置。第二个论据则更切合施特劳斯的思想主旨,即施特劳斯直接面对着三种无法解决的价值冲突:启示真理与理性真理的冲突、哲人理性与民众信仰的冲突、哲人理性与诗人神话的冲突(第187页)。但价值冲突的存在并不等同于价值冲突的不可解决,在施特劳斯那里,至少后两种冲突是有可以选择的解决之道的,比如隐微—显白的双重写作,诗人接受哲人的指引。由于哲人显著地高于民众,也高于诗人,因此在这两种冲突当中如何进行价值排序并不困难。而在伯林的价值多元论当中,最为关键的要素便是不可通约性,即我们无法找到一个可以衡量不同价值高低的共通的尺度,不同价值之间是不可比较的。在刘小枫提供的这三种冲突当中,唯有启示与理性之间的冲突接近于这种不可通约性,启示依赖于信仰,哲学则始于怀疑,这两种生活方式截然对立,却谁也无法真正驳倒对方。[①]不过在后面我们将会看到,尽管它们对施特劳斯而言是非此即彼的选择,但在刘小枫那里其实存在着明确的高下之分。

我们可以合理地怀疑,价值冲突的不可解决与其说是伯林与施特劳斯的一致性,倒不如说是刘小枫将他在转向施特劳斯之前的立场或焦虑带入了《刺猬的温顺》当中。在《刺猬的温顺》之前写作的《沉重的肉身》一书可为我们提供一些线索,因为该书的主题便是现代生活中无可解决的伦理冲突和困境,尽管它借助的是一系列小说和电影等叙事文本。该

---

① 在《刺猬的温顺》刚发表不久,林国华便对刘小枫为何将冲突作为施特劳斯哲学关注的问题表示了疑惑,在他看来,哲人与民众、哲人与诗人乃至理性与启示均不构成真正的冲突,这不仅在于哲人高于民众和诗人,更在于哲人服从于必然性,他的沉思生活是没有冲突的。见林国华:《关于〈刺猬的温顺〉的信》,载《书屋》2001年第3期,第46—48页。

书区分了两种类型的现代伦理：人民伦理和自由伦理，但前者在一开始便遭到了拒斥，因为它"让民族、国家、历史目的变得比个人命运更为重要"①。因此，该书的重点是自由伦理或曰自由主义伦理，在这一伦理观念当中，个体自身成了伦理困境和伦理选择的承担者，他没有一个规范的伦理可以凭靠，他也拒绝由某一外部的权威来替他做出决断。"关注、正视生活中细微的两难伦理处境……是自由主义道德意识的首要品质"，它强调个人选择的重要性，认为在现代社会中很难建立起某种目的等级秩序，选择其中一者必然意味着另一者的丧失。②这种自由主义伦理看上去与伯林的主张几乎没有什么区别，因此我们可以说，在转向施特劳斯之前，刘小枫与伯林的一致性要大过他们之间的分歧。③

不过《沉重的肉身》也暗示了刘小枫后来与伯林乃至整个自由主义的分道扬镳，因为他始终焦虑于自由主义伦理因强调选择的个体性而带有的虚无主义倾向。他对自由主义伦理做了进一步的区分，即人义论的自由主义伦理与神义论的自由主义伦理，这两种伦理之间的对峙大体构成了该书的核心线索。所谓人义论是"要推开宗法的上帝，让个体的自我欲望成为自己的宗法的上帝，在道德的相对性中沉醉"，它"意味着道德神的个人主体化或私人化"；而神义论则相信有一个终极的、绝对的权威，正是这一权威的存在使得自由选择是有道德承负的，而不是轻逸的。④彼时作为汉语神学的倡导者，刘小枫的个人选择不言而喻。米兰·昆德拉的《生命中不能承受之轻》被认为是人义论自由主义叙事伦理的典范。在昆德拉那里，自古希腊以来的灵魂与身体的等级秩序遭到了颠覆，身体和情欲拥有不依赖于灵魂的欢乐，而对灵魂所关联的"美

---

① 刘小枫：《沉重的肉身》，华夏出版社，2007 年，"引子"，第 7 页。
② 同上，第 276—277、303 页。
③ 在《平等地重新分配真理？》一文当中，刘小枫同样谈到"人类在价值偏好的真理问题上永不可能达成一致"。载刘小枫：《刺猬的温顺：讲演及其相关论文集》，第 23 页。
④ 刘小枫：《沉重的肉身》，第 170—172、308、314 页。

好"的向往则被视为"媚俗"而遭到了嘲讽,"丧失或者唾弃对美好生命的感受能力,不再觉得生命中有任何东西令人感动,就是现代性自由伦理的品质之一。"①既然一切身体感觉在价值上都是平等的,那么对昆德拉而言,生存的终极悖论便"不仅不可能解决,也无须解决"。正是在这个地方刘小枫提到了伯林,认为"昆德拉所谓'小说的精神'就是伯林自由精神论的复述",并且引用了一段伯林对穆勒的解读:穆勒认为"最终定论"不可能获得,且不值得争取。②虽然伯林在《沉重的肉身》中出现的次数不多,但他显然扮演着人义论自由主义伦理的代表的角色。

　　在《沉重的肉身》中,刘小枫还持有一种自由主义立场,这一立场源于他对成长过程中所遭遇的人民伦理的抗拒,而自由主义强调了伦理选择的个体性。但我们同时看到,他认为人义论的自由主义伦理的自然逻辑便是道德的相对化和主观化。刘小枫并不否定价值之间的相互冲突,但他不满的是人义论自由主义伦理拒绝进入价值冲突的内部,认为它放弃了对美好的追问。所以并不是施特劳斯才使刘小枫洞见到价值多元论实质上是相对主义,这是他原先便已持有的判断,事实上刘小枫在《沉重的肉身》中对伯林所代表的自由主义伦理的批评,在《刺猬的温顺》中也获得了延续:他称伯林"从来不涉足价值冲突的河流"(第187页),并且再次引用伯林对穆勒的解读:在价值的多元冲突面前,"我们应该做什么"这样的问题"根本无法、也无须回答",而这正是"自由主义价值信念的精髓"(第179页)。那么一个自然的问题是,施特劳斯对伯林的批评与刘小枫自身的理解是否存有区别?一个重要的差异是在对自由与价值多元论之关系的理解上,施特劳斯明确意识到消极自由与价值多元论之间不能等同,而且价值多元论会削弱消极自由的权威,因为价值的相对性将使消极自由本身成为相对的。因此对施特劳斯而言,伯林的"两

---

① 刘小枫:《沉重的肉身》,第74—88页。
② 同上,第80、156页。

种自由概念"是"自由主义危机的标志性文献——此危机源于自由主义已抛弃了其绝对主义根基,而且试图变得完全相对主义化"①。但在刘小枫那里,强调个人自主选择的消极自由即使跟价值多元论不是一回事,至少也是后者的必然要求,而这意味着并不存在施特劳斯所谓的自由主义的危机,伦理上的主观主义和相对主义本身便是自由主义的自然逻辑。施特劳斯对伯林的批判更像是对自由主义的诚恳告诫,他提醒人们注意伯林的价值多元论对自由主义根基的冲击;而刘小枫则借助施特劳斯的自由主义批判来完成他与自由主义的告别。

二、政治哲学抑或政治神学?

对刘小枫来说,施特劳斯的重要性不在于帮他看到了自由主义的虚无主义危险,而在于为他提供了一个超逾自由主义的视野,使他不必在批判人义论自由主义伦理的同时仍然坚持一种自由主义立场。但他原先持守的神义论自由主义伦理是自由主义与基督教信仰的结合,他在抛弃自由主义、转向施特劳斯的政治哲学时是如何处理他的基督教信仰的? 因为在施特劳斯看来,哲学与神学是不可兼容的。

刘小枫对朗佩特的施特劳斯解读颇为欣赏,而朗佩特的一个核心观点是,施特劳斯本人便是他所揭示的"隐微—显白"写作技艺的践行者,这暗示了刘小枫自己也在有意地模仿这一写作技艺。②因此我们不妨利用施派解经法来对《刺猬的温顺》的谋篇布局做番探察,这种方式也许显得教条而笨拙,但由于面对的是一个初尝隐微—显白之法的文本,它仍有可能为我们捕捉到一些有用的信息。《刺猬的温顺》全文共有十节,若

---

① 施特劳斯:《相对主义》,载《古典政治理性主义的重生》,郭振华等译,华夏出版社,2011年,第58—60页。
② 朗佩特:《施特劳斯与尼采》,田立年、贺志刚等译,上海三联书店,2005年,"中译本说明"。

加上原有的题记，则有十一节，关于哲学与圣经之对立的讨论主要集中在第六节"神主政制与民主政制"和第九节"哲人与先知的世俗冲突"，而第六节刚好处在中间位置，意味着有可能是全文最重要、最能表现作者意图的地方，因此我们的讨论先从第六节开始。表面上，它是对施特劳斯《耶路撒冷与雅典》和《神学与哲学的相互影响》这两篇文章的概述，但与施特劳斯分别从神学与哲学的立场进行相互反驳不同的是，刘小枫只保留了圣经的视角，即人类因原罪而堕落的历史，而对来自哲学的反驳完全保持了沉默。他将《创世记》中的这段历史分成了两个阶段：伊甸园时期，人不听上帝管教，吃了知识树上的果子，从而走出伊甸园生活状态，由于在这一时期没有任何律法，人变得越来越邪恶，最终引发了上帝以大洪水来重新创世；在大洪水之后，上帝与人重新立约，为了"避免整个人类再变得邪恶、败坏"，此时"只有通过上帝亲自拣选"的先知才能认识上主，"人分辨善恶的知识，被规范为顺从上帝通过先知给人类颁布的律法，这也意味着美好生活问题的永恒解答"（第202—203页）。由于预先承认了上帝之存在的确切无疑、圣经是永恒的真理，对知识的渴求是原罪、是堕落的根源（刘小枫使用"走出伊甸园"而非"被逐出伊甸园"，表明了这种不幸是人自身种的苦果），那么哲学显然遭到了贬低，哲人的生活本质上与堕落的人类始祖几无二致：上帝始终关切着大地，而哲人却不愿"信靠上帝的应许、恪守上帝的律法"，而要自己去追问什么才是美好的生活（第203—204页）。

刘小枫对哲学的贬低和对圣经可能遭到的反驳的沉默，表明他仍然保留了原有的神学立场。第六节的标题"神主政制与民主政制"本身便点明了这一点，在这里"民主政制"是一个极为宽泛的概念，它指一切法由人设的政制，因此"神主政制"与"民主政制"之间的对立，关键便在于法律究竟是由神赐立还是由人创立。哲人虽然诉诸自然及其法则，但它"仍然是一种人约论，而非神约论"（第200页，第205页）。如果神学决定性地优越于哲学,那么为何还需要哲学？但哲学与神学在获得真理方式上的差异和高下之分很快便被隐去,刘小枫转而讨论它们之间的一致性,即它们都基于"无法根除的恶"这一基本生存事实而试图为社会确立法律秩序(第204页)。如这一节的标题所暗示的,刘小枫更关心的是它们的政治性,他谈到哲学与圣经对神话的共同拒斥,"拒绝神话意味着拒绝没有法律秩序的生活方式"(第204页)。但这一句话其实是对施特劳斯本意的篡改,施特劳斯的确指出哲学和圣经都拒斥神话,但不是因为依靠神话"意味着根本无须法律秩序"——在施特劳斯那里,"神话"与"神法"几乎无法分开——而是因为不同神法之间相互抵触,然而施特劳斯原文更强调的是哲学与圣经在拒斥神话的方向上全然相反:哲人致力于寻找万物的始基,而圣经则要求对一神的信仰来排斥其他的神。[①]不过比起与施特劳斯本意的背离,刘小枫为什么这样说显然更为重要。通过这样的改写,刘小枫提供了一个与先前勾勒的圣经叙事可以相对应的希腊秩序史:诗人主导的时代近似于大洪水之前,它们的共同特征是没有法律秩序,事实上刘小枫还暗示希腊神话中无常的命运与圣经中神启的特殊性与偶然性有其相似之处;哲人的出现则对应于大洪水之后,它们的共同点是有了法律秩序,在这里面,作为立法者的哲人扮演着与先知相似的角色。

如果说"无法根除的恶"构成了先知与哲人为此世立法这一共同的政治使命的前提,那么刘小枫在第九节事实上表明,"无法根除的恶"这一表达其实更接近于圣经的语言,而非哲学的语言。尽管哲人与先知都"关切社会的正义和美德,使世人远离邪恶,让美好的成为生活的现实",但他们在究竟凭靠人的知识还是神的垂怜上,存在根本的差别:哲人相信凭人力可以建成完善的社会,"哲人天生是人义论的担当者",而先知

[①] 施特劳斯:《神学与哲学的相互影响》,林国荣译,载《信仰与政治哲学——施特劳斯与沃格林通信集》,华东师范大学出版社,2007年,第303—304页。

则懂得,"即便在有神关照的美好生活中,人间恶也不可能被清除干净"(第225页)。正如同哲学在启示面前处于下风一样,哲人的乐观主义在先知对人世的阴郁洞见面前显得过于天真。不过这同样不是施特劳斯本人的看法,因为在他看来,"苏格拉底对至善社会秩序的勾勒与众先知对弥赛亚时代的想象是一致的。"[1]哲学如何在启示面前获得辩护,在这一节中获得了回答:"思考何为美好,作为一种生活方式本身就是美好的。"(第227页)但既然预先认定了上帝之存在,那么拒斥了神启的沉思生活便很难说是最高的生活方式,它只是一种次级的、有限的美好。事实上在原罪论的背景之下,这种美好也是得不到担保的,因为西方精神的危机就始于希腊哲人"以摘食知识树的果子为自己的神圣使命"(第234页)。

如果说施特劳斯试图借助"隐微—显白"之分来批判现代理性主义带来的危险同时保留对沉思生活的热爱,那么沉思生活在刘小枫那里即使没有遭到拒斥,也遭到了极大的贬低。这意味着他从施特劳斯那里接受的只有显白的那一部分,即如何处理哲人与民众的关系,在这里真正具有重要性的不是哲人的沉思生活与民众的信仰之间的冲突,而是哲人与民众分别作为牧羊人与羊群的这一不对等的权力关系。正是在这一权力关系上,哲人与先知是一致的,或者更准确地说,当沉思生活的尊严仅仅成为一种"高贵的谎言",它实际上遭到启示的贬低时,这时候所谓的政治哲学实际上便是政治神学,而哲人则成为了先知。刘小枫在文中引用了科耶夫对施特劳斯的评价:"施特劳斯—神学"(第189页)[2],我们可以说《刺猬的温顺》整篇文章便是为这一论断所做的注脚,该文为施

---

[1] 施特劳斯:《雅典与耶路撒冷》,何子建译,载《信仰与政治哲学——施特劳斯与沃格林通信集》,第190页。
[2] 但刘小枫这一脱离具体语境的引用同样是误导性的,科耶夫区分了历史的认知与神学的认知,他称一切超历史的绝对论都是神学认知,这与施特劳斯本人对哲学与神学所做的界分显然不同。见Michael S. Roth, *Knowing and History: Appropriations of Hegel in Twentieth-Century France*, Ithaca and London: Cornell University Press, 1988, pp.133-134.

特劳斯塑造的最终形象便是哲人精神与先知精神的结合(第 234 页),尽管哲人精神在这里更可能只是一个"高贵的谎言"。

三、为多元主义申辩

由于施特劳斯完全是作为自由主义的对立面而被引介进入中国的,因此如何应对施特劳斯的挑战构成了自由派的一项重要的共同事业。直接对刘小枫在《刺猬的温顺》中刻画的施特劳斯与伯林之争作出回应,比较有代表性的是钱永祥的《多元论与美好生活:试探施特劳斯政治哲学的两项误解》和马华灵的《多元主义与相对主义:伯林与施特劳斯的思想争论》《普遍主义与绝对主义:伯林与施特劳斯的思想纷争》等文。不过从这些文章的标题当中我们也可以看到,他们采取的方式主要是回到原初的施特劳斯与伯林之争,以此来为伯林和自由主义辩护,而马华灵对《伯林致雅法书信》的发掘,也为伯林自身的回应找到了更多的文本证据。[1]但刘小枫本人的意图,他塑造的施特劳斯形象与施特劳斯本人是否存有一些差别,在这些回应文章中都没有得到足够的呈现。[2]

钱永祥与马华灵的文章都着力于回应施特劳斯对伯林的核心指控:多元主义等同于相对主义,前面已经指出,这也是刘小枫在转向施特劳斯之前便已持有的看法。他们援引伯林自身的文本表明,施特劳斯的这一指控是无效的,因为伯林明确否认了多元主义是相对主义。在他们看来,尽管多元主义承认价值的相对有效性,但它并不认为所有价值都是相对的、不可评价的,相反,多元主义的核心特征包含了客观性、普遍性和可评价性。这一观点之所以成立,其根本原因在于,伯林承认存在着

---

[1] 必须指出的是,钱永祥对价值多元论的辩护并没有完全局限于伯林自身的逻辑,见钱永祥:《多元论与美好生活:试探施特劳斯政治哲学的两项误解》,载《动情的理性》,台湾联经出版公司,2014 年,第 259—285 页。

[2] 钱永祥事实上注意到了这一问题的重要性,但没有加以展开,同上,第 260 页。

某种共通的人性(common human nature),这种共通的人性意味着某些价值是普世的,而且它也使我们得以通过"移情"(empathy)——即"想象性地把自己置身于他人的时代与文化语境之中"——理解异己的文化,而非陷入完全的主观主义。①这几篇文章在澄清伯林自身的立场,即他不是相对主义者这一问题上,毫无疑问是成功的,不过我们仍然需要追问,伯林的这些自我辩解能否说服施特劳斯或刘小枫?

强调伯林对"共通人性"和普世价值的认肯,使得伯林的形象在一定程度上接近而非远离了施特劳斯,这一点在《伯林致雅法书信》中也能得到确认,伯林称自己"跟施特劳斯一样相信,人类的终极价值是存在的,并且为人们所接受"②。但这一共同的信念所导向的立场却截然对立:对施特劳斯而言,正因为在历史变迁背后存在一些亘古不变的问题,使得追问何为美好生活成为可能,而我们从这一追问中获得的答案是放之四海而皆准的,历史情境所造成的限制不过是它可以随时剥下的外壳,因为"自然"是永恒不变的;而在伯林那里,所谓普世的价值仅仅是任何一个社会想要维系都必不可少的底线性的价值,它并不指向施特劳斯意义上那种堪称美好的生活,而人性的共通性只是人类生活多样性的一个组成部分,它使不同的个人、不同的文化之间不至于完全隔绝、无法沟通,但仅凭"共通的人性"无法为我们提供一个关于我们该如何生活的价值排序,它只能保证某些价值(比如勇敢)得到普遍的尊重,但不能保证它们得到同等的尊重。简而言之,基本不变的人类问题的存在使施特劳斯坚定了其一元论的立场,而在伯林那里,价值多元论与共通的人性并不相互排斥。

这一差异的背后是伯林的"共通人性"和普世价值都是经验性的,而

---

① 马华灵:《多元主义与相对主义:伯林与施特劳斯的思想争论》,载《学术月刊》2014年第2期,第32—40页。钱永祥:《多元论与美好生活:试探施特劳斯政治哲学的两项误解》,载《动情的理性》,第265—273页。
② 马华灵:《伯林致雅法书信——从伯林的未刊书信说起》,载《读书》2017年第3期,第74页。

施特劳斯则相信这些价值具有先验的基础,经验论还是先验论是他们的核心分歧所在。①施特劳斯所怀疑的是,一项仅仅由经验来保障的价值是否具有神圣性,它能否真正得到人们的信奉。②依马华灵的解释,伯林明确将"共通的人性"区别于"不变的人性",后者是施特劳斯和18世纪的启蒙主义者的共同信条。③但如果"共通的人性"只是源于经验的概括,那将意味着这一"共通人性"的范围很难划定,因为它的边界总是模糊的,总是在变化之中。即便我们同意"共通的人性"在每个时代都具有相对稳定性,如何确定我们时代的共通人性的内涵恐怕仍然是一个颇为困难和极富争议的事情。而且"移情"只能确保异文化对于我们的可理解性,而不足以确保我们评价的客观性。比如通过移情,那些实施恐怖袭击的狂热的圣战分子似乎也是可理解的,驱使他们的是一种强烈的宗教和文化认同感,那么我们是基于什么谴责他们呢?生活在世俗社会中的我们会说是基于对无辜者的同情,但在圣战分子所出身的宗教激进主义盛行的社会里,为了消灭异教徒而牺牲一己之躯恰恰是值得赞美的英勇之举,在这两种截然对立的社会价值当中,我们如何判定对方是野蛮的或邪恶的?仅仅是因为对方"仍生活在中世纪",从而是这个时代的不正常的人?④因此,即便施特劳斯同意伯林的这些自我辩解,他也很难认为经验性的"共通人性"是我们可以进行道德评判的充分依据。

施特劳斯事实上认为,伯林的价值多元论也并不纯然是经验性的,

---

① 马华灵:《伯林致雅法书信——从伯林的未刊书信说起》,第74—75页。
② 施特劳斯:《相对主义》,载《古典政治理性主义的重生》,第59页。
③ 马华灵:《普遍主义与绝对主义:伯林与施特劳斯的思想纷争》,载《学术月刊》2017年第8期,第118—121页。
④ 克劳德认为,可以通过区分"实践"的理解和内部的理解来解决这一困难,即我们反对这一实践,但不妨碍我们同情这一实践所依靠或表达的价值,见乔治·克劳德:《自由与多元论:以赛亚·伯林思想研究》,应奇等译,译林出版社,2018年,第137—138页。钱永祥对说理在个人价值选择中的重要性的强调似乎也可以避免这一困境,因为如果说移情只是使旁观者理解行为者成为可能,那么说理则要求行为者能够说服旁观者,它需要旁观者相信,这一行为或选择不只是可理解的,也是可接受的。不过钱永祥自己也承认,对说理的强调并非伯林自己的主张。见钱永祥:《多元论与美好生活:试探施特劳斯政治哲学的两项误解》,载《动情的理性》,第3—4、268—273页。

因为经验本身不能保证多元主义的永恒有效性,它将使之同样成为一种相对的真理。但伯林对一元论的拒斥表明,他似乎相信价值多元论是一种具有绝对性的真理,因为伯林对这种多元论持有如此强烈的信念,以致"把文明人和野蛮人之间的绝对区分建立于其上",他和每个"思想存在者"一样,都"采取一个最终、绝对的立场进而宣称他的基本信念绝对有效"①。换句话说,在施特劳斯看来,伯林的多元论实际上也是一种一元论。施特劳斯显然不会否认价值冲突这一经验性的事实,但伯林的价值多元论中最关键的要素是所谓的"不可通约性",即某些价值之间是不可比较的,正是基于这种"不可通约性"才使他得以拒斥一切形式的一元论。但"不可通约性"本身无法得到理性的证实,它跟相信相互冲突的价值背后有一个唯一正确的解决方案一样也只是一种信念,因为经验只能回答说"不知道",而无法确切地回答有或没有。在《自然权利与历史》中,施特劳斯便指出,构成韦伯社会科学观念基础的"终极价值之间的冲突不可能由人类理性加以解决",其实并没有获得证明,"而只是在某种特殊的道德偏好的驱使下作出的假定",这一批判显然也同样适用于伯林。②马华灵试图通过说明多元主义是普遍主义而非绝对主义来回应施特劳斯的批评,但他的这一辩护混淆了多元主义所认肯的诸种价值与作为一种价值本身的多元主义。他的观点更准确地说是,多元主义认为存在着具有普遍性的价值,但这些价值不是绝对的。③ 他并没有真正回答多元主义本身是不是一种绝对的真理,而施特劳斯所批判的正是这一点,而不是前者。

不过批评伯林的价值多元论在逻辑上的矛盾并不自动证成施特劳斯自身观点的正确性,因为有无"永恒的、不可改变的绝对价值",有无

---

① 施特劳斯:《相对主义》,载《古典政治理性主义的重生》,第60页。
② 施特劳斯:《自然权利与历史》,彭刚译,三联书店,2003年,第66页。
③ 马华灵:《普遍主义与绝对主义:伯林与施特劳斯的思想纷争》,载《学术月刊》2017年第8期,第113—122页。

"放之四海而皆准的东西",所凭靠的仍然是一种个人信念,因为哲学只是探寻真理而非拥有真理,而伯林对此的回应是,施特劳斯无法使他相信存在着这样的东西。①在这一点上,正如伯林自己所说的,他与施特劳斯谁也无法说服谁。

四、自由与服从

除了称多元主义为相对主义外,施特劳斯的另一项批判是多元主义使消极自由本身成为一种相对价值。自由与多元论之间的张力构成了此后伯林研究或伯林批判的一个核心问题,激进如约翰·格雷者便站在价值多元主义的立场批判一切规范性的自由主义原则,而推崇一种所谓的"权宜之计";晚近的乔治·克劳德等人则试图以价值多元论来证成自由选择的重要性。②国内虽有不少文章涉及这一论争,不过仍以介绍性为主,鲜有对这一问题有真正的推进。事实上即便证明多元论与消极自由之间的密切关联,也只是弥合了伯林自身逻辑内部的紧张,而对刘小枫来说,施特劳斯的意义则在于他完全站在了这一逻辑之外;而且如前所示,刘小枫自己便从不否认自由与多元论的密切关联,他事实上认为二者是浑然一体的。因此,更为关键的问题不在于价值多元论是否支持个体的自由选择,而在于自由选择这一价值本身是否值得追求。

前面已经证明,刘小枫的施特劳斯主义实际上是一种政治神学,它关心的是少数精英与多数民众的牧领关系,前者扮演着施行教化和规训之责,而后者的首要德性便是驯顺和服从。自由在这种政治神学当中遭到了贬斥,它被认为是大多数人无力承受的一种负担而非赐福。刘小枫

---

① 贾汉贝格鲁:《伯林谈话录》,杨祯钦译,译林出版社,2002年,第29页。
② 约翰·格雷:《自由主义的两张面孔》,顾爱彬、李瑞华译,江苏人民出版社,2005年;乔治·克劳德:《自由与多元论》。

对自由的这种贬斥从根源上来说是他依然将基督教中的原罪视为一个根本性的真理。在同一时期撰写的一篇论施米特的文章中,他明确写道,"尘世中人与人之间的严酷斗争不仅是一个人类学事实,也是一个神学—政治事实",即"人性本恶或者人天生有罪""这一悲观主义人性观的基础本身是宗教的"[①]。即便在仍然持守自由主义立场的《沉重的肉身》当中,他对人义论自由伦理的担忧也正在于它对原罪的拒斥,当"把罪性改写成有限性后,自然在性的欠然中的恶就终有一天会被看作是人自身的自由的表达或条件"[②]。正因为人性是恶的,或人是天生有罪的,权威的引导才必不可少,从《沉重的肉身》到《刺猬的温顺》,所改变的不过是权威的重心由个人独自面对的上帝转向了扮演牧领之责的哲人或先知。

钱永祥称施特劳斯式的伦理学是一种至善论,因为它将人性的充分发展和完善视为"美好生活"的重要内容。[③]是否接受一种目的论的人性观常常被认为是施特劳斯派所推崇的古典政治哲学与自由主义所代表的现代政治哲学的核心区别,但若站在刘小枫的原罪论立场上来看,那么这种至善论即使不是可疑的,也是并非最为紧要的。这种基于原罪论的政治神学与现代自由主义的根本分歧不在于人可能实现的目的,而在于它们对实际的人性的不同判断:前者把人性看得非常低,即人是堕落的、有罪的,正是人的堕落才使顺服于一种更高的力量成为必需,而自由则不可避免地导向放纵,使人变得越来越堕落;后者则持有一种更为乐观的人性预设,它相信每个人都是平等的道德个体,他能够运用自身的理性来做出价值选择,并为自己的选择承担代价,人的这种"理性自主和道德自主的能力"使自由成为人追求其美好生活的必要前提,而由一个

---

① 刘小枫:《施米特论政治的正当性》,载舒炜编:《施米特:政治的剩余价值》,上海人民出版社,2002年,第83页。
② 刘小枫:《沉重的肉身》,第322页。
③ 钱永祥:《多元论与美好生活:试探施特劳斯政治哲学的两项误解》,载《动情的理性》,第274—275页。

更高的权威来决定个人的生活方式实际上是对人之尊严的贬低。①如钱永祥在其对密尔人性观的讨论中所注意到的那样,自由主义事实上并不必然排斥至善论,重要的是这些完满的价值是由个体自身来认定和实现,还是由外在权威所强加?②

支撑这两种人性观的与其说是对人性的经验观察,倒不如说是两种截然不同的信念。相信人之理性和道德的能力既是自由主义的道德感召力的核心来源,也是自由主义遭人诟病的一个重要理由。对刘小枫这样的反自由主义者来说,"道德人"只是一种人性的理想,在现实当中,很多人并不是理性的、具有自主的道德能力的,而这一事实恰恰暴露了自由社会的深切危机:自由被平等地分配给了所有人,这意味着对那些无力自主却又自甘堕落的人,国家没有任何权力干预或强制,堕落的权利随自由被一起赋予。人的道德能力不可能是平等的,正是这种差异决定了有些人应当统治,而有些人应当被统治,因此与自由主义者视自由与平等为不言自明的价值截然相反,在刘小枫那里,人与人之间存在着自然等差才是一个根本性的"真理",而"政治制度问题,最终是凭什么应该统治和被统治的问题"(第209页)。

刘小枫在解释哲学与启示的张力对西方文明的作用时,得出一个结论:"智者建立了一个圣典的框架让公民来采纳"(第228页)。尽管这同样是对施特劳斯原意的一种篡改③,但它也是对刘小枫自身立场的一种揭示:哲学与启示之争并不重要,重要的是它们共同面对的对象(民众)和施行统治的方式(确立"圣典")。人民是赖信仰生活的,而"智者"的任

---

① 参见周保松:《自由人的平等政治》,三联书店,2010年,"自序";钱永祥:《道德人与自由社会》,载《动情的理性》,第30—37页。
② 钱永祥:《道德人与自由社会》,载《动情的理性》,第36—37页。
③ 刘小枫暗示这一论断出自《自然权利与历史》,但施特劳斯在那里所讨论的是智慧与同意之间的张力,为了调和这两者间的冲突,古典派认为最好"由一个明智的立法者制订一套公民们经循循善诱而自愿采用的法典(code)",文中并无所谓的"圣典"字眼,见施特劳斯:《自然权利与历史》,第143页。

务便在于为他们提供信仰。对刘小枫和那些经由施特劳斯转向儒学的当代政治儒家们来说,从传统中寻找"圣典"便成了一种自然而然,因为背负"神圣使命"的先知必然要与人民绑缚在一起。不过刘小枫倒没有像一些政治儒家那样成为彻底的民族主义者,在他那里,古今之争始终比中西之别更为重要。但同时拥抱中西不同的传统,意味着在刘小枫那里,对圣经中的那个上帝的信仰并不具有根本的重要性,他悬置了对诸神之中孰为真神的追问,他从其原先的基督教信仰中保留的仅仅是对人性的幽暗意识。这种政治神学是指向大众的,而不是指向上帝的,为人民制订神法的是这些自诩为"先知"的人。但在这一点上,刘小枫式的施特劳斯主义面临着根本性的困难:在一个"上帝已死"或曰"祛魅"的时代,"先知"与神之间的联系已被斩断,一个没有了神意作为支撑的"先知"再也无法获得他所渴望的绝对权威,事实上就连追问先知的真伪这一问题也已丧失了意义。如果借用刘小枫自己的语言,我们是否可以称这种政治神学实际上是一种人义论的政治神学?因为站在这些神法或圣典背后的是人,而非神。

对现代性危机的揭示并不自动地使我们回返为神意所支配的传统秩序,而中西的那些"圣典"也不可能真正拒斥来自现代目光对它们的检视,因为它们的权威不再是理所当然的。在一个无可摆脱的现代处境之下,这种反多元论的中国式施特劳斯主义也将不可避免地只是成为中国现代纷争中的一种声音,在这一点上,它并不比它所批判的自由主义更具优势。人在道德能力上的差异并不妨碍对人的平等尊重在今天成为一种更具普遍性的价值,而不同生活方式间的冲撞也使尊重个体的自由选择成为更为合宜也更为必要的手段。刘擎在《中国语境下的自由主义:潜力与困境》一文中借助查尔斯·泰勒的"社会想象"的概念,指出"平等主义的价值诉求、自我理解的个人化以及生活理想与人生信念的多元化"构成了当今中国的重要社会想象,而这些新的社会想象是所有试图为中国的未来道路做出谋划的思潮都必须面对的社会事实。[①]这三种社会想象从根本上排斥刘小枫所设想的那种先知—民众的权威服从关系,尽管它们对不同的阶层、不同的群体可能会有不同的影响,或者说它们更接近于城市中产阶级的生活信念,但我们无法漠视它们的存在。如果说在施特劳斯看来,价值多元论动摇了西方自由民主制的根基,那么在中国的语境当中,价值的多元并存这一事实本身恰恰为自由提供了辩护,我们不必指望自由成为社会中奉行的至高价值,但至少价值的多元化要求个人的自由选择应当获得尊重。唯有宗教性的狂热才有可能无视甚至拒斥这些事实上存在的对自由的欲求,何况这些狂热已不再有其神圣的基础。

(苏光恩:陕西师范大学哲学与政府管理学院)

[①] 刘擎:《中国语境下的自由主义:潜力与困境》,载《开放时代》2013年第4期,第106—123页。

思想文化研究

反乌托邦小说的叩问

中国文坛对《关于亚克与人类的故事》的译介和解读

葛 飞

一

大致说来,中国文坛从 1928 年起开始大批地绍介苏俄文学作品、密切关注苏联文艺政策的变化,起初译的多为"同路人"作品,二三年后,"无产阶级作品"逐渐成了译介主流。1929 年,苏联开始了五年计划建设,同时也收紧了文艺政策,军队方面的蒲蒲诺夫(А. Бубнов)接替卢那察尔斯基任教育人民委员。同年,扎米亚京在柏林出了反乌托邦小说《我们》(作于 1920 年)的俄文本。皮利尼亚克也在柏林出版《红树》,在苏联引发了轩然大波,几乎所有重要的"同路人"作家都遭到牵连。[①] 不过,仍时不时地有思想、艺术上十分独特的"同路人"的作品被译介成中文,例如,周扬即翻译了他赞为苏联"最独创而又最有天分的作家之一"奥列沙(Ю. Олеша)的《樱核》,以及具有"卓越的文学修养和非凡的天

[①] 20 世纪 30 年代初中国文坛绍介苏联文艺政策变化的文章有:楼适夷译(原作者不详):《新教育人民委员长蒲蒲诺夫》,《拓荒者》第 1 卷第 3 期,1930 年 3 月 10 日;江思(戴望舒):《苏联文坛的风波》,《新文艺》第 2 卷第 1 期,1930 年 3 月 15 日;成文英(冯雪峰)译:《共产学院文艺批评本年度研究题目》,《萌芽》第 1 卷第 5 期,1930 年 5 月(译自日本《无产阶级科学》1930 年 4 月号);胡秋原:《最近世界各国文坛之主潮(三)》,《读书杂志》第 1 卷第 6 期,1931 年 9 月 1 日(衍期)。

思想文化研究 391

分"的列昂诺夫(Л. Леонов)的早期作品《伊凡的不幸》[1]等等。本文所要着重探讨的左祝梨(Е. Зозуля)的《关于亚克与人类的故事》(*Рассказ об Аке и Человечестве*,1919),"兼有果戈理式讽刺和反乌托邦小说体式"[2],一向被视为"奇特的"作品,鲁迅译作《亚克和人性》,收入《竖琴》(1933)。早在1923年,胡愈之就译过这篇小说;鲁迅之后,又产生了两个中译本。

近年来,左祝梨重新获得了西方学界的注意,这与2012年敖德萨出版了他的作品集不无关系[3],论苏联的反乌托邦小说,往往要从他的《重要城市的毁灭》(*Гибель Главного Города*,1918)、《关于亚克与人类的故事》讲起[4]。左祝梨还有一部《造人工场》(*Мастерская Человеков*,1930),序言以夸张的宣传文体高呼要大胆地"想象共产主义新人",我们读下来才发现是反讽:科学家为客户研发劳力,却搞出个次品——一个不愿劳动而想当领导的精明的侏儒。这位小人说:虽然劳动崇拜被置于至高无上的地位,可人们还是不想工作;当领导呢,只需四处转转,保持神秘感即可,没有神秘感就没有权威,就不会受尊敬,不会令人觉得畏惧。不过,左祝梨的《世纪的格拉谟风》(*Граммофон веков*,1919)则又是一部科幻乌托邦,像其他同类体裁小说一样,描写未来的新人新社会,但

---

[1] 周笕(周扬):《樱核》译按,《文学》第3卷第2号,1934年8月;《伊凡的不幸》译按,《文学》第2卷第3号,1934年3月。这些译文结集出版时,周扬重写译按,说《樱核》提出了这样的问题:"在清醒的事业的时代,个人的想象的权利是不是合法的?"这部小说的主人公"彻头彻尾地沉溺在乌烟瘴气的感情和幻想里"。列昂诺夫的早期作品同情"被历史车轮所压碎了的'小人物'的悲剧",后来"思想意识有了飞跃的进展",将"视线转向于宏大的社会主义的建设了"。《路》,收入《周扬序跋集》,湖南人民出版社,1985年,第7—9页。
[2] Муратхнов6 В.,《Кровь и Чернила Антиутопии》, *Октябрь*,2012(5):189—191.
[3] Зозуля Е., *Мастерская Человеков и Другие Гротескные, Фантастические и Сатирические Произведения*,Одесса:Пласке,2012. http://ruslit.traumlibrary.net
[4] Andrzej Dróżdż, "Parodies of Authority in the Soviet Anti-utopias from 1918—1930", Ksenia Olkusz et al. ed., *More after More*, *Essays Commemorating the Five-Hundredth Anniversary of Thomas More's Utopia*, Kraków: Facta Ficta Research Center, 2016, p. 214; Ann and Jeff Vandermeer ed., *The Gig Book of Science Fiction*, New York: Vintage, 2016, p. 41.

未交代具体的实现过程。①《关于亚克与人类的故事》讲的则是：拥有至高无上权力的亚克先后用清洗、祝福等手段改造人类，结果都失败了。不论是书写乌托邦还是反乌托邦，左祝梨都出之以讽刺，皆有闹剧的气氛。

反乌托邦与乌托邦具有对位性，前者从后者撷取原材料，是对后者的否定性回应②。反过来说，正因现实没有出路，现实中的人不堪造就，才会有超越现实、改造人类的乌托邦冲动。在鲁迅等人介绍的俄苏作品中，卢那察尔斯基的《浮士德与城》（1916年定稿）是一部典型的乌托邦作品。英译者称之为中世纪主义与乌托邦相遇而出之以苏维埃俄国的名词，是对俄国革命的预想，鲁迅补充道："也是作者的世界革命的程序的预想。"③通过强迫劳动，浮士德要在沼泽地建起欧罗巴最宏伟的城——即便本地的石头和人"都是不好的材料，可是一位伟大的主人可以用他们成一件伟大的事"。加百列说：你不能为此而耗费掉许多生命。浮士德回应道：为了人类的进步，"许多事情是超乎道德的"。他的专制导致了民众反叛，但是伟大的城还是建成了，群众和加百列转而高呼万岁，浮士德亦祝福群众道："你们都将似神了。"最后，浮士德发明了机器，这样，人就可以做更好的工作，自由地追求知识和生命的快乐。④ 读左祝梨的作品和《浮士德与城》——二者皆具有预言色彩，我们即可发现它们方方面面都具有对位性。由于要在落后的俄国发动革命、建设社会主义，布尔什维克"对马克思主义作了行动主义的、唯意志性的阐释"⑤，能动性也就被设定为无产阶级阶级性的重要内容，描写、召唤这样的"新

---

① Richard Stites, *Revolutionary Dreams: Utopian Vision and Experimental Life in the Russian Revolution*, New York: Oxford University Press, 1989, pp. 169, 183.
② Krishan Kumar, "Utopia and Anti-Utopia in the Twentieth Century", *History of the Human Science*, 1988(1):129-132.
③ 鲁迅：《后记》，卢那察尔斯基著，柔石译：《浮士德与城》，上海：神州国光社，1930年。鲁迅在后记中抄录了英译本序。
④ 卢那察尔斯基著，柔石译：《浮士德与城》，第23、44、104、221—223页。
⑤ Coser L., *A Handful of Thistles*, New Brunswick: Transaction Books, 1988, pp. 101—130.

人"的作品,才可以被承认为"无产阶级文学"。三四十年代,在中国影响最大的苏联"无产阶级作品"《毁灭》,也是鲁迅翻译的,它首要的、也是最基本的思想是:内战中进行着"对人的材料的选择"(отбор человеческого материала),进行着"人的最巨大的改造"①。

鲁迅对于《毁灭》的表彰诚可谓不遗余力,他也译了不少"同路人"作品,对这些作品的思想意识却不以为然:扎米亚京"不脱旧智识阶级所特有的怀疑和冷笑底态度",雅各武莱夫所信仰的人性是"幻想的产物",费定"颇多对于艺术至上主义与个人主义的赞颂"等等②。那么,鲁迅和其他一些左翼文化人为何仍要翻译"同路人"作品,只是用作批判的材料吗?《关于亚克与人类的故事》本身也有许多模棱两可之处,再加上各家都是重译,所据译本亦复不同,文本在翻译"旅行"过程中发生了变易。误译、翻译策略,以及译文与译按之间的裂缝,也许比译按说明了更多的东西。本文拟在对勘数部译本的基础上,考察中译者们的解读方式。

二

比较而言,在几个中译本中,鲁迅的翻译最能生动地传达出原作至为微妙的反讽手法,故而本文引用《关于亚克与人类的故事》中的文字,以鲁译为基础,再据俄文本进行校补。小说的大致情节是:最高决策委员会以"肇建正义、幸福的生活"为名,下令甄别居民生存资格,凡被判定为人类的垃圾者,须就其性格制成调查录存档。专家们——医生、心理学家、观察家、作家等,坐在办公室中,一个小时就能把百余名赘物送到

---

① Фадеев А.,《Мой Литературный Опыт: Начинающему Автору》, *А. А. Фадеев Собрание Сочинений*, Т. 4, М., Государственное Надательство Художественной Литературы, 1960, с. 103.
② 鲁迅:《后记》,鲁迅编译《竖琴》,上海:良友图书印刷公司,1933 年,第 269、276—277 页。

另外一个世界去。唯有委员长亚克一个人在苦苦思考:研究活人,就会认为百分之七十五都应该扫荡,但是那些已被消灭的就不可怜吗?他凄苦地叹了口气:在这里,人类出路问题陷入了绝境。他转而承认每个人都有生存权,要求最高机构每日访问居民,庆祝其生存,将观察所得载入"快乐调查录",以昭后世。而居民间即便出了点小龃龉,也咒骂对方不配活,说以前的最高决策委员会办事也太不认真了!"然而这口角也都不知不觉地消失在每天的生活的奔流里了"。亚克翻阅着载满琐事的"快乐调查录",更显得愁苦、衰老,有一天突然大叫道:"应该杀掉!杀!杀!杀!"然而他又看了看身边的官僚、专家们,一挥手,跑了出去,永远不见了。

左祝梨有意不去写资本家、地主、权贵等等革命明确宣称要消灭的阶级,而强调革命要清除"庸俗"、消极、懦弱的人,不论贫富。兹引作者戏拟专家笔调撰写的"赘物性格录"数则:第4356号,"常常喊仆人,因为无聊。偷偷吃奶沫和漂在汤上的脂肪。看小报上的小说。整天躺在长椅上。最高的梦:缝一件黄袖子的、两边突出的衣服。被一位有才能的发明家爱了十二年,却不知他是干什么的,只当他电气工程师。抛弃了他,和皮革商结婚。无子。经常无端闹脾气,大哭。夜里醒来,就要茶炊,喝茶,吃东西。"第15201号,通八种语言,很自负,对于实生活则冷淡到极点。第14623号,箍桶匠,"思想常偏于反抗精神最少的一面",虽以工人出身自夸,但没有积极参加革命,革命期间佩戴着红带去购买土豆及其他东西,因为怕挨饿。不爱作工,又害怕生活、害怕闲暇,休息时就喝得烂醉。还有一位被判定为"可怜的存在"的卷烟匠,说自己能养家糊口,喜爱儿子,喜欢看街上的漂亮女人,喜欢吃,晚上困了就睡,喜欢卷香烟。这些人不可避免地让我们想起了"小市民"(Мещанство)。在"理念人"看来,"小市民"缺乏超越性,完全为日常琐事所占据,生存毫无意义。知识分子则是为理念而生,常常深入到意义和价值等具有普遍性的领域

思想文化研究　395

之中，从这个意义上说，布尔什维克也是"理念人"的一种类型①。帝俄时期，政府用 Мещанство 指称城镇手工艺人、小商人、房东之类的小有产者，知识分子与"小市民"亦互相鄙视，前者拥有话语权，指责后者是唯利是图、目光短浅、平庸俗气的"市侩"。十月革命后重新划分社会阶层，Мещанство 不再作为社会阶层的名称使用，箍桶匠之类被称为"工人"，但缺乏阶级意识。在布尔什维克看来，一切有碍于实现共产主义乌托邦的思想意识仍可以说是"小市民习气"。"小市民习气的基调是：畸形发展的所有制观念，永远紧张地渴望身心安宁，对惊动这种安宁的一切事物怀有莫名其妙的恐惧"，不会"明白新的生活和未知的事物"的意义②。晚年的高尔基仍一再指出："小市民习气"存在于每一个人身上，与之作斗争，具有防止苏维埃国家倒退变质的重要意义③。名不见经传的左祝梨则要世故得多，他好像是在讽刺小市民并表同情于亚克，但无论如何，居民们还是要过自己的日常生活。发人深思的是，左祝梨把医生、心理学家、作家置于掌握生杀大权并机械行事的官僚行列。

仅仅说《关于亚克与人性的故事》是反乌托邦小说仍是不够的。莫森（G. S. Morson）通过分析威尔斯的小说《现代乌托邦》，提出的元乌托邦（metautopia）、元反讽（metaparody）等概念，对我们的研究颇具启发性。元乌托邦小说是乌托邦和乌托邦反讽之间的对话，某一方——通常是乌托邦——占优势，但是这种优势并非压倒性的。元乌托邦小说常常采用元反讽手法——反讽着自己的反讽，它叩问读者自己的观点，而不是简单地要求读者赞同或反对。④《关于亚克与人性的故事》可以说是

---

① 刘易斯·科塞著，郭方等译：《理念人：一项社会学的考察》，中央编译出版社，2004 年，第 149—150、172—183 页。
② 高尔基：《谈谈小市民习气》，孟昌编译：《高尔基政论杂文集》，三联书店，1982 年，第 181—217 页。
③ 参阅陆人豪：《反对小市民习气是社会主义文学的重要任务——高尔基文艺思想中一个值得注意的观点》，载《江苏师范学院学报》1981 年第 4 期。
④ Morson S. G., *The Boundaries of Genre：Dostoevsky's Diary of a Writer and the Traditions of Literary Utopia*，Austin：University of Taxas Press，1981，pp. 132‑155.

一部"元反乌托邦"小说,它的英译者说:

> 左祝梨,一位俄罗斯的讽刺小说家,当他不用契诃夫式的风格写外省故事时,就用有点像法郎士《企鹅岛》那样的风格写作。在布尔什维克批评家看来,左祝梨的小说模棱两可,读入反布尔什维主义和读入布尔什维主义一样容易,这完全取决于读者自身的观点。《关于亚克与人类的故事》即是如此。想毁灭多余人的亚克,就是列宁吗?左祝梨自然知道,但是他不想说。[1]

几乎所有的"同路人"作家都有意识形态上模棱两可的作品。比如说,皮利尼亚克的《荒年》即让托洛茨基恼怒不已:"赞成布尔什维克的话他公开说出,反对'共产党员'的话则借巫师的疯言出口,这很令人不安";哪一个才是更真实的、更出自作者内心的话呢?[2] 左祝梨要求读者回答这样的问题:"理念人"为了整个人类的出路,是否就可以动用权力改造"赘物"?如果答案是否定的,我们才会说《关于亚克与人类的故事》是一部反乌托邦小说,那些讽刺"赘物"的段落只是作者为了通过审查而使用的曲笔。如果答案是肯定的,读者就会认为亚克是悲剧性人物——他既无法改变人性,也无法扭转官僚化趋势,结果只有自己失踪,失踪后再也无人记起他。

三

苏俄作家写于20世纪二三十年代的反乌托邦小说,大多只能在朋

---

[1] John Coumos, "Forward", John Coumos, ed&trans. *Short Stories out of Soviet Russia*, London: I. M. Dent &Sons Ltd, 1929, xi.
[2] 托洛茨基著,刘文飞等译:《文学与革命》,外国文学出版社,1992年,第72页。

友聚会上朗读,或通过手抄本流传,到了 80 年代才能在国内初次出版。《关于亚克与人类的故事》则能于 20 年代多次再版,应该与作者没有直接讽刺亚克有关,彼时文学环境也还算宽松。1929 年文艺政策趋紧,1930 年《造人工场》就只能发表一部分,这部小说也没有写完,此后,苏联只是在 1962 年出了一本左祝梨杂文集。2012 年敖德萨出版的左祝梨选集仅印了 300 册,我用的是该书的 epub 电子格式,无页码。

  胡愈之在译序中交代,其所据的本子载于莫斯科出版的"世界报'Lanova Epoko'"①,此处乃手民误植,应是"世界语报 La Nova Epoko（《新时代》)"。胡愈之没有注明卷期,笔者亦不懂世界语,无从判断胡氏译文与俄文本的不同,是世界语本的问题,还是胡愈之翻译的问题。鲁迅在《竖琴·后记》中说自己是从德文《新俄新小说家三十人集》(Dreissig neue Erzahler des neuen Russland)译出《亚克与人性》。查鲁迅日记,他于 1930 年购入此书,次年 11 月 4 日译毕《亚克与人性》。《新俄新小说家三十人集》1929 年出修订 2 版②,1931 年修订 3 版,但始终未署编者,亦无序跋,书末附有 30 位作者的简介。《竖琴·后记》还说:"听说这篇在中国已经有几种译本,是出于英文和法文的,可见西欧诸国,皆以此为作者的代表的作品。我只见过译载在《青年界》上的一篇,则与德译本很有些不同,所以我仍不将这一篇废弃。"笔者没有找到从法文转译的本子,有一种可能是,鲁迅误以为胡愈之所据的是法文本。《青年界》第 1 卷第 2 期刊载了云生(邱韵铎)译左祝梨的两部小说:《关于亚克和人道的故事》《母亲》,以及《左祝梨传略》,后者系勉之据左祝梨自传俄文本口译、云生笔录。在这篇小传中,左祝梨没有谈到自己十月革命后的思想动向,也没有阐释自己的作品。邱韵铎、由稚吾、姚蓬子都没有交代

---

① 蠢才(胡愈之):《亚谷和人类的故事》译按,《文学》(周刊)第 90 期,1923 年 10 月 1 日。
② 南京大学德文系的钦文教授为笔者从德国找到了《新俄新小说家三十人集》修订 2 版。本文的几处德语词义辨析,亦得到了钦文教授及南京艺术学院的曲艺博士的帮助。当然,文本解读如有错误,责任由笔者自负。

原本的版本信息，他们皆不懂俄文，姚蓬子在《俄国短篇小说集》"译后杂记"中说集中所收各篇皆从英文转译。笔者检索到了一册1929年版英译《苏俄短篇小说集》，内收左祝梨作品两篇："A Tale about Ak and Humanity""The Mother"，这应该就是上述三位中译者所据的本子。

中译者	译名	译文出处	所据版本	语种	译者
蠢才（胡愈之）	《亚谷和人类的故事》	《文学》第90—95期，1923年10月1日—11月5日	*La NovaEpoko*，卷期不详。	世界语	不详
鲁迅	《亚克与人性》	收入《竖琴》，上海：良友图书印刷公司，1933年1月。	"Ak und die Menschheit", 30 *Neue Erzähler des Neuen Russland* (Zweite, veränderte Auflage), Berlin, Malik-Verlag, 1929.	德语	Erwin Honig
云生（邱韵铎）	《关于亚克与人道的故事》	《青年界》第1卷第2期，1931年4月10日。	"A Tale of Ak and Humanity", John Coumos, ed. & trans., *Short Stories out of Soviet Russia*, London: I. M. Dent & Sons Ltd, 1929.	英语	John Coumos
由稚吾	《阿K和人类》	《小说月刊》第1卷第4期，1933年。			
姚蓬子	《阿K与人性》	《俄国短篇小说集》，上海：商务印书馆，1937年。			

对勘俄文版和鲁迅所据之德译本，可见后者有四处删减，字数皆不太多，英译本则是完整的。兹举两例：当亚克决定停止甄别居民生存资格时，官僚、专家们思忖道："拥有如此不可思议的、凌驾于这个城市之上的权力的人，会想出些什么花样呢？"这句话德译本缺漏。再如，左祝梨用了三段话描写各色人等的奔逃，德译本丢掉了"铁器贩子，木匠，手艺人"（他们在俄国皆属于"小市民"）。鲁迅、邱韵铎都有一些误译，由稚吾译本有比较严重的错误，胡愈之译文与俄文本差距甚大。因篇幅所限，这里无法全面呈现5部译本的异同。首先要重点探讨的

思想文化研究　399

是最后一段,通常说来,小说结尾是决定作品总体思想的关键部分。鲁迅的译文是:

> 住在这市镇上的这么多的人们,亚克先行杀戮,继而宽容,后来又想杀戮的人们,其中虽然确有好的,然而也有许多废物的人们,就是仿佛从来没有一个亚克,而且谁也从来没有提起过关于生存资格的大问题似的生活下来,到了现在的。

此段的中间部分,原文是 среди которых есть и настоящие, и прекрасные, и много хлама людского(其中有真正的人、优秀的人,也有许多废人),德译本在"许多废人"前加了个转折词,问题不大。邱韵铎则译成了:"这中间有许多是善良的民众,一点都不是什么废物,便继续生存到今日之下……"由稚吾更是译成了:

> 其中一个废物都没有的都是好人的人类,依然继续生活着,似乎根本没有阿K这个人,也没有什么人提出能否生存的问题一般。

他们所据的英译本没有大问题:among whom are many good people and not a little rubbish[①],"not a little"即"许多"。邱韵铎、由稚吾的误译可谓非同小可,尤其是由稚吾把意思译成了:居民全是好人。倘若如此,我们又将如何评价亚克的杀戮?有意思的是,由稚吾仍在译按中说:左祝梨是"所谓意味不清的蝙蝠式的讽刺作家",作者将来的变化,"我们并不能武断地就下不好的断语",不过,这篇作品,"读者若果细细的思索一下,倒不能不承认它不单是一篇为列宁为革命的建设之作,

---

① "A Tale of Ak and Humanity", John Coumos, ed. &trans., *Short Stories out of Soviet Russia*, London: I. M. Dent &Sons Ltd, 1929, p.164.

而且是一篇为全人类之作哩"①。这正应了前揭英译者的话:"读入布尔什维主义",而这,不过是由稚吾自己的观点罢了。英译者的短评其实也给了邱韵铎一个难题。身为左联盟员邱韵铎,译而不评。从英译苏俄小说集中只挑出左祝梨的两篇重译,可见它们的确打动了邱韵铎。他在简短的译按没有评论作品内容,只是说《母亲》是"写实主义,略带一点轻微的讽刺";《关于亚克与人道的故事》则是"纯粹的讽刺"②。收入译文集时,邱韵铎也未作述评。他把解读的自由留给了读者。

我们再看胡愈之译本的结尾:

> 而那些人们,那些亚谷起初要想杀尽,后来忽然哀怜起来,后来忽然又想要杀尽的人们呢,现在已经是很多很多了,在这中间现在是也有好的,也有坏的,而且竟有许多实在是值得废弃的——这许多人直活到现在,仿佛从前竟不曾有过一个亚谷似的,仿佛竟不曾有人提出过生存权的大问题似的。

与俄文原著相比,胡愈之译文多了三个"竟"字和"实在是值得","多余的"成了"坏的"。这样一来,小说结尾就成了抨击坏人不知悔改,忘了教训,恬不知耻地活到了现在。

四

胡愈之译文另一个大问题是,原作中针对官僚专家漠然、机械地杀人的讽刺,基本上都译没了;鲁迅译本则加强了这方面的讽刺。

---

① 由稚吾:《阿K和人类》译按,《小说月刊》(杭州)第1卷第4期,1933年。
② 见邱韵铎译文集《温静的灵魂》(现代书局,1933年8月),改题《亚克的失踪》,该书无译者序跋;译文集《保卫祖国》(署名光子,长风书局,1940年),译者"后记"交代《亚克与人道的故事》曾发表于《青年界》。

一群官僚派的专家们，聚在亚克和委员会的周围了。医生，心理学家，经验家，文学家。他们都办得出奇的神速。已经达到只要几个专门家，在一小时以内，便将几百好人送进别一世界去的时候了。灰色堂中，堆着成千的调查录，而公式的威严和那作者的无限的自负，就在这里面争雄。

……一打一打的人们，坐在桌前，用了飞速的，坚定的，无意识的指头在挥写。（鲁译）

这一段，德译能够忠实于原文。大概是一时疏忽，鲁迅把 ein gutes Hundert Menschen 译成了"几百好人"。gut 虽有"好"的意思，但是它修饰的是"百"，当译为"一百多"，英译 a good hundred people。鲁迅还于两处略微加重了讽刺语气：beamteter Spezialisten 直译是"官方任命的专家"，鲁译"官僚派的专家"；Knappheit der Formulierung（公式的简洁）①，鲁译"公式的威严"。最值得注意的是，鲁迅把所有的 Kollegiums der äußersten Entschlossenheit（最高决策委员会）都改译成了"格外严办委员会"。由此可见，鲁迅是有意地加强讽刺官僚机构的调子。

我们再来看胡愈之的译文：

最高决定院里，亚谷的下面，雇用着一大批的专门家和办事人员，有医生，有心理学家，有巡查官和著作家，他们个个都日夜不停的在那里忙着办公。这几位专家，平均在每一小时内，结果一百个人，把它们送到了别个世界里。在灰色橱中也照样填着一百张性格检定书，这性格检定书都是经几位专家详细勘定，认为非常可靠的。

---

① "Ak und die Menschheit", *Dreissig Neue Erzähler des Neuen Russland* (Zweite, veränderte Auflage), Berlin: Malik-Verlag, 1929, S. 77.

> ……几十个人……都埋着头在那里手不停披的写。

这里不但没有讽刺,且好像是在褒扬专家办事勤恳可靠。下述一段鲁迅译文做到了信、雅、达:

> 亚克忧苦地沉默了,并且钻进调查录的山里去,发着抖只是读那尖刻的,枯燥的文辞。
>
> 委员会的委员们走散了。没有一个人反对。第一,因为反对亚克,是枉然的。第二,是因为没有人敢反对。但大家都觉得,有一种新的决心是在成熟起来了,而且谁也不满意:事情是这么顺当,又明白,又定规,但现在却要出什么别的花样了。然而,那是什么呢?

官僚之所以成为官僚,是在其机械化、惰性,而且毫无意志。胡愈之译文的相应段落是:

> 亚谷静默着,很悲哀地埋头在纸堆中,检着许多性格检定书,不住的癫狂模样的读书。
>
> 那些办事员都走出去了,没有人和他争辩,因为他争辩是无用的,但是大家都觉得现状确有些不安稳,事情一定要有大变更了。

总体说来,胡愈之译本的讽刺矛头基本上只指向"赘物"们,这也正是他翻译这篇小说的动机。"近来最不如意的一件事情,就是宗教大同盟会传出的世界末日的豫言,竟不曾应验。……著着红的绿的衣服的奴隶们,照旧在水门汀的阶道上乱跑乱走。像我那样的驴子般的蠢物都不曾死掉一个。听说日本大地震把他们的陆军监狱里的犯人都放出来了。我们的巴士的狱,更不知几时才攻的破,直教我闷的慌。"想起以前"读过一篇故事,很使我受了些刺激。现在重新检出,发愤翻译过来,出我胸头的一口恶气。"①胡愈之对欣欣然、不觉悟的"奴隶们"有一种莫名的恼怒,他拟想中的革命也是末日审判式的。

早年间,胡愈之信仰克鲁泡特金的无政府主义,后又受到了甘地不合作运动的影响,他还绍介了罗素1919年、威尔斯1920年访俄后的感想,这些人都不赞同阶级斗争。到了1924年列宁逝世之际,胡愈之则盛赞列宁是无产阶级的救星、亿兆人民所膜拜的偶像②。《东方杂志》组织了一组纪念列宁的文章,内中有人间接转引了高尔基的话:列宁、彼得大帝等等都是以人类为材料做试验的化学家,他们"与人间生活相脱离,只以冷静,公平而无私而行试验"③。高尔基还说:列宁等人兴起了一种势力"以破坏全世界的资本制度,从这一点看来,便是他们真拿俄国当作试验品,我也就不能因此归咎于他了",还得"高歌以颂赞勇敢的疯狂的光荣"④。舆论的变化正应了卢那察尔斯基在《浮士德与城》中所做的预言:布尔什维克并不讳言自己要用强迫手段建造乌托邦,一旦他们成就了伟业,同情者就会忘记或忽视其所取之手段。1931年,胡愈之使用世界语在莫斯科逗留了七天,声称自己所见"最大的奇迹是人性的发见",他交往的的确都是苏维埃造就的"新人"。他没有看到一个农民,仍然判定农民都"带着小资产阶级的根性"。消灭富农、实行集体农庄,"中间经过多次恶斗,和1917至1921年间的国内战争,同样的严重",意义也和"十月革命一样重大,因为这是摧毁了苏联国内资本主义的最后壁垒"⑤。鲁迅说自己一年内"遇到了两部不必用心戒备"的游记,那就是

---

① 蠢才(胡愈之):《亚谷与人类的故事》译按,《文学》(周刊)第90期,1923年10月1日。
② 化鲁(胡愈之):《李宁与威尔逊》,《东方杂志》第21卷第3号,1924年2月10日。
③ 幼雄:《李宁传略》,《东方杂志》第21卷第3号,1924年2月10日。
④ 愈之辑译:《诸名家的李宁观·高尔基》,《东方杂志》第21卷第3号,1924年2月10日。胡愈之的这篇译文没有具体的标题,亦没有注明出处。
⑤ 胡愈之:《莫斯科印象记》,上海:新生命书局,1931年,序v,第45—47页。

胡愈之的《莫斯科印象记》和林克多的《苏联闻见录》。①

五

鲁迅为何要翻译《亚克与人性》呢？可惜他的译后记并未深入地阐释这篇作品，只是轻描淡写地说："其中充满着怀疑和失望，虽然穿上许多讽刺的衣裳，也还是一点都遮掩不过去，和确信农民的雅各武莱夫所见的'人性'，完全两样了。"我们再来看看鲁迅对雅各武莱夫的《穷苦的人们》的评价："艺术的基调，是博爱和良心，而认农民为人类正义和良心的保持者，且以为惟有农民，是真将全世界联结于友爱的精神的"，"作者所信仰的'人性'，然而还是幻想的产物"②。鲁迅似乎认为，《亚克与人性》的中心是对人性的怀疑和失望。可是，小说标题 *Рассказ об Аке и Человечестве* 的最后一个词，及其德译 Menschheit，都是集合名词"人类"。小说正文中虽没有出现 человечество，但有八处出现了只能译成"人类的"同根形容词 человеческий："人类的垃圾"出现了五次，还有就是"人们的声音"，以及亚克寻求"人类的问题"和"人类的历史"的出路。小说探讨的显然不是人性的善恶问题，题名确切的译法还应是"关于亚克与人类的故事"。鲁迅将之译成"亚克与人性"，似亦能说明他的解读重点在于："小市民"本性难易，让亚克也无可奈何。

有研究者认为：《亚克与人性》首先指向了革命恐怖的一面，这与鲁迅翻译的《十月》（雅各武莱夫）、《竖琴》（理定）的思想蕴含基本一致。知识分子为暴杀人，在《亚克与人性》中更是有突出的表现。亚克还曾反省，他治下的居民却未反省过，这就如鲁迅所言："暴君治下的臣民，大抵

---

① 鲁迅：《林克多〈苏联闻见录〉序》（1932 年），《鲁迅全集》第 4 卷，人民文学出版社，2005 年，第 435 页。
② 鲁迅：《后记》，鲁迅编译《竖琴》，第 277、280 页。

比暴君更暴"。左祝梨的"'怀疑与失望'尤表现于作品的尾声:人们的健忘与苟活。这与鲁迅对于中国国民性格的审视亦正相合。可以说,左祝黎笔下的人性的恶,笔下的暴君与暴君的臣民的关系,笔下的国民性格,都与鲁迅关于中国民族乃至整个人类社会的思考暗合"。这恐怕就是鲁迅翻译《亚克与人性》的深层的心理原因[1]。鲁迅的按语写得太简略了,研究者不得不借用鲁迅早期的国民性批评思路,来推测他的翻译动机,再把这拟测等同于左祝梨的意图。最高决策机构的确是居民自己选举并赋予了全权,也的确有居民主张更彻底地肃清"赘物",这似乎能支持研究者的判断,不过,在小说开头,即有一位居民辩解道:"我们是意在改良生活的呀。谁料得到那委员会竟这样吓人的简单地来解决这问题呢?"

鲁迅曾在《影的告别》中说:"有我所不乐意的在你们将来的黄金世界里,我不愿去。"这就让太阳社、创造社,以及《列宁青年》登载的一篇文章,还有冯雪峰,都认为鲁迅"虚无",不愿去共产主义的黄金世界。据冯雪峰回忆,1929年鲁迅和他谈话,经常翻来覆去地陈说"现在"与"将来"的关系问题,鲁迅从坚持己见、反攻别人,跳到自我批评,往往不要怎样的过程:"将来就没有黑暗了么? 到将来再说。……"自己的"这种看法,是太阴暗了"。鲁迅显然处在了思想发展的关口:要接受马列主义,就必须有"对将来的一个明确的观念和一个坚定的信念"[2]。对于彼时的左翼文化人来说,苏联的"现在"就是中国的"将来",对苏联的实践亦须有坚定的信仰。然而"同路人"笔下的苏联现实,似乎挡住了鲁迅的去路。

1932年,鲁迅将自己和友人翻译的同路人小说汇编成《竖琴》,具有总结意味,此后他就不再译介此类作品了。在该书"前记"中,鲁迅说:同路人作品"所描写的恐怖和战栗,兴奋和感激",容易得到同样身历了革

---

[1] 李春林:《鲁迅与苏联"同路人"作家关系研究(二)》,《鲁迅研究月刊》2003年第3期。
[2] 冯雪峰:《回忆鲁迅》,《冯雪峰全集》第4卷,人民文学出版社,2016年,第236—242页。

命的苏俄读者之共鸣;四五年以前,中国文坛"曾盛大的绍介了苏联文学,然而就是这同路人的作品居多",这大概因为,同路人作家"没有立场的立场,反而易得介绍者的赏识之故了,虽然他自以为是'革命文学者'"①。鲁迅关注同路人作品之初说的一句话,可以说是夫子自道:革命"有破坏,有流血,有矛盾,但也并非无创造,所以他决没有绝望之心"②。鲁迅译介的同路人作品,实在是"恐怖和战栗"的多,"兴奋和感激"的少,但是他明确立场后,转而把"同路人"如此描写革命,以及包括自身在内的中译者偏爱此类作品的原因,归结为"无立场"。1930年译《毁灭》,鲁迅进而明确地为令人"恐怖和战栗"的东西辩护。莱奋生为了游击队的生存,下令抢掠农民、毒杀伤员,美谛克大受刺激,最终落荒而逃。鲁迅以此为例,说明知识分子"倘不明白革命的实际情形,也容易变成'右翼'""中国的革命文学家和批评家常在要求描写美满的革命,完全的革命人,意见固然是高超完善之极了,但他们也因此终于是乌托邦主义者。"③反对坐而论道和"空想",使得鲁迅接受了"并不完美"的苏俄革命,革命过程虽然血腥,结果仍然指向大众乌托邦、走向"建设"的康庄大道。

鲁迅以翻译苏联"无产阶级文学"、绍介《苏联闻见录》之类散文作品作为自身的乌托邦书写;但是在私人谈话和私人书信之中,仍有对自身"将来"的命运的不祥预测、对苏联有隐忧("是不是也是自己人发生问题?"),不过,此类谈话和书信在鲁迅生前都没有公布于众,也就没有参与建构彼时鲁迅的社会形象④。研究译作的麻烦在于,如果译者不写按语,或者译按过于简短,避而不谈译文中某些关键的东西,我们就不能把

---

① 鲁迅:《前记》,鲁迅编译:《竖琴》,第4页。
② 鲁迅:《马上支日记之二》(1926年7月7日),《鲁迅全集》第3卷,第360—361页。
③ 鲁迅:《〈毁灭〉的第二部一至三章译后附记》(1930年2月8日),《鲁迅全集》第10卷,第371—372页;鲁迅:《对中国左翼作家联盟的意见》(1930年),《鲁迅全集》第4卷,第238—239页。
④ 参见葛飞:《1936:鲁迅的左翼身份与言说困境》,《鲁迅研究月刊》2010年第5期。

翻译直接等同于译者的思想的表达。不过,我们至少可以说,译者觉得某部作品值得国人知道,才予以译出。作品自身也能够说话。无论中译者们如何解读,《关于亚克与人性的故事》的非乌托邦的结尾,以及作者反对用漠然、机械、简单、粗暴的办法解决复杂问题的态度,仍是挥之不去的。我们还可以深入到翻译的细节,考察误译、策略性改译,以此来探询译者自觉不自觉的表达。左祝梨的根植于俄罗斯文学传统的讽刺笔调,十分契合鲁迅的审美偏好;鲁迅的翻译加重了对官僚、专家集团的讽刺,泄露了译者自身的义愤,但是也无法宣之于译按。翻译《亚克和人性》,也可以说是鲁迅对"将来的黄金时代"不便明言的怀疑吧。

(葛飞:南京大学中国新文学研究中心)

投身革命即为家*

尹 钛

菲律宾华侨叶飞,1919年5岁时自菲律宾告别生母,回福建南安家乡上学,受养母抚育,至中学后离家参加革命,一直到1949年才与养母重逢,而与其菲律宾的生母则是自髫龄一别后,终生未见,虽然其生母至1965年才病故,虽然他记忆中的母亲"特别疼爱"他。1949年时,叶飞为中共福建省委书记、省长兼福州军区司令,其菲律宾的小妹来信告知家已破产,希求救助,而叶飞"却没有钱可寄给她,这是海外的人所不能理解的"[1]。

1930年,湖南平江16岁的张震参加红军,身为独子,辞别卧病在床、奄奄一息的父亲和对他疼爱无比的母亲,其间除1938年从武汉八路军办事处请假回家匆匆见了母亲一面、留下20元给孤身一人的母亲外,多年来其母杳无音信,生死不知。1949年,张震请时任中共湖南省委书记黄克诚派人帮助打听其母下落,据说是从一破碉堡中找到,久已沦为流浪乞丐,讨饭为生,而且精神有些失常。1949年12月,当张震与母亲

---

* 鸣谢:本文初稿曾在北京大学历史系主办、王奇生教授召集的"20世纪中国政治文化人文论坛"(2018年9月15、16日)学术会议上宣读,诚挚感谢会议举办方和王奇生教授提供的学术交流机会,感谢与会专家学者的热诚指教,为本人的修改提供了重要帮助。特别感谢许纪霖教授督促本文的修改并提供发表的机会。

[1] 叶飞:《叶飞回忆录》,解放军出版社,1988年,第2页。

在南京下关车站相见时,母亲一开始都不认识儿子,而她身上的衣衫,"已破得没法再洗,轻轻一搓,就成了条条布丝"[①]。

1926年深秋,从压抑的北方来到革命热潮中的广东的年轻共产党员王凡西发觉,广东"革命政府下面的革命干部",和"北方地下工作中的革命者很不同。凭我这双带点清教徒色彩的眼睛看,这儿的革命者不够革命"。"他们没有那份严肃气,更没有悲愤情怀。享福与贪欢心情很普遍,生活相当随便。""这种情形,愈来愈令我痛苦,因为它形成了强烈的对比,让我想起北方同志们的清苦而严肃的工作。而最使我难过的则是此地对工作的看法已完全不同,人们将革命工作看成为官职,因之将革命的参加者看成简单谋差使的人。"[②]如果将王凡西当时观察到的"北方"与"南方"共产党人的差别,从地域空间维度转换成历史时间维度,那其实也是"革命尚未成功"与"革命已经胜利"的差别——心怀悲愤、砥砺奋斗、组织至上、牺牲个人一切以达共同革命目的的那种理想主义,以及物质生活方面的某种禁欲主义,随着革命者成为当权者而渐渐烟消云散,而革命理想主义所塑造的精神世界和心理品质,在"后革命时代"已经成为怪异之物,甚至早至"建设时期",就已经显得与时代风气格格不入。随着时代的转换,早期共产党人那些品质——或者"初心"——还能在平庸的"日常政治"中重现吗?诚如斯大林所说,"共产党人是特殊材料制成的",而我们想要知道,其特殊性究竟何在,以及这一材料的锤炼过程与机制。

[①] 张震:《张震回忆录》,解放军出版社,2003年,第136、423页。
[②] 王凡西:《双山回忆录》,东方出版社,2007年,第27页。

一、职业革命家之特质

即便"革命"不完全是现代现象,但"职业革命家"[①]确实是一个全新的现代现象。众所周知,"职业革命家"这一概念和组织形式均源自列宁,而且这正是列宁主义对于马克思主义的重大创新之一,是共产主义运动首先得以在俄国取得突破的有力武器。他说:"普通的群众……能够决定我们整个运动的结局,可是,为了同政治警察做斗争,就需要有特别的品质,需要有职业革命家。"[②]他所说的"职业革命家"是指那些"主要是以革命活动为职业"的人。[③] 正是这样的革命家组成的先锋队政党,同时结合了纪律、办事效率、绝对的情感认同以及完全的献身精神,成为革命胜利的保障。本文采取一种基于描述而偏重于心理维度的方式来界定中共早期的职业革命家,因此笔者所探讨的"职业革命家"是指这样一批人:1. 他们明确意识到自己将以革命目标作为终生奋斗事业,并愿意为之牺牲一切;2. 他们意识到自己作为共产党人"优于众人"(或者说具有"先进性");3. 他们对组织外的人(哪怕是传统意义上的"至亲好友")在心理和情感上能够持久地保持一种疏离感和超脱感(sense of alienation and detachment);4. 他们在心理和情感上首先认同自己是一

[①] 中文"职业革命家"一词之源尚待考证,"革命家"一词至早可见于1903年章士钊在上海翻译宫崎寅藏《三十三年落花梦》而成之《孙逸仙》一书。此书初出版时,封面正中仅竖题"孙逸仙"三字,左下署"荡虏丛书之一",但在翻印本中,封面在竖排"孙逸仙"三字上横排"大革命家"四字,书名自此习称为《大革命家孙逸仙》,而收入《章士钊全集》时恢复为原题《孙逸仙》。以孙中山为代表的一些反清革命者无疑可称为"职业革命家",因为他们确实以"革命"为"职业",但孙中山时代的革命家与后来的共产党革命家在心理状况、情感世界、人格特质、组织化程度等各方面仍有着类型上的巨大差异,但本文不拟详论。
[②] 《列宁全集》中文版第2版,人民出版社,1984年,第6卷,第104页。
[③] 《列宁全集》中文版第2版,第6卷,第107页。有学者概括了列宁理想中的职业革命家具有五个品质或条件:1. 具有坚定不移的革命信念和不怕牺牲的革命精神;2. 无私奉献的决心和脚踏实地的苦干劲头;3. 精通"革命"这种"专业";4. 保持同群众的密切联系;5. 具有组织能力。参见丁世俊:《列宁论职业革命家》,载《党建研究》,1990年第2期。此外刘昌彦将列宁的"职业革命家"思想所界定的革命家的构成要素概为三点:献身精神、职业身份(即"以革命活动为职业")和职业技能。参见氏著:《列宁"职业革命家"思想的真谛与领导干部奉献精神的永续》,载《中共中央党校学报》,2013年2月,第17卷第1期。

个共产党人，自觉将组织对成员的要求内化为个人行为的"最高准则"，因而能够坚决服从"铁的纪律"①；5. 他们在心理上能够比一般社会性的个人承受更多的痛苦和牺牲，其痛苦感知的阈值和耐受力显著高于常人②；6. 具有强烈的敌我观、特殊的死亡观和性爱—家庭观；7. 他们的生存和生活方式几乎完全依赖于组织的安排，几乎消除了个体生命和生活的"私人"或者说"非政治"属性。按照列宁的说法，并不是所有的共产党员都自然就是"职业革命家"，只有少数"受过专业训练"的领导者才称得上职业革命家。③ 对此本文给出一个经验性标准，即唯一或基本依赖党组织的津贴来维生，并且无条件地完成党组织的指令的革命者，才称得上"职业革命家"④。他们是党组织生命和效力之基础，是党实现革命目标最基本的依靠力量，当然，他们也将党组织作为生活与生存意义的依靠。

这些"职业革命家"的特征或属性，一方面既基于与其他政治组织相比较，另一方面也是基于与后来的一般共产党员相比较，概括而得。换言之，非列宁式政党的政治组织之成员，不具有此类特征（尤其不会全部

---

① 在弗洛伊德的人格理论中，人格（personality）由本我（id）、自我（ego）与超我（superego）构成，而超我是由社会规范内化所形成的、居于主宰地位的最高部分，根据这一理论，我们可以认为"职业革命家"不同于常人的一点是，在他们的"超我"形成过程中，党组织的"纪律"替代了常规的"社会道德和规范"，而成为他们人格中最高的居于支配地位的规范，在行为上表现为坚定的革命意志和对组织的绝对服从。
② 布兰查德描述革命家的心理需求时概括道："他比别人能够忍受更多的惩罚，因为他从这种斗争和惩罚中获得的回报是其他人无法深切了解的。他从所受到的不公正对待中得到鼓舞，因为他懂得怎样利用自己所受到的伤害去说服别人追随他的事业。每一次失败都只是现时又向最终的胜利前进了一步，甚至牺牲生命也是一种值得高兴的事，如果这种牺牲能够激发起其他人的英雄义愤从而促进胜利的最终来临的话。"参见威廉·H.布兰查德著：《革命道德：关于革命者的精神分析》，戴长征译，中央编译出版社，2004年，第2页。
③ 列宁阐述道，"任何革命运动，如果没有一种稳定的和能够保持继承性的领导者组织，就不能持久""这种组织的构成主要应当是以革命活动为职业的人""在专制制度的国家里，我们愈减少（按：黑体为原文所有）这种组织的成员的数量，减少到只包括那些以革命活动为职业并且在同政治警察做斗争的艺术方面受过专业训练的人，这种组织也就会愈难被'捕捉'"。参见《列宁全集》第6卷，第118页。
④ 举例来说，早期旅法勤工俭学学生中加入"少年共产党"（很快成为社会主义青年团的分支）和共产党的人数不少，但专职搞革命组织工作的人并不多，何长工回忆，旅欧总支部设在一个小旅馆里，"这里住着六七个人，脱离生产专门做党的工作的，只有二人。就是赵世炎和陈延年同志。"参见何长工，《勤工俭学生活回忆》，工人出版社，1958年，第74页。

具备),而非革命时代的共产党员,这些特征也逐渐消失了。接下来,本文将主要根据档案材料和革命者的回忆录、口述史料来探讨这些品质在早期的共产革命中是如何形成的,以及这些品质对于职业革命家的生存状态和心理世界究竟意味着什么。

二、"训练":职业革命家的进阶之路

中共从1921年的58名党员[①],至大革命失败时迅速扩大至57 967人[②],人数膨胀千倍,而其影响与活动能力也急剧增强。这一过程中共产党本身的思想状况、政治策略、组织形态、成员构成、成员状况都发生了巨大变化。[③]但要更深入地考察这些变化,我们还有必要聚焦于这一时期中共录用和训练其成员的过程、方法与技巧,以分析这一转型过程何以可能,从而有助于了解那些"职业革命家"如何被"锻造"出来。[④]

在中共成立前后,中国思想界是各种思想观念的"诸神竞争"时代,无政府主义、基尔特社会主义、国家主义等政治思想和共产主义争夺着

---

① 这一人数向来有争议,2013年,由中共嘉兴市委宣传部、嘉兴市社会科学界联合会、嘉兴学院红船精神研究中心联合撰写的《中国共产党早期组织及其成员研究》(中共党史出版社),认定中国共产党早期组织成员共有58人,似为官方定论。
② 《中国共产党组织史资料》,第1卷,第39页,列举了1921年7月至1927年5月的八次统计,说明了中共党员的数量增长情况。
③ 对于这一转型过程中基层党组织的复杂情况,参见王奇生:《革命与反革命:社会文化史视野下的民国政治》,第5、6章;关于这一时期共产党思想意识和情感因素转型的研究,参见方德万(Hans van de Ven):*From Friend to Comrade: The Founding of the Chinese Communist Party, 1920—1927*, University of California Press, 1991.其实中共党组织祛除情感因素的努力即便在革命胜利后亦小小松懈,参见傅高义(Ezra F. Vogel):"From Friendship to Comradeship: The Change in Personal Relations in Communist China," in *The China Quarterly*, No. 21 (Jan.-Mar., 1965), pp. 46-60."同志"关系在"文革"后的转变亦受到关注,如Thomas B. Gold, "After Comradeship: Personal Relations in China since the Cultural Revolution," *The China Quarterly*, No. 104 (Dec., 1985), pp. 657-675.
④ 在中共初创时期,共产党和共青团的关系颇为复杂,虽然在某些地方和某些时期党组织和团组织存在人员和活动、影响力的竞争关系,但在本文的考察范围内,基于二者在政治理念、组织形式、活动方式等方面有相当程度的重叠,甚至成员也有交叉衔接关系,所以在分析时一般不对党、团组织做区分。

几乎是同一批潜在的信众。在此种情况下,新生的共产党如何迅速建立起自身的认同,以区别与之竞争的其他运动力量、有效吸纳追随者、推动其政治目标的实现,成为迫在眉睫的首要任务。

党组织的领导者清楚意识到这一问题,就如蔡和森所说,一大时中共还只有宣传和党纲的规定,"只能说是宣传机关,而说不上政党。"[①]但在1922年二大上通过的《关于共产党的组织章程决议案》中,就明确告诫全党,本党的性质和实现这一性质的途径所在:"我们共产党"不是"知识者所组织的马克思学会",也不是"少数共产主义者离开群众之空想的革命团体",而"应当是无产阶级中最有革命精神的大群众组织起来为无产阶级之利益而奋斗的政党,为无产阶级做革命运动的急先锋",而要成为这样的先锋党,"就不能忘了两个重大的律":

(一)党的一切运动都必须深入到广大的群众里面去。

(二)党的内部必须有适应于革命的组织与谏训【训练】。凡一个革命的党,若是缺少严密的集权的有纪律的组织与训练,那就只有革命的愿望便不能够有力量去做革命的运动。

《决议》随后详细列举了进行"严密的集权的有纪律的组织与训练",须依据七条原则,内中包括"铁似的纪律""党员个个牺牲个人的情感意见及利益关系以拥护党的一致""个个党员的活动,必须是党的活动"等等。[②] 这种训练在两个体系内展开,一是在苏联成立专门的学校训练各

[①] 蔡和森:《中国共产党的发展》(1926年),引文见:中国社会科学院近代史研究所现代史研究所编:《二大和三大:中国共产党第二、三次代表大会资料选编》,中国社会科学出版社,1985年,第479页。

[②] 《关于共产党的组织章程议决案》(一九二二年七月中国共产党第二次全国代表大会通过),中国共产党组织史资料编审委员会:《中国共产党组织史资料》,第8卷,文献选编(上)(1921.7—1949.9),第13页。

类革命干部(有群运、工运、军事、情报、通信、理论研究等类型)[1];二是在国内的党组织建设中,通过支部活动、党校和实践活动来完成党员从业余活动者到职业革命家的遴选与训练。国内的组织建设与成员训练,因为从中更可见中共党组织的成长过程,故值得稍费笔墨加以分析。

党中央成立了专门的党内领导机构和领导机制,包括详细的成员状况调查、教育和训练工作的检查、汇报、督促机制,规定了基本的训练内容,指明了通常的训练程序,其略缕述如下。

"二大"郑重确立了训练目标和原则之后,三届一次中央执委会通过的《教育宣传问题议决案》对训练党员做出了更具体的指导,如要求每个地方的党组织要依据《前锋》或《向导》上的论文对各地方的政治情况做集体讨论,组成小组进行政治讲演(内容可以是"现时的政治问题",也可以是党纲草案)、讲解党的组织原理。[2] 而在此议决案之前,中央已经向各地方组织通告将成立由党、团中央协同组成的"教育宣传委员会",其职责"在于研究并实行团体以内之政治上的主义的教育工作以及团体之外之宣传鼓动"[3]。1924年5月中央又成立一个编辑委员会,"主持中央一切机关报的编辑",这也是为了加强对党团员的政治教育与训练工作的集中统一领导。[4] 中组部是各种培训工作的直接推动中枢,要求各地

---

[1] 国外的训练主要是在苏联展开,但其实欧洲的共产党小组时期已经由共产国际派人予以训练。1921年开办的莫斯科"东方劳动者共产主义大学"和1925年开办的"中国孙逸仙劳动大学"久负盛名,其训练方法与国内相比更加系统、细致、专业且有针对性,但相比于国内训练,它省略了"筛选"程序,因为这一环节已经由国内组织或旅欧支部完成了。除了这两所十部学校外,苏联还 些军事学校和技术学校也负有培训中国革命干部的任务,如伏龙芝军事学院、列宁政治学院、高级炮兵学校及设在基辅的各军事院校都并设了中国班。关于"东大"和"中大"这两所学校培训过程与生活方式的材料,既有比较详细的个人回忆,有散布在政治人物传记、年谱中的资料,还有多部学术性的研究专著和论文,本文不再赘述。
[2] 《教育宣传问题决议案》(节录)(一九二三年十一月中国共产党第三届第一次中央执行委员会通过),《中国共产党组织史资料》第8卷,第30页。
[3] 《中央致各区、各地方和小组同志信——颁发教育宣传委员会组织法》(一九二三年十月十五日),《中国共产党组织史资料》第8卷,第25页。
[4] 《党内组织及宣传教育问题决议案》(一九二四年五月中国共产党扩大执行委员会通过),《中国共产党组织史资料》第8卷,第38页。

方组织详细统计和分析党员情况,以作为组织建设的依据。中组部还专门设立一书记负责党员情况统计,"不仅登记其姓名籍贯年龄性别职业入党年月等,并应详载其以前及现在担任党中何项工作及能力如何,勤惰如何,如此方能分配全党人才在适当的工作地位"①。

支部作为组织的"细胞"和党的生活的中心,中央要求其成为"每个党员生活的中心"。它作为党团员培训工作的直接承担者,中组部严格督促其加强训练工作,要求"每个支部内都能分配得有指导训练的人才""各级组织对每个同学工作能力务必十二分注意观察,如有特长能力当即竭力训育,多令参加某工作以资练习,必如是才能挽救我们现在人才缺乏的饥荒"②。1926年中央并专门发布文件《支部的组织及其进行的计划》,指示了支部进行"内部教育和宣传的标准",其中要求如:"思想的政治化——反对文人和书生厌恶政治的思想""行动的纪律化——反对无政府的倾向""研究的系统化——反对浪漫的色彩及学院派的倾向""生活的集体化——反对个人主义""要有过于信任党的心理——反对一切主观的见解""养成无产阶级革命的人生观,成为无产阶级革命的职业家——反对小资产阶级式的浪漫革命的思想和行为"③。这里罕见地直接将"无产阶级革命的职业家"作为教育目标。

同时,中央要求其直辖各地方组织向上作出各专项工作的报告④,其中就包括"组织部报告",内容包括人数、开会训练、经费、工作分配、扩大组织的工作计划等等,而"宣传报告"中包括内部教育训练工作,如党

---

① 《中央组织部工作进行计划》(一九二五年一月三十一日),《中国共产党组织史资料》第8卷,第56页。
② 《中央组织部通告第二号——加强支部工作与组织统计工作等》(一九二六年一月二十九日),《中国共产党组织史资料》第8卷,第75、76页。
③ 《支部的组织及其进行的计划》,原载于一九二六年五月十五日出版的《校刊》,载于《中共中央文件选集》,第2集,第612—613页。
④ 如《中央通告第二十一号——各地必须按期向中央作报告》(一九二六年九月二十八日)祭出了极为严厉的措施来催索报告:"以后凡是上一个月的各项详细报告在下一个月以前没有寄出者,即停发该地本月经费。"《中国共产党组织史资料》第8卷,第104页。

校、训练班情形,也是成员训练的重要方式。① 除了支部之外,还有农民运动讲习所和秘密党校、各区组织内的训练班等承担着特定的训练任务。

关于党团员训练的内容,1924年4月广东团组织的一份工作报告提供了清晰明了的描述,可视为范例。② 这份报告将训练分为纪律上的训练、政策上的训练、工作的训练,纪律上的训练针对"喜欢个人活动与自由,不肯恪守团体的纪律,害怕团体支配个人行为,尤是浪漫式的小资产阶级化底学生们",通过解释组织原则和纪律规定、纠正违纪行为(如支部擅自以组织名义发表对外宣言或个人向外发表与团体不一致之意见之类)、批评和辩论乃至开除成员等种种方式来达到团结一致的目的;政策上的训练,主要是结合中央和地方党团组织的政治宣传刊物的文章和政策,对国家和地方的时事问题组织讨论;工作的训练,主要是指在实际的具体活动中对成员的能力加以培养,"如某支(部)同志想介绍人进团,即令给以可能的工作,在支部中间和同志们一块儿去活动,以是否可以和我们合作而定去取。"其实,中央要求的宣传报告中,要求各地汇报的"外部宣传教育"工作,如集会演说、示威游行、散布传单、宣言、出版物等等,也涉及对成员的训练,这些活动实际上是此处所指"工作训练"的场所,或以今日之术语来说,是"实操",或"案例教学"。如初入组织的成员,通常会被分派去游行现场以路人身份观察情形,或暗中监视撒传单者是否认真完成任务,这既少风险,又有助于积累工作经验。

当然,真实的训练内容和方式远比工作报告所述复杂,效果也不一而足。有的地方支部领导不力,则组织本身都是一盘散沙,遑论

---

① 《中央通告第七十七号——各级党组织必须按时按要求向中央作工作报告》(一九二六年二月十三日),《中国共产党组织史资料》第8卷,第80、81页。
② 《阮啸仙关于团粤区一年来的工作概况和经验》(一九二四年四月四日),《广东革命历史文件汇集(群团文件)》(1922—1924年),第376—379页。

训练效果。① 各种训练方式也都是在摸索中展开,就以政策训练来说,早在1923年中央的出版物就有八种,各有用意和读者对象②,各地方组织还有自己的地域性的发行刊物,仅这些训练材料和政策话题如何使用就颇费周章,再结合当地的实际政治和组织建设情况来具体展开,往往需要上级组织来人到支部予以现场指导。③ 而"开会"作为训练的最基本形式,其种类和做法之繁复、烦琐就更加令人发怵了。④ 虽说频繁的

---

① 如1923年的广东区委报告,"两年来广东同志,漫无系统,所以组织未得健全,团体未得坚固。……此时纪律上的训练,仍未臻于完备,不能以团加上活动,虽多少同志努力工作,如组织民权运动大同盟、发起国民大会等,而未能引起其他同志全数的同情。职是之故,今年改选后,可谓本区复兴时代,努力于纪律上的训练,然负责之人太少,兼之代理区事务,所以不得良好成绩。"参见:《团粤区委报告(第一号)——粤区代表大会情况及决议案》(一九二三年十月十九日),载《广东革命历史文件汇集(群团文件)》,1922—1924年》,第118页;1924年10月武昌团地委的报告坦承,"最普遍的缺点和错误,1. 同学对于到会、纳费、读刊物及为团体服务等必要条件都未能做到;2. 同学多不明支部组织之意义,所以支部之作用均未能实际运用起来;3. 支部会议同学均感无事可讨论,平时亦觉无事可作;4. 支部干事会都极软弱无力,书记亦多不能尽责做事,关于召集会议、收费、分配刊物等事亦不能尽力去做。"参见:《林根致中兄信——关于团武昌地委的工作状况》(1924年10月25日),载《湖北革命历史文件汇集(1922年—1924群团文件)》(甲1),第201页;迟至1926年3月,上海闸北部委还在报告如此情形:"两月来部委本身之状况:两月来完全呈无政府状态,一切计划(全体的、单独的)实行的没有1/100……""两月来各支部之状况:完全呈一种随随便便的状态,喜欢开会便开会,普委之通告竟大有不生丝毫之效力之情景"。参见《闸北部委李德馨工作报告及意见书》(1926年3月31日),载《上海革命历史文件汇集(上海区委各部委文件,1925—1927,甲4)》,第167页。

② 《中央致各区、各地方和小组同志信——颁发教育宣传委员会组织法》(一九二三年十月十五日)中解释了这些出版物的不同用途:1. 《新青年》季刊——学理的马克思主义的研究宣传机关(C.P.);2. 《前锋》月刊——中国及世界的政治经济的研究宣传机关(C.P.);3. 《向导》周刊——国内外时事的批评宣传机关(C.P.);4. 《党报》(不定期刊)——党内问题讨论及发表正式的议决案报告等之机关(C.P.);5. 《青年工人》月刊,青年工人运动的机关(S.Y.);6. 《中国青年周刊》——一般青年运动的机关(S.Y.);7. 《团镜》(不定期刊)——团内问题及发表正式文件(议决案及报告)之机关(S.Y.)。以上每一种刊物均有一专门负责之人;8. 小册子——尤其是为工人农民之通俗刊物为最要紧。见《中国共产党组织史资料》第8卷,第26页。

③ 如武昌团地委指导支部的训练工作中如何选择政策议题,教宣委员会讨论参加支部会时,训练同志时所应用的题目,参加会即用这些题目向支部同志讲演或讨论。这一个月的题目是1. S.Y.是什么,又分开讲,S.Y.名词的意义,它所信仰的是什么主义,它的使命和工作,它的文化运动,它与C.P.的关系,它的历史。见《何恐、守愚向团中央的报告——关于团武昌地委组织、团务及经费开支情况》,载《湖北革命历史文件汇集(1922—1924年群团文件)》(甲1),第210页。

④ 如曾希圣作为湖南最早的青年团员之一,几十年后回忆在衡州第三师范的团员生活情形时仍不免啧有烦言:当时的支部书记张秋人"每天晚上要团员开会、汇报,研究哪些教员教得好,哪些教员教得不好,接近的同学有什么情况等等。并且规定,三次不出席开会,就开除团籍。这样,使我们很为难。去呢,没有什么话可说,不去呢,要开除团籍。过于频繁的组织生活影响了功课,使一部分用功读书、准备升学的同志,感到矛盾,怕开会。至于团外的同学,用功读书的看不惯我们,原来倾向社会主义的人,也不敢来参加,其结果,使团的组织突出、孤立,有脱离群众的倾向。反对青年团的学生,借此讽刺我们!"王来棣《中共创始人访谈录》,第274页。值得一说的是,曾希圣抱怨团内频繁开会讨论教员的教学情况,其实并非领导人闲得无聊或领导无方,而很可能是在寻找"学运"的契机。现在我们知道,学生运动的起因,如"五四"或"五卅"这种声势浩大的爱国民族运动实乃凤毛麟角,日常学运大多是以伙食、校纪、考试、学费、教师和校长水平之类作为由头,鼓动风潮,激起转变。

组织活动"影响了功课",令人疲于应付,但吊诡的是,很可能这套做法的"合理性"也恰恰隐藏在这里:它是一套筛选机制,能够经受、接受并通过这套训练程序的成员,才是组织真正需要的、潜在的"职业革命家",否则,就会主动脱离组织或被组织边缘化,而被训练的筛子筛掉——因为你更重视自己的学业,而非组织的任务,因而是"个人主义者"或"自由主义者"。由此不难理解,在革命的高潮中,有的党团组织喊出了"读书即是不革命,不革命即是反革命"的口号。[①]

就如理论学习与政策讨论只是开会的内容之一(其他如批评与自我批评恐怕对成员训练更为重要),其实"开会"也只是训练流程中的环节之一。通过档案文件和回忆材料,我们大致可以描述"筛选"的全套流程:第一步,通过党团组织控制或影响的学生会、各种学社、社团等"外部团体"来接近、吸引活动分子,目标对象一般品学皆优,关心政治,颇为活跃,秘密党团员与之讨论各种政治和现实问题,引导其阅读革命书刊,了解党团组织的政治理念,评判其是否认同;第二步,在各种活动(如游行、示威、演讲、罢课)中给这些活跃分子分配任务,这是一种服从性测试和能力测试,考察其是否愿意参与"进步活动",是否有能力完成初步的组织任务;第三步,通过上述测试后,联络人或亮明自己党团员的身份,或暗示有机会联系到党团组织,问活动分子是否愿意加入组织。

当被介绍加入党、团组织之后,会通过秘密仪式正式成为党、团员,并宣布纪律,开始组织内部的训练。此时,如果组织上决定调派其承担重要组织任务并给予生活津贴,负担其最基本的生活费用,即令其成为"脱产"的党、团员时,一个"职业革命家"就诞生了,而"临盆"的那一刻,往往是悲剧性的开始:通常他(她)们被要求秘密地、悄悄地,与家人

---

① 蒋介石在《谨告全国国民党同志书》(1927年7月)中说,"读书即是不革命,不革命即是反革命"之口号竟由湖北党部发出。见中国人民解放军政治学院教研室编,《中共党史参考资料》第四册,第327页。当时国民党湖北省党部是由中共控制的。

不告而别①,奔向未知的革命征途。大多数人一去不返,再无音讯,少数人九死可得一生,再回头已是烂柯人,乃自勉曰"两头真"。

三、"地下":职业革命家的身份转换

在稳固的苏区和军队中,党组织是公开的,但即便如此,也不是所有的党员身份都被公开。而在"白区",隐藏共产党员和团员的身份则是必须严格遵守的纪律,中共一大通过的第一个纲领中就规定,"在党处于秘密状态时,党的重要主张和党员身份应保守秘密。"然而,"必须还有一部分党员来专门担负党的秘密工作,组织党的秘密机关,建立党的秘密组织(如秘密的刊物发行、交通及党的领导机关等)。这些秘密工作是要由专门的人(主要是职业革命家)来作,而一般不应由担负公开工作的党员来兼任"②。故此,在革命胜利前,大部分职业革命家其革命者的真实身份被隐藏,他们生活在"地下"。

"地下"是一种特殊的心理状态——任何处在"地下"状态的革命者,都必须以一种虚假的身份来与"正常社会"建立关系,他必须时刻清醒地意识到自己当前的角色和身份是"假的"、临时的,随着革命工作的需要可以随时切换场景,转换身份,而更为深刻的体验是,他不能与这个"正常社会"建立真正巩固的真实联系,因为这些联系随时都可以因为组织需要而被切断。所以,一个"真正的"地下状态的职业革命者,就必然过着一种"虚假的"生活,他与正常社会必然在心态、心理和情感上存在隔阂,甚至是隔离的,因而"有些同志这样感觉:'入党以后似乎到了另一社

---

① 与家庭脱离关系时,间或有给家人的留别信,如叶飞就在给家人的留别信中编造自己去日本留学,而在不告而别的情况下,家人将承受巨大的情感痛苦,如李作鹏夫人在抗战中参加共产党不告而别,其父亲不明真相而在报上登寻人启事。
② 刘少奇:《论公开工作与秘密工作》,载于一九三九年十月二十日《共产党人》,收入《中共中央文件选集》第 12 册,引文见第 608 页。

会,旧有的一切社会关系都断绝了。'"①他与党组织以外的正常社会的人际关系是根基不牢的,有着五十多年共产党员党龄的英国历史学家霍布斯鲍姆以过来人身份回顾道:"共产党员跟非党员、不打算入党(或重新入党)的人建立认真的关系,那是不可思议的事……我不得不承认,当我发现自己能够与不可能入党的对象建立认真的关系时,我从那一刻才开始意识到,自己已经不再是年轻时代那个全然的共产党员了。"②这犹如一神教教徒无法在内心真正接纳和信任异教徒或无神论者。很多职业革命家都未能在胜利后完成这种转变或"退化",就如退伍老兵罹患"创伤后应激障碍"一样。③ 当我们将"地下"视为一种心理状态时,我们对职业革命家的理解就不可避免触及一些微妙的话题。这种心理起始于一种新的"身份意识"。

所谓"身份意识",是指革命者意识到自己将以革命为终生志业,意识到自己已经成了一个"职业革命家"的心理状态。这不仅意味着与过去的生活世界告别,与正常的社会关系在心态上隔绝,在心理上也意味着与过去的"自我"诀别,他(她)必须从其他职业化的身份(如学生、教师、编辑)和社会化的角色(如同学、朋友、兄弟、姐妹、子女、父母)中消隐。在公开与隐秘生活明暗交接的门槛之上,在即将打开的另一个世界的入口,这些革命者处在什么样的心理状态?

1925 年 9 月,山东济南一个叫谢怀丹的女中学生加入了青年团,入团不久她就开始担任团支部书记,在这期间她郑重其事地写起了生活-工作日记,断续留下了九天的记载,让我们可以看到其生活与心理的转变。这九天的日记几乎全是记载她如何思考、安排团组织的工作,如

---

① 《创造江西党的新生命(每个党员必须详细讨论)》,见《江西革命历史文件汇集》(1927—1928 年,甲 3),第 117 页。
② [英]艾瑞克·霍布斯鲍姆:《霍布斯鲍姆自传:趣味横生的 20 世纪》,中信出版集团,2016 年,第 177 页。
③ 创伤后应激障碍(英文缩写 PTSD)的主要症状包括噩梦、性格大变、情感分离、麻木感(情感上的禁欲或疏离感)、失眠、逃避会引发创伤回忆的事物、易怒、过度警觉、失忆和易受惊吓。

1925年11月19日这天她的日记记载了六项内容:(1) C校工作(指"共青团"——引者注)……(2)家庭工作……(3)自身的修养……(4)问题……(5)补充前C校工作……(6)自我批评……其中阅读完全围绕着党团组织的读物展开,家事略而不谈。"自身修养"考虑的是"反省一日活动,自己的思想是否符合革命理想"。"问题"指的是父亲的病如何救济,对旧友如何宣传革命、对朋友结婚要脱团如何办、对弟弟和母亲应负什么责任。她在"自我批评"中告诫自己,"时刻谨慎(不要暴露身份),意志要坚定,做事要敏捷"[1]。11月20日的日记中记载她和朋友通信,这些朋友是她选定的"发展对象",信中她向这位教会学校的女生"指出当时中国与教会学校之黑暗与她现生活之不安"。日记中她分析着自己说服她的可能性:"她是民校(国民党)分子,但又后悔……崇拜外国人,醉心译文,小资产阶级律师的女儿,或者能够接受宣传(革命宣传)。"在日记中她例行地反省和督促自己工作上求进步,"怎样可使工作进步?多读书(革命书籍),多阅刊物(革命刊物),多阅报,多作文,多参加会,多接近同志,多练习口才,多对内谈话,多宣传,多通信(与发展对象通信)。"11月27日的日记中记载:"秦缦云对我批评:尚欠发表(还要多发言),家庭观念太重(父病、家贫、弟幼、母弱,我心不安)"。12月20日反省自己,"担任支部书记以来,工作散漫异常",这固然有客观外部原因,但也是由于自己的"懒",因而鞭策自己要"振刷(振奋)精神,革除懒惰退缩怯懦病,努力工作,成为一个真正的革命家"。12月22日的日记记载,读《中国青年》,其中有文曰"评胡适之'新花样'",她的阅读"心得"是"打消以前对胡适之之信仰(好感)",而这一日的"问题"是:"怎样离开家庭(组织决定我离家出走)? 对家庭之态度?"[2]

在这些看似简略的日记中,我们可以看到一位初入革命组织的稚嫩

---

[1] 谢怀丹:《岁月履痕:一个莫斯科中山大学女生的回忆》,福建人民出版社,1991年,第10—11页。
[2] 同上,第13、14、15页。

女生,如何将自己的整个生活和心思几乎完全投入到了一项不能为外人道的事业中,在新的"事件视界"中,她原来的那些朋友要么成为她冷静分析的对象,要么成为要她费心对付的背叛者,要么成为工作需要解决的障碍,而对亲人发乎天性的关怀、不由自主的苦恼,成了内部组织生活中被同志批评的缺点,最后,在一个严峻考验来临的时候她内心不禁要挣扎:是否要按组织指示,悄然离开这个家庭?对亲人还要不要承担责任⋯⋯

如果说这位革命者在转折时期更多纠结于人际关系世界中的痛苦,那么张闻天这一时期面临的,则更多是在经历精神层面的脱壳而出。虽然张闻天1922年初就已经立志在为社会主义奋斗中"做一个小卒",而且那时他的朋友圈中不乏中国最早的一批共产党员如沈泽民、陈望道、李汉俊、施存统、董亦湘、沈雁冰、俞秀松,但他并没有因势趁便加入共产党。那时的他将"精神运动"作为他"终身欲从事之事业","还一心于个人文艺活动,故还不愿意加入共产党"[①]。是经历了与守旧腐朽的旧体制的冲突尤其是五卅运动的冲击后,他才"深深觉得要战胜这个社会,必须有联合的力量,单靠个人的文艺活动,是做不到的,而共产党是反抗这个社会的真正可靠的力量"。在五卅运动的游行街头,他情不自禁焕发出要加入C.P.、汇入这股洪流的冲动。在入党时期,他创作了书信体抒情小说《飘零的黄叶》,主人公长虹曲折的生活经历与复杂的内心变化,折射着包括他自己在内的一代青年的时代体验,小说中长虹最后对他母亲发出内心痛苦而激昂的嘶鸣[②]:

> 我亲爱的妈妈,你的长虹,将认真的要开始做一个无私的光明的找求者了。他将把那一点光明拿来,高举在无穷的黑暗中间。妈妈,他更将借你的精神上的帮助,自己变作光明,照澈这黑暗如漆的世界!

---

① 程中原:《张闻天传》,当代中国出版社,1993年,第38、67页。
② 同上,第67、84—85页。

同样是这一时期加入党团组织,广西的莫文骅面临着更为清晰的人生选择题,他回忆入团前组织派来的谈话人提出的三个问题,可为示例[1]:

> 广西南宁的青年团是 1926 年开始组织的,那时加入团是很难的,是要从政治斗争中考验,还需要对三个问题认识清楚:第一是为共产主义而奋斗到底。……为这个伟大目标而奋斗到底,不惜牺牲一切以至生命。那时,对"革命"这个概念的认识是牺牲自己为大多数人谋幸福。……第二是坚决服从组织。……最实际的问题是如组织上因工作需要调一个团员离开学校,放弃在学校学习,到社会上任何一个地方去活动,参加社会斗争,是否愿意呢?因为那时正是开辟工作时期,需要调一些团员出去工作,如不服从,则不符合条件了。第三是每月二十元钱(广西的小毫,等于大洋十六元)的生活费,是否愿意干呢?……以上三个问题解决了,才能由介绍人给入团表填写,而后介绍去见地委书记,他和入团的同志亲自谈话,考察和鼓励一番,便算正式入"中学"(当时共产党别称为"大学",共青团为"中学")。

对于这些尚在寻求个人和家国出路的可塑性极强的青年来说,我们看到的更多的是被他人、被环境、被时代潮流牵引着,一颗躁动而神圣的心灵终于投入组织的怀抱后得到的安定感和确定感。但成年人的心理世界在这转换关头可能稍有不同,因为他们面临着反差更加明显的身份转换,或者说经历的反而是既有的人生确定感被打破。

---

[1] 莫文骅:《回忆共产主义青年团在南宁的斗争》,载《红旗飘飘》第 6 集,第 25 页。

1922年2月24日,谢觉哉在日记中写道①:

> 真正的革命家,至少必具有两个条件:深渊的学识和奋斗的精神。里布克奈西特和卢森堡(德国最有名的无产阶级的二大革命家,三年前在被拘捕的途中被人枪毙)二人在狱中,战场中的书信说:"你的生命,应该是辛苦奋斗勤劳的生命;不是安闲过快活日子的生命。但正在这里,就有你的快乐了。""我的生命,直至今日,不论旁的,总可说是快乐的了。当我奋斗得最亡命,我的痛苦最酷烈的时候,也就是我生命最快乐的时候。"

这时中共一大开过不到一年,党的事业还并未有大的发展,他的日记甚为简略,甚至都没有记载参加中共一大的情形,而其中郑重抄录这一段关于革命家条件的论述,似有深长意味,也许他正在独自思索,作为一个"真正的革命家",对他究竟意味着什么?多半是,安闲的快活日子即将结束,而以酷烈痛苦和亡命奋斗为乐的日子降临了……②而这之前不久,上海的另一批中共创始人为这个问题爆发了"中共中央第一次大争吵"(张国焘语)。

争吵的缘由,是共产国际代表马林、中共党内的张国焘、张太雷等人为一方,与陈独秀、李汉俊、李达等人就中共党员是否要成为"专职革命者"发生的冲突。创始时期的中共基本上由知识分子组成,成员各有职业,陈独秀这些人并没有自然意识到自己将"靠革命维生"。1921年,陈独秀对包惠僧说,他主张"同志们应从独立生活的环境中去发动革命,不

---

① 谢觉哉:《谢觉哉日记》,人民出版社,1984年,上册,第75页。
② 与这段日记摘录所揭示的心理可形成呼应的是,布兰查德所说,"如果说暴君在统治别人中获得了掩饰不住的快乐的话,反叛者是在遭受痛苦和屈辱中开始他充满乐趣的人生。"参见《革命道德》,第19页。

思想文化研究　425

要以革命为职业"①。他说:"我们应该一面工作,一面搞革命,我们党现在还没有什么工作,要钱也没用,革命要靠自己的力量尽力而为,不能要第三国际的钱。"②当时广州的无政府主义者区声白、朱谦之经常在报纸上写文章骂陈独秀崇拜卢布,是卢布主义。所以陈独秀坚决主张不要别人的钱,他说拿人家的钱就要跟人家走,我们一定要独立自主地干,不能受制于人。李汉俊观点与陈独秀一致,认为在"经费方面,只能在我们感到不足时才接受补助,我们并不期望靠共产国际的津贴来发展工作。再说共产国际派来中国的代表只能是我们的顾问,决不应自居于领导地位"③。而李达在张国焘向马林提出劳动组合书记部的经费预算并向共产国际申请经费时,质疑"工作人员按月支领薪金,可能发生雇佣观念的流弊"。张国焘的预算和工作计划中"总共预计约三十人须按月领用生活津贴,每人约需二十元至三十五元"④。在1921年9月的一次中央会上,陈独秀与张国焘围绕给党员津贴问题发生激烈冲突。⑤

概括起来,争论的关键是两点:一是中共是否要彻底成为共产国际的下属组织,完全听命于国际;二是中共党员是否要成为专职的革命者,如此就得接受共产国际包办经费,否则现有这些兼职的人马各为生计奔忙,不可能真正扩大革命力量。这场争论最终以中共完全投入共产国际的怀抱、中共党员大批成为接受津贴的专职革命者告终,而陈独秀心理的转变契机,是1921年10月4日他在上海家中第三次被捕,马林出巨

---

① 包惠僧:《包惠僧回忆录》,人民出版社,1983年,第4页。
② 同上,第367页。
③ 张国焘:《我的回忆》,东方出版社,1980年,第133页。
④ 同上,第152页。
⑤ 张国焘回忆的具体情形是:"陈先生也气愤地向我(张国焘)说:'你更错了,你为何向马林提出劳动组合书记部的计划和预算,而且对于工作人员还规定薪给,等于雇佣革命,中国革命一切要我们自己负责的,所有党员都应无报酬的为党服务,这是我们所要坚持的立场。'我冷笑着回答:'我看你虽然不赞成无政府主义,却脱不了无政府主义的影响。'……'我们自己没有钱,今天筹到了,明天又如何?工作是要向前发展的,所需经费是会随着增加的;如果没有必需的经费,一切将成为空想。党的工作人员最低限度的生活费用须无顾虑,才能专心致力于工作。怎见得一个党员向党拿了少数的生活费用,就成为雇佣了?'"引文见张国焘:《我的回忆》,第159页。

资(一说五千元,一说二千元)将他营救出来,此后他和马林的冲突紧张关系转为亲近,并接纳了张国焘、张太雷等人的党员专职化方案。所不同者,工作人员的待遇不再称"薪给"或"工资",统称之为"生活费",其标准由原规定的每月二十元至三十五元,减至二十五元为最高额。[①]

细究这场冲突,我们会发现开始不赞成党员革命工作专职化的陈独秀、李汉俊和李达等人与张国焘、张太雷等人的区别,不仅在于对中共发展路径、策略的规划不同,很可能还在于因为年龄、身份等差别而来的微妙心理。陈独秀等人无疑年长许多,人格和心理早已成熟,有一定名望和社会地位,中国传统读书人的自尊心使他们觉得拿外国人钱、听命于人做事并不体面,而且他们有自己的职业(陈独秀当时是广东省教育厅长,李达是大学教授,李汉俊存着进政府谋职的后路),不似张国焘、张太雷这几位当时寂寂无名、毕业即无业的革命者接受金钱资助那么坦然,或者那么急迫。

而在这转型过程中,底层那些负具体责任的党团员在身份冲突、生存夹缝中经受的心理焦虑与情感折磨则更为显著强烈。如1926年江苏丹阳的地方负责人在报告中几乎声泪俱下地诉苦:"我负这重大使命为我校(按即党组织)工作,要除了革命的工作,没有一切牵挂,可是我从小资产者变为无产者了,家有继母及弱小弟妹和一妻及乳子连我六人,他们固恨我为革命破产,'以为今后可以停止工作,专谋经济独立,维持生活,何仍执迷不悟?'我们一方面恨万恶社会,一方面又无法不顾家庭,做

[①] 张国焘说,为党员生活费问题中央还专门"做了一篇大文章",说明"原则上共产党人应无报酬地为党工作,现在所规定的生活费只给予一部分非此即不能维持生活的工作同志"。"我们不依职位的高低,只按个人生活的需要,来定生活费的多寡。这在一般领取这种最低生活的同志方面来说,应引以为荣,因为这正是一个共产主义者宝贵的精神的体现。在党的方面来说,不论党员领取生活费与否,还应注意一般同志一些意外的需要,如遇疾病损伤或被捕等事件发生,党应予以积极的照顾等。"这篇文章还曾以中央的通告——书面的和口头的——传达给全党的同志,并获得一致的赞同。从此再没有发生过"为什么要有生活费"以及"为什么有人领取有人不能领取"等等问题。参见张国焘:《我的回忆》,第166页。

思想文化研究 427

革命事业的人,哪里可以维持家庭?"①1923年10月,广东区委派驻香港的支部负责人梁鹏万向中央哀告:"我在港本由C.P.津贴薪水五十元,但本月已经二十七号了,犹没有支给我,故我已十数日没有钱用了。……我到此地是对我自己个人,对于年老母亲,则犹不足论矣。故我心甚欲回唐(按即'唐山'的简称,为华侨对内地的称呼),或可恢复工作,暂维持现状,待母死再出为党牺牲(此是对不住党和似我已灰心的了,但我不然),否则我本因觉世界人类的痛苦才出而革命,而对我母于我十四岁死父艰苦为人,庸以养我的亲爱的母亲置之不顾,则我良心不能过的,且对于这种困苦的母亲尚无感情,对于朋友或全世界人类尚说什么因其痛苦而革命!"②

　　这两位革命者,前一位看来还未争取到组织的生活费或所得太过菲薄,需要"倒贴"革命,而后一位虽然有了领取生活费之资格,但由于党组织当时财力不济,致革命家时有断炊之虞,总之二者都仍在痛苦挣扎之中,还在"革命工作"与"家庭责任"之间经受撕裂般的折磨。看来,要彻底成为一个"职业革命家",固然组织上要对其负(付)得起责任,个人的心理上还必须要付(负)得起情感折磨的代价——他(她)必须将自己"革命者"的身份置于压倒其他社会身份(子女、兄弟姐妹、父母等等)的地位之上,在其间发生冲突时毫无例外地选择前一种身份认同,如此才能"成为一个真正的革命家"。在极端情况下,他们还会自己努力挣钱交给组织作为经费。③

---

① 《丹阳独支报告 第八号——庆祝云南纪念、党的工作及黄竟西个人问题》,载《上海革命历史文件汇集(南京、无锡、苏州、丹阳、徐州,1925—1927)(甲5)》,第454页。
② 《梁鹏万致中夏信——关于改香港为特区和津贴等问题》(一九二三年十月二十七日),载《广东革命历史文件汇集(群团文件),1922—1924年》,第150页。
③ 这种情况在创党时期并不罕见,李大钊、陈独秀、陈公博、蔡和森等人都有自己筹钱支持组织经费的经历。王若飞在上海做秘密工作时,当过做饭的大师傅,卖过报纸,忍饥受寒,把挣来的钱交给党,作为革命活动的经费。参见《红旗飘飘》第5集,第264页。陈毅对子女回忆道:"那时候上党工作是很艰苦的,党组织不能维持党员的生活,反而要靠党员资助党组织的活动经费。每次支部会最后一项议程就是筹款,要拿出钱来资助党。我那时没有收入,只好到处投稿,翻译一点法国文学作品,得到稿费捐给党,同时维持自己的生活。"参见聂元素等编:《陈毅早年的回忆和文稿》,四川人民出版社,1981年,第40页。

四、"革名"时代：职业革命家的化名与自我

革命者投身革命，首先就"革"掉了自己的姓名，现代革命先驱"孙中山"即为一显例。但直至共产革命兴起，这种"革名"现象才蔚为潮流，成为革命时代特殊的文化景观之一。曾担任张闻天秘书的何方在自述中说，自己上学时取名李彦贤，参加革命后改名何方，"村子里有人一知道就说我把姓给卖了。因为在旧社会，人们把姓看得很重，讲究行不改名，坐不改姓，所以姓也值钱了。例如一个穷家子弟入赘富家，就得随女家姓，这就算卖了姓，因此被人看不起。这种事只有家境实在贫寒和娶不起媳妇的人才干。但在有了点新思想的知识青年中，当时却兴起参加革命就要改名换姓的潮流。"毛泽东子女有李姓和毛姓，而胡耀邦四个子女三个姓，其他众多著名革命家其子女与父母不同姓的事例颇多。我们寻思一下此种现象，就会意识到职业革命者的姓名一事的确与革命潮流、革命文化和革命者的心理状况有某些内在的联系。事实上，几乎所有的职业革命家都有多个不断变换的化名，而历史学者对这一问题似乎没有产生深入分析的兴趣。[①]

诚如学者所指出的，"名字反映了两个方面的内容，一是心理的，一是文化的。命名者的心理因素如好尚、愿望、期许等，总是特定社会价值取向的反映，说到底，还是一个文化的问题。"[②]但职业革命家改名换姓这一现象又并不仅仅是被动"反映"其个体的心理，或时代的文化心态和

---

① 笔者所见关于党史人物别名、化名的研究有：斌子辑，《党史人物人名、化名、笔名选录》，载《党史研究资料》第二集，四川人民出版社，1981年，第796—797页；斌子辑，《党史人物人名、化名、笔名选录（二）》，陈玉堂辑，《党史人物别名、化名、笔名录》，载《党史研究资料》第三集，四川人民出版社，1982年，第734—736，第737页；陈玉堂编：《中共党史人物别名录（字号、笔名、化名）》，红旗出版社，1985年。此外，还有一些单独考证某个党史人物的化名、别名的论文。但这些研究均止步于罗列、考证，缺少深入的分析。
② 赵瑞民：《姓名与中国文化》，中央编译出版社，2016年，第4页。

价值取向，它还与其心理世界的构建存在双向关系，故本文尝试将这一现象置入文化背景的转换和心理世界的构建中来理解。

传统中国人的称谓可分为两个部分，一是给定，一是自定。前者如姓和名，通常指宗族谱名，甚至没出生就由宗族、父母确定了，或者学名，为学堂登记之正式籍册名字；表字，循礼法当在二十岁行冠礼时由父母或长辈给定，自此进入成年社会后，仅长辈可称名，同辈则只能称表字，而"指名道姓""直呼其名"为大忌。自定部分的情形则丰富得多，如其中的"号"之类别就堪称大观。古人并非无别名或化名，但这种情形比较特殊，通常是俚俗小说作者或艺人才有，即今日之笔名或艺名。

如前引何方所说，革命者改名换姓为一代潮流，他的解释是，一为隐姓埋名，以防国民党给家里找麻烦，二为"赶时髦"——"列宁、斯大林都改了姓，中国的进步文人大多用的是笔名"。但笔者以为，革命者改名换姓一事之意义要复杂得多。我们应该将"姓名"这一微观文化系统的变化视为时代精神转向的信号灯，就如"卫东""东风"之名往往意味着"红旗下的蛋"一样，世纪之交以来，以梓、桐、语、羽、雨、予、馨、忻、心、歆、沁等取代英、红、灿、芹，以子、轩、然、泽取代伟、刚、强、杰，成为新世纪中国社会向传统的伪回归姿态的最直观象征。而回顾当初，革命者一代改名换姓的潮流背后，实际上也隐含着与传统社会文化构成重大差别的革命文化与心理的兴起，反映着他们的一种文化态度和与传统决裂的心态，包括对以家庭为代表的个人既往环境的背弃，同时，它也是职业革命者这一行当必备的"行头"。具体来说，这股潮流中原本是给定的姓名通常变成了自定姓名，而自定的称谓系统与传统称谓系统有以下重要差别：

首先，传统的称谓系统是"展示性的""表达性的"，而革命者自定的称谓系统中这一因素很少或不重要，其主要特征是"掩饰性""遮蔽性"。所谓展示性，是指传统的谱名具有展示家族的传承历史（排行名）、寓意美好品质、承载父母长辈期许等等显在功能。而传统的自定称谓尤其是字号，则具有展示称谓者内心状态、志趣志向的功能，是主动而着意地呈现其自身的精神世界，如"五柳先生"呈现陶渊明的田园闲适心态，"少陵野老"表达着杜甫处野而自怜的哀矜心理。但共产党人则几乎绝无此种刻意宣示、表达自我的文人习气。他们当然通常没有斋、堂、室、楼、阁等雅号①，而他们不断更换的化名，则几乎都是掩饰性的——掩饰与其过去环境的联系，切断与家族、家庭的象征以及心理纽带。这往往也意味着掩饰他们真正的内心世界。通常革命者的化名并不具有明显的"述志"或彰显某种价值的功能，即使述志，通常表述着"革命价值观"，不当有个人私念。② 换言之，在这套自定的命名系统中，姓名的最主要功能是伪饰，如蜥蜴的保护色，装饰和配套其伪托的职业和身份。

当然，与传统的隔断和隔绝经历了一个变迁过程。最初的一批革命者开始可能的确保留着传统文人在自我命名方面的一些旨趣，如毛泽东自署二十八划生，与自号"纵宇一郎"的罗章龙诗词唱和。周恩来等组织的觉悟社中，每个社员都隐去真实姓名，以抓阄确定一个数字为代号，以数字代号谐音为自己命名，从而有周恩来别名"伍豪"（五号）、邓颖超别名"逸豪"（一号）这一典故。③ 这种做法很难说和传统文人的结社雅集有本质区别。1921年旅欧勤工俭学的一批青年决定组织少年共产党，

---

① 瞿秋白在《多余的话》中剖析自己，骨子里还是一个"传统士绅式的文人"。的确，他刻印章"秋之白华"嵌入自己与妻子杨之华的名字，就是一种传统的文人雅趣。但瞿秋白恰恰是早期职业革命家中的例外。据萧劲光说，任弼时有绘画天赋，中学毕业前途未卜时说，不搞革命就去做画师，他在武汉做地下党工作时也曾以画像为掩护。萧劲光：《萧劲光回忆录》，解放军出版社，1987年，第11页。中共党内很少数的以文史修养著称的领导人物仍有书斋名，如康生（"三洗堂"）、邓拓（"苏画庐"）、田家英（"小莽苍苍斋"）、郑振铎（"玄览堂"），甚至毛泽东也有"菊香书屋"，但这仍属于罕见现象。
② 如彭真的名字表示追求真理。曾志原名曾昭学，在考入农民运动讲习所时，在入学报名表上郑重其事地给自己改名"曾志"，同学问为什么改名了，她回答说，"我就是要争志气"，因为她在封建大家庭中受尽歧视，这个名字表明她要挣脱那个腐朽而令她厌恶的大家庭、争取自由舒畅生活的强烈愿望。参见曾志：《一个革命的幸存者：曾志回忆实录》，广东人民出版社，1999年，第20页。在庐山会议上，彭德怀因为原名彭得华这个名字而被批为向来"有野心"，是想"得中华"，以至于彭德怀不得不在自述中用心来解释自己名字的来龙去脉。
③ 李俊臣"天津'觉悟社'社员代号及化名"，《党史研究资料》第一集，第18—19页。该文考证了二十名社员的化名。

而这些人也一致同意党内每个人都须采用一个化名,大家以化名相称,据郑超麟回忆,一些人的化名如下:

> 乐生(赵世炎)、红鸿(张伯简)、罗迈(李维汉)、林木(陈延年)、伍豪(周恩来)、雷音(王若飞)、石人(尹宽)、罗热(陈乔年)、爱弥(萧子暲)、R(张崧年)、裸体(汪泽楷)、锄斧(李慰农)、抓掀(任卓宣)、戈般(王凌汉)、觉奴(萧朴生)、丝连(郑超麟)、尹常(熊锐)、其光(熊雄)等等。这些化名,后来都不用了,惟有"罗迈""伍豪"两名一直用下来。据说"罗迈"取义于浪漫主义,不知确否?

此外,还有化名"裸体""无名"(吴明)者。这些化名中大多都呈现出一种不言自明的文人趣味,或者个性张扬,或者明显是笔名(无姓),或者与自己的某段情感经历有着浪漫的联系,如郑超麟的丝连就是为着纪念某位外国女友。但很快,随着革命组织的不断训练,这种文人趣味被荡涤一尽,革命者的化名不再具有张扬个性、展示内心的一面,而变得平淡寡味起来。霍布斯鲍姆曾谓:"共产党吸引人之处,在于他能够完成别人办不到的事情。党内的生活则可说是极尽反对修辞文采之能事。这或许协助创造了那种乏味至极、简直令人厌烦的文化,而当它由党的出版品刊登出来时,就成为晦涩不堪、令人难以卒读的'报告'……"[①]很自然地,党文化反对修辞和文采的本能,也体现在新的命名规则之中。

所以,职业革命者自命名的第二个特色恰恰是尽量祛除个性色彩,消除各种明示、暗示与传统价值和高雅韵味具有关联的含义,同时普遍地简化笔画,取用俗字。有很多革命者为了接近群众而取易写易记之化名,如邓中夏、李立三。[②] 传统中国绅士或知识人的名字通常具

---

① 《霍布斯鲍姆自传》,第174页。
② 李立三原名李隆郅,在安源化名李能至,在上海开始化名李成,第三次工人起义时临时起名"立三"。

有文本的经典性和可阐释性,有典籍依据,而新的名字通常去除了此种"陈腐"气息:从邓(先圣)希贤到邓小平,从张泰来到张太雷,从项德隆到项英,从刘渭璜到刘少奇,从傅懋恭到彭真……这种转变都有迹可循。

第三,与旧有的名字相比,新的命名通常表现出对家族印记的磨灭。传统社会之所以有"行不改名""坐不改姓"之类的规范,乃因为社会对个体赋予的"光宗耀祖""金榜题名""名垂不朽"之类价值都需要通过稳定的姓名系统来承担(所以"冒名""冒籍"是禁忌),但职业革命家与传统文化决裂的"断裂点"之一,就体现在他们完全无视此种规范,不仅新的姓名不再具有家族纪念性,甚至都不再具有家族和血缘识别功能。如曾任北大校长的陆平(原名刘志贤,又名卢荻),与曾任哈军工院长的刘居英(又名刘志诚),其实乃亲兄弟,但参加革命后均改名了,从名字再也看不出亲缘联系。① 黄火青之大哥、五弟、八妹参加革命后全都改了名。② 又如,曾在"文革"后期担任北京市委书记、北京军区政委的吴德,本名李春华,一家四兄弟都先后入党参加了革命,三个弟弟本来分别名春富、春信、春旺,吴德这个名字是1937年他去延安之前,黄敬嘲弄他给他起的,他亦玩笑用之,而他小弟春旺后改名换姓为赵衡。③

尤其值得注意的是,"无名英雄"意识的出现,更是对传统社会价值的一大颠覆,那意味着姓名系统最基本的价值不再存在,而大多数职业革命者都被训练为甘于做"无名英雄",甚至在牺牲的时候仍然冠着虚假的姓名,他们知道自己不会在历史上留名,更不会在家族系谱和地方志书中留下真假姓名。也就是说,他们根本不在乎既有的社会评价系统对

---

① 雷风行:《陆平与刘居英兄弟传奇》,中国铁道出版社,2009年。
② 黄火青:《一个平凡共产党员的经历》,人民出版社,1995年,第8页。黄火青原名贤佑,后取名河清,在苏联学习时改名火青。
③ 吴德说自己经常没饭吃时就去黄敬家吃饭,黄敬"爱开玩笑,说给我起个假名,就写了'吴德'这么两个字。他说不大好听不是? 我说你写上就算了,我就叫这个,就这么开玩笑开出来的"。参见吴德口述、吴江整理,《土地革命时期平津冀地下工作的点滴回忆》,载《北京党史》,2013年第4期。

自己的评价。

第四,传统的姓名系统自带性别识别系统,取名规则的性别差异明显,女性以女旁、草头字和据植物名命名居多,但革命队伍中女性取化名则常见其去性别色彩,或者呈现中性化色彩,甚至反而刻意起男性名字,如孙维世的母亲任维坤就在延安改名为任锐。当然也有个别男性取名女性化,如何方第一个化名为"何芳"(取天涯何处无芳草之诗意,展现离家出走之心态),萧树烈(萧朝富)取化名为萧楚女。这种命名倒不一定是性倒错的表征,但至少意味着性别差异化称谓系统在此处失效。

最后,如果说前述分析是尝试揭示革命者之化名所负载的文化心理特征的话,那么,真正值得深入探讨的是,化名对革命者究竟会造成何种心理后果?所谓的认同,在本质上是指确认"我是谁"(Who am I),在最表层的意义上这个问题至少要通过姓名来解答。在传统的熟人社会中,稳定的姓名称谓意味着稳定的社交网络,而革命者不断改名换姓意味着其社交关系必然不断切换和中断,伴随着居住场所、伪装身份等等的随时转换,他们不可能有与周围正常社会、日常生活和生存环境建立稳固关系的条件,内心的紧张、焦虑和不安全感与他们的化名是伴生而来的。一个缺少稳定的日常社交关系的人通常要通过其他拟制的社交关系来获得心理补偿,而与党组织的交流,如写自传、接受审查、思想谈话等等,可能就正是此种心理补偿机制之一,这也许可以部分地解释党组织对其成员的特殊吸引力和凝聚力。

《谍影重重》(*The Bourne Identity*)中的伯恩终生都在追寻自己真正或者最初的姓名,否则其认同(identity)即面临着危机,而早期的职业革命家一生都在不断制造化名,掩盖其最初的姓名,这难道不会产生认同方面的困扰吗?为何职业革命者大多对其亲人"不近人情"?也许可以从这里得到部分解释:为了建立稳固的对新的自我的认同,他们必须尽可能斩断与"过去"的联系,而化名是最好的"脱壳计"和"漂白剂",帮他们蜕去了过去的联系,漂洗掉了余情杂念,在化名的掩饰和遮挡之下,他们表现为不愿与过去的家庭和亲人建立密切的心理上、情感上的联系,或者说,他们必须尽可能压抑与"过去"建立情感联系的冲动,要通过激烈地与过去决裂,甚至是表示过分的冷淡与冷漠,才能防止现在的自我认同崩溃,压抑(repression)与否定(denial)都是弗洛伊德意义上的心理防御机制,化名帮助革命者完成了这一艰难的转变。[①]

职业革命家改名换姓不仅是社会文化和心理现象,同时也是其职业的基本要求,这一点是显而易见的。很多革命者因为被通缉而改名,如薄书存因被阎锡山通缉改名薄一波,彭得华因被赵恒惕通缉而化名彭德怀再入读湖南讲武堂,何坤在大革命失败时为求隐蔽听从毛泽东建议改名为何长工,因为他1918年在长辛店做过工。

然而,革命者改名换姓如果不脱离原来的社会关系和环境,就仍是危险的。举例来说,1921年10月4日,陈独秀在上海法租界家中被捕,在捕房登记时,陈独秀用假名"王坦甫",以为掩护。但是,接着去陈家拜访的国民党名人诸辅成(北洋政府众议院副议长,上海法学院院长)、邵力子被蹲守在那里的暗探逮捕,带到捕房,诸一见到陈独秀就拉着他手说:"仲甫,怎么回事,一到你家就把我带到这儿来了!"这一声"仲甫"喊

[①] 何方在晚年回忆中痛苦地反省了这种与家人和亲情隔绝的心态:当母亲对他回忆起听到邻人说他可能化装成了货郎回乡的传闻,一连几夜坐在门口等他的思念之情时,他几乎无感——"可惜我当时的'阶级觉悟'使我对母爱的感受不深。"1955年他母亲又来北京与他一起住了个把月,但他"由于工作太忙,很少在家,只陪她少的一两次,还拒绝了她要的一些东西。母子相处时,似乎也没有多少话可说。她显得有点拘谨,把儿子当成'当官的'看待,表现出了相当的不平等。对所有这些,我当时并未在意,注意的只是所谓一心扑到工作上并且要和成分不好的家庭划清界限。可是后来每次想起,都实在感到后悔的不行。"他接到母亲病逝的电报时正在开会,主持会议的张闻天问明情况,随即发话说,寄几百块钱给家里就行了,继续开会! 他也没敢提出奔丧的请求。他说,"此后经过一些人生波折,也许是由于'左'性的减少和一点人性的恢复,使我愈来愈感到,在母亲生前未能尽些许孝道,实在抱憾终生。"参见《从延安一路走来的反思:何方自述》。何方当时这种刻意与亲人保持冷漠的做法,在早期共产党人的家庭情况中并不罕见,他们以"大公无私"的革命原则拒绝了任何的"人情世故",他们也往往以工作忙为由,可以几十年不回乡、不会故旧亲友。曾任浙江省委书记和最高人民法院院长的江华(学名虞上聪),早年其二嫂为筹措他的学费而改嫁,等于卖身,而江华自称年少时与二嫂感情如何深厚,他晚年回忆道:"现已时隔六十余年,但每每想起二嫂改嫁的事,心里有说不出的难过,感到十分内疚。1982年,我去广西时,听说二嫂还健在,在钟山县城见了一面。"参见江华:《追忆与思考:江华回忆录》,浙江人民出版社,1991年,第15页。革命胜利以来,身居高位的他并非找不到机会去探访或回报这位他忆念和感激如此之深的敬爱的二嫂,而他却只是在晚年趁便匆匆一晤,以今日常情来看,不可思议,其心理耐人寻味。

得陈独秀尴尬癌当场发作,身份当然暴露。① 诸、邵二人弄清身份后被释放了,陈独秀经马林运动资财也保释出狱,但这桩意外也暴露出革命家在从"业余"转向"职业"阶段时,"隐身"技艺尚不娴熟,或者说社交网络切换还不完全时带来的危险。② 就如包惠僧所说,"真正的秘密工作还是在以后的白色恐怖中受到敌人的残酷迫害,经受了血的教训才学会的。"③这种处境对革命者的心理状况和自我认同必然造成巨大压力,他们不得不时刻将自己的"虚假"身份牢记在心,编经历、对口供成了生存必备经验,甚至成为自然反应。④ 而在一次次的认同"磨洗"和身份"格式化"过程中,那个原来的"自我"就在革命道路上渐行渐远,取而代之的是"组织"注入的唯一认同,和"铁的纪律"构成的"超我"。也许,只有在革命终成往事之后,他们才会记起自己最初的名姓。就如张国焘,他后来客死异乡,在加拿大多伦多的墓园中,电脑系统中登记的墓主姓名为 Kai-Yin Cheung,即张恺荫,那是他最初的字号。⑤

对于革命者来说,当他们加入革命组织,有了第一个化名之后,就进入了另一个社会和世界,生命仿佛重新开始。他们进入的将是陌生而异样的"第一个早晨"⑥:

---

① 唐宝林:《陈独秀传》,第 179 页。
② 章士钊回忆过清末革命史上一位密谋暗杀慈禧太后的志士梁尔煦(字铁君),化名为"吴道明",以开办照相馆为掩护试图接近宫廷权贵,但在天津被以前的熟人朱某偶遇于街衢,识破化名,"苦加诘问,尔煦语塞,因据实以告",而这位朱某却是一位政府密探,梁尔煦因此被捕牺牲,而当时报道并不知其真实姓名。参见《章士钊全集》第 8 卷,第 154—170 页,"吴道明案始"。这与陈独秀一事类似,都揭示了革命者之化名与原有社交网络难以兼容的实质。
③ 《包惠僧回忆录》,第 63 页。
④ 陈碧兰回忆过关于张国焘的一个细节:一次陈碧兰偶然留宿在张国焘、杨子烈居处,但为了这件事,"张国焘拟好了一大套口供要我记忆在脑中,如姓名,我和他们的关系,以及从何处来……等等,搞了许多时间,好像当晚会有巡捕来逮捕我们似的",这弄得陈有点不耐烦了,说"不一定今晚就会有巡捕来逮捕我们,上海还没有严重到这个样子。""但随时都得准备万一呀!"张国焘回答道。参见陈碧兰:《我的回忆:一个中国革命者的回顾》,香港十月书屋出版社,第 127—128 页。其实张国焘就正是靠着这种"过分的谨慎"一次次逃过了生死劫。就在陈独秀被捕过程中,当天张国焘正好去陈独秀家,开门见情形不对,就谎称自己是裁缝某某,找陈太太收账,因冷静应付得宜,便逃过一劫。见《我的回忆》,第 162 页。
⑤ 桑宜川:《寻访张国焘墓地》,载《炎黄春秋》2012 年第 5 期。
⑥ 顾工编:《顾城诗全编》,三联书店,1995 年,第 203 页,《第一个早晨》。

推开门

带上最合法的表情

不要看见别人

也藏好自己的心

煤烟沉沉

再叫我的名字

我不承认

五、"信任"转移：把一个人的温暖转移到组织的胸膛

革命者改名换姓，不再承认自己原来的姓名，不仅是为了自保，更主要的用意是保护组织本身的秘密和安全，避免发生塌方式或串联式的破坏。刘少奇论述秘密工作的规定中，第一条就是"每一个党员和干部只应该知道他所必须知道的事情，而不应该知道他所能够知道的事情""并避免同志间不必要的相互认识""每个党员，要尽可能保持个人的合法地位，尽可能少使人知道他是党员，尽可能少使党内同志没有必要的知道他的家庭及履历等"[①]。实际上这些规则也是刘少奇这类苏联受训的革命家所牢记的"铁的纪律"之一。众多忆述材料表明，邓小平、张闻天这类革命家和同事从不聊家常。这很可能是在苏联培训的结果，共产国际曾经发文要求，"各支部(指外国共产党——共产国际成员——原引

---

① 刘少奇：《论公开工作与秘密工作》，《中共中央文件选集》第12册，引文见第608页。

者注)应向所有到国际列宁学校和各共产主义大学学习的学生讲明,他们无权对任何人,除本支部代表和共产国际执行委员会各地区书记处负责人外,透露自己的真实姓名,无权说明自己在何处出生、曾在何处做事和在何地坐过牢,等等。尤其无权说出地下工作者的情况和党的秘密,总之要特别善于保守秘密。"① 中国学生一进入苏联的培训学校,就都起了一个俄国名字,用意之一就是掩饰其原来的姓名、真实身份与经历。国内有地下工作者曾经撰写教科书式的工作总结十条,其中第二条是"不得打听与自己工作无关的人和事":

> 如不得打听任何上级党组织的组织机构名称,领导人员的姓名(包括党内假名在内)、住址、掩护职业……谈事不谈人,谈人不谈真实姓名及其地址、职业等;只谈党内的代名,不得打听领导自己的上级领导同志的真实姓名、住址、籍贯、掩护职业等;只称党内约好的代名……不得打听党组织给自己安排的掩护关系是否党员,更不能在掩护关系前暴露自己的党员面目……不得打听过去归自己管过,现在已经不管的下级组织的任何情况,更不能以旧关系去找他们了解情况,讨论党的工作,应该隔离,不再有任何往来,哪怕原是亲属、朋友,也应如此。②

如果严格遵守这类纪律规定,那么可以预计在地下状态的党组织中,职业革命者之间通常也不可能有密切的、真实的人际关系。这种纪律对于组织的生存和效率来说起着在巨型船只中设置隔离舱的类似作用——每个成员与上级成员只保持单线联系(除了集体过组织生活),各

---

① 1931年9月13日,共产国际执行委员会政治委员会批准了《关于国际列宁学校及从境外来到各共产主义大学(西方少数民族共产主义大学及列宁格勒班、东方劳动者共产主义大学)的学生进一步遵守保密规定的指示》),载于乌索夫:《苏联情报机关在中国:20世纪30年代》,第102页。
② 马识途:《在地下:白区地下党工作经验初步总结》,四川大学出版社,1987年,第90、91页。

分支组织之间没有横向联系,党内即使有密切工作联系的同志之间仍然不会互知根底。① 如此,一个拥有化名的革命者即使被捕,只要他坚持自己的化名,在当时的户籍管理、社会控制和通讯技术下,政府并不能够确证革命者真实身份,从而无法判断被捕者的重要性,无法确认其过去的"革命事迹"("罪行"),无法根据其真实身份来"定罪",同时也很难牵连出其他革命同志。这样的事例举不胜举,据薄一波说,关在北平草岚子监狱的共产党人都不是真名。② 由此可见革命者化名之普遍,而这一规则对于保护革命者和革命组织的秘密至关重要。一些著名的革命者因为识破化名从而牺牲,如彭湃、恽代英、陈乔年、邓中夏等,但那是因为被叛徒当场指认出来了。

在这种系统中,成员之间唯一真实的、值得信任的联系纽带就是"组织",因而"组织关系"对于这些革命者就具有存在论意义上的重要性了——没有"组织"的居间保证,虽为同志,亦难互信,而组织的"信物"就是"介绍信",它是每一个同志"走上革命道路"都必不可少的"身份证"与"通行证"。《中国共产党第二次修正章程》(一九二五年一月中国共产党第四次全国代表大会通过)规定,"凡党员离开其所在地时必须经该地方党部许可,其所前往之地如有党部时必须向该党部报到"。《中国共产党第三次修正章程决案》(一九二七年六月一日)第九条规定,"凡党员由一

---

① 此种情况甚为常见。一个例子是 1929 年叶剑英在苏联参加对中山大学学生的培训,任女生军训营的营长,但当时这些学员只知道他叫"老杨",并不知其真实姓名,参见刘英:《在历史的激流中》,第 31 页。另一个例子是,武汉大学党组织的创始人之一黎少岑回忆自己在 1928 年底组织成立武大支部时,主持成立仪式的是"共青团省委书记麻哥",他也不知其真实姓名。参见黎少岑:《在白色恐怖的日子里》,载《红旗飘飘》第 6 集,第 18 页。笔者推测,当时团省委书记应为王允文。徐向前回忆,1929 年 5 月底他在上海找到组织时,党的"交通"通知说军委负责同志要找他谈话,并约定了会见的时间、地点和联络暗号。地点就在他的住处,他用的化名叫"余立人"。第二天上午,一个穿长衫、着布鞋、商人打扮的人来了。他当时并不知道同他谈话的同志,就是大名鼎鼎的中央军委书记杨殷同志。参见徐向前:《历史的回顾》,解放军出版社,1987 年,第 71 页。于光远回忆彭真是他的第一个上级领导,1937 年第一次见到彭真,当时并不知他已化名彭真,只知道称呼他为"老魏",参见于光远:《忆彭真二三事》,载《百年潮》,1997 年第 5 期。
② 薄一波:《七十年奋斗与思考》,上册,第 133—134 页。

地党部转到另一地党部,须在该地党部登记成为该地党员。凡党员在省内转移须得省委员会同意;省外的转移须得中央的同意;但遇有特别情形(如在秘密工作情形之下)得酌量通融"①。这些规定严格执行下来,就可确保每个党员时刻紧密地被编制进一张结实而无形的具有充分弹性的巨网之中,成为网中的经纬与结节。

在很多情况下这"组织关系"的凭据对革命者如此重要,以至于其命运可完全由此取舍异途。1925年底,黄克诚虽已入党,但还不懂得变更环境地点须自带组织关系,当初离开衡阳来广州时,匆匆忙忙卷起行李就走了,到了广州后,碰到衡阳三师同学雷克长,比他们晚来几天,很严肃地批评他说,"你们连组织关系都不带,就跑到广州来,这是违反组织纪律的行为。现在我把你们的组织关系带来了,已经交给这里的党组织,以后你们可不许这样随便了!"②后来担任农工民主党副主席的徐彬如则没有这么轻松,六届四中全会后他因和一些同志不满会议的人事安排,在没有"组织介绍信"的情况下跑到北方与地方党组织联系,搞"非组织活动",而且不听地方领导人之劝告停止活动,被开除党籍,后费尽力气才恢复党籍,但这中间一段"脱离组织关系"的"党龄",则在延安的"组织审查"中被取消了。③ 然而,"组织"之"信物"除了"介绍信"之外,有时亦不得不采用"人证",即"组织上"派人"代表组织"来鉴定和保证。一个特别具有戏剧性的事例是薄一波营救王若飞的经历,生动展示了在"化名系统"中互不相识的革命者建立互信之艰难历程。

1931年11月王若飞被捕,以化名被关押在太原监狱。1936年,中共中央北方局派薄一波去太原工作,临行前,负责同志要求其营救王若飞。薄一波问,若飞同志被捕后用的什么名字?现在押在太原哪个监狱

---

① 《中国共产党组织史资料》,第8卷,第55、128页。
② 黄克诚:《黄克诚自述》,人民出版社,1994年,第17页。
③ 徐彬如:《六十年风云纪实》,中国文联出版公司,1991年,第93—94、124—129页。

里？但负责同志却不知道。薄一波多方打听后才得知其化名为黄敬斋，而薄一波去见王若飞告知他组织上派他来营救其出狱，现在通过与阎锡山的统战关系可以无条件释放他时，因为薄一波王若飞互不认识，王若飞却不能相信薄一波。薄一波说，"若飞同志，你怀疑我是对的。老实说，我原来也没有完全相信你。当我执行党交给我营救你出狱的任务的时候，我也从多方面对你进行了调查，知道你坚持了共产党员的立场，进行了英勇的斗争。党对你寄予了充分的信任，因此，决心营救你立刻出狱。我已查清了你的一切，你能用什么办法查清我的身份呢？"王若飞沉思了片刻，摇头道："我没有办法调查你的身份。""那怎么办呢？"薄一波深感为难地问，"你不相信我；而我又一定要营救你，我们的行动怎么能统一起来呢？"王若飞又沉思踱步片刻，忽然说："你能不能给我带些党的文件看看呢？""可以，完全可以！"薄一波一口答应，很快提供了文件，结果临出狱时王若飞又反悔，说还是需要他原来认识的党内同志出面谈才可信。深明党内组织原则的薄一波亦理解此种要求，"看过文件，交换过政治上和工作上的意见以后，虽然在政治上彼此有了信任；但是，还不能当作组织证明。他希望对他进行组织的审查和证明。"但王若飞资历极深，实属创党元老一辈，坐牢五年又七个多月，党内人事代谢，与其相熟的同志已寥寥可数，且大多远在它方，身居要职，此时来当场给他作"组织鉴定"，显然不太现实，但最后薄一波还是找到王若飞认识并认可不会是叛徒的柯庆施来监狱接其出狱，才终于完成这一重任。[①]

也许可以说，党组织是一个奇特的具有家庭温暖感的"陌生人社会"，它是"家庭"，因为它通过共同的革命理想、献身精神、组织生活、同志间的互助关爱以及某种程度上的"想象"，为其成员提供了家庭感，能

[①] 薄一波：《若飞同志出狱前后》，载《红旗飘飘》第16集，第1—10页。

让两个陌生人之间迅速建立胜过亲人间的信任。① 但同时它又是"陌生人社会",因为它通过严格的组织理念和组织形式,确保党员之间唯有通过"组织"这一"中介"才能建立互信,也即将对其他个人的信任转移到对组织的信任,或者说对他人的信任是建基于对组织的信任之上。所以"相信组织"这一革命时代形成的口头禅,实际上也意味着个人彻底交出对自己命运的掌握,包括人际的互信。

正因为同志之间的互信是通过组织居间才成为可能,所以它意味着几个方面的后果。第一,只要组织能确保二者之间是"同志",那么无论多么陌生的两人之间也可以立刻形成互信,一声"同志",可以让生活在危险四伏的地下状态的革命者热泪盈眶,激动不已,而在传统或正常社会中这种信任和情感几乎不可能发生。在传统社会中,原本陌生的两人之间坚实互信的形成需要漫长的时间("日久见人心"),也需要互相交错的人际网络反复验证(所以"杀熟"行为才显得特别反常)②;第二,个人一旦失去"组织信任",成为被组织抛弃的"弃儿",那么"同志之情""夫妻之情"等等人际之间的情感纽带往往也会随之绷断、消解、消逝,因为原本二者的信任很大程度上就是基于同为"组织"中人(甚至"夫妻关系"也是"组织安排"),这也许能部分地解释,为何党内政治斗争中被组织"处

---

① 温济泽对于这种"温暖感"有过生动的描述:"我曾经在团的秘密机关里住过。……我们都和家庭中断了联系,很穷。有一个时期,每天买几毛钱大饼,几个铜子儿萝卜干,泡一壶开水,这就是十几个人的一顿午饭了。年纪大些的同志总是让年纪小些的同志多吃一点,年纪小些的同志也总是让年纪大些的同志多吃一点,大家只怕别人吃不饱。……在这样的生活中,我们深刻体会到同志比家里的亲人还亲,同时也真正懂得了同甘共苦是什么意义。"参见温济泽:《共青团——我的母亲》,载《红旗飘飘》第1集,第11页。实际上,在"革命大家庭"中,这种"比亲人还亲"的感觉非常普遍,虽然苏区肃反、延安整风审干之类运动会对成员造成终生难愈的心理和情感伤痕,但大多数革命者对党的情感仍是温暖的"家庭感"。就如何方,即使历尽劫难后回忆起延安时的岁月仍不免留恋不已:"无论到哪个队哪个班,大家都团结友爱,亲如家人。那种互相照顾、互相帮助的精神是后世的人难以想象的。"
② 福山认为中国文化本身就是低度信任的社会,这是由于中国社会是极端的家庭主义的社会,在这种文化传统中,人与人之间的互信几乎不会突破血缘家庭和家族这个圈子,血亲之外无互信。虽然他认为中国经过革命后,信任状况发生了很大变化,但并未讨论革命后中国的信任机制及其状况,而是以香港和台湾这两个华人社会作为分析范本来探讨中国文化的信任状况。参见弗朗西斯·福山:《信任》,海南出版社,2001年。

理"的"犯错误"者,经常面临着几乎被所有同志包括至亲排斥隔离、冷眼相对的命运。单纯从"人性阴暗""人情冷暖"或"趋利避害"这一层面来解释这种现象,将职业革命者的人际关系视为理性计算的利益得失问题,难以有力解释这种情况之普遍程度,也可能忽略了其行为模式的深刻心理根源。①

随着革命的持续扩展与全面胜利,党组织控制了国家机器,支配着社会组织,深入到群众团体,乃至经济生产等等环节,党的活动方式和其心理文化自然影响甚至复刻到相应领域,此种通过组织确保信任的机制遍布中国所有社会空间,从此,"组织介绍信""组织证明""关系证明"与"单位盖章"成为中国社会中无可逃避的宿命,维系着"关系"的开启与闭合,几乎是一切对公活动赖以运转的"齿轮",阻滞和推动着人与体制的互动。正是这套唯有通过"组织关系"才能"取信于人"的机制,以重构社会信任机制的方式,深度参与了重组中国社会的这场"社会革命"。"社会革命"的关键不仅仅是以"阶级"为枢纽的社会结构的重塑,也是以"组织"为枢纽的人与人之间关系的重组,在某种程度上它包括了传统社会信任机制的解体和人际间信任水平的极大削弱。

在传统中国社会中,以个人名誉、地位、权力、金钱和其他资源为亲属、熟人作"保"的"保释""保证"行为,尚属司空见惯,但在新的信任系统中不再有效,在党内组织审查中,"我以人格担保"这套说辞都变得底气

---

① 1974年9月,监禁中的彭德怀病危,专案组派人去北师大找浦安修(浦安修虽打了申请离婚的报告,但组织上并未扎准),告诉她彭病重,"你是否去看她,由你决定。"浦安修低头流泪说不去了。专案组人说"工宣队和我都在,是我通知你去的"。意思是这是组织知道的,不用害怕,浦安修却想:"今天大有你们但可以证明,你们不在谁来证明?"1965年彭德怀去三线,浦安修到吴家花园送别是通过彭真同意的,"文革"中彭真"倒"了,她为这次会面被斗得死去活来。她反复考虑,并咨询多人后,终于没有去与彭德怀临终告别,留下终生悔恨。参见彭德怀传记组著:《彭德怀全传》,中国大百科全书出版社,第4册,第1663页。在浦安修的考虑中,她去探视彭德怀都需要"组织"来保证她不是出于私人感情,而她对这种保证都已产生了怀疑。当然,并不能排除以"组织要求划清界限"为由断绝与"犯错误者"的关系,可能只是精神分析理论所说的对真实动机的"合理化",彭德怀的侄女彭钢、彭梅魁在彭德怀处在最恶劣的境地时,也从未与他"划清界限",相反给了了至亲的关爱。

不足甚至可笑起来,而对党员来说,"以党籍担保"就显得比"以个人人格担保"更加庄重真诚,也成了"保证"的最强力度。

六、"找党":身份的丢失与重建

每一个共产党员都必须与组织保持不中断的联系,始终生活在组织的怀抱中,这是共产党最基本的纪律之一。这要求每个党员自入党后他的一生到任何地方都应该"接上"组织关系,"过组织生活"(哪怕是在监狱),否则视为"违反组织纪律",轻则警告,重则视为自动脱党。但在革命年代,最有可能失去党籍的情形并非被开除,而是因为党组织被破坏、联系人叛变或因为自己被捕而失去与组织的联系。最冤枉的是被捕入狱之后,如果不是由组织营救出来或者在狱中与组织保持联系,那么出得狱来也不被组织信任,需要重新审查其党员资格。① 由此我们可以理解,为何阎锡山愿意放王若飞"无条件出狱",他自己倒还有那么多的"出狱条件"要讲究。

职业革命者在革命年代面临的考验之一,就是如何在失去组织联系的时候重新找到党组织,否则,到一定期限就自动失去了党籍,以后即使再找到组织也面临着非常严厉的条件才能"重新入党"或"恢复党籍"。因为种种原因失去组织联系但仍心系着党的党员,被称为"离散党员"。

如何"找党"呢?说来有点不可思议,其中的办法之一就是"碰"——"也就是在大街小巷转悠,遇到了同志,也许就接上了头;碰上敌人,就要

---

① 马识途的《在地下》一书对于这种情况的指导是:如是被释放,无论是由于敌人抓不到罪证无罪释放,或是判刑后刑满释放,或者敌人搞阴谋"假释放",出狱之后,不要去找党组织或任何党员,不要要求接上组织关系。一般原则是出狱党员,未经审查,不得恢复关系,应自己设法疏散出去,安下身子,从头做群众工作,听候党的考察和审查。党组织对被释放出来的党员不得派人去接关系,但可相机通知他疏散出去,自谋出路,继续革命,听候组织的审查和安排。见《在地下》,第95页。

被抓、被杀。"①而武汉、上海这些通衢都会、人流集散之地，就成为各地流散党员"找党"的最重要码头了。大革命失败后，山西的程子华也失掉了组织关系，于是跑到武汉"找党"，在此碰到太原国民师范时的同学、黄埔四期生贾绍谊，程子华回忆道："他和我一样，也是来武汉找党。他提议到上海去找党中央……就和他一起由汉口江汉海关坐船到了上海。我俩住进了英租界的一家旅馆，第二天早上，到饭厅吃饭，恰好碰上也住在这家旅馆的徐向前。他这时已和党中央接上关系，通过他，我和党中央联系上了。"②这些"无巧不成书"式的小说似的情节，何以可能呢？因为那时候的上海可说是全国独一无二的高密度现代城市商业空间，革命与反革命都在这里如浮游生物一样碰撞、离散。③

此处值得探讨的是，为何在那种共产党员的身份本身就意味着被杀被关的危险关头，还有那么多离散党员如此历尽劫难去"找党"呢？对于这一问题，革命者自身和正统的党史几乎都会强调这是因为"坚定的信仰"。但恐怕这并非全部的答案，因为信仰危机的解决方法有很多。当然也可以从功利层面来解释——职业革命者在生存资源上已经离不开党组织，他们几乎没有其他谋生技能④；或者如有的学者所解释的，中共

---

① 刘英：《在历史的激流中——刘英回忆录》，中共党史出版社，1992年，第20页。
② 程子华：《程子华回忆录》，解放军出版社，1987年，第14页。
③ 当代小说家也观察到了这一空间的独特性和现代性，在一次访谈中，上海作家小白说："你现在去一个这样规模的内地城市，会发觉人们都在一个狭窄的街区活动，晚饭后去购物娱乐就在那块地方，商业中心就在那里。没有别的热闹地方。大家都来这里，很容易在这地方碰到熟人。回头去看那些回忆录，很容易就能理解，为什么当时特务警察抓地下工作者最常用的办法是让知情人或者叛徒在热闹的街上来回走，走两天就会看到想要抓捕的地下工作者。"见"小白孙甘露谈租界那些事儿"，网址：https://baijiahao.baidu.com/s?id=1608566524713524352&wfr=spider&for=pc。
④ 帅孟奇回忆邓中夏1931年从鄂豫皖苏区被解职回上海后，遭到政治打击，"他们不但从政治上打击他，也从经济上卡他。在中夏同志回上海以后，不分配他工作，生活没有保障，只好靠爱人夏明同志在一个工厂里当徒工所领取的微薄工资，来维持连稀饭糊口都难保证的艰难生活"。参见帅孟奇、塞先任：《永不熄灭的明灯——纪念邓中夏同志》，载《红旗飘飘》第19集，第51页。徐彬如的同学陈子坚，大革命时期也是共产党员，北伐时在叶挺的二十四师当政治部主任，参加八一南昌起义，潮汕失败后转到上海，在上海住了两个多月，生活发生困难，在街上碰到中央的总交通霍步青时，为了生活费问题两人吵了起来。见《六十年风云纪实》，第98页。

对其成员形成了"组织覆盖",为躲避当局的政治镇压而产生路径依赖。[1] 这些情况应该并非孤例,但如果说此乃普遍情形,则需要更详细深入的论证。

这些解释当然都有其合理性,而本文则试图提供一个补充性而非替代性的解释,即从心理因素来认识这一现象,将常见的"找党"行为视为职业革命者解决"身份危机"的"出路":因为他们的自我已经如此彻底地被党组织重构,他们的生活模式如此深度地被铁的纪律规训,他们的生活空间被党组织如此"无缝衔接"地严密安排,一旦失去组织,他们就会产生严重的心理不适感,就如失去了母亲的孤儿一样。[2] 对党的心理依赖最鲜明地体现在一个反复出现的比喻中,即将"党"比喻为"母亲",这是在很多革命者的回忆或自述中都可见到的表述。[3] 众所周知,这种情感和心理后来成为很多红色影视作品和歌曲中的经典创作内容。

七、结语:"初心"两面

从心理层面来分析革命现象的研究有着悠久的学术传统,对于革命者心理特质的研究也不乏引人注目的作品,如勒庞的《革命心理学》,布兰查德的《革命道德》,James Davies,Ted Robert Gurr 等人的经典研

---

[1] 周陆洋:《中共建国精英是如何选择中国共产党的?》,《二十一世纪》,2014 年第 8 月刊,第 144 期。
[2] 1927 年 12 月至 1930 年 8 月间,中共湖北的党团组织领导机关被破坏八次又顽强地重建,但其间有不少党员失去了组织的领导,中断了组织关系。1928 年 10 月,黎少岑在家乡天门县的组织和省委失掉联系好几个月后,跑到武汉大学来找组织,在彼此猜忌试探、命悬一线的危险中,历尽千辛万苦,他说:"那时的心情,也的确像一个失掉慈母的孤儿一样,找不到一个可以说真心话的地方。"为此还埋怨同是离散党员的同学不好好找组织或瞒着他不信任他。黎少岑:《在白色恐怖的日子里》,引文见《红旗飘飘》第 6 集,第 12 页。
[3] 谷牧回忆早年革命生涯时关于母爱有过一段令人心酸的故事:"此后数年我在外面做党的地下工作,为了不牵连家庭,没有回过家,也没写过家信。母亲想我想得发疯,常在夜里到街上叫着我的名字,喊着:'你回来吧!你回来吧!'即使得知此种凄惨情状,仍义无反顾投入革命的危险生涯中—— 我别了生身母亲,去北平找党——'政治母亲'。"参见谷牧:《谷牧回忆录》,中央文献出版社,2005 年,第 14—16 页。

究。但具体到对中共及中国共产党人的研究并不多见,其中颇受关注的是白鲁恂所著毛泽东的心理分析传记[1],以及Mazlish将毛泽东的革命人格特质与禁欲主义联系起来。[2]但白鲁恂和Mazlish的这些研究着重于对单个人物的心理做深描式的精神分析,并没有将革命者群体作为分析对象,而用于群体分析的"威权人格"理论向来被用来解释法西斯主义群体,是否适用于左翼共产党人向有怀疑。

不过,白鲁恂早年对马来西亚的华人共产党游击队的研究价值却值得再探。在此项研究中他运用埃里克森的认同理论来解释第三世界国家发展中的社会危机,埃里克森从弗洛伊德那里继承并改造了人格理论,将弗洛伊德理论中的生物主义倾向(认为人格结构的基础是生物本能),代之以对社会、环境因素的塑造作用的强调,认为人格的形成是自我与文化、社会环境之间的紧张关系(认同危机)发展的结果。"认同的概念,尤其是埃里克森所创立的认同概念,可以用作理解转型社会民族国家建设的强有力工具"[3]。他也用这套理论和概念研究二战后马来西亚爆发的共产革命,其核心观点是马来西亚在社会变迁中,"很多人正在失去其对传统生活方式的认同感,正在不安地寻求一种现代生活方式","但他们也发现至今为止他们在人格上也不属于新的部分;他们焦虑于归属至未来,但又关心自己搭不上车。"[4]正是这种变迁社会中的不确定

---

[1] 白鲁恂著:《毛泽东的心理分析》,刘先阁译,香港时代国际出版有限公司,2009年。
[2] Bruce Mazlish, *The Revolutionary Ascetic: Evolution of a Political Type*. New York: Basic Books, 1976 对此书的批评参见 Review by: Peter Loewenberg, in *The American Historical Review*, Vol. 82, No. 2 (Apr., 1977), pp. 336 – 337。
[3] Lucian W. Pye, *Politics, Personality, and Nation Building: Burmas Search for Identity*, Yale University Press, 1962, p.52.
[4] Lucian W. Pye, *Guerrilla Communism in Malaya: Its Social and Political Meanings*, Princeton University Press, 1956, p.7.

感[①]使得共产主义对很多人具有了吸引力。对于那些参加共产主义游击队的华人来说,"首先将他们与其他那些未转向共产主义的亚洲人区别开来的是,一方面,他们看来在自己的传统文化中较少找到优点和持久的价值,而另一方面他们一般不那么幸运,或者不太能够发现某些其他办法来成为新的生活方式的一部分"[②]。

当然,这种解释是否成立,以及是否能够运用来解释中国的那些早期共产党人的选择,尚值得探讨,但白鲁恂这项研究的方法有一个较明显的缺陷,即他选择的样本(访谈对象),在当时的条件下只能是那些被俘、叛变或主动退出了游击队的"前共产党人",所以是"非典型"的共产党人。本文受此启发,尝试将早期共产党人作为一个群体来加以分析,意识到所谓"初心"不仅包括了"信仰"与"理念"的维度(无论是信仰"民族主义"还是"阶级平等"),也包括了"心理"与"情感"的维度,所以试图从心理层面去理解这些"典型的"职业革命者之生命轨迹。

这些职业革命家的心理具有某些共同的特质(不一定是在"规训"后才形成,也未必是所谓的"威权人格"),他们大都在童年或少年时代经受过心理创伤(遗憾的是,这恰是本文所未探讨的),也许对于他们来说,革命既是拯救民族国家的良药,也是疗治自身伤痕的苦药。

1981年,时任中纪委副书记的王鹤寿受组织安排去会见一位海外华商,也是他莫斯科中山大学的同学,曾出现在谢怀丹日记中、批评谢"家庭观念太重"的秦缦云女士。她曾是山东最早的女共产党员之一,后来成为关向应妻子,被捕后"叛变革命",还劝降了另一位重要共产党干

[①] 在弗洛伊德的人格理论中,本我遵循快乐原则,自我遵循现实原则,而现实原则中就有寻求安全感的需求,不确定感带来不安全感,所以人的心理机制中都有竭力避免不确定感的需求。弗洛姆的《逃避自由》也是基于这一基本理论,展开对德国纳粹人格的心理分析。

[②] Lucian W. Pye, *Guerrilla Communism in Malaya: Its Social and Political Meanings*, Princeton, NJ, 1956, p.7.

部盛忠亮(盛岳)。她后来与盛结俪,数十年后辗转移居美国,经商有成。现在她一身盛装靓容过访,有怀旧之情,问询起关向应去世情状。接谈间,她语带同情,轻问满面沧桑的王鹤寿:"这些年来,你受苦了吧?"王鹤寿听得此言,却坦然一笑:"这是我们党内自己的事情,算不了什么!"一句话,说得老太太顿时无言以对。[1] 在那"坦然一笑"之后,仿佛可以看到一堵巨大心墙,傲然耸立,攻防兼备——"我们苦不苦,早就和你没什么关系。而且——我们胜利了。"

然而这胜利,在载入个人心灵史时,又有多少是皮洛士式的胜利(Pyrrhic victory)呢?因为,历史会记得,"党内自己的事",也未必如此风轻云淡。

(尹钛:中国政法大学政治与公共管理学院)

---

[1] 陶斯亮:《我与干爸王鹤寿》,载《文史精华》,2013年第11期。

孙中山的联俄与国民党内部"主义"的分化
（1924—1927）

卢 华

  1917年俄国十月革命的爆发，终结了霍布斯鲍姆所谓的"漫长的19世纪"（从法国大革命到一战结束），开启了20世纪的历史格局。十月革命成功后，列宁及其布尔什维克政党开始了对内打击"白军"、维护与巩固苏俄政权的实践斗争，对外推广作为马克思主义核心理念之一的"世界革命"方案。一战期间，在阅读和掌握了黑格尔辩证法后，列宁的革命思想经历了一个重大转变，具体体现就是其理论著作《帝国主义是资本主义的最高阶段》和《国家与革命》。[1]第三国际的成立（1919年3月）和共产国际二大（1920年7—8月）的召开，正式确认了以列宁式东方策略和联合战线路线为核心的共产国际路线的形成。[2]中国在远东的地位、

---

[1] 列宁吸收黑格尔辩证法而带来的思想转变的详细原因和内容，具体可参见原托洛茨基秘书、后为马克思主义学者的杜娜叶夫斯卡娅的《马克思主义与自由》，傅小平译（辽宁教育出版社，1998年）及其学生凯文·安德森的著作《列宁、黑格尔和马克思主义：一种批判性研究》，张传平译（南京大学出版社，2012年）。尼尔·哈丁的研究也证实了这一判断，不过他更偏重列宁转变的政治方面。见其《列宁主义》，张传平译（南京大学出版社，2014年）第86—87页；以及 *Lenin's Political Thought: Theory and Practice in Democratic and Socialist Revolutions* (London and Basingstoke: The Macmillan Press LTD, 1983)。

[2] 这次的会议里规定和确立了共产国际的组织制度、组织形式和组织路线，而被载入史册。大会通过了《关于共产国际的基本任务》《加入共产国际的条件》《关于民族和殖民地问题的决议》《共产国际章程》《共产国际第二次代表大会宣言》等一系列文件，确立了共产国际组织的基本理论和策略，获得了明确、详尽的组织行动纲领，规定了共产国际的组织性质、组织机构和领导方式。这是列宁按照俄国布尔什维克党的模式制定出来的，充分贯彻和体现了列宁主义的建党原则和思路。但是这并不是没有争论的，关于二大上列宁与共产国际其他领导人尤其是季诺维也夫的差别，可见 Allen S. Whiting, *Soviet Policies in China 1917—1924* (Stanford University Press, 1968)，第75—76页。

半殖民地处境以及它与俄国相邻而带来的地缘政治利益都让此时的民国成为苏俄东方战略的核心。因此,支持一切反对帝国主义和殖民地的民族独立活动就与孙中山和国民党的革命有了合作的基础。①

导论:国民党改组与"主义"革命道路的形成

一战的结束和欧美世界对于现代资本主义文明的质疑,加剧了"五四"后革命新青年对于民国"共和失败"的不满,无政府主义和各种形式的社会主义话语在城市里面的青年学生一代开始流行。各种新村运动、工读互助团运动开始实施,"劳工神圣""劳动"和"社会革命"的话语逐渐盛行。五四运动直接把因一战在中国迅速发展的新兴民族工商业经济下成长起来的工人阶级和商人团体推到了政治和社会变动的前台。这两方面的动向让孙开始思索在新的时代思潮下吸收新生革命主体,并继续他所期望的彻底革命的可能性。②从新文化运动(1916)到张灏教授所指的"转型时代"的结束(1925),这大约十年的时间里逐渐出现了一个所谓的"主义时代"。③这个"主义",按王汎森教授的概括,既代表了一种新的知识和政治论述形式,也成为五四运动后革命青年们崇拜的对象和改造社会、建立新社会的工具。更重要的是,它结合现代的政党与大众运动,成为一套试图覆盖全社会,涵括日常生活、信仰世界与政治生活的伦

---

① 在"反共"最为激烈之时,蒋介石也不得不承认,"当时俄国革命对亚洲的民族运动,发生了极强烈的影响。因为一百余年来,西方殖民地主义的统治,在亚洲激起一般民众极端的愤恨,所以俄共乃就把握这一情势,对这些国家,施展其渗透和颠覆的阴谋,而推行其从亚洲向欧洲迂回的世界革命计划。"《苏俄在中国》,"中央"文物供应社,1956年,第4页。
② 五四运动后全国学生代表大会曾请孙中山发表演说,后在上海张国焘、许德珩、康白情、刘清扬等去孙的寓所谈话,充分地表明了孙对于把武力革命斗争与联合大众结合,也就是通过宣传吸收新的革命力量(学生和工人团体)来开启新革命的可能性。见《我的回忆》,香港:明报月刊出版社,1971年,上册,第71—72页。更详细的分析可见吕芳上,《革命之再起》("中研院"近史所专刊57,1989年),第五章,第363—479页。
③ 详见王汎森文《"主义时代"的来临——中国近代思想史的一个关键发展》,此文收入作者的《思想是一种生活方式》,台湾联经出版社,2017年,第165—250页。

理系统。

但是,虽然此一"主义"预设了整全性与排他性的真理诉求,实际却远远不可能消弭革命内部意见的多样性与分歧。改组后的国民党虽然确立了"以俄为师"的道路,但是很快就带来了如何解释列宁主义以及重新诠释三民主义的问题,而不同的诠释又加剧了国民党内部的意识形态纷争与派系冲突。如何解释改组后的国民党的意识形态和国民革命策略等问题,最有代表性和持续影响的就是由中共、苏俄及共产国际顾问鲍罗廷等所主导和推广的"左右"派别之争。大多研究基本上都会以中共中央的《关于建国以来党的若干历史问题的决议》文件做基础,它里面规定:拥护孙中山在中国国民党第一次全国代表大会前后根据中国共产党的建议所确定的反帝反封建的革命纲领和联俄、联共、扶助农工的三大政策的国民党人,代表人物:廖仲恺、宋庆龄、邓演达、何香凝。[1]但是这个判断很难深入阐释国民党内部的实际纷争和"主义"的复杂面向,"非左即右"的划定也无法厘清国民党内的意识形态分歧。[2]

---

[1] 《关于建国以来党的若干历史问题的决议注释本》,人民出版社,1983年,第103页。

[2] 学界认可国民党内的左右派一说,同时还比较系统地考察国民党左派历史的研究主要有:山田辰雄的著作《中国国民党左派の研究》(東京:慶应通信,1980年)。作者系统地梳理了1919年后在寻求中国革命主体性上的革命化,以及在孙的联俄容共和走向大众的左派路径,其后继者分为三个时期:孙在世前以孙为主;孙去世后,以汪精卫为领袖的广州国民政府到国民党二大的时期;武汉时期的左派代表汪精卫和邓演达;以及国民党清党后的汪精卫、陈公博等改组派。另有 So Wai-chor, *The Kuomintang Left in the National Revolution 1924—1931* (Hong Kong: Oxford University Press, 1991)。作者特别强调国民党"清共"前后,也就是1927年前与1927年后,左派在意识形态和组织体系上有重大不同。1924—1927年是左派的形成时期,他以"容共"与否来判定这段时期的左右派,详见氏著导论部分,第1—9页。而大陆学界也在逐渐去意识形态化的立场上历史化地考察"左派"的历史变化和其内部人物的复杂性。比如杨天石:《北伐时期左派力量同蒋介石斗争的几个重要回合》,《中共党史研究》,1990年第1期,第31—43页;张光宇、钟永恒:《大革命时期国民党左派的演变和共产党的政策》,《武汉大学学报》(社会科学版),1991年第3期,第10—16页;莫志斌:《大革命时期国民党左派问题论略》,《湖南师范大学社会科学学报》第25卷,1996年第2期,第90—95页。同时,在此基础上,李志毓开始专注于挖掘国民党左派的革命话语的独特性以及他们与列宁主义式革命和政党组织之间的关系,强调以陈公博为主的"小资产阶级革命论"的非资本主义非共产主义的中间道路,凸显了我们重新看待国民党内部左派革命话语重要性的问题。见其文章《国民党"左派"的"小资产阶级革命论"》,《长白学刊》,2010年第6期,第110—114页;《1928年国民激进左派的"党治"理论》,《首都师范大学学报》,2011年第1期,第16—22页;《关于"国民党左派"问题的再思考(1924—1931)》,《中共党史研究》2016年第10期,第87—99页。另外,只有杨天宏的论文略微分析了苏俄和共产国际在建构国民党左右话语之争上的作用,见其文章《苏俄与20年代国民党的派别分化》,《南京大学学报》,2005年第3期,第87—96页。

1924年1月20日至30日国民党一大召开,会上确立的宣言和新政纲标志着列宁主义模式正式在国民党内开始实施。联俄路线带来的改组议题、民主集中制和反帝的民族主义,统一革命的"主义"和宗旨,这几方面的内容,后来强烈反对联俄容共的部分国民党元老也并不全部反对。[①]但是面对"主义"本身,国民党内一直无法确立一个稳固和权威的解释。孙去世前后,此一问题彻底暴露出来,国民党内部出现了几种不同的"主义"方案,并迅速走向了分裂。具体来说,就是围绕苏俄模式背后的阶级斗争问题、以党治国与民权问题、培育革命"新人"和文化革命问题,国民党内针对孙中山联俄的三民主义形成了三种各有特色而又互相纠缠、互相批判的理论体系。其中,最先标明自己的就是戴季陶主义,一种把孙的三民主义进行儒家伦理化的民生哲学版本。

"阶级和谐"与"仁爱":戴季陶及其激进的"儒家化"国群方案

孙去世之前,国民党的"联俄容共"政策和以俄为师的新革命模式具体应该怎么阐释,基本上都由孙自己的发言和演讲来解决,他可以提供某种权威的答案。即使如此,自从国民党一大召开后,内部就有了关于孙对于解释民生主义与共产主义之异同、中国革命和苏俄式的阶级斗争为主的世界革命的差异的纷争。而中共党员为代表的革命新力量在国民党内的得势以及他们党团作用带来的排斥效应,尤其是突出阶级斗争和联合工农的激进群众运动激起了早年曾服膺社会主义的戴季陶的强烈不满。[②]

1924年6月30日,在戴季陶的要求下,中央执行委员会第39次会

---

① 《张溥泉先生全集补编》,"中央"文物供应社,1952年,第58—59页。
② 参见杨奎松:《国民党的"联共"与"反共"》,社会科学文献出版社,2008年,第61—96页。

思想文化研究 453

议决议允准戴辞去广州的国民党职务。① 1925 年 5 月戴由京赴粤参加国民党一届三中全会,在会上戴正式提出了"建立纯正三民主义"为国民党的最高和指导原则的建议。何为"纯正"呢? 戴很快写出了两本小册子,《孙文主义之哲学基础》《国民革命与中国国民党》(分别完成于 1925 年 6、7 月),作出了一种颇具创造性的"三民主义"诠释。出于当时统一战线和联俄容共的考虑,在广州的国民党中央执行委员会严厉批评了戴的《国民革命与中国国民党》的观点。不过,戴的理论还是得到广为宣传。②戴氏指出,"一年以来,所以革命运动如此之张皇的缘故,大都是受帝国主义者的教唆和欺骗,而一方面也是共产主义者超过实际需要,不合实际情形的过量宣传的恶影响"③。联俄容共带来的盲目模仿苏俄、忽视中国自身的历史文化传统和国民党自身主体性正是戴氏批判的直接起因。另一方面,受早年在日留学期间的日本宪法学家筧克彦(1872—1961)的国家思想影响,戴特别重视日本国家社会主义者高畠素之。戴还译介了高畠素之翻译的考茨基《资本论导读》。此一进路极大地影响了戴氏对于马克思列宁主义及中共的看法。④

1. 戴氏对唯物史观的否定与三民主义的"伦理化"

对于苏俄模式的批判性回应,首先意味着要回到中国的国情上来。

---

① 中国国民党中央委员会党史史料编纂委员会编:《戴季陶先生文存 三 续编》(1971 年 10 月),第 163—164 页。
② 出于该册子的影响,当时甚至有人将之比拟为陈独秀的《新青年》杂志。见 Herman William Mast III, *An Intellectual Biography of Tai Chi-t'ao: From 1891—1928*, PhD diss., University of Illinois, 1970, p. 285. 而《国民革命与中国国民党》则"散布数目不下十余万册,并有数文字译本"。见陈天锡编:《戴季陶(传贤)先生编年传记》(文海出版社,1977 年),第 66 页。
③ 戴季陶:《孙文主义之哲学的基础》,"中央"文物供应出版社,1954 年,第 20 页。后不注明的均是此新版本。
④ 李晓东一文详细分析了筧克彦的国家思想对于《民报》和《新民丛报》作者群的影响。可参考《立宪政治与国民资格——筧克彦对〈民报〉与〈新民丛报〉的影响》,香港《二十一世纪》,第 98 期,2006 年 10 月号。戴季陶受其影响更大,在其《日本论》中特别提到筧克彦当时的法理学说和国家思想之革命性质,见氏著,第 5—6 页。转引自张玉萍:《戴季陶与日本》,北京大学出版社,2014 年,第 136—139 页。

对于戴氏而言,很明显,中国的主要问题并不是欧美的工业革命带来的分配问题,而是生产问题,也就是不能直接照搬苏俄和马克思主义的激进阶级斗争的社会革命方案。戴认为:"中国的经济问题不止是以分配为主的社会革命问题,而更要紧的乃是以生产为主的工业革命问题。要同时解决这两个问题,就是中国革命的特点。"①在戴看来,欧洲的社会理论家基于其特定时空的理论经验,把从教会与君主之间的斗争、君主与市民阶级公民权的斗争到资产阶级与无产阶级的斗争视为是普遍的和跨越时空的,这恰恰是需要质疑的。

首先,在戴看来,当时的国民革命即使是以俄为师,也不能彻底地倒向以苏俄十月革命和马克思主义的模式中去,因为苏俄和共产国际背后的唯物主义史观无法提供一个完整的视野来审视革命和人性本身。马克思主义的唯物史观只看到了人生活中的经济向度,无法完整把握人的生存状况。只有三民主义及其核心的民生主义,这种把人性的经济和教育伦理向度同时结合起来的"主义"才能够把民族的生存、政治的基础结构和经济生活统合起来,为国民革命和革命的人性预设提供一个圆满的基础。②在此基础上,戴认为,孙的三民主义对于古典儒家伦理的吸收保证了民生主义理论能够恢复中国相对于欧美的民族文化和政治自信。而不批判这种盲目坚持阶级斗争和信仰苏俄的"幼稚"世界革命版本,不基于当时中国国情作不同于苏俄和共产国际版本的阶级斗争为主的方案,很难获得革命将来之胜利和民生主义之彻底实现。③戴季陶是想一方面批判那些国民党元老,尤其是深陷了民国政治官僚场中不能自拔的老党员,也告诫这些盲目跟人走的中共和部分国民党年轻党员,这点陈

---

① 戴季陶:《三民主义的一般意义与时代背景》,《党治训育丛书》第二辑,第四种,第3页。
② 戴季陶:《孙文主义之哲学的基础》,第14—15页。
③ 戴氏指出,"癸丑以后,从前害革命幼稚病的人,渐渐有了不少的老衰化。欧战以后,社会革命潮流,冲入中国,后起革命青年,迎着这个潮流,如春笋一般,生长起来。将要老衰的革命党,得着这些心学输,然后才生出一种活气。这确是中国的一个生机。但同时就生出一种新的革命幼稚病。"《孙文主义之哲学的基础》(1925年8月版),第67—68页。

独秀看得非常清楚。①

　　戴氏首次系统提出,民生才是三民主义的根本,三民主义中的民族主义和民权主义都是为了民生的实现。无论是国族的独立与平等、摆脱帝国主义,还是对民众的赋权,都是最广义上的民生准则之要求。②在戴看来,不走以民族文化道路为基础的国民革命和世界革命,一定会误入歧途;在用孙接续孔子道统的同时,戴挖掘儒家中的中庸准则和仁爱的道德原理,并以之来充实孙的民生哲学,把孙的民生演讲内容扩充为"衣食住行育乐"③。而民生正是中国文化尤其是儒家的核心原则。戴氏以日本为反例,指出日本抛弃了东方的民族道德,完全模仿欧洲的帝国主义扩张模式;中国如果想最后实现民族的振兴、国家道德的恢复和世界大同,那么必须回到自身的传统。④如 Brian Tsui 所指,通过把育和乐加入到孙的民生主义当中,戴可以宣称他超越了共产主义之单纯的唯物主义认识论基础。这个阐释还为此后国民党的"保守化革命"提供了超越共产主义暴力论的意识形态基础。⑤那么,既然马克思的唯物史观简单化了对人性和历史的思考,应该如何实现中国自身的伦理化的革命和现代中国方案呢？这就涉及了列宁主义的先锋型政党和革命关系,以及否定了马克思式的阶级斗争后戴氏的伦理化"民族"话语与革命关系问题。

---

① 陈独秀指出:"戴季陶先生！你所写的《国民革命与中国国民党》那本小册中,错误的见解非常之多,如叙述中国民族文化之消失,如三民主义的帝国主义观等,现在且不讨论这些,只就你所持排除共产派的根本理论及批评共产派的态度,简单的和你谈谈。"见陈文《给戴季陶的一封信》,《陈独秀著作选》,上海人民出版社,2009 年,卷三,第 503 页。
② 戴季陶:《国民革命与中国国民党》,第 55 页。关于这一点,尤其可见戴季陶给民生哲学系统表所做的说明,见《孙文主义之哲学的基础》的附录,民智书局,1925 年,第 65 页。
③ 戴季陶:《孙文主义之哲学的基础》,第 21 页。戴认为这"育"和"乐"是他从宋庆龄处所藏的孙中山的笔记中看到的,见第 11 页。
④ 同上书,第 30 页。
⑤ Brian Tsui, *China's Conservative Revolution: The Quest for a New Order, 1927—1949* (UK: Cambridge University Press, 2018), p. 42.

2. 革命先锋队与"民族"机体的持存

戴氏一方面批判唯物主义和阶级斗争,另一方面又强调仁爱和民生主义的原理,试图剔除国家背后的阶级斗争基础和社会经济属性。因此,国家在他的民生哲学里就可以扮演一个"去政治化"的角色,并且通过与党的合一来领导国民从事生产建设,从而把大众活动的注意力从经济领域转向与国家的合作互动中去。这样一个新型的国家秩序,实际上是通过建立一套再"儒家化"的礼治秩序为现代世界的中国人重新提供一套日常的行为规范,同时又能够服务于民生哲学背后的经济建设功能。某种程度上,这首先是以去除古典儒家的普遍主义色彩并把它限定在"中国"这个受现代主权学说和法权概念强烈限定的地域空间之上为代价,并以同一化的国族共同体来取代社会经济为核心的阶级范式。

当然,戴季陶并不是突然就转向了重新"儒家化"的方向。早在五四新文化运动正在其顶峰的时候,孙和戴等国民党高层就表示过,不完全同意其中对于传统文化的激进批判态度,孙尤其对其中的废除文言文、实行白话文之说表示不认可。① 此外,筧克彦回向于日本的神道思想与天皇万世一系的国体论以及高畠素之沟通社会主义和日本皇国思想、重塑日本民族的信仰力的观察,对于戴氏返回到中国儒家文明也有重要刺激。既然日本的神权和民族思想是其建国基础,那么对于中国而言打通三民主义与历史上的儒家信仰正是可取之道。② 戴季陶通过这种"民族化的"设定,确实可以批判"幼稚"的苏俄式国际主义革命论调,并通过重新诠释伦理化"民族"与阶级话语的关系争取到国民党在国民革命中的话语权和领导权。戴认为:"'在中国来讲民族,就是国族。'一个同文化

---

① 见《访孙先生的谈话》,《星期评论》,1919 年 6 月 22 日。
② 见戴季陶的《国家精神より見たる支那》一文,《国家及国家学》第 2 卷第 5 号,1914 年。这里笔者参考了张玉萍的论述,见《戴季陶与日本》,第 38—40、95—96 页。

的民族做基础,数千年的中国历史中看,中国是一个主要民族在同一文化当中建设起来的。"①这个同一文化,不言而喻,就是儒家文化为核心的。对于戴而言,这个通过革命政党所承载了的民族—国家是一个什么样的整体?它与列宁主义的革命政党又是一个什么样的关系呢?

戴氏指出,从时空范围来看国家有三种形式,这主要是依据它们不同的组织或者权力支配形式。第一种是君主国,这种国家最容易确定,以君主或皇帝的权力为统治基础;第二种就是贵族国家,欧洲的封建制,中国书经上"以亲九族,九族既睦"的说法也是贵族国家存在的典型例证;第三种是当时最广泛存在的资产阶级的国家,其特点主要是民权性的选举权。②但是这种所谓选举权又只被限定在有财产的人的基础上,欧美和日本都属于这种阶级性很明确的国家。这个"阶级国家",几乎肯定就是"资产阶级国家"了。这三种国家形式从其支配形式或者权利归属来看,都是有限的,无论是君主、贵族还是有产阶级,因此又都属于同一种类型的国家,即是少数的统治者与多数的被统治者截然对立的国家类型。而戴认为,孙的三民主义的国家观构成了一种完全不同的国家类型,它是真正的"民族的全民众的国家"③。不仅如此,戴强调他理想中的国家需要做到民有、民治、民生,发展民众共同的财产。他赋予了国家以一种儒家的"民生"功能和伦理关怀,"国民政府是为人民造产的政府"④。Chiu-chun Lee 很恰当地指出,戴季陶的国族构想实际上不简单的是一种政治结构或上层建筑,它实际上涉及的是一种新的社会理论的重构,戴季陶的国群构成了个人和世界之间关系的一个新的载体,它可

---

① 据戴季陶所记,在一次谈话中孙中山指出:无论哪一国,他们各种思想都是有系统的,社会上对于有系统的思想的观察批评,也是有系统的。政治运动是政治运动,经济运动是经济运动,各有各的统系,都随着人文进化的大潮流,自自然然的进步。戴季陶:《三民主义的国家观》,载《党治训育丛书》第二辑,第四种,第 3 页。
② 同上书,第 14 页。
③ 戴季陶:《三民主义的国家观》,第 15 页。
④ 同上书,第 17—18 页。

以在确保国群特性的同时承继古典儒学里面从个人到天下的普世主义秩序的整套形式架构和伦理关怀,使之免于其社会经济的背景属性,也就是强调它内在和谐统一的一面,而不是压制和冲突的成分。①

另一方面,戴的国群构想也是为了回应苏俄和共产国际的世界革命理论和"后帝国主义时代"的世界秩序问题。在他的解释里,三民主义与其他的民族主义不一样,前者必须要联合那些被压迫的民族,这些民族需要互助才可能生存,这某种程度上非常接近于毛后来阐发的"第三世界"理论。②在批评欧美和日本帝国主义的同时,戴想确立一个自由合作的、民族国家主导的世界秩序,而不是彻底打倒资本主义的帝国主义秩序。③所以,戴氏批评当时苏俄、共产国际和中共所极力推崇的反帝话语和斗争,认为民族之间的生存竞争虽然需要中国取消不平等条约,但是戴认为全方位的、彻底的反帝对于中国革命胜利后即将开始的建设非常不利,因为中国需要孙中山所一直强调的发达国家的知识、技术和管理经验。这在当时的革命语境下存在着削弱其反帝色彩的可能性。

总体而言,戴的国群构想是这样:其内部多元分化的利益与意识形态被民族整体的文化与"主义"信仰所掩盖,并形成了一个对内以仁爱和谐的面孔掩盖的激进文化—政治共同体,对外以被压迫的民族国家联合起来独立于苏俄和欧美帝国主义的世界秩序。而对于党与国同构后的这个伦理化共同体,是否可能会带来新的压迫形式与被压迫对象,中国内部民族之间文明—文化形式的多样性是否可能与坚持儒家化伦理的党—国家存在冲突的问题,戴语焉不详。

---

① "From Liberal to Nationalist: Tai Chi-t'ao's Pursuit of a New World Order"(PhD diss., University of Chicago, 1993), pp. 274-5.
② 戴氏尤其看重中国与印度作为两个被压迫民族国家的重要性。见《三民主义的国家观》,第9页。
③ Chiu-chun Lee 认为,戴季陶的国群化构想是不发达国家在民族国家相互竞争的世界里,可以自我发展、选择适合自己的文化与政治样态而不用屈服于更发达文明的新世界秩序。"From Liberal to Nationalist: Tai Chi-t'ao's Pursuit of a New World Order", p. 276.

3. 党的伦理化与"再儒家化"的"新人"

当然,戴氏看到了其方案的困难,也就是如何保证其儒家化的伦理国家维持文化和政治的同一性问题。在其民生哲学构想里,它所设想的革命政党和国家构成了一个可以替代或者超越资本主义文明的道德经济体系,里面阶级斗争被儒家的仁爱伦理系统所取代,各人都可以安分守己,并服务于整体的国族目标。依此,他一方面批评国民党老党员身上的"自由主义""个人主义"流毒①,另一方面攻击中共以及背后的苏俄和共产国际所宣传的阶级斗争的世界革命理论和他们的"左倾幼稚病"。戴认为,苏俄的理论"过于空想和学理化,需要抛弃唯物史观。学习总理的民生哲学,先争得国家的自由和民族的平等"②。

未来的理想情形,对于戴氏而言,需要通过把统治权掌握在全体民众手里来实行这种无分统治者与被统治者,或者说统治者与被统治者合为一体的国家。但是因为中国民众既缺乏政治意识,又少组织和凝聚力,更没有三民主义的革命意识,所以仍然需要通过先锋队的革命政党及其大众动员来唤起他们。③戴氏在回顾国民党的革命历史时,不无痛心地指出,从民国元年到一大改组,国民党的各种失败正是由于不信奉孙的"主义"、党员组织涣散所致。国群的伦理化首先需要党和党员的伦理化。"以俄为师",强化党员的道德责任、信仰的统一和组织的集中,这正是戴的理论里承继苏俄革命和列宁主义式党治理念的一面。④

国民党这个革命先锋政党,代表了所谓"觉悟的"或用孙中山的三种人区分就是"先知先觉"和"后知后觉"的人群,能够继承从孔子到孙的道

---

① 戴季陶:《国民革命与中国国民党》,第 32 页。
② 同上,第 40 页。
③ 戴季陶:《三民主义的国家观》,第 17—18 页。
④ 嵯峨隆在《戴季陶の对日观と中国革命》里认为,戴是在儒家延长线上的思考。实际上,戴是把列宁主义的政党和儒家的仁爱伦理与"主义"的要求给统一了起来。详见《戴季陶の对日观と中国革命》(東方書店,2003 年),第 65—67 页。

德理念。列宁主义政党在这方面恰恰可以收拾中国人"一盘散沙"的局面,并帮助国民党把中国大众以革命化、现代的方式组织动员起来。即使在1927年"清党"事件后,戴仍然没有放弃"先锋队政党"及其与大众运动关系的价值。因为,重建一个阶级调和、由仁爱主导的现代非资本主义的激进社会,还需要从调整个人的已经败坏的伦理入手。这方面的工作,只能继续由"先知先决"和"后知后觉"、信仰了三民主义的国民党员和先锋型政党本身来做。为此,戴氏批评国民党的入党程序不够严格,甚至提示国民党对于新党员需要设立预备考核期。革命政党内部的集权以及通过政党实行革命带来国家的集权,其价值就在于这里。①

通过党把劳动大众动员起来,让他们信仰以仁爱为原则的民生主义,确保他们不会坚持自己的特殊利益,首先需要党员做好典范。也就是说,一方面,党员需要通过"主义"的信仰和组织纪律的道德化来完成革命政党的建设;另一方面革命政党又可以通过其党员和组织的动员宣传能力来完成革命,并建设一个仁爱道德为主的现代国族架构,实现经济上的富强。这样戴氏的先锋型政党就与一套伦理化的激进文化革命方案完成了同构。这种试图以民族文化的道德伦理来建立内部的和谐一致并克服阶级斗争的路径并不完全特殊,而是20世纪20—30年代全球右翼话语中的一种。②这种强调仁爱与团结的国族文化,往往需要靠国家及其统治者来承担这一灌输伦理主义教育、提升民族共同体的任务。③戴正确地看到了农工运动和阶级斗争的过度发展带来的危害,以及损害统一战线和国民革命的问题,并依此彻底否认阶级斗争,并把民

---

① 戴指出,"我们党的主张行动,都是完全以中央的意思为全党的最高意思。所以然要取这中央集权制的缘故,因为我们要改革中国的政治和社会,非集中国革命者的意志,造成强固有力的统帅机关,以严密的组织,严格的训练,严重的号令来实行革命的主义不可。"《国民革命与中国国民党》,第35页。
② Brian Tsui, *China's Conservative Revolution*, p. 47.
③ Karatani Kojin, *Structure of World History* (Duke University Press, 2014), pp. 234 - 236. 柄谷行人认为路易·波拿巴和墨索里尼以及近卫文麿的"反革命"正是这样一种利用友爱、团结所铸成的意识形态。不过,在中国的情形里,戴氏有吸收列宁主义和大众政治的激进一面,并不是对之前革命的完全逆反。

思想文化研究　461

族文化和仁爱的道德伦理拿来重塑国民党及其党员。这种以民族文化为本位,同时把革命政党和未来的国民革命后的国家当作一个和谐的有机社群来对抗资本主义的经济体系和帝国主义的政治—文化侵略的方案,后来被蒋介石继承并通过新生活运动得以实施。不过,它并没有"完全抽去孙中山学说中的一切革命的东西"[①],而是一方面批判性继承苏俄和共产国际的革命和组织原理,又试图维护中国革命中以国民党为中心的民族文化主体性的一个理论调和的革命方案。

"农工阶级专政"与整全性的革命:以陈公博为中心

在1927年7月的国共分裂之前,以汪精卫、陈公博为首的一批国民党员提出了一条逐渐清晰的"农工专政"的非资本主义道路。这批所谓的"左派理论家"在国民党分共之前就已经开始提出自己的"国民革命"理论版本,试图应对苏俄和共产国际的无产阶级专政理论的挑战,并回应戴季陶的以阶级调和和儒家仁爱文化为本的"儒家化"的激进方案。针对戴季陶的诠释,他们给出了一条不同的国民革命路线和三民主义回应。[②]

1. 农工阶级与以党专政的"社会主义"道路

1927年10月和1928年5月,在反思"清共"和国民革命之成败的基础上,陈公博先后写出小册子《中国国民党所代表的是什么》和《国民

---

① 《周恩来选集》,人民出版社,1980年,上卷,第113—114页。
② 见李志毓:《国民党"左派"的"小资产阶级革命论"》,《长白学刊》,2010年第6期,总第156期,第110—114页;《1928年国民党激进左派的"党治"理论》,《首都师范大学学报》,2011年第1期,第16—22页;《关于"国民党左派"问题的再思考(1924—1931)》,《中共党史研究》,2016年第10期,第87—99页。还有山田辰雄和苏维初,不过后两者更加强调其与之前国共合作时期的断裂性。参见山田辰雄的著作《中国国民党左派の研究》;So Wai-chor, *The Kuomintang Left in the National Revolution* 1924-1931。

革命的危机和我们的错误》①。陈公博的回应首先是以分析共产国际之背后的马克思主义理论为基础的。在他看来,这是分析中国当时的国情以及借鉴苏俄的革命经验所必需的考察,也就是回答国民革命为什么不能走民族内部的和谐以及无产阶级的阶级斗争方案的问题。

作为"五四"后成长起来的一代革命新青年,陈特别突出历史的经济维度。他首先指出历史都必须要通过"物"作为思考的起点,也就是通过经济体系和社会组织、生产形式来观察。②通过这样一套源自欧洲的历史进步主义叙事和经济史观的支撑,陈把国民革命放在横向的与整个世界的政治经济发展水平程度的比较当中。陈认为,欧洲的国民运动与民族革命的发生是因为工业革命的发展早已破坏了农村的封建制度与生产关系,因而必定是资产阶级性质的。③从英国革命到法国、美国革命,以及德国、奥地利和意大利的统一斗争都是这种体现。而中国国民革命的特殊性主要还是归于中国特定的经济发展情形和政治处境,首要差别就是中国面临着帝国主义的政治和经济侵略的事实。

帝国主义带来的特定问题是买办阶级的诞生。他们构成了中国资产阶级的主力,却无法独立自主存在,而是依附于帝国主义列强的经济和政治特权,在重要港口和经济区域寄生性地存在于中国机体之上,所以无法积极参加国民革命、打倒帝国主义和军阀。更重要的是,中国资产阶级不仅不够发达,而且在政治和经济上缺乏组织,造成这种情形的源头同样在帝国主义那里,因为这主要是不平等条约和资本的分散所限

---

① 陈的第二本小册子基本思想来自1928年5月发表于《贡献》杂志的文章《国民革命的危机和我们的错误》,并于同期出版了该小册子。其基本思想都是对国民革命期间的总结,并反思了其中的问题。虽然这一文献发表于第一次国共合作结束之后,但是主要仍是对于前一段革命的总结,故而这里引作重要文本来分析陈公博一派人的思想。
② 陈认为,这才是科学的方法。在此前及其后来的著作中,陈都保持这一看法。国民革命前的观点见其1924年在哥大的硕士论文,Martin Wilbur ed., *The Communist Movement in China* (New York: Octagon Books,INC, 1966), pp.67 - 8。其后的观点,见其《革命与思想》(民族杂志社,1936年),第102页。
③ 陈公博:《中国国民党所代表的是什么》(1928年再版,出版者不明),第7页。

制的。陈更以 1927 年 3 月第二届中执会第三次全体决议为基础指出，"国民党的历史，主义和政策决不能代表资产阶级，而实质地代表的是农工阶级可以下句断语"①。不仅如此，在乡村的地主构成了资产阶级的另一部分，加上其"封建"属性，更不可能加入国民革命，因而只能维护他们破碎的"权威"，呼声停留于"维持礼教和旧学"。陈的"社会革命"话语继承了五四新文化运动的激进反传统面向，不同于戴季陶，他看到的更多的是礼教背后的地主支配结构和压迫性。因此，对于陈而言，可资利用的只能是余下的农民和工人了。②陈更结合考察国民党及其前身的革命史指出，从同盟会时期孙中山所提出的平均地权到辛亥革命后补充的节制资本要求，都证明了在国民革命之前的历史阶段中国就走上了"社会革命"的道路。③考虑到中国半殖民地的特性和帝国主义的问题，即使参考欧洲社会来实施一些社会改良性质的政策，也不可能得到帝国主义和资产阶级的同意。

另一个关键的差别就是国民党的群众基础。在中国的革命运动中，陈认为，资产阶级并没有成为国民党的主要成分。陈指出："现在据本党的调查统计，农民占百分之六十，工人占百分之三十五，其余的都是小资产阶级。（军人在统计表以外）。至于大资产阶级恐占不到万分之四。"④根据这样的成分，国民党只能代表农工的利益。但是问题的关键在于，陈为什么没有直接依据苏俄及共产国际背后的革命理念及突出无产阶级领导权和专政为主的方案呢？依托 20 世纪 20 年代的英文中国年鉴和北京农商部的调查，陈指出，产业和手工业工人统计，大约两千万，占比二十分之一；农民三亿，小资产阶级八千万，产业工人只有二百

---

① 陈认为，这个决议主要是从政治角度强调解决农村的土地问题。《中国国民党所代表的是什么》，第 19 页。
② 同上，第 9 页。
③ 同上，第 11 页。
④ 同上，第 20 页。

七十五万,其余手工业工人有小资产阶级性。所以不能以产业工人的利益作革命的中心。① 这里,陈并没有简单地追随经济决定论的史观,他在认可经济的决定性作用的同时,强调了政治,尤其是组织力量与革命意识的互动在保证农工专政和国民革命方向中的重要性。陈认为,从国民党改组以来,农工阶级在组织上又得到了集中和扩大力量的机会,并通过参与实际的运动和宣传不断增长了革命意识和对"主义"的信仰,尤其是国民党二大以来。②

不仅如此,陈回溯到马克思主义的本源处,评判其理论失误。在陈看来,资产阶级与无产阶级的阶级对立与斗争是建立在无产阶级日益贫困化,经济生产与世界经济日益连为一体的基础上才可能的。但是马克思后的历史发展却带来了三个马克思并没处理好的问题:殖民地问题、中等阶级问题和农民问题。其中最核心的就是中等阶级的被消灭问题。③陈指出,在资本主义制度的内部自我改良下,比如通过入股分红、让工人参与企业管理等各种方式使得发达国家的中等阶级大幅度增加,以至于自命为马克思正统的考茨基和修正主义的伯恩斯坦也不得不承认中等阶级的增加和革命意识的消退。④而发达国家的工人因为殖民地的剥削问题,生活一直比较富裕,实行社会革命的意志也不坚定。这正是列宁所强烈批判的欧洲发达国家的无产阶级变成"工业贵族"的问题。⑤

农民问题苏俄也没有解决,新经济政策里不得不准许农民拥有土

---

① 陈公博,《中国国民党所代表的是什么》,第103页。
② 同上,第24—25页。
③ 陈公博,《革命与思想》,第128—129页。
④ 同上,第131—132页。陈进而指出,中等阶级的增加是马克思判断的致命伤。技术的进步、日常生活的改善、剩余和无产阶级财产的增加是主要原因。
⑤ 霍布斯鲍姆认为这个概念最早来源于恩格斯分析英国工人状况的历史当中,就是工联中的贵族问题。而列宁则把它细化和深化为帝国主义时代的发达国家"工人贵族"问题。见其文《列宁与工人贵族》,*Monthly Review*,1970;引自 https://www.marxists.org/chinese/hobsbawm/mia-chinese-hobsbawm-1970.htm。

地,这是对其无产阶级专政和共产主义的一大打击。因此,陈认为,不能盲目地鼓吹无产阶级专政的阶级斗争,但也不能采取戴季陶这种强调儒家仁爱伦理的社会准则和阶级调和这种彻底否认阶级斗争的非唯物史观观点。在阶级话语的主导下,如何处理革命意志统一的问题?另一个更棘手的问题是,如果农工阶级的核心利益不可能与资产阶级完全相同,那么不同阶级之间的利益与民族利益是个什么关系?

陈认为,当阶级利益和民族利益可能会有相互冲突的时候,这个时候对于农工专政的国民革命而言,必须以阶级利益优先,而不是民族利益。[1]这正是革命政党的目的和要求所在。这样国民革命就由一个"全民众的革命"转向到了"阶级化的社会革命"。而在国民革命中完成社会革命,考虑到工人阶级和农民的组织问题和革命意识,必须要用党来解决这个问题。具体到中国,陈认为目前的中国远远无法直接模仿苏俄的革命方案,即使承认无产阶级的革命意识和组织力,中国也不得不从农工的联合领导出发。[2]从资产阶级的弱小和农工人数的主体地位,首先完成了领导权从资产阶级到农工阶级的转换;而农工阶级的缺少组织与革命意识的问题,又确保了作为"先知先觉"的党员和党组织的决定性地位。这样,就完成了从农工专政到党的领导和专政的转换。

既然国民革命是农工阶级领导的,带有社会主义性质的民生革命,那么如何实施呢?党又应该是一个什么样的党?毫无疑问的是,党必须首先是一个以农工群众为基础的大众型政党,因为革命不是为少数人的目的和要求服务的。但是党内必须实施统一的革命策略和纪律,因此,在陈看来,对于革命党的要求,必须是这样的几个方面:"只有党的组织

---

[1] 陈公博:《中国国民党所代表的是什么》,第24—25页。甘乃光就更直截了当地指出:"所以在民族解放运动中要拥护阶级利益;但要顾到民族利益,因为若果不顾到民族利益,则单独某一个阶级的利益,亦不能达到目的。要打倒共同的敌人,所以要联合一致。阶级利益与民族利益发生冲突时,则以阶级利益为前提。这是民族解放运动中应该采取的利益。"甘乃光:《孙文主义之理论与实际》,上海三民书店,1927年,第61页。

[2] 陈公博:《中国国民党所代表的是什么》,第105页。

没有个人的组织;只有党的意志没有个人的意志;只有党的行动没有个人的行动;只有党的自由没有个人的自由;总结为一句话就是纪律问题。"①党的专政这种革命需求与策略性的考量和革命的前途、未来的社会主义道路彻底合二为一了。陈直白地指出:"党若始终不能专政,国民党只有失败。"②

2. 党化教育与"新人"塑造的"文化革命"

从农工专政到党的专政的转变,这个革命的任务仍然是要完成社会革命。这就既需要学习列宁主义政党的组织和集中化纪律,更需要培养符合党治要求的"社会主义新人"。从党治和革命的要求来看,一方面党的革命是服务于以农工阶级为主体的群众,另一方面也需要通过党化教育来造成支持革命的党员和未来的党化"新人"。因为如果不保证党的专政和党所引领的革命有一个载体,革命很难得到实施和持续推进。那么应该造成什么样的主义化的"新人"呢?

陈的"主义化"新人的要求,实际上既是为了反对党内的戴季陶主义和西山会议派等人,也是继承了五四新文化运动以来对"新人"的主义要求。③王汎森指出,"此时(20年代中期的主义时代)人们认为一个完整的新'人'是能坚确服膺一种主义的,是能过一种严肃纪律的组织生活以从事革命事业,是能'向上'追求光明世界、建立黄金社会的人"④。革命和创造"主义"之下的"新人"以服务于未来的社会,这是一体两面的事情。在陈看来,用仁爱的道德原则和民生哲学的伦理化来塑造一个"再传统化"的革命载体,这种伦理化新人和强调民族本位文化的方案会直接对

---

① 陈公博:《中国国民党所代表的是什么》,第91页。
② 同上,第3—5页。
③ 关于五四青年的代际特征和他们与阶级、社会革命话语的关系,可参看南帆论文,《代际与阶级:青年形象的理论坐标》,《学术月刊》,2018年第10期,第118—129页。
④ 王汎森:《思想是一种生活方式》,第84页。

国民革命中阶级和阶级化的社会革命话语造成负面的冲击。①戴的革命方案主要支持者是那些反对"联俄容共"的国民党元老（尤其是西山会议派诸人）和后来的蒋介石派系，他们与以陈为首的大批"五四"后一代的深受无政府主义和各种社会主义革命话语影响的"新人"差异极大。②陈以接受的阶级话语主导的革命意识形态批判现代"主义"诠释过的儒家伦理，并针对性地提出了一套新的伦理化党员的原则和标准。

陈的设想里，"新人"是通过党的专政来灌输社会主义伦理的，而未来是一个以阶级的平等为基础、但是又消灭了阶级压迫背后的社会和文化基础的农工阶级专政的道路。只有打倒并消灭了买办阶级和军阀，限制小资产阶级的成长，才可能一方面培育社会主义新人，一方面实施农工专政。为何要限制小资产阶级？在陈看来，现代中国的政治主体是以农工阶级为核心的，因而不能重新走欧美的资本主义民主道路，并重新承担孙所说的"社会病"的痛苦。那么在通过党走国家资本主义道路的同时，需要避免小资产阶级的过度发展。③否则，小资产阶级的过度发展会损害社会主义意识的培养和"新人"的塑造工作。

引领国民革命的国民党"新人"不仅要"向前"限制资产阶级，打倒买办和帝国主义，同时还需要"向后"批判和打倒以家族文化为基础的强调内部统一和谐的民族文化共同体的戴季陶主义。陈认为，打倒军阀，首先是要打倒军阀背后的封建制度和官绅阶级。打破封建制度和军阀不仅仅是重建现代中国的政治的要求，因为"近代的国家建立在人民上面，

---

① 邵元冲也看到了戴之理论的洞见就是在改组联俄的基础上如何保证党员统一行动和塑造"主义新人"的问题。见戴季陶：《国民革命与和中国国民党》后记，第67页。
② 大量被中共党团作用排挤的革命新青年也拥抱了戴季陶主义，这可以通过黄埔军校的"孙文主义学会"等略知一二。革命新青年肯定不是铁板一块的。
③ 陈认为，限制小资产阶级需要从如下几个方面做起：注意限制小资产阶级的过度发展。首先是节制资本，大力发展国家资本。其次必须通过政治和经济手段使其成为社会生产辅助的一员，减少其阶级性。最后是通过党员和党防止农工和小资产阶级之间相互冲突。《中国国民党所代表的是什么》，第116—119页。

中国是建筑在家族上面的"①。过于突出孙思想的中国性以及孙与孔子的关系是片面化了孙的革命理论来源,对于陈而言,孙的理论和实践都是面向世界的,而不是局限于某一单一化的时空。"儒家"在陈的眼里,成为一个特殊化的意识形态与伦理原则,必须要被以社会经济为基础的阶级话语和社会革命的伦理原则取代。那么结果是明显的,陈指出,国民革命的三个目的缺一不可:第一,求国家的自由平等——国民革命;第二,领导东方民族反帝国主义——世界革命;第三,排除封建制度和思想——文化革命。②前两条实际上与戴季陶在认识上并没有显著差别,差别在国民革命的领导阶级问题,更重要的差别在第三条。

对于陈而言,新的社会主义文化需要通过党的专政和党化教育来实现,这种党化教育的实现必须要同时从文化运动和社会经济入手。党化教育首先需要从青年学生开始。孙所亟亟以求的一个重点就是把教育放在党的指导之下,筹备新的国立广东大学就是为了实现此一目的。③在陈公博等看来,党化教育,如果参考苏俄,那就必须建立一整套党化的教育机制,从青年学生到平民,都处于党化教育的笼罩之中。最直接的就是建立党化的大学教育系统,模仿苏俄的莫斯科大学的制度。④实际上,党化教育让青年学生信仰三民主义,正是孙本人的重要考量和三民主义的必然要求,后来积极反对联俄容共的邹鲁也承认这一点,也即是在革命的"红"与高等人才的"专"之间如何有一个全面的把握。⑤

不仅是党对教育系统的控制,更重要的是在大众政治和群众运动中

---

① 陈公博:《中国国民党所代表的是什么》,第82—83页。甘乃光也指出,"现有许多革命同志,以为孙文主义的出发,是以仁爱为其基础。实在无论什么改造社会的思想,那一种不是以仁爱为出发点呢?若用思想的终极目的来判别各派思想的异同,恐怕这是徒劳无功的事业。无论何种思想的判别,是在其改造的方法,孙文主义第一步的工作。要打破封建制度。孔子的学说,是封建制度的维护者。"《孙文主义之理论与实际》,第8页。
② 陈公博:《中国国民党所代表的是什么》,第38页。
③ 邹鲁:《邹鲁回忆录》,东方出版社,2010年,第104页。
④ 甘乃光:《国民党党史概论》,上海北新书局,1927年,第34页。
⑤ 邹鲁:《邹鲁回忆录》,第106页。

来教化群众,培养未来的党员以及革命主义的信徒。①在政治运动中,党员必须要和群众保持联系,否则就会官僚化和腐败化。做一个合格的政治运动指导者,不仅需要从组织上与党的主义和决议保持言行的一致,更需要党员彻底与民众运动统一化,也就是在民众中去自下而上地引导民众运动。②如果从国民党以前失败的历史中看,革命之失败正是因为党本身脱离了与群众的联系和失却了"主义"信仰,而没有"党化"的党员和群众的支持,革命必定难以持久。③忽视革命的"主义",党无法保持革命性;而失却对于党员的"主义"驯化和教育,党可能会变成其本要革命的对象——"军阀"。在陈看来,只有通过革命意识的灌输,也就是党化教育和与群众的革命联系,才能保证党始终的革命活力和坚定的革命意识。而且打倒军阀、封建制度及其文化基础,重建一个理想的、平等的、无阶级社会的重要作用,更需要从下而上的政治—文化运动。陈指出:"我们排除封建制度,非根本从下层改造不可。打倒军阀,仅是上层的封建排除,建设新的社会,才是下层的根本改造。"④

陈的核心主张,加强党的权威与专政、推进党的民主化大众化都成为日后以陈、顾孟余等为核心的"改组派"主张,只是其主体从农工阶级变成了更加区分于中共无产阶级话语的、所谓"小资产阶级"的革命路线。陈此前所坚持的主张,要求国民革命必须做到这样一个整全性的文化—政治革命,才可以真正通过现代列宁主义革命政党和农工专政的阶级文化实现党化和塑造新人,并没消失。通过文化革命,把文化"政治

---

① 甘乃光:《国民党的几个根本问题》(上海南强书局),第 20 页。
② 甘详细地指出:"国民党的政治家,要常常站在国民党的立场上来做党的政治运动,不特不能违背党纲,与党的决议;并且要积极谋取党义的实现⋯⋯第三,他不独要站在党的地位上来做政治工作,并且要引导民众来参加政治运动,使民众运动,因在党治之下,可以日益发展;他并且要运用民众力量,来做政治的后盾。我们现在虽然讲不到阶级政治,但是党的官吏应该代表大多数被压迫阶级的利益。"见《国民党的几个根本问题》,第 22—23 页。
③ 陈公博:《中国国民党所代表的是什么》,第 92—93 页。
④ 同上,第 87 页。

化",才能打倒戴季陶等所构筑的"再传统化"三民主义的努力,同时为社会主义构筑一个世俗的意识形态基础和革命的"新人"。这样的一个革命方案的持存,其塑造"新人"的意识形态基础能否持续保证其革命性和吸引力,动员大众,陈及其身后的改组派并没有找到相应的路。

"共和"与"阶级话语"的复合：
以廖仲恺为代表的共和—社会主义话语

重新诠释晚期孙的三民主义和"以俄为师"的革命方案,除了戴季陶的以阶级调和和仁爱的"再传统化"的伦理化国群设想,以陈公博为代表的不否定阶级斗争、强调农工专政和以党化教育来培育阶级化"社会主义新人"的方案,还有另一种：以晚期孙中山和廖仲恺为代表的试图融合、打通 19 世纪的共和话语和 20 世纪的社会主义话语于一体,但同时却在中国古典传统和历史道路、彻底的阶级话语中间保持稳健的一条复合型共和—社会主义道路。20 世纪 20 年代的观察家、日人橘朴,把握到了孙廖方案可能的价值。[①]这一种方案除了晚期的孙和廖,在国民革命的历史中,只有甘乃光和邓演达部分把握到了这一道路的可能性。

1. 激进的政治革命与温和的社会革命

以陈公博为代表的"五四"后一代的革命青年试图以"社会革命"和阶级话语取代孙廖等所继承的辛亥"共和"话语,这与"共和"在民初的失败有关,也跟五四新文化运动后对政治的理解不断"下行"有关系,更与

---

① 他指出："一方面无产阶级的组织运动有所发展,另一方面国民党的所谓节制资本也在一定程度上产生他们所期待的小国,那么阶级对立便无法避免,且两者之间的斗争也无法预防。但即便在这种情况下,支那民族也不会如同今日这般,因为资本主义社会出现的大规模、深刻的社会顽疾而困顿不已。如果想要达成孙文所理想的无阶级共产社会这一目标,相比共产党的方式,孙文的做法或许耗时较长,但却平稳得多。"橘朴：《中国革命史论》(日本评论社,1950 年),第 34—35 页。

他们进入所谓的"20世纪"方式有关系。①在孙和廖早期开始关注社会主义理论和实践之时,他们就强调必须一方面通过实施社会革命性质的改革来突破欧美民权和选举制度之弊端,切实做到他们所看重的共和方案和直接民权;另一方面,又坚持必须通过共和政治和公民的参与、自治,才能防止社会革命的结果崩坏,使得国家或者党的专政蜕化为新的"强权"和支配形式。孙让廖翻译美国学者威尔克斯(Delos F. Wilcox)的《全民政治》就是最好的体现。②

1919年10月8日孙在演讲中指出,今日改造中国的第一步方法"只有革命",实业、地方自治等"还不能认为是第一步的方法"③。激进的政治革命、推倒帝国主义扶持的北洋政府和各地军阀正是革命之第一步,也就是通过国家独立来摆脱帝国主义及其附庸军阀和买办阶级的压榨。国内的经济问题、实业不发达和军阀的活动,都归根于帝国主义的政治侵略(主要是各种不平等条约带来的政治和军事威胁)和经济侵略(尤其是关税自主问题、金融侵略和外债)。所以,若从根本解决,关键在于打倒帝国主义。④另一方面,廖追随孙,很早就看到了现代社会必须有稳固的经济基础才可以真正履行其各种"天赋"或者"法定"的权利,并通过反思现代代议制的弊病和资本主义所带来的阶级矛盾和贫富差距的非人道一面,主张追求"直接民主"的"真民主"才是达到理想社会的途径。政治上的直接民权和社会经济上的平等(民生)二者是互相依赖的。在他们眼中,社会革命最终是为了达到民众的真正自治,共和与民生的社会主义是在同一个视野中处理,因此不能采取陈公博等通过社会经济问题压倒政治问题的方案,也不同意戴氏的把国族"儒家"化来塑造一个

---

① 参见汪晖《世纪的诞生——20世纪中国的历史位置(之一)》,载《开放时代》,2017年第4期。
② 廖的文章《全民政治》正是为该书所作的序。见《廖仲恺全集》,上海三民公司,1928年,下册,第30—40页。
③ 《孙中山全集》,中华书局,2011年,第5卷,第124—126页。
④ 廖仲恺:《帝国主义侵略史谈》,载《双清文集》,人民出版社,1985年,上卷,第856页。

和谐的仁爱共同体的进路。①

廖坚持两条独立并行的分析脉络,一条是彻底的社会经济分析脉络,另一条则是从政治的独立性以及政治因素在中国社会中的独特性来看的。因为激进的直接民权和共和政治必须得先解决经济问题,民生问题决定了为什么要革命。廖仲恺认为,在第一阶段,革命党首先需要做到的是从实际宣传和斗争的角度出发,其侧重点在民生。但是在中国,民生问题的解决不能直接照搬马克思主义的阶级斗争和激进的社会革命手段,原因就在于中国经济不发达。②廖认为,俄国革命之所以能够采取激烈的土地革命政策正是因为之前的阶级压迫之深和反动势力的强大,而且还有远比中国发达和集中的资本主义工业。中国社会经济方式不够发达,资产阶级过于弱小,所以要从土地平均和资本的节制出发实行温和的社会革命。

孙廖与戴季陶、陈公博等理论立场一样的是,都高度地认可党指导下的群众政治的作用。不同的是,胡汉民、戴季陶等人将国民党定义为"全民党",这是从理想出发,利用"全民"的名义,而陈公博等将国民党的阶级基础确定为农工小资产阶级。③实际上,孙和廖等的定义涉及如何从政治与经济关系的互动中把握大众政治与未来的共和政体下的"公民"。可以肯定的是,他们不认可陈公博所坚持的突出经济的决定性,不

---

① 这点与欧洲诞生的现代社会主义思想形成了鲜明的对比。柯尔在检视了欧洲早期的社会主义思想中后指出,无论是法国的圣西门、傅立叶还是欧文都有这样的看法,即:"社会问题"看成是一切问题中最重要的问题;任何以人们争夺生活资料为基础或者是鼓励这种争夺的社会制度存在,会与上述的任务不相容;不信任"政治"和政治家,并且相信未来的社会事务的控制权主要应该由"生产者"来掌握,而不应该由议会或部长来掌握;如果人类在经济和社会事务方面能够妥善地组织起来,各种传统的政府机构和政治组织就会很快消失,一个国际和平与合作的新世界就会出现。详见其《社会主义思想史》第一卷,商务印书馆,1977年,第9页。这样一种通过社会问题否定政治的自主性和独立性的方法,也被后来的不同形态的马克思主义者所继承。
② 廖仲恺:《孙中山平均地权论释》,《双清文集》上卷,第924页。
③ 李志毓:《关于"国民党左派"问题的再思考(1924—1931)》,《中共党史研究》,2016年第10期,第87—99页。

完全承认政治的独立性的理解。①通过社会经济问题否定人的政治和公民意识以及人的多样性存在,是孙廖等从中国革命的任务和主体性的要求来看不可能同意的。

这种经济—政治并行的思考伴随的具体策略有两个。首先,从社会经济角度而言,采取平和的手段解决生产和分配问题,需要民众自下而上的合作与民主运动解决。"顾中国政治革命顿挫频仍,腐败势力,以利相结,扫除涤荡,尚不知竟于何时。公营政策之成功,自难企行于现行制度之下,则所余以为解决生产分配问题之平和手段者,惟人民合作之运动耳。倘消费者能互相团结,以谋自助,则资本主义之跋扈,不致自灭,而产业的民主之基础,于以构成矣。"②廖的设想,就是通过农民、工人的合作来实现耕者有其田和工人参与企事业的经营、管理与所有。这样通过温和的、从下而上的合作社和社会革命政策,就可以达到民主社会主义的效果。③其次,通过阶级的消灭彻底实现无压迫、无支配形式的共和政治。这个阶段按照廖的设想,是一个非常遥远,且需要通过社会经济的发展和平均地权、节制资本,把土地的增值和国有企事业彻底归所有公民享有才能实现的。

孙廖认为,"革命主体"既不可能是伦理化的同一的"国族",也不完全是被压迫阶级的农工阶级,而是一个开放性的主体,认可未来政权的全体公民。只有这样,才可能避免党的专政与这种伦理化的民族主体或者阶级化的农工主体结合,而成为新的支配形式。廖指出,"革命"与"反革命"只是虚名,只有站在多数民众(对于当时的国民革命而言,是农工阶级)的利益,而不执着于特定的革命主体,才有可能避免革命与反动的

---

① 陈指出,看历史演化规则,他自己比恩格斯更重视经济,因为恩格斯单独承认传统习俗,而他自己认为这也是建树于经济不断的变动。见氏著《革命与思想》,第98—99页。
② 廖仲恺:《消费合作社概论》,《双清文集》上卷,第931页。
③ 廖仲恺:《孙中山平均地权论释》,《双清文集》上卷,第926页。

循环。[1]

2. 党治革命模式及其自我否定

孙在确定联俄后学习的重点,就是如何改善国民党的党组织。也就是说,一方面对内加强国民党的组织和纪律建设,其重点就是通过从全国到区县的党组织制度的建立,以全国代表大会为最高权力机关;另一方面针对党的外部关系改进与民众组织的关系,加强革命宣传,发展群众的公共性和革命意识。通过先完善和巩固革命党的主义和组织,统一党员的行动与意志,再在国民革命成功之后去治理和建设国家,这就是"以党治国"的革命模式的第一层含义。这一点上,廖是孙改组国民党最为积极的支持者。[2]在孙的观察里,西方社会早已被社会问题和经济上的贫富差距所削弱,单纯代议制并不能解决社会的共识问题,民国后的局势更是纷乱。因此,孙的民主革命首先强烈呼求一种同一性和政治共识的塑造,党的组织改造和纪律化要求正是实现此一目的的理想途径。

孙中山从组织和意识形态上去改革国民党时,区分出两个层面的工作:第一,通过发动群众、联合革命力量推翻帝国主义和军阀的统治,实现革命的一步;第二,"将党放在国之上",由"党来治国",训政的主体由军政府换成了国民党。国民党就是中国革命的先锋队。先锋队就意味着它在道德和政治行动上必须要做好典范作用。在廖看来,党应该是民众的代表,党权的基础在于民权,民权是党权的实质。如果党权最后通过革命不实现民权,那就背叛了革命的初衷。所以,在国民党一大期间,孙亲自手写的《国民政府建国大纲》的第二条到第四条规定,建设的顺序

---

[1] 廖仲恺:《革命派与反革命派》,《双清文集》上卷,第759—760页。
[2] 何香凝:《在粤军追悼廖仲恺陈秋霖大会上的演说》,《双清文集》下卷,第14页。

是从民生到民权到民族。①在"军政、训政、宪政"三阶段的顺序里,第一阶段以革命党"革命"来建国;第二阶段通过以党治国,党一方面通过带领民众实施训政来培养其自治能力和参政能力,另一方面则从民生开始建设,解决社会经济的发展与均富问题;第三阶段实现三民主义的"宪政"诉求,也就是彻底的"共和"与公民的完全自治。孙特别强调通过革命党发展民众的公共意识和治理能力,在运动中让民众能够真正成为"公民",实行"全民政治",而不是单纯地停留于哪一个阶级或者党本身所实行的专政,从而达到共产或大同社会。真正的民权,必须是打倒了社会经济和文化上的压迫阶级与统治阶级,让民众彻底实现自我治理和参政。②

但是民主集中制的引入和共和的直接民权的问题并不容易解决。民主集中制本身并不必然会导致不民主,关键是如何处理好党的领袖与国民党最高权力机关全国代表大会的关系,尤其是全国代表大会及其产生的中央执行委员会能否实施层层选举的制度形式。在国民党改组之时,鲍罗廷依托孙中山的领袖权威推进国民党的"列宁主义化",并通过决议维持和强化了孙中山的特别领袖地位,孙对于所有党务仍有最终决定权。不过,虽然民国国会的乱象、贿选和"猪仔议员"曾经让孙彻底失去了对于民初议会政治的信心,孙认定民众不能只在这一阶段实行民权,但是孙和廖仲恺仍然强调用直接民权来批评欧美的代议政治和财产制做基础的选举权。这点在联俄的过程中也不曾改变,因而意义重大。

比较来看,列宁主义首先是通过历史唯物主义和经济基础的作用否定了政治生活和民主架构的现实性,因为生产关系的改变最终会决定人们之间权力关系;其次,它坚信作为阶级斗争和阶级压迫的产物,国家本

---

① 荣孟源主编:《中国国民党历次全国代表大会及中央全会资料》(上卷),第34页。
② 甘乃光:《孙文主义之理论与实际》,第34页。

身和其民主形式都会随着共产主义的发达归于灭亡;最后,在进入共产主义阶段的路上,政治本身和民主生活都会被党所领导的无产阶级群体里面的技术和科学管理所取代,专家的权威与党的权威结合起来。①但是,对于孙而言,他所推崇的民主和直接民权是国民革命成功之后必须要实施的,是对以党治国的补充和制衡。《建国大纲》第三条就规定:"故对于人民之政治知识能力,政府当训导之,以行使其选举权,行使其罢官权,行使其创制权,行使其复决权。"②对于孙而言,广土众民的限制下,实行直接民权的最好办法就是地方自治,以县为单位。但是鉴于中国传统君权政体的制约,民众需要大量的训练才能实施此一直接民权。当党通过彻底革命方式完成军政阶段,实现国家统一,那么就是帮助各个县筹备人民自治阶段。③

国民革命成功后的社会主义建设和直接民权的实施,二者互相促进。④而到国民革命后建设社会主义的阶段,廖也不赞成国家包办一切重大产业或公司,实行彻底的中央集权式计划经济制度。廖与陈公博不同,对国家资本主义及大型国营企业,廖更看重从下而上的组织。在大型的国营事业与社会合作类型的组织之间,他突出社会的合作组织。廖曾特别分析消费合作社的情况,认为这种组织的规模适度,能够培养真正平等和友爱的政治—经济共同体;经济上的自下而上的组织不仅能帮助解决民生问题,减低甚至免除资本主义内的剥削,甚至还会直接帮助民众养成互助合作和独立的习惯,对未来的民众自我治理与限制国家的膨胀有重要作用。⑤另一方面,中国的实业不够发达、政治上的腐败以及经济命脉被帝国主义控制,都使得中国难于获得集中化的大资本来从事

---

① 参考自尼尔·哈丁:《列宁主义》,第六章、第七章。
② 荣孟源主编:《中国国民党历次全国代表大会及中央全会资料》(上卷),第 34 页。
③ 同上书,第 35 页。廖也高度认可,见其文《全民政治》,《廖仲恺全集》,下册,第 40 页。
④ 廖仲恺:《各派社会主义与中国》序,《双清文集》,上卷,第 741 页。
⑤ 廖仲恺:《消费合作社概论》,《双清文集》上卷,第 928 页。

国有化或者公营政策。只有通过小规模的公营事业和自下而上的合作组织才能保证"共和"与社会主义的兼容。

廖看到,俄国革命成功之后开始实施的正是废除私有制,生产分配一方面交给国家机关,但是也交给人民合作社。因为公营政策的实施,若非人民在政治制度上,对于国家营业机关能实行有效监督,且能有适当的处理办法和相应的组织力量去应对,则"其流弊所至,轻则浪费,甚则腐败,名则以利社会,实则以饱私囊。其在政治罪恶昭彰之国,厥弊尤不易免"①。这就必须用民众的自发组织和直接参与来限制国家机构的过度膨胀。因此,只有这种小规模的、大众自发组建的社会经济合作组织,才可以补充并消解党和国家专政的弊病,实现共和民治。用党的专政否定它自身,这正是孙和廖在看到了这个"集体"可能带来的压迫性和与未来的"共和"之公民之矛盾而作出的创造性设想。

孙、廖等人在以俄为师的过程中,发出了与卢森堡式的对于俄国革命的质疑。②根据列宁主义的原则,在革命阶段,显然"夺权"是决定性的政治行动,这时必须用有组织的革命暴力,也就是列宁主义先锋型政党结合群众去砸碎旧有的支配机构。但是,从激进平等和直接民主的角度看,列宁党的夺权模式很可能会带来新的威权、统治形式和不平等结构。因此,一方面要在国民革命阶段就赋予各种类型的群众组织相应的活动能力和架构,另一方面,就要在群众的社会经济实践和政治活动中培育社会主义的"新人"。这是廖仲恺重视民众运动和参与政治本身,而不是简单地为了国民革命之成功培养革命党的群众基础之故。

3. 大众政治与"公民化"的伦理革命

在孙看来,即在中国这样一个"民智未开"和经济生产方式尚未达到

---

① 廖仲恺:《消费合作社概论》,《双清文集》上卷,第929页。
② 详见卢森堡的《论俄国革命》(*The Russian Revolution & Leninism or Marxism?*)(Westport, Connecticut:Greenwood Press, 1961),p.62。

欧美资本主义国家水平的社会—经济结构里,强调政治既有其高度的现实性和策略意义,也与其之前注重行动的共和式民主观有关。政治的力量,作为"促人群进化之唯一工具",政治"足以改造人心、改造社会,为用至弘,成效至著"[1]。孙引用亚里士多德名言"人是政治的动物",强调人之所以异于动物、谈论和参与政治的必要性,尤其是在国民革命后如何在政治活动和社会运动中去培育符合公民自治精神与参与理念的公民文化。

在国民党改组和联俄容共过程中,廖更加积极地评估大众政治的作用。在他眼里,"主义"化的党指导下的民众运动远胜于武力的、革命的军队。国民党改组后,廖特别注意培育农工等民众的组织和运动,并在历次事件中对他们积极支持。廖在任广东省长期间,颁布组织农会的命令。[2]此后廖更通过国民党中央执行委员会颁布农民协会章程,大力资助农民的自我组织。指导农民运动时,廖特别强调并不需要组织农民入党,重要的是对他们进行革命意识的宣传与教育,这样既可以使农民支持国民革命,又能强大自身;革命成功后他们也有足够的能力保护自己和参政。[3]1924年11月的广宁县农会与民团冲突,廖派军队支持农会打击民团、降低租税的要求。在镇压商团叛乱和支持省港大罢工上,廖更是突出了民众的自我组织和自发运动的重要性。[4]对于廖而言,罢工不仅是经济性的、改善工人条件的运动,也不仅是废除不平等条约的先声,更是通过结合工人群众自发性来对抗帝国主义和军阀等压迫势力,锻炼民众的政治意识和自由意识的关键。他对于工农群众在革命中的地位的新认识,让他特别致力于农工的组织工作。这种组织工作不是单纯地服务于国民党的国民革命,而是根本性地赋予被压迫民众和弱势群体以

---

[1] 《孙中山全集》,第五卷,第563页。
[2] 廖仲恺:《为协助组织农会致广东各县令》,《双清文集》上卷,第668页。
[3] 廖仲恺:《农民运动所当注意之要点》,《双清文集》上卷,第698页。
[4] 廖仲恺:《在省港罢工工人第七次代表大会上的报告》,《双清文集》上卷,第862页。

组织化、运动化的力量来保卫自身。这是坚持"以俄为师"和与共产党通力合作发展群众运动和组织势力的同时,廖很少用陈公博等的阶级话语的真正原因。①

而革命成功之后建立的国家里,管理国家不仅仅是民众的权利了,更是民众的义务,党的专政和夺权必须要服务于这一目的。而这就需要具备革命意识的民众做政治和道德典范,通过"先知先觉"带领"后知后觉"。这种政治主体与王汎森所说的经过五四新文化运动到大革命时期"主义化的新人"类型并不完全重合。②如何培育适合国民革命和国民革命成功之后的新人?廖等特别强调在新式的社会经济组织中培育新的团结合作、公民自治的伦理文化。这种公民团结合作、却又尊重独立性的文化,一方面是为了拒斥现代社会之恶性发展的利己化"个人主义",同时也是反对那种以"国家共同体"或者"阶级专政"为名彻底消弭个人之平等和自主意识的压迫性"集体文化"。廖在分析消费合作社的历史时指出,这种组织类型相比于国家或者集产的社会主义,更能创造出新的适合"共和"的直接民权和社会经济上的社会主义之优势。③国家或者集产的社会主义固然能够集中资本发展重大生产,但是个人在集体中一方面容易丧失其自我,另一方面又容易养成依赖组织或国家的行为习惯,最终会消耗尽个人与组织的双重活力。而过度的"自我主义"往往会瓦解组织和团体,最后只能让资本主义的伦理和消费文化盛行。④消费者或者农工等大众通过其在组织中的大会形式直接参与管理,不仅可以培育未来民众的公共意识和民主文化,同时还可以减轻国家机构和政府

---

① 李志毓就指出,廖从未信奉和宣传过阶级斗争理论,也极少用阶级话语来分析中国的社会问题和国民党的统治基础。见其文《廖仲恺与国民党左派的社会思想》,《广东社会科学》,2016 年第 3 期,第 126—127 页。
② 王汎森:《思想是一种生活方式》,第 89—90 页。
③ 廖仲恺:《消费合作社概论》,《双清文集》上卷,第 929—930 页。
④ 同上书,第 929 页。

的恶性发展背后的官僚主义及其对民权的侵害。[1]但另一方面,针对革命的现实和民众容易陷入经济的局限之中,廖强调"先知先觉"的革命党人与受宣传和引导而起的"后知后觉",来实行革命和革命后的民治。而这样的先知先觉是极少数,作为后知后觉的大众则需要被精英主义的典范公民所引领,这点又恰好符合孙的"以党治国"和以俄为师的历史选择。

结语

不论是戴季陶的伦理化国族方案,还是以陈公博等为代表的强调农工专政的激进阶级话语,抑或是湮没于国民党历史中的复合型共和—社会主义话语,在一大后"以俄为师"的背景下,他们都坚持以改组国民党作为中国政治和社会重建的根本入手处。他们认定当前首要任务就在于造成一个统一强大的、革命群众的国民党,并以此来打造真正的"党—国""党军"和党所领导的统一的民众运动,这正是列宁主义在中国被迅速接受的部分。但是国民党内对于革命的主体(是民族、农工专政还是"先知先觉"与"后知后觉"的革命精英)和党的关系本身从来就没有一个稳固的理解,对于列宁主义革命道路从来就没有完全赞同过。[2]

只是,戴季陶的再传统化的、内部和谐一致的党一旦与国家同构,而大众运动又处于党和国家的掌握之中,它很容易蜕化为某种极右翼的、压迫性的"国家主义"方案,蒋介石此后的"新生活运动"与特务恐怖政治

---

[1] 廖仲恺:《消费合作社概论》,《双清文集》上卷,第929页。
[2] 比如王奇生的代表作《党员、党权与党争:1924—1949年中国国民党的组织形态》修订本,华文出版社,2010年。而中共党史学者陈永发也这样感慨:"1924年,国民党继共产党之后,根据列宁主义的组织原则改组,但始终无法脱胎换骨,成为一个无论思想上或是组织上凝固力均强的革命政党。同时国民党也没有发展出动员群众的能力,为其政权建设取得一个全新基础。"见氏著《中国共产革命七十年》,联经出版社,2001年,第31页。

的结合证明了这一点。而陈公博等强调的区别于苏俄和共产国际、坚持农工专政的社会革命与文化革命方案,其成功取决于是否有稳固的革命群体和能够持续把民众动员起来的社会和政治机制,以及被"主义化"的"阶级新人"的存在。否则,这种缺失稳固革命主体的话语和方案很难维持自身的持存,而且容易丧失其革命性。改组派后来的命运就是证明。而孙和廖则坚持用全民政治、共和话语去调和激进的政治革命与革命成功之后温和的社会革命方案。他们认为,要实施党内民主,并通过党来推动和实施民众的参与共和政治、提升民众政治能力,为将来的地方自治奠定基础,这是一个与党的专政引领革命的并行的、不可分割的过程。20世纪后期的中国历史既证明了孙、廖的远见,也证明了他们担忧的问题的复杂性。革命在历史发展过程中蕴藏了走向否定自己的因素。

(卢华:中国社会科学院近代史研究所)

近代中国世界语与"无根"的世界主义初探*

邓 军

近代以来,建立现代民族国家成为中国知识分子追求的主要目标。这意味着19、20世纪之交的中国不仅要重新检验"中国社会政治秩序的结构基础",还需要在新的空间理解中国。① 正是由于民族主义在全球的扩张,它又滋生出一种与其既匹配又矛盾的世界主义(Cosmopolitanism),而这两种主义几乎贯穿了整个近代中国各种思潮与革命实践。它们相伴而生,间或有力量的消长,它们之间的变奏勾画了现代中国思想与革命的线索。

在对近代中国世界主义的研究当中,有两种看法非常有意思。一种以张灏、许纪霖为代表,他们认为近代中国的世界主义与中国传统的天下主义思想有关,有助于中国人接受近代西方的普遍"公理",并为中国人接受马克思主义奠定了基础。② 两位先生的研究,对天下和公理式的世界主义抱有强烈的同情的色彩,随之他们所界定的世界主义也更具有正面的、普遍主义的内涵。另一种以列文森为代表,他认为近代中国面临一种"世界主义"更替的情况,此前的儒家是一种文化世界主义,但是当中国

---

* 本文系上海市哲学社会科学规划青年项目"20世纪二十年代马克思主义在中国传播过程中的青年接受史研究"(编号:2017EDS001)的阶段性成果。
① [美]阿里夫·德里克:《中国革命中的无政府主义》,孙宜学译,广西师范大学出版社,2006年,第50页。
② 张灏:《重访五四:论五四思想的两歧性》,《幽暗意识与民主传统》,新星出版社,2006年,第221—223页;许纪霖:《家国天下:现代中国的个人、国家与世界认同》,上海人民出版社,2017年,第414—436页。

试图成为民族国家的时候,儒家就变成了地方主义(Provincialism),取而代之的是一种新的、西方的世界主义。进而,他把西方的世界主义划分成共产主义的世界主义与资产阶级的世界主义。最终,他要回答的是资本主义为何会在中国失败,他归结为资本主义的世界主义的"无根"性(Rootless),即相信普遍人性、非功利性和超越民族性,而共产主义则因容纳民族主义使得其世界主义获得胜利。[1]

列文森所认为"无根"是资产阶级世界主义的特点,然而它却是五四时期知识分子信仰的基于启蒙理想的"公理",代表了一种全球的普世价值。[2] 这之间存在明显的矛盾与歧义,同时也提出了一系列的问题,资产阶级的世界主义与帝国主义什么关系?"无根"是资本主义的世界主义特征,还是世界主义的总体特征?五四时期知识分子所信仰的"公理"是超意识形态的世界主义,还是资本主义的世界主义?最后,它的疑问落在"什么是世界主义"这个问题上。这也促使笔者进一步思考近代中国世界主义的内涵及其性质,并借用列文森"无根的世界主义"这一概念来反思近代中国追求的世界主义之"根"到底何在。

世界语(Esperanto)一经产生,进入中国便天然地被看成是世界主义的。它在中国一度风行最后又无法凭自身落地生根,通过它的发展轨迹来探讨近代中国世界主义的"无根性"也许是一个值得进行的尝试。

一、什么是世界主义?

世界主义并不是一个严格的概念表述。世界主义的词源和意义都来源于古希腊,Cosmopolitanism 由两部分组成,kosmo 指的是世界和

---

[1] Joseph R. Levenson, *Revolution and Cosmopolitanism: the Western Stage and the Chinese Stages*, Berkeley and Los Angeles: University of California Press, 1971, pp. 3, 31.
[2] 许纪霖:《家国天下:现代中国的个人、国家与世界认同》,第 414—515 页。

宇宙,polis指的是城市和城邦,意指世界城市/城邦。而最早提出这个理念的则是斯多葛学派,他们认为宇宙是统一的,而人能够基于理性,超越种种差异性,追求人类共同体所存在的善,这就是世界主义者。[①] 在很长的一段时间里,世界主义在西方并不是那么一种重要的思想。但是,近代民族国家由于领土、贸易、宗教等方面的冲突常常以战争的方式来呈现,1795年康德出版《永久的和平:一个哲学批判》提出一种世界主义的法律与权益,期翼消弭民族国家的暴力战争,重建国家间的和平。此后,世界主义愈来愈成为一种重要的思想,来回应民族国家冲突、意识形态冲突、文明冲突、全球化等问题。可见,世界主义的思想在西方由潜入显,是近代民族国家扩张所带来的结果,其中以人类的理性克服非理性的暴力与冲突又使得它具有明显的启蒙运动的思想特征。

然而,世界主义并未因其重要性,而使得其概念得到澄清,反而因各个领域的混用,使得它愈发显得暧昧而模糊。因此,当我们谈论世界主义的时候,需要清楚地知道是在什么层面讨论这个问题。王宁认为我们主要是从三个层面来讨论世界主义:哲学层面的世界主义、政治学和社会学的世界主义、文化艺术层面的世界主义。[②] 蔡拓更是进一步细化,从领域、强度、关系、反思四个向度对世界主义进行类型分析,以领域的划分包括道德世界主义、政治世界主义、法律世界主义、制度世界主义、经济世界主义、正义世界主义、文化世界主义和消费世界主义八种。其中,道德世界主义是核心,贯穿于其他各种世界主义当中。[③]这些类型的划分恰恰反映了世界主义作为一个概念的非严密性和多重诠释性。

在乌尔里希·贝克(Ulrich Beck)这里,界定世界主义的内涵已经不是最重要的了,更重要的是将世界主义当作一种反思的方法,突破一种支配

---

① 王晶宇:《法理学全球化范式研究》,吉林大学博士学位论文,2008年,第83、90页。
② 王宁:《世界主义》,《外国文学》,2014年第1期。
③ 蔡拓:《世界主义的类型分析》,《国际观察》,2018年第1期。

的霸权理论分析,承认人类文化、未来、自然、客观及各种合理的差异性,使普世主义、民族/国家主义和世界主义获得一种新的平衡。因此,乌尔里希·贝克认为世界主义既是"前民族"的,又是"后民族"的。① 然而,让世界主义变得重要起来的时刻,恰好是在"前民族"与"后民族"之间。

因此,我们要以世界主义分析近代中国思想的时候,要区分两种世界主义。第一种是作为内涵的世界主义,即近代中国人所接受的西方的世界主义是什么,他们又如何拿着世界主义这个概念去理解中国传统当中的世界主义;第二种是作为方法的世界主义,这不仅表现在今天的学者将世界主义当作一种方法分析近代中国,更重要在于世界主义也是近代中国知识分子分析世界大势的方法。以此切入,近代中国世界主义思想的丰富性便大大扩展。

二、什么是世界语?

如果说世界主义的兴起来自近代民族国家发展的助推,那么世界语的出现更是如此。按照《圣经·创世记》所说,人类本来是要统一语言的,但是人类妄想建立直通天堂的巴别塔,为了惩罚人类,上帝将人类的语言变乱,使得人与人之间无法建立直接的联系,从而抑制人类通天的欲望。这本来是对人类罪的描述,但是在近代民族国家的建构中,巴别塔的惩罚变得如此现实。早在文艺复兴时期,英国的培根、法国的笛卡尔以及德国的莱布尼兹都尝试创造一种国际语言,来消解因语言障碍所造成的误解乃至冲突。在世界语产生之前,第一个较为成功的人造语是由德国施莱耶(Schleyer)于1879创造的沃拉普克语(Volapuk),Volapuk 中 vol 来自"world"(世界),而 puk 来自"speech"(话)。

---

① [德]乌尔里希·贝克:《什么是世界主义》,章国锋译,《马克思主义与现实》,2008年第2期。

世界语的创始人柴门霍夫(Łazarz Ludwik Zamenhof,1859—1917)生于波兰比亚利托克城,受沙皇俄国的统治。在这里,有俄罗斯人、波兰人、日耳曼人和犹太人。他们讲着各自的语言,有着不同的习俗和观念,常因各种问题起冲突。就他个人而言,其母语是俄语,说的是波兰语,同时他又是希伯来人。在当地,人们以宗教来界定种族,犹太教徒相当于希伯来人,罗马天主教徒是波兰人,希腊天主教徒是乌克兰人,基督新教徒是德国人。而在当时沙皇俄国统治之下,犹太语不可以作为母语申报。同时,俄国与波兰是压迫关系,而波兰人又排斥希伯来人。①

可以看到,柴门霍夫生活的地方就是一个宗教与民族冲突的火药桶,因此这里的矛盾肯定不是单纯的语言问题。然而,在柴门霍夫的经验当中,因语言而造成的冲突对他的冲击极大,因此在中学的时候便下定决心创造一门"国际语"。1887年,柴门霍夫以希望博士(Espero)的名义发表世界语《第一书》(Unua Libro),标志着世界语(Esperanto)的诞生。其目标在于本着"人类爱",通过中立的国际辅助语,打破民族国家、人与人之间的界限,实现人类的和平与幸福。② 从中我们可以发现世界语产生的两个根源,一个是近代民族国家发展所带来的冲突,一个是启蒙运动思想的影响,这使得世界语一经产生便具有超越民族国家,高举普遍人性、非功利的世界主义特征,它自称"人类一员主义"(Homaranismo)。同时,创造一种语言来解决人类的矛盾与冲突,反映了对人类理性的自信,这仍然是在启蒙运动思想范围之内的。

但是,柴门霍夫在定性这门语言的时候,却有意撇清世界语与世界主义的关系。他最初使用Lingwe Universala界定世界语,经过慎重考虑之后,他将世界语改成Lingvo Internacia。③ 很明显,柴门霍夫考虑到

---

① [瑞士]埃德蒙·普里瓦特:《柴门霍夫的一生》,龚佩康译,世界知识出版社,1983年,第55页。
② 后觉:《世界语概论》,上海商务印书馆,1930年,第61—62页。
③ [日]安井伸介:《中国无政府主义的思想基础》,台湾五南图书出版公司,2013年,第143页。

世界语与民族国家之间的关系。他最终认为世界语是一种国际语言,是以承认民族国家存在为前提的。可以看到,在创造世界语的柴门霍夫心目中,世界主义是要取消民族国家的,而世界语则是沟通民族国家的桥梁。中国人最终将 Esperanto 翻译成世界语,使得中国人对 Esperanto 寄托了更多的世界主义想象。

可以看到,如果没有近代民族国家的形成与扩张,世界主义与世界语仍然只是一种潜流。世界主义与世界语在 19 世纪末、20 世纪初风起云涌,不得不将它们看成是资本主义向帝国主义阶段过渡的一种回应。

三、 清末民初的世界语与世界主义

20 世纪初,世界语经由中国早期的无政府主义者传入中国。中国无政府主义起源的两个中心,也是中国世界语运动的两个中心。一是 1907 年吴稚晖、李石曾、褚民谊等在巴黎办《新世纪》,鼓吹世界语;一是 1908 年刘师培、张继等在东京从大杉荣学习世界语,并在《天义报》上宣传世界语。[1] 最早它被译作"万国新语",其后又被译作"爱世语""爱斯不难读"和"世界语",最后以"世界语"最通行。[2]

在晚清的无政府主义者那里,刘师培颇具代表性。他认为学习世界语对于实现世界大同,是非常有用的,"非言、文统一,不能跻世界于大同""以世界主义为天下"[3]。在这里有几个意思:一是无论这是什么世界,中国必须跻身其中;二是即使是丛林世界,它也有一个统一的发展目标,而大同是其最高目标;三是世界主义的内涵是天下大同。可以看到,

---

[1] 刘公铎:《二十五年来世界语运动面面观》,《真光杂志》第 26 卷第 6 期,1927 年。
[2] 愈之:《国际语的过去现在及将来》,《学生杂志》第 9 卷第 8 号,1922 年 8 月。
[3] 刘师培:《劝同志肄习世界新语》,原载《衡报》1908 年 4 月 28 日,收入《天义·衡报》(下),万仕国、刘禾校注,中国人民大学出版社,2016 年,第 737—738 页。

这里存在一个错位,我们现在可以清楚地知道"世界"并不等于"世界主义"。然而,像刘师培等无政府主义者在拥抱世界的时候,自然而然地拥抱了世界主义。这背后有两重原因:一种是近代西方的历史哲学,认为人类有一个统一的历史进程,别无例外;另一个是中国传统的天下观念,亦将人类视为发展的整体,并将大同看成最高阶段。因此,晚清的无政府主义接受世界主义,并非一种逻辑上论证的结果,而是一种文化传统上的契合。

然而,在刘师培这里并未出现柴门霍夫的担心,即世界语所呈现的世界主义让人误以为要消灭民族国家。中国无政府主义有趣的地方恰恰在于,他们看似要超越民族国家,其实并不真正想废除民族国家。对于刘师培来说,世界语是一个工具,可以帮助实现非军备主义、非国家主义的"万国联合"①。因此,这些反对国家和强权的无政府主义者,是通过提倡超越民族国家,来证明中国存在的合理性。

辛亥革命以后,基于对革命的失望,师复开始信奉无政府主义。他出版的《晦鸣录》,每一期都有将近三分之一篇幅的世界语版,来宣传无政府主义。不同于晚清的无政府主义者,师复对世界语的理解比他们更深刻。他非常明确地知道世界语与无政府主义并不等同,现在将他们放在一起,乃在于它们内在价值是一致的,即追求破除国界、追求世界永久和平。② 晚清无政府主义者,更多将世界语当作通向世界主义的工具,但是到师复这里,世界语与无政府主义是并驾齐驱的,因为它们都有世界主义的价值目标。这时,世界主义成为一种桥梁,但是世界主义的内涵也并未超越晚清的范围。③

---

① 刘师培:《Esperanto 词例通释》,原载《天义》1908 年 3 月,收入《天义·衡报》(上),第 509 页。
② 师复:《世界语与无政府党》,《民声》第 6 号,1914 年 4 月 18 日。
③ 关于清末民初世界语与世界主义的研究,可以参见余露:《清季民初世界语运动中的"世界"观念》,《学术研究》2015 年第 3 期;张仲民:《世界语与近代中国知识分子的世界主义想象——以刘师培为中心》,《学术月刊》2016 年第 4 期。

1917年到1919年,《新青年》就是否应该学习世界语的问题展开了争论。① 陈独秀立场鲜明地支持世界语,其原因并不在于他了解世界语,而在于"世界语"三个字直接导向世界主义的联想。

> 世界语之成立,非即为世界主义之实现。且世界主义未完全实现以前,世界语亦未能完全成立。……柴门霍夫之世界语即不适用二归淘汰,亦必有他种世界语发生。良以世界语之根本作用,为将来人类必须之要求,不可废也。②

与师复的无政府主义者相比,《新青年》的世界语支持者又再次将其工具化,这恰恰反映了新青年群体对世界主义的热情。在他们的心目中,世界主义其实就是启蒙运动以来所宣扬的平等、自由与博爱,并以跨越民族国家界限为目标,此是为"公理"。列文森毫不留情地认为这个"公理"在意识形态上并没有那么超越,不过是资本主义的一套世界主义观念罢了。换言之,世界主义也并不像字面上那么超越,它是强者意念的普世化。需要注意的是,列文森是后设将世界主义当作一种方法来分析"五四"的思想,我们并不应该责难他们没有发现这背后的意识形态性。

如安井伸介(Shinsuke Yasui)所观察,无政府主义者也好,新青年群体也好,他们所支持的世界语与世界主义,都倾向于将世界想象成一个统一的形象。这种倾向遭到陶孟和的批评,他认为未来的世界大同是 unity in diversity,而不是 unity in uniformity,而语言的统一(世界语)

---

① 关于《新青年》当中关于世界语的争论,可以参见张宝明:《中国现代性的两难——以新文化元典中的世界语吊诡为例》,《福建论坛》2007年第5期。
② 陈独秀:《答陶孟和》,《新青年》第3卷第6号,1917年8月1日。

就是消除了这种多样性。换言之,世界主义的内涵不应该是统一,而是多样。[1] 陶孟和的声音并非主流,却表明"五四"时期对世界主义的思考有多元化的一面,但是这一面在 20 世纪 20 年代以后又再次一元化。

可以看到,在中国无政府主义者和新青年群体当中,他们多数将世界等同于世界主义,同时对世界主义的内涵未做深究,这归之于他们对世界想象的统一化。在他们当中,世界语始终摇摆于工具与价值之间,时而充当实现世界主义的工具,时而因其世界主义的内在价值而被提倡。对于这两个群体来说,他们所提倡的世界语与世界主义看似与民族主义不两立,实际上仍然向着中国作为民族国家的存在而言说的,以超越民族国家来确认民族国家的地位,才是该时期世界语、世界主义无法摆脱的"根"性。

四、20 世纪 20 年代以后的世界语与世界主义

如果说此前的世界语是精英知识分子的"游戏",那么 20 世纪 20 年代以后的世界语开始进入更多普通人对世界的想象当中。这时,它呈现出更复杂的层面。一种是非意识形态的,"世界"的弹性与大小随着对世界语的掌握程度而发生变化;一种是意识形态的,政党开始有意识地塑造"世界主义"的内涵,争夺世界主义的诠释权和各种仰慕世界主义但对世界主义不甚了了的青年群体。

在世界语的所有宣传里,都包含两个层面的内容。从价值上讲,世界语追求的是人类的和平与幸福,而青年人是人类的一分子,有责任学习世界语,造福人类。从实用性上讲,学会了世界语,一般知识分子就能在自己生活的小地方与数百万的国外同志通信,能阅读几千百种的书籍

---

[1] [日]安井伸介:《中国无政府主义的思想基础》,第 180 页。

思想文化研究 491

杂志,能和各国学者交换学术的研究,从而完成从地方到世界的跨越。[1]因此,20世纪20年代非常多的小知识青年通过函授的方式开始学习世界语,构想自己成为人类一员。

通过世界语来认识世界,完成人类的联合,只懂中文不足以实现这一目标。这放在传统中国来看就是一种怪论,因为在儒家的天下主义里,汉字是其世界主义的载体。语言学习的转换,进一步表明世界主义知识与理念的更新,它超越了中国传统的世界主义内涵;而学习群体扩展到的一般知识青年里,反映了新的世界主义被广泛接受。通过检视20年代小知识青年学习世界语的成效,我们发现学习世界语的人很多,学会世界语的人屈指可数。他们放弃世界语的过程,也是世界在他们心中萎缩的过程。[2]**原来,语言可以为人描画一个世界,也能摧毁一个世界。**

其实,我们可以看到,这些青年的世界主义与"五四"的"公理"世界主义一脉相承。虽然他们并未赋予世界主义更丰富的内涵,但是这些青年以个人卑微的身份和无奈尝试将世界主义与日常生活结合起来。无疑,这些青年失败了,因为世界语与世界主义对于他们来说是没有凭借的,是"无根"的。20年代政党对世界主义的重新解释,某种意义上给这些青年提供了另一种可能,即世界语—政党—世界主义。那么无论是世界语还是世界主义,都有可能生根。

1924年,孙中山在阐释民族主义的观念的时候,花了很大的篇幅来解释世界主义。[3] 他认为世界主义的内涵就是和平,进而区分出中国的世界主义与欧洲的世界主义。中国的世界主义已经有两千多年,其内涵

---

[1] 《发刊旨趣》,《学生杂志》第9卷第8期,1922年8月。
[2] 邓军:《制造"希望":1920年代中等生的世界语想象》,《学术月刊》2017年第9期。
[3] 更为具体的研究,可以参见桑兵:《世界主义与民族主义——孙中山对新文化派的回应》,《近代史研究》2003年第2期。

就是世界主义的真精神——"和平",而欧洲的世界主义近代才出现,其内涵却是"强权",非真正的世界主义。① 孙中山对两种世界主义的区分,既说明世界主义成为当时思想界的一种共识,也说明他想要规范世界主义的内容。

20年代,随着马克思主义的传播,马克思主义对世界主义给出了另一种解释。它认为现代西方的世界主义不在于启蒙运动的价值,而在于现代资本主义和工业主义试图实现统一,"按照自己的形象……创造出一个世界"。为了克服资本主义的世界主义,马克思主义发展出国际主义来否定它。② 可以看到,列文森对世界主义的划分来自马克思主义的意识形态批判。

国共两党从自己的意识形态重新解释世界主义,重新解释中国的命运。对于学习世界语的人而言,这也许是一种机遇。大同是世界语与三民主义的思想交汇点。孙中山认为三民主义就是追求世界大同,而当时许多世界语者便将世界语主义理解为大同主义。以此为基点,世界语的学习者与三民主义者之间无须因意识形态而分化。在抗战期间,国民政府更是建立国际宣传处世界语部,以世界语对外宣传三民主义和中国的抗日战争。

世界语与马克思主义的结合和世界语与三民主义的结合,在逻辑上是一致的,即他们认为马克思主义与世界主义的价值是一致的。马克思主义是国际主义的,世界语如当时柴门霍夫所考虑的那样,也是国际主义的。因此,世界语可以作为马克思主义国际主义的宣传者,也可以作为中国马克思主义向国际马克思主义传达自身发展的桥梁。在白色恐怖阶段,中国共产党甚至通过世界语避免国民党的迫害,宣传马克思

---

① 孙中山:《三民主义》,广东人民出版社,2012年,第59页。
② [波]艾萨克·多伊彻:《国际和国际主义》,张苹摘译,http://marxists.anu.edu.au/chinese/Isaac-Deutcher/mia-chinese-deutcher-19641022.htm.

主义。①

此时,世界语与国共的结合,仍是以世界主义或国际主义为纽带,但是它接受了两种意识形态对世界主义或国际主义的界定,也失去了其中立主义的性质。英国学者 Ian Rapley 关于日本世界语的研究表明,日本当时有人批评世界语是资产阶级的世界语言,不是无产阶级革命的世界语言,也有人认为世界语者是天生的马克思主义者。② 中国 20 年代以后的世界语和世界主义同样如此,它们都被意识形态重塑,彻底让自己在党派和民族主义当中"生根"。当它们不再被需要时,就会被连根拔起。

小结

本文不讨论中国传统世界主义与西方世界主义的关系,旨在讨论近代中国所接受的世界主义的"根"性问题,这得自列文森将资产阶级世界主义看成"无根"性的启发。世界语作为一个恰当的切入点,在于它和世界主义在近代的兴起一样,都是启蒙运动与民族国家冲突的产物,它的内涵与列文森所界定的资产阶级世界主义几乎一致。然而在晚清民初,世界语与世界主义被无政府主义和新青年群体接受,是因为他们相信中国与世界会走向一个统一的目标,他们并未意识到这两者背后的西方意识形态,从而也未进一步去深究世界语及世界主义的内涵。偶有人讨论世界主义的多元性,但是这一声音非常边缘化。更为矛盾的是,他们试图超越民族主义,但是他们的世界主义始终是向着中国作为民族国家存在而言说,这使得世界语、世界主义看似只与未来相关,实际上它们已经

---

① 侯志平主编:《世界语在中国一百年》,中国世界语出版社,1999 年,第 86—112 页。
② Ian Rapley, *Vasily Eroshenko And Socialist-Esperanto Connections Between Japan And China*,未刊稿。

建基在民族主义之上。

20年代以后,世界语的发展从精英延伸到普通知识青年,他们接受了五四时期对世界主义启蒙价值的理解,但是他们发现单单学习世界语根本无法接近世界主义。随着20年代意识形态的发展,国共两党都重新界定世界主义的内涵,马克思主义更是以国际主义来对抗世界主义,这时世界主义彻底被打上了资产阶级的标签。这对找不到出路的世界语者来说是一个出路,他们将对世界主义的期望转移到三民主义与共产主义之上,以世界语主义来分别对接这两种颇为不同的世界/国际主义,让他们在民族主义之中生根,在党派中找到生存空间。

1949年之后,学习世界语的人已经很少,但鉴于世界语在中共历史上的贡献和依稀尚存的宣传空间,世界语得到国家的扶植而继续存在,但是他们的世界主义的情怀已经消失殆尽。

回看近代的世界语与世界主义,可以发现列文森对资产阶级世界主义"无根"性的判断的意义在于,一是破除对世界主义一元的理解,从更多角度去理解它的内涵,继而根据其内涵的变化来追踪思想界的变化;二是超越民族国家的世界主义如果想在民族国家的历史进程当中存在,除了与民族主义结合,是否还有其他的可能。

(邓军:上海交通大学马克思主义学院)

从道与政的冲突看戴季陶的几次思想转变

范玉亮

戴季陶(1891—1949),长期以来被塑造成了一个积极"反共"的脸谱化人物,然而,他的思想和立场都非常复杂,难以简单概括。① 而且,他是一个思想多变的人物,思想转变的幅度之大和速度之快,经常让人难以揣摩。

汪精卫在1925年感慨,"季陶思想转变太易,在北京临去时留书弟等,痛说当以包②为尚父,而我等自认为阿斗,即此三函思想之转变已不止二三,实不免令人头脑昏花。"③"在北京临去时",时间在1925年4月2日之后。当时戴季陶和汪精卫都曾在孙中山遗嘱上签字,在孙中山"治丧移殡结束之后,先生(引者按,指戴季陶)即回上海。"④而据详悉内情的邹鲁回忆,戴季陶至少在4月2日还在北京的苏联大使馆里参加会谈⑤,所以戴留书南下的时间必在4月2日之后。"此三函"之写作时间在当年7月13日,戴季陶在当天从上海同时寄了三封信函分别给广州

---

① 日本学界对戴季陶思想的研究比较充分,但前后观点歧异很大。日本学界在1970年代的研究重视意识形态,认为戴季陶是反共、反帝、反军阀的人物;从1980年代开始,有文章将戴季陶作为民族主义者、社会主义者进行分析;1990年代,有学者认为戴季陶是"超国家主义者";在2000年以后,有学者认为戴季陶的政治思想并非"超国家主义",而是"民主主义"。参见张玉萍:《戴季陶与日本》,北京大学出版社,2014年,第6—7页。
② 指当时国民党的苏联顾问鲍罗廷,在国民党内有很强的影响力。
③ 汪精卫:《汪精卫至胡汉民函》(1925年),该函披露于陈红民:《戴季陶1925—1926年间致胡汉民等几封信》,《民国档案》2005年第4期,第8—9页。
④ 陈天锡:《戴季陶(传贤)先生编年传记》,台湾文海出版社,1967年增订版,第65页。
⑤ 邹鲁:《邹鲁回忆录》,东方出版社,2010年,第120—121页。

的国民党中央政治委员会、"国民党诸同志"及国民党中枢两人胡汉民、汪精卫,对鲍罗廷、中共大加批评。也就是说,戴季陶如此巨大的思想变化仅仅发生在两三个月的时间里,这是让汪精卫大感"头脑昏花"的地方。其实,不仅仅是汪精卫,连一向与戴季陶私人关系极为密切的蒋介石也感到不可理解,他在8月10日的日记里感慨"季陶来函攻击CP[①]部甚烈。"[②]当时蒋介石极力主张国共双方竭诚合作,所以他非常不满、也非常诧异于一向亲共的戴季陶竟然对共产党发起了攻击。

这仅仅是戴季陶在1925年两三个月间的思想变化。其实,他的一生经历了更为复杂的思想转变,他的思想发展可以分为若干个明显的阶段。而如何理解这些转变,找出隐藏在他思想转变背后的不变因素,似乎是一个非常关键的问题。正如闻一多,他也是一个典型的思想多变的人物,"一多是善变的,变的快,也变的猛,现在是第三变了"[③],但是我们可以通过浪漫主义激情这把钥匙来打开他的思想转变之谜。[④] 那么,我们应该如何破解戴季陶的思想转变之谜呢?这是本文试图回答的问题。

一、戴季陶的思想转变及几种解释路径

如果从戴季陶一生的历程来着眼的话,我们会发现他的思想经历了几度明显的转变。[⑤] 在第一阶段(1909—1912),戴季陶虽曾一度信奉立宪,后又转向反清,但在此期间他的基本思想倾向是无政府主义信仰;在

---

① CP系Communist Party之首字母缩写,指中国共产党。
② 《蒋介石日记》,1925年8月10日。
③ 吴晗:《序》,史靖:《闻一多的道路》,生活书店,1947年,第6页。
④ 许纪霖:《激情的归途》,《读书》1998年第10期。
⑤ 戴季陶的思想经历了几度转变,这是学界共识。唐文权的说法较早且具有广泛的影响,他认为戴季陶的政治思想先后经历了君主立宪、民主共和、社会主义、传统文化四个阶段。见唐文权:《前言》,唐文权、桑兵编:《戴季陶集(1909—1920)》,华中师范大学出版社,1990年,第1页。

第二阶段(1912—1919),戴季陶既参与实际的革命运动又担任孙中山的秘书与翻译,在此期间他以孙中山的三民主义为思想旗帜;在第三阶段(1919—1923),他积极引介马克思主义、关注劳工问题、主张以唯物史观为指导原则来研究中国历史问题和当前的社会问题;在第四阶段(1923—1925),他因过分焦虑因国共合作而导致的国民党的组织结构危机与意识形态危机,转而走到了中共的对立面,发展出所谓的"戴季陶主义",成为国民党反共势力最主要的一面理论旗帜。在此之后,戴季陶基本没有太过明显的思想转变,惟原本就有的佛教信仰从1932年开始逐渐显豁。

那么,到底有哪些思想线索贯穿在戴季陶各个阶段的思想历程中呢?这些线索能否帮助我们理解他的思想转变?同时,戴季陶是中国近代一个极具特色的思想家,这些线索能否体现出他独特的思想特点呢?

第一条线索是戴季陶的乌托邦追求。

戴季陶有很强的乌托邦追求,而且这一追求持续终生。他早年信奉的无政府主义是一种典型的乌托邦思想,后来一度沉迷的马克思主义也在一定程度上满足了他的乌托邦幻想,他在1925年提出的"戴季陶主义"中大力提倡深具乌托邦意味的世界大同之论,更不用说他早年就已接触、晚年信奉尤谨的大乘佛教本身就有浓烈的"净土""彼岸"等乌托邦元素。

虽然乌托邦追求是理解戴季陶思想变化的一个切入口,但是这并无法解释戴季陶为什么会有纷繁的思想转变。此外,他的乌托邦思想有何特色,与中国近代那些典型的乌托邦思想代表人物有什么区别呢?康有为在晚清时期就已在《大同书》中提出了系统的乌托邦思想。20世纪初期赫赫有名的中国无政府主义者在追求一种伦理化、道德化的理想社会。毛泽东从早年到晚年也一直在追寻一个完满世界。戴季陶的乌托邦思想显然并不如这些人的论述有特色、有价值。仅仅从乌托邦追求这一点来理解戴季陶的思想转变的话,一方面不能较好地揭示他内在的思想冲突,另一方面也显现不出他本人的思想特色。

第二条线索是戴季陶在国家—民族建构方面的主张与努力。

戴季陶从1909年就开始提倡共和、立宪、政党制、地方自治等,从1912年就追随孙中山进行具体的革命建国活动。他曾主导制定过"四川省宪法",也曾在1920年代末至30年代以立法院顾问的身份深度参与了南京国民政府的立法工作,更曾在活跃于政坛的时期(1928—1935)参与制定了"中央政治会议(按:当时国民党实际上的最高权力机构)的每一件法令规章"[1]。戴季陶在1943年也曾一度主导"北泉议礼",力图以统一的礼俗标准来规范中国政治、社会各个层面的公、私礼仪。

戴季陶在国族建构方面的努力诚然是一以贯之的,但是,我们却看不出这一努力与他内在的思想转变到底有何具体的联系。李朝津曾从国族建构的视角探讨戴季陶的思想转变,论证了戴季陶从早年的激进自由主义的提倡者(one of the most outspoken advocates of radical liberalism)经过一步步思想转变,最终在1920年代形成了一套成熟的民族主义理论。[2] 但是,李朝津仅仅指出了不同阶段的戴季陶在国族建构方面的不同主张,并没有说明他为什么会有这种变化。这并无足怪,主要是通过此一视角,难以解开戴季陶思想转变之谜。而且,国族建构是近代中国那么多才智之士共同努力的园地,孙中山的建国方案曾实实在在发挥现实的政治效用,张君劢曾主持起草作为中国民国宪法蓝本的《中华民国宪法草案》,后来中国共产党也曾建立过一套行之有效的社会主义国家体制,在这种对比之下,戴季陶的国族建构方案在中国近代政治史上的作用并不显著。

---

[1] 陈天锡编:《戴季陶先生文存》卷1,第185页。
[2] Chiu-Chun Lee(李朝津), "From Liberal to Nationalist: Tai Chi-t'ao's Pursuit of a New World Order, 1900—1931," Ph.D. dissertation, the University of Chicago, 1993, pp. 10-13.

第三条线索是戴季陶在文明再造方面的追求与努力。

戴季陶在国族建构的背后一直都有文明的追求,体现在早年,便是坚持人道主义思想,试图以人道主义的博爱、平等等一系列原则来重建中国乃至世界的政治、社会、文化[①];体现在中年,便是在民族主义的诉求背后还有一种普世主义的努力与追求,力图以中国之"文明""和平"的力量来领导世界革命,有效制衡并逐步取代以美国为首的"白色帝国主义"和以苏联为首的"红色帝国主义"[②]。

但一方面,文明再造并不是贯穿他思想始终、推动他思想转变的一个因素。另一方面,文明再造几乎是中国近代所有思想家的共同努力,严复并不仅仅"寻求富强",在富强背后他同时也非常在意道德主义与普遍真理[③];而胡适的终生志业便是为中国再造文明,使中国达到与欧美国家并列的地位。[④] 在这些当世顶尖思想家对比之下,戴季陶在文明再造方面的追求与努力并不能体现其思想特色。

第四条线索是戴季陶回向传统的诉求。

孙中山去世后,戴季陶将他塑造成儒家道统在当代传人的形象,并以"仁爱"这一传统伦理为核心重新阐释了三民主义,他的一系列主张与1930年代国民党的保守化转向有着密切联系。但是,对传统的眷恋与再阐释是近代那么多学者和思想家的共同努力,钱穆在《国史大纲》中主张国人"对其本国以往历史"应该葆有一种"温情与敬意"[⑤],他一生的文化使命是挖掘并展现中国传统中的正面遗产(即余英时所总结的"一生为故国招魂");陈寅恪晚年的颂红妆之作一方面在表彰中国传统文化中

---

① 戴季陶:《人道主义论》(1910年10月12日—13日),《戴季陶集(1909—1920)》,第102—106页。
② Vraig A. Smith, "China as the Leader of the Weak and Small: The Ruoxiao Nations and Guomindang Nationalism," Cross-Currents: East Asian History and Culture Review, E-Journal No. 24 (September 2017), pp. 36 - 60.
③ 李强:《严复与中国近代思想的转型——兼评史华兹〈寻求富强:严复与西方〉》,《中国书评》第9期,1996年2月。
④ 罗志田:《再造文明之梦——胡适传》,四川人民出版社,1995年,第112页。
⑤ 钱穆:《凡读本书请先具下列诸信念》,《国史大纲》,台湾联经出版公司,1998年,第19页。

的"独立之精神、自由之思想"①,另一方面也在重申"贬斥势利、尊崇气节"的伦理原则②;以牟宗三为代表的港台新儒家从心性入手,借鉴了康德哲学等西方理论资源,重新解读了儒家思想。相比之下,如果说戴季陶回向传统的努力有什么特殊之处的话,那就是他并不是在文化保守主义上着眼,而是在政治保守主义上努力,他的直接目的与最终的成就都是促进国民党的国家建构策略与施政方针都在传统的儒家理念之下展开。尽管戴季陶的政治保守主义有其特色,值得重视,但是这一方面并不是统摄他前后思想变化的内在原因,所以我们无法由此切入他的思想世界。

二、道与政:理解戴季陶思想转变的一种新思路

以上所提到的诸种诉求都是戴季陶思想中一以贯之的重要因素,但是每一种单独的因素都无法有效解释戴季陶前前后后的多次思想转变,也无法体现其本人的思想特色。百般思考之下,笔者发现,道与政之间的冲突与纠缠,或许是理解戴季陶思想几度变迁的最重要的突破口。

所谓道,指的是戴季陶对超越性世界的追求;超越性世界自然是一种乌托邦。所谓政,指的是戴季陶在国族建构方面的一系列政策主张。戴季陶性格中有非常矛盾却又互相支撑的两面,并相应地具有道和政这两方面的追求:一方面他性格中有非常强烈的浪漫主义情怀,这导致了他对超越性的道始终有一种不懈的追求;另一方面,他性格中也有非

---

① 陈寅恪自述写作《柳如是别传》的动机:"夫三户亡秦之志,九章哀郢之辞,即发自当日之士大夫,犹应珍惜引申,以表彰我民族独立之精神,自由之思想。何况出于婉娈倚门之少女,绸缪鼓瑟之小妇,而又为当时迂腐者所深诋,后世轻薄者所厚诬之人哉!"陈寅恪:《柳如是别传》(上),三联书店,2001年,第4页。
② 陈寅恪:《赠蒋秉南序》,《寒柳堂集》,三联书店,2001年,第182页。按:《赠蒋秉南序》是陈寅恪晚年最重要的文章之一,他在此文中简略地回顾了自己的生平与心志,并委托他的学生蒋秉南整理编辑自己的文章著述。

常现实的"行道"诉求,希望以实实在在的国家建构方案及施政措施来解救中国的危机、提升中国的富强与文明,这促使他在人生的各个阶段都有自己鲜明的国家建构方案或政策主张。但是,由于超越性的道是一种乌托邦思想而国家建构方案或政策主张是一种切切实实的建国或行政方案,两者遵循不同的逻辑,所以道与政之间的冲突是难以避免的。

正是道与政之间此消彼长的剧烈冲突,导致了戴季陶思想的不断转变。下节将会具体分析道与政的冲突如何导致了戴季陶的思想转变,在这里我们有必要阐释一下道与政这组概念的含义及二者之间的复杂关系。

道与政,指的是体现在具体的儒家士人身上的对道的坚守及实践政策方针的努力。[1] 在儒家士人身上,道与政一方面是并存的,另一方面又有着一定的冲突。古代的儒家士人有两重身份,他们既是真理(即儒家之"道")的承担者与实践者,又是普世王权之下的尽忠职守的臣子。尽管他们可以把这两种不同的身份集于一身,但是在很多情况下,这两种身份之间的矛盾不可避免地会让士人陷入两难的处境之中。一方面,他们需要遵循"道"的逻辑,所思所想、一言一行都要符合这一最高真理,即孔子所谓"君子无终食之间违仁,造次必于是、颠沛必于是"(《论语·里仁》);同时还要把"行道"作为其人生的终极目的,并为这一理想奔走终身,如曾子所言,"士不可以不弘毅,任重而道远;仁以为己任,不亦重乎? 死而后已,不亦远乎?"(《论语·泰伯》)另一方面,他们还要服从于以现实逻辑为主导的王权统治,作为帝国的臣子处理各种政务。

---

[1] 本文对于道、政两词的定义与杜维明的说法有所不同。杜维明指出,古典儒学中有道、学、政三个核心观念,道关注的问题是人类存在的终极意义,学包括诗、政、社会、史、形而上学,政指的是儒家理想的国家形态。(杜维明:《古典儒学中的道、政、学》,《开放时代》2000 年第 1 期,第 59—64 页)杜维明对道与政的解释是从儒学的整体着眼的,他要阐明的是,儒家文化在道、政方面到底有什么主张、有哪些追求,藉以打破新文化运动之后现代人对儒学的重重误解。而本文中的道与政,指的是体现在具体的儒家士人身上的对道的坚守及实践政策方针的努力。

《论语·微子》中子路的言论充分反映了儒家的这一观点:"不仕无义……君臣之义,如之何其废之?欲洁其身,而乱大伦。君子之仕也,行其义也……"儒家士人的这两重身份分别遵循不同的逻辑,在具体的士人身上难免会引发冲突。

  道与政的冲突从先秦儒家那里就开始了,这在孔子、孟子和荀子等人身上便有明显的体现。孔子对当时的天人关系、政治、社会、文化、人生等有一种整体而新颖的构想,这集中体现在孔子提倡的一种超越的"道"上。这种道继承并发展了三代的礼乐传统,一方面把世间超越性的源头诉诸君子的"仁心",另一方面又有非常理想化的乌托邦色彩。孔子毕生孜孜以求的便是"行道",把这种道在人世间行之有效地全面实施。道是孔子的理想所系,所以,孔子及弟子经常有所感慨,"道之不行,已知之矣"(《论语·微子》),或"齐一变至于鲁,鲁一变至于道"(《论语·雍也》)。但是,要想"行道",必须借助政治力量才可。问题在于,一旦通过政治力量推行具体的施政措施,这必然要遵循现实的政治逻辑,与道的超越性、理想性特点产生一定的冲突。孔子偏偏是一个非常理想化的行道者,如果他仅仅是在按照国君的意思处理政务或者仅仅是在维系一个运转不灵的政局,而无法使超越性的道一步步落地,那么他很难忍受得了。所以,尽管当失意很久的孔子终于在五十六岁"由大司寇行摄相事",得以在鲁国推行他的政治主张时,由于鲁国国君和实际的当权者季桓子怠政而导致孔子的行道效果不理想,他最终决定离开鲁国,开始了周游列国、寻找行道机会的旅途。[1] 另外两位儒家先贤孟子和荀子重复了孔子的宿命,"孟轲好辩,孔道以明,辙环天下,卒老于行;荀卿守正,大论是弘,逃谗于楚,废死兰陵。"[2]韩愈这番话概括出了孟子、荀子一方面对明道之理想的坚守,另一方面由于不向现实逻辑妥协而导致了不得志

---

[1] 司马迁:《史记·孔子世家》,中华书局,1982年,第1917页。
[2] 韩愈:《进学解》,韩愈:《昌黎先生文集》第2册,上海古籍出版社,2013年,第310页。

的状况。

  道与政的冲突,绝不仅仅是能否跻身高位、能否行道的问题;在更深的层次上,这种冲突涉及了乌托邦理想和现实政治社会之间的不可调和性。道既然是一种超越的乌托邦,那么它无论如何也不可能在世间得到全面施行,这是恪守道之完整性的先秦儒家先贤无法行道的根本原因所在。如果无视这种不可调和性,那么必然会引发悲剧。西汉末年的王莽新政便是这样一场悲剧。王莽从本质而论是一个极度理想主义的书生,尽管他因缘际会从汉朝手里接管了全国政权,但他并不明白现实政治的基本逻辑。他有一种非常不切实际的乌托邦思想,想按照传说中的周代礼乐来改造现实政治社会,但是,一旦这种乌托邦思想落实到具体的政治措施上,就会产生意想不到的危机。比如,他根据井田制的理想,规定"其男口不盈八,而田过一井者,分余田予九族邻里乡党"①,这实质上是以政府权力来重新分配土地。平均地权的理想,虽然贯穿在整个中国历史中,但也只有到了现代,能够严密控制乡村基层的中国共产党才真正有效实施过,王莽平均地权的努力自然会走向失败。而且,他的土地改革以及其他方面的改制的失败引发了更为严重的问题,激化了早就潜隐的各种社会矛盾,新莽政权最终走向败亡。乌托邦理想与现实政治社会之间的不可调和性,是王莽新政走向悲剧的深层次原因。

  道与政在一定程度上也可以得到协调。二者协调的前提是,道的乌托邦色彩并不过分强烈,政的实施既有行道的诉求,也兼顾了实际的政治社会状况。北宋时期的王安石与司马光是道政协调的典型代表。王安石的变法活动有其回向三代的理想所在,而且也得到了宋神宗的鼎力支持;但他不像王莽一样完全无视现实逻辑,而是在保证现行政治社会秩序的前提下——开展其具体变法的。无论判定其变法最终是成功了

---

① 班固:《汉书·王莽传》,中华书局,2007年,第3515页。

还是失败了,我们都不得不承认,王安石确实曾把他的社会改革理想比较有效地推行到现实政治社会中,虽然这一改革既取得了一定的成效也造成了一定的混乱。王安石的政敌司马光所主导的元祐更化采取了温和的政治社会措施,在一定程度上可以说,这是司马光政治理念的实施。司马光对他的政治理想非常坚持,当宋神宗重用王安石进行变法时,他坚决不回朝廷,甚至曾婉拒了皇帝的召命。① 在宋神宗去世后,在宣仁太皇太后支持下,司马光回到朝廷担任宰相,才得以把自己的政治理念推向实践。尽管司马光的政策是对王安石新政的"拨乱反正",但在有效推行政治理想这一点上,司马光和王安石都做到了。他们都不是极端的理想主义者,在坚持自身政治理想的同时也将之体现在施政措施上。②道与政,在他们身上得到了一定程度的协调。

三、 道与政的冲突:戴季陶思想转变的动力机制

戴季陶出身于四川广汉县一个亦商亦农的没落士绅家庭,家里的儒家文化气息非常浓厚。据他自述,"孝之一字,殆为吾家老幼男女人人实践之德行。"他的祖父戴廉曾携子跋涉八千里回老家浙江湖州扫墓,儿时的戴季陶也曾在父亲身陷囹圄的两年里随侍父亲身边。他也在塾师、父兄的教导下系统研读了《诗经》《尚书》《礼记》《周易》《春秋》等儒家经

---

① 《邵氏闻见录》卷十一载:"神宗用荆公为参知政事,用温公为枢密副使,温公以言不从,辞不拜。……温公坚求去,帝不得已,乃除端明殿学士,知永兴军。……帝必欲用公,召知许州,令过阙上殿。方下召,帝谓监察御史里行程颢曰:'朕召司马光,卿度光来否?'颢对曰:'陛下能用其言,光必来;不能用其言,光必不来。'帝因与左丞蒲宗孟论人才,及温公,帝曰:'如司马光未论别事,只辞枢密一节,朕自即位以来,惟见此一人。'……特公以新法不罢,义不可起。"邵伯温:《邵氏闻见录》卷11,中华书局,1983年,第113—115页。
② 当然,尽管王安石与司马光都有理想主义的一面,但是二者理想主义的程度并不一样。细致而论的话,王安石偏于理想化,司马光偏于现实。钱穆曾用"经术派"与"史学派"来概括王安石与司马光所代表的两种政治思想之间的区别,详见钱穆:《国史大纲》下册,台湾商务印书馆,1975年,第442页。

典。① 总之,青少年时期的戴季陶受到了儒家文化的深厚影响。职是之故,戴季陶和古代的儒家士人一样,内心深处早早埋下了追求道与政的文化因子。

从 1909 到 1912 年,戴季陶的基本思想倾向是无政府主义信仰。他对无政府之道的追求占据了压倒性的地位。

在留日回国的初期(1909 年),戴季陶在江苏地方自治公所讲授法学。在根据授课讲义写成的《宪法纲要》里,他认为"大人同位制度"(君主制)和"民众本位制度"(民主制)"各有特长",并不反对清廷的统治。②但是,从 1910 年下半年开始,他逐渐对清政府产生了强烈的不满,痛斥清廷宪政改革的虚伪、官僚的贪污腐化,甚至主张将"种种龌龊官吏""尽去之"③。终于,在 1911 年春,他因触怒当局而遭到通缉,不得不避祸远走。④

戴季陶不仅试图改造政治,而且也想改造社会、道德人心。他主张,"吾国今日之改造事业,不仅对于专横之政府与不平之国体,宜并立倾覆之以图建设,而于社会之组织、人民之道德……皆宜改造之。"⑤这是一种典型的无政府主义思想。据德里克的研究,无政府主义社会思想革命的突出特征就是坚持社会革命和文化革命的不可分离性⑥,戴季陶所要求的便是同时改造社会组织(社会革命)和人民道德(文化革命)。而无论在改造的方法还是改造的目标上,戴季陶都和无政府主义的核心主张毫无二致。

---

① 戴季陶:《记少时事》(1944 年),陈天锡编:《戴季陶先生文存》卷 2,第 599—600 页。
② 戴季陶:《宪法纲要》(1909 年 12 月 2 日—1910 年 3 月 1 日),《戴季陶集(1909—1920)》,第 8 页。
③ 相关文字有《立宪救国乎立宪亡国乎》(1910 年 8 月 17 日)、《可怜这些龌龊官》(1910 年 12 月 13 日)、《尔俸尔禄》(1910 年 12 月 24 日)、《皇族内阁》(1911 年 1 月 18 日)、《资政院之最后观》(1911 年 1 月 18 日—20 日)等。参见《戴季陶集(1909—1920)》,第 64、184、189、236、237 页。
④ 陈天锡:《戴季陶(传贤)先生编年传记》,第 18 页。
⑤ 戴季陶:《改造之根本》(1911 年 2 月 9 日),《戴季陶集(1909—1920)》,第 267 页。
⑥ [美] 阿里夫·德里克:《中国革命中的无政府主义》,孙宜学译,广西师范大学出版社,2006 年,第 26 页。

自1910年左右起,无政府主义便构成了中国现代意识形态的主旋律之一①,而这一理想的实现方法,主要包括主义的广泛宣传、民众的自发联合、政府和资本家的彻底倒台三个步骤。② 戴季陶对社会的改造便遵循了这一理路,企图广泛而彻底地改造国民性,让国民自发自动、自下而上地联合起来,打倒、消解各种既存的权力。如他对全国青年呼吁,他们应该首先以团体的方式研究"改革政治之方针",其次一层层地结合成一个横跨全国的青年党,最后"合此数百千万之青年"以推倒压迫民众的政治权力。③

　　无政府主义者的理想是彻底打倒各种权力,实现所有人的解放。在他们勾画的乌托邦蓝图中,一切美好的价值全都和谐地统一在一起。④ 戴季陶深深着迷于这一大同世界的现代翻版,主张打破所有社会阶级,打破所有不平等制度,废除私有财产,实现人人自由平等、无强权无压迫、充满"人道之真幸福"的理想社会。⑤ 这一无政府主义理想,从他1910年下半年推崇南丁格尔和托尔斯泰、提倡人道主义和社会主义开始,一直到1912年初参加颇具无政府主义色彩的"社会改良会"和"进德会"时仍然非常明显。⑥

　　但是,戴季陶的无政府主义追求有着内在的困境。他对这一美好的主义有一个唯一的顾虑,那就是"时势问题",现在还远远没到实行无政

---

① 顾昕:《无政府主义与中国马克思主义的起源》,《开放时代》1999年第2期,第35页。
② 师复对无政府主义实现方法的说明很有代表性,参见师复:《无政府共产之目的与手段》,葛懋春等编:《无政府主义思想资料选》,北京大学出版社,1984年,第316页。
③ 戴季陶:《檄告全国青年》(1911年1月9日—11日),《戴季陶集(1909—1920)》,第225页。
④ [美]阿里夫·德里克:《中国革命中的无政府主义》,第11页;顾昕:《无政府主义与中国马克思主义的起源》,《开放时代》1999年第2期,第35页。
⑤ 戴季陶:《无政府主义之神髓》(1911年2月2日—3日),《戴季陶集(1909—1920)》,第253—256页。
⑥ 戴季陶认为南丁格尔和托尔斯泰是人道主义最杰出的代表人物;他对人道主义、社会主义和无政府主义都有好感,认为三者名称虽异,本源则一,见戴季陶:《无政府主义之神髓》(1911年2月2日—3日),《戴季陶集(1909—1920)》,第254页。关于戴季陶参加"社会改良会"和"进德会"的情况,参见李云汉:《戴季陶》,中国文化总会、王寿南主编:《中国历代思想家·现代》(2),九州出版社,2011年,第410页。

府主义的时候。① 他认为当时最重要的"时势"是对国家富强文明的追求,而无政府主义严重欠缺具体的建设主张。最终,戴季陶压抑住了内心的乌托邦追求,从1912年到1919年站到了三民主义理论的大旗之下,追随孙中山进行切实有效的国家—民族建构事业。

三民主义是孙中山于1905年在《民报》发刊词中提出的系统的革命主张及建国方略,包括民族主义、民权主义和民生主义。它不仅有政治革命的目标(民族主义),而且有政权建构的诉求(民权主义),更有社会革命的远景(民生主义),是晚清革命派的思想纲领。② 当然,孙中山在1924年将三民主义的内涵大加提升,也在《建国大纲》里阐述了革命建国的"军政、训政、宪政"三个步骤③,但在晚清时期,《民报》发刊词所阐明的三民主义无疑是最为系统、全面的革命建国论述。在1911至1912年间,戴季陶投向了三民主义的怀抱。1911年,革命意识大涨的戴季陶便已加入同盟会;民国肇建,他担任孙中山的机要秘书和日语翻译,"朝夕得闻训诲,智识思想,由是渐进,而主张行动,遂一以先生之意为从违。"④

戴季陶对孙中山三民主义的信服是全方位的。据他说,当时聚集在三民主义旗帜之下的革命志士大都是"一民主义"的信奉者,而且还是"不完全的一民主义",戴季陶本人则是少数能够信从整体的三民主义的人之一。⑤ 所以,他不仅在汉口、东北等地参加了实际的武装暴动,实践民族主义⑥;还坚决反对袁世凯对约法的破坏、"帝制自为"的举动,坚持

---

① 戴季陶:《无政府主义之神髓》(1911年2月2日—3日),《戴季陶集(1909—1920)》,第253页。
② 孙中山:《〈民报〉发刊词》(1905年10月20日),《孙中山全集》第1卷,1981年,第288—289页。
③ 1924年1月至8月,孙中山在一系列演讲中大大提升了三民主义的理论内涵,参见孙中山:《三民主义》,《孙中山全集》第9卷,中华书局,1986年,第183—426页;关于孙中山的革命建国三步骤说,参见孙中山:《国民政府建国大纲》,《孙中山全集》第9卷,第126—128页。
④ 戴季陶:《解除政治责职宣言》(1925年12月13日),陈天锡编:《戴季陶先生文存》卷3,第978页。
⑤ 戴季陶:《国民革命与中国国民党》,出版时间、地点、出版者不详,第11页。
⑥ 陈天锡:《戴季陶(传贤)先生编年传记》,第18—19页。

508 知识分子论丛 | Forum of Intellectuals

民权主义[①];也赞同民生主义的建设之旨,在1912年受任孙中山的党政机要秘书之初,每天聆听孙中山讲述经济建设等问题,并奉命记述,在此基础上写成了《钱币改革要义》等著作。[②] 后来,戴季陶追随孙中山参加二次革命、护国、护法之役,一直都是孙中山三民主义最忠实的信徒。

与无政府主义对超越性世界的执着追求所不同的是,三民主义主要是一种革命策略及国家建构理论,并没有多少乌托邦色彩。按孙中山的说法,民族主义、民权主义和民生主义只是彼此分离的革命目标,并非遥不可及的美好幻想,前两者在1912年已经实现,只有民生主义未完成;但民生主义更多地体现在政府层面改善民生的种种措施上。[③] 从1912年开始,戴季陶对无政府主义所描绘的乌托邦有一定的幻灭感,同时三民主义为他提供了一整套的革命建国方案,所以,他从1912—1919年在三民主义的思想旗帜下参与了孙中山领导的革命、建国、经济建设等种种活动。在此期间,戴季陶对政的追求压过了对道的渴望。

然而,从1919年开始,戴季陶逐渐被马克思主义所吸引,成了这一主义最热情的译介者和宣传者之一。一般认为,马克思主义理论包括哲学、政治经济学和社会主义三个部分[④],其中,倡导"自由人的联合"的社会主义(即共产主义)具有极大的超越性价值魅力,乌托邦色彩非常浓厚。戴季陶从小就浸润在大乘佛教崇尚"净土""彼岸"的宗教氛围里,又在成年之后一度迷恋人道主义和无政府主义所许诺的种种幻景,所以他自然会对这一超越性的共产主义理想一见倾心。戴季陶宣称,"大家都承认马克斯是社会主义的集大成者,是社会主义的科学根据的创造者",

---

① 戴季陶:《讨袁世凯》(1912年4月26日),《戴季陶集(1909—1920)》,第361页。
② 戴季陶:《宋子文先生五旬晋二寿序》(1945年12月),陈天锡编:《戴季陶先生文存》卷2,第1444页。
③ 孙中山:《在南京同盟会会员饯别会的演说》(1912年4月1日),《孙中山全集》第2卷,1982年,第319页。
④ 在早期的马克思主义理论家中,列宁对此问题的阐述较为详细,参见列宁:《马克思主义的三个来源和三个组成部分》,中共中央马恩列斯著作编译局编译:《列宁全集》第23卷,人民出版社,1990年,第41—48页。

而这一社会主义"是世界的不是国家的",是一种"普遍的照住全世界"的时代精神和理想境界。① 戴季陶在这一时期的文字,又开始流露出乌托邦幻想,他认为革命最终极的目的是"全人类的普遍的平等的幸福"②,他也反复说道,他所追求的是一个"各尽所能、各取所需"的理想社会。③ 正是马克思主义理论中的共产主义理想,重新激起了戴季陶的这种乌托邦幻想。戴季陶十余年前深深着迷于无政府主义所许诺的革命目标,如今,他又陷入了马克思主义所描绘的共产主义美好世界里了——无政府主义和共产主义在革命目标上几乎毫无二致。④

当时,精通日语的戴季陶是马克思主义经日本转手介绍到中国的枢纽人物。1919年,他在《建设》《星期评论》上发表了一系列译介马克思主义的文章,比较著名的有《马克斯资本论解说》等⑤。此外,他还根据唯物史观的原则来研究中国的历史,如《从经济上观察中国的乱原》。⑥ 他是当时首屈一指的马克思主义理论家,陈独秀对之极为赞赏,施存统在转向马克思主义的过程中受他的影响最大。⑦ 石川祯浩在他著名的《中国共产党成立史》中甚至认为,当时戴季陶对马克思主义的理解水平,远在陈独秀、李大钊等人之上。⑧ 戴季陶不仅在理论上信仰马克思主义,甚至参与了中国共产党早期的建党活动,只是在孙中山的要求之

---

① 季陶:《世界的时代精神与民族的适应》,《星期评论》第17号,1919年9月28日,第1页。
② 戴传贤:《革命!何故?为何?——复康君白情的信》,《建设》第1卷第3号,1919年10月1日,第596页。
③ 戴季陶在1919年前后反复提到"各尽所能、各取所需"的理想社会目标。如季陶:《政治问题应该研究不应该研究》,《星期评论》第24号,1919年11月16日,第4页;季陶:《旧伦理的崩坏与新伦理的建设》(下),《星期评论》第25号,1919年11月23日,第2页。
④ [美]阿里夫·德里克:《中国革命中的无政府主义》,第11页。
⑤ 戴季陶:《马克斯资本论解说》,《建设》第1卷第4号至第2卷第5号,1919年11月1日—1920年8月1日。
⑥ 戴季陶:《从经济上观察中国的乱原》,《建设》第1卷第2号,1919年9月1日,第345—363页。
⑦ 张国焘:《我的回忆》第1册,香港明报月刊出版社,1971年,第97页;存统、力子:《青年应自己增加工作》,《民国日报·觉悟》,1920年8月26日,第4页。
⑧ [日]石川祯浩:《中国共产党成立史》,中国社会科学出版社,2006年,第43页。

下才没加入中共。① 这时,沉浸于共产主义美好远景中的戴季陶一度对孙中山产生了不满的情绪,以至于两人甚至定了口头契约:"(戴季陶)背后不反对他;不用文字反对他。"②

在1920年前后,戴季陶虽然迷恋马克思主义中的共产主义理想,也接受了唯物史观的理论,但是对阶级斗争和阶级专政这两点始终都有保留意见。他十分反对工人的罢工运动,他说"这许多无组织无教育无训练又没有准备的罢工,不但是一个极大的危险,而且于工人本身也是不利的",主张"用温和的社会思想来指导社会上的多数人"③。在如何革命的问题上,他也坚决反对阶级斗争式的暴力革命,认为"平和的组织的方法及手段,是革命运动的新形式。"④当时,他最极端的革命主张也不过是,"国家主义"与"国家保护下的资本家生产制"这两个压迫势力,"都将由全世界平民为完成协作共享之社会的努力归于消灭。"⑤之所以如此,是因为他认为阶级斗争是一种"必然的恶",他以十分厌恶的口吻说道:"可怕的'必然恶'呵! 一步一步的、逼近我们来了!"⑥戴季陶不认同阶级斗争的方法,遑论阶级专政。而正是这两者,为他在1925年转向马克思主义的批评者埋下了伏笔。

1925年6、7月间,戴季陶出版了《孙文主义之哲学的基础》和《国民革命与中国国民党》两本小册子,系统批评马克思主义,又重新拥抱起了三民主义。这就是所谓的戴季陶主义。

戴季陶不满于中国共产党提倡的阶级斗争策略,而是主张发展经

---

① William G. Saywell, "The Thought of Tai Chi-Tao, 1912—1928," Ph.D. dissertation, University of Toronto, 1969, pp. 226-28.
② 沈定一:《沈定一致胡适》(1919年12月16日),中国社会科学院近代史研究所中华民国史组编:《胡适来往书信选》(上册),中华书局,1979年,第78页。
③ 季陶:《访孙先生的谈话——社会教育应该怎么做》,《星期评论》第3号,1919年6月22日,第2页。
④ 戴传贤:《革命! 何故? 为何? ——复康君白情的信》,《建设》第1卷第3号,1919年10月1日,第596页。
⑤ 季陶:《国家主义之破产与社会的革命》,《星期评论》第47号,1920年4月25日,第3页。
⑥ 季陶:《必然的恶》,《星期评论》第47号,1920年4月25日,第4页。

济,并逐步消泯阶级的差别。他特别强调了孙中山早就提及的经济建设之旨——孙中山多次强调,中国国民党以经济建设为宗旨①,他甚至说:"建设为革命之唯一目的。"②戴季陶延续了这一思路,对中共的阶级斗争策略极表反对,认为这只会给中国的经济带来极大的破坏,所以主张增进实业、发展经济。他甚至援引苏联新经济政策的例子来说明经济斗争的不可行性——他说,苏联因为实行阶级斗争而使经济遭到了极大破坏,所以不得不改行新经济政策来发展生产。③ 戴季陶实际上提出了一种旨在促进经济建设、改善民生的革命观。除了这种革命观,他还以中体西用为原则,试图为中国找到一条融合传统的伦理道德与现代政治制度的发展道路。换言之,戴季陶在国家建构方面也提出了一种政治保守主义主张。④

但是,戴季陶并没有完全放弃马克思主义的"道",他仍然对共产主义理想有着强烈的向往。即便在他批评马克思主义最激烈的《孙文主义之哲学的基础》里,他也认为共产主义是非常美好的革命目标,只不过这种目标只能在美国这样的"生产机关完备,能力伟大,组织、管理的技能已经很进步"的国家才可以考虑实行。⑤ 然而,这本小册子的写作目的毕竟是试图全面驳倒马克思主义,戴季陶自然要压抑住对共产主义理想的推崇,而生性浪漫的他,终归还是要拥抱一个超越性的世界。于是,他在三民主义的基础上发展出了另外一种乌托邦理想——"世界大同"。

在上述小册子中,戴季陶以"仁爱"为核心重建了一套关于中国革命和世界革命的论述,其中,关于世界革命的论述是一种乌托邦主张。在他的畅想中,中国是世界革命的领头羊,中国革命成功之后,会在"继绝

---

① 孙中山:《发刊辞》,《建设》第 1 卷第 1 号,1919 年 8 月,无页码。
② 蒋永敬编著:《民国胡展堂汉民先生年谱》,台湾商务印书馆,1981 年,第 239—240 页。
③ 戴季陶:《孙文主义之哲学的基础》,民智书局,1925 年,第 23—24 页。
④ 戴季陶:《孙文主义之哲学的基础》,第 7—8 页。
⑤ 同上书,第 24 页。

世、举废国"以及"惟仁者为能以大事小"等仁爱理念的指导下,带领弱小国家一举获得自由平等的地位,进而达到"世界大同"的目标。在他的笔下,这一世界大同是一个无强权、无压迫的国际秩序,充满着和谐与友爱。[①] 这种乌托邦式的世界革命渊源于中国古代的天下主义关怀,以后见之明来看,它虽然有空想的色彩,但却是当时国民党领导阶层的普遍呼声。[②] 戴季陶从小就浸润于大乘佛教的言论中[③],在成年后又充分接受了无政府主义、人道主义、马克思主义的洗礼,这给他原本就有的天下主义关怀加上了更深的乌托邦色彩,使他成了国民党内关于这一乌托邦式的世界革命论的最有力的阐发者。

所以,在戴季陶思想发展的最后一个阶段——戴季陶主义中,他的乌托邦追求和国家建构主张和谐共存,道与政在这里融为一体,达到了某种协调。只有到了此时,戴季陶内心深处的道与政的冲突才得到了缓解,他的思想才基本定型。此后,他再也没有较为明显的思想转变。

结语

戴季陶一生思想多变,但在他思想多变的背后,有很多不变的因素贯穿始终。其中,比较明显的两个因素是,他对乌托邦的追求和在国家—民族建构方面的主张及努力。正是这两者之间的紧张和冲突,导致了戴季陶的思想不断发生变化。

在革命思想高涨的晚清时期,有着浪漫主义情怀的戴季陶逐渐发展出了浓厚的无政府主义思想倾向,但不久他被孙中山三民主义理论的具

---

① 戴季陶:《孙文主义之哲学的基础》,第28—30页。
② 相当多的国民党高层领导曾反复提及世界革命及世界大同之论。试举几例:孙中山:《三民主义》之《民族主义》第六讲,《孙中山全集》第9卷,1986年,第253—254页;邹鲁:《邹鲁回忆录》,东方出版社,2010年,第115页。
③ 释东初:《戴季陶先生与佛教》,释东初编:《戴季陶先生佛学论集》,台湾中华佛教文化馆,1972年,第5页。

体方案所吸引,找到了一种切切实实的救国方案,于是内心的乌托邦冲动得到压制,他开始追随孙中山进行革命建国活动。新文化运动时期,戴季陶接触到马克思主义,重新找到了一种令他倾心的乌托邦思想,于是一边译介、研究、宣传马克思主义这一新的道,一边和孙中山的实际革命活动保持了相当的距离。后来感觉共产党的阶级斗争策略太过玄远,并不适用于中国,于是回到三民主义的革命建国方案上,并对之重新阐释,形成了所谓的戴季陶主义。戴季陶主义一方面延续了三民主义在国家建构方面的主张,另一方面又以"仁爱"为核心提出了一种乌托邦式的世界革命理论。此时,乌托邦追求和国家建构主张和谐地融为了一体,潜存于戴季陶内心的道与政的冲突终于得到了缓解,他的思想转变基本上止步于此。

道与政的冲突既是戴季陶思想转变的动力机制,也是他的思想特色之所在。在现代中国,很少有人像他一样,在浸润于传统文化的同时,又被渊源于传统文化的不同思想元素所深深撕扯。他仿佛是一个传统儒家士人的现代翻版。而他在道与政不断纠缠之后所形成的戴季陶主义,深刻影响了1920年代末期及以后的国民党和南京国民政府,在一定程度上完成了他行道的夙愿。

(范玉亮:华东师范大学历史学系)

中国记忆与美国神话

从互文性角度关注"赵汤之争"的几个问题*

段慧敏

1976年,华裔美国作家汤亭亭(Maxine Hong Kinston)以一本《女勇士》(*Woman Warrior*)引起了美国文学界和批评界的广泛关注和好评,而华裔美国文学界却有很多人对汤亭亭改写"花木兰"的故事感到不满,并由此引发了一场激烈和持久的争论,即所谓的"赵汤之争"。这场论争最早见诸文字是1980年几位华裔作家陈耀光、赵健秀和黄忠雄等为《三种美国文学》一书撰写的《华裔与日裔美国文学简介》[①]。由赵健秀等人主编的《大唉咿!华裔与日裔美国文学选集》(*The Big Aiiieeeee!*,1991)不但完全排除汤亭亭、谭恩美、黄哲伦等人,而且点名批判,认为他们为了讨好白人而背弃、出卖自己的文化传统、"伪造中国文化"[②]。

一、"赵汤之争"及其互文阐释空间

卫景宜在《西方语境的中国故事》中梳理了"赵汤之争"双方的观点,

---

* 本文系教育部人文社会科学基金青年项目"萨冈小说研究"(编号:18Y5C752005)的阶段性成果。
① 卫景宜:《西方语境的中国故事》,中国美术学院出版社,2002年,第74页。
② 单德兴:《"开疆"与"辟土"——美国华裔文学与文化:作家访谈录与研究论文集》,南开大学出版社,2006年,第9页。

她认为,争论双方的焦点在于:《女勇士》是一部沿袭了"东方话语"式的自传体小说,还是一部手法创新的小说;作者对中国典籍的改写是否是为了讨好白人而对中国文化遗产进行亵渎。反对派的观点认为,汤亭亭、谭恩美、黄哲伦等受白人推崇的作家的写作意识属于美国主流文化长期熏陶下的"东方话语"的反映,他们追随传统的华裔作家,以个人经验写作迎合主流文化对中国传统文化和华人形象的种种歪曲描述,认为他们厌恶自己的华人身份,认为其写作手法是"对历史和文学的毁灭"。而支持派的观点则认为少数族裔作家并不是少数族裔群的代言人,要求华裔后代保持中国文化的源远流长是反历史的,而《女勇士》的作者是在尝试用一种新的形式来表达自己对"什么是华裔美国人"这一问题的思考。

赵汤二人原本是加州大学伯克利分校的同窗,但是《女勇士》出版之后,二人便断绝了书信往来。赵健秀公然指责汤亭亭的写作歪曲华裔传统,并在作品中戏仿汤亭亭,汤亭亭在为自己辩解的同时也在作品《孙行者:他的伪书》中戏仿赵健秀。二人的争执不断升级和扩大,以至于最后汤亭亭在接受采访时认为赵健秀是靠抨击她的创作而提高自己的知名度。但是赵健秀根据自己"创造华裔英雄主义"观点,对以汤亭亭为首的"美国化的华裔作家"抨击得日益激烈,措辞也日趋严厉。随着华裔美国文学的发展,越来越多的作家也主动或被动地加入到这场论证之中,"赵汤之争"也因此由"改写传说"是否合理合法的争论升级为华裔美国人的文化认同/文化身份问题。从 20 世纪 80 年代末 90 年代初开始,随着国内对华裔美国文学研究的发展,中国读者和研究人员也日益关注起这场余波尚存的论争。"赵汤之争"几乎成为所有华裔美国文学研究者所不能逃避的问题,甚至成为了一种耐人寻味的文化现象。

作为本文阐释对象的华裔美国文学,其互文性解读空间首先在于华裔美国文学本身具有双重性的特点,既有中国文化的踪迹,又展现了美国的广阔背景和思想意识,因此无论对于中国读者还是对于美国读者来说,华裔美国文学都有着其独特的异国情调。我们在华裔美国文学中可以发现诸多的中国文本的影响,其中包括古代传说典故、传统文化习俗,也包括华裔美国人通过口耳相传所保留的集体记忆。然而透过所有的华裔美国文学作品,我们并不能够发现一个真正的中国,它们所展现的,只是一种模糊的、记忆中的家园情结,以及这种家园情结与现实环境的矛盾。如汤亭亭在《女勇士》中所说,"美国的生活令人沮丧"[1],但在中国已经无家可归(p.106)。在现实之中,汤亭亭称自己为"西海岸的华裔美国人"。这个界定本身,也就包含了明显的多重性特点,"西海岸"代表的是地域,"华裔"代表族裔,而"美国人"代表她对自己身份的最终定性。其次,华裔美国文学之间的相互影响关系,也成为从互文性角度解读华裔美国文学一个重要入口。从黄玉雪到汤亭亭再到谭恩美、赵健秀、黄哲伦等华裔美国作家的作品,其文本之间无不存在着某种相似或相悖的关系,华裔美国文学不仅与中国传统和美国文化之间存在明显的互文关系,其体系内部的互文关系也值得关注。最后,从写作方式上来看,受美国及西方创作手法的影响,华裔美国文学作品凸显出后现代作品的诸多特点,粘贴、仿作、戏拟等互文写作手法在其中的应用也引起了诸多研究者的关注。汤亭亭的《女勇士》分为五个部分:"无名女人""白虎山峰""巫医""西宫门外"与"羌笛之歌"。其中"白虎山峰"一章是引起"赵汤之争"的导火线,其中引出的问题也构成了这场争论的焦点。本文中我们主要针对这一章进行分析,试从互文性角度梳理出"赵汤之争"的症结所在,探讨由这场争论产生的主要问题。

---

[1] Maxine Hong Kingston, *The Woman Warrior*, New York, Random House Inc. 1989, p. 45. 本文有关《女勇士》的原文引用均出自此版本,下文中将只标注页码,不再做注。

二、对话性写作与作者的主体意识

"对话性"又称"对话主义",是米哈伊尔·巴赫金所提出的重要批评思想,克里斯蒂娃也正是通过梳理这一观点而提出了互文性理论。"对话性"是指话语(包括口头语和书面语)中存在两个或两个以上相互作用的声音,它们形成同意和反驳、肯定和否定、保留和发挥、判定和补充、问和答等言语关系。① 巴赫金认为,"任何一个表述就其本质而言都是对话(交际和斗争)中的一个对语。言语本质上具有对话性。"② 而对话性的核心问题便在于"差异"与"他性"。而汤亭亭正是通过这种差异与他性使《女勇士》的文本中渗透着永恒的矛盾和对抗。

汤亭亭采取"说故事"(talk-story)的手法本身就含有对话的因素,因为这个短语和英语惯用的"讲故事"(tell-story)相比较,有着明显的互动性质。通过这种方式,叙事者游移在现实与幻想、中国与美国、过去与现在之间。此间"说"亦即对话,包括作品之中的母女对话,以及读者通过作品与作者之间的对话。我们看到,母亲和女儿的对话,是完全不同的两种声音,母亲所代表的是中国传统文化的记忆,而女儿所代表的是美国人的自由意识。不同的是,母亲的声音始终是强制性的、权威性的,这种声音代表了中国传统的儒家思想,"君君、臣臣、父父、子子"的等级观念与家长制观念。《无名女人》的开首便是母亲的声音,并且这种声音带有强大的压迫力:"你不准告诉任何人……我所要告诉你的一切……"在母亲话语力量的压迫下,女儿的声音是沉默的,是隐藏在心里的,但这丝毫没有减弱女儿声音的对抗性和叛逆性。这一点在《女勇士》一书的标题中我们便可以看出:该书正题为"女勇士",而副题为"一个鬼魂中长

---

① 王瑾:《互文性》,广西师范大学出版社,2004年,第8页。
② 巴赫金:《文本、对话与人文》,河北教育出版社,1998年,第177页。转引自王瑾:《互文性》,第9页。

大的女孩记忆"。传统而坚强的中国母亲为了教育女儿人生的道理而"讲故事"给女儿听,而对其影响最深的故事则是"女勇士",但是这些故事却又让女儿感到恐惧,让她产生逃离的愿望,因此她称之为"中国的鬼故事"。幼小的女儿心里,认为中国是一个充满鬼魂的世界。在整个《无名女人》之中,女儿的声音始终是隐性的、内在的,但却充满了爆发性的力量;而无名女人至死都是沉默的,与之相对的,却是村民们百般刁难的嘈杂声。传统的陋习对女性的迫害使得女儿声音里的力量不仅仅是针对家长制的权威,即针对中国的传统挑战,也是针对女人卑微的社会地位的反抗。而在"白虎山峰"中,女儿的声音首次变为显性,即在与老夫妇的对话之中:

"小姑娘,你今天吃饭了吗?"他们问候我道。

"是的,我吃了。"我很有礼貌地回答,"谢谢。"

("不,我没吃",我在现实生活中更想这样说,中国人如此喜欢说谎,让我无法忍受。"我饿极了。你们有点心吗?我喜欢巧克力棒点心。")(p.21)。

在这段话中,虽然女儿的声音首次由隐性变为显性,但这种显性的声音并不是女儿所要表达的内容,她真正的想法,仍然是在内心当中,在文字中体现的便是隐藏在括号之内。至此,中国的传统一直如磐石一般压迫着女儿的自由意识,也就是女儿成长过程之中慢慢形成的美国意识。女儿在不断地试图挣脱这种传统,逃离成为人妻即成为奴隶的命运,因此她幻想自己成为"女勇士",随隐士练剑,最终为父老乡亲"报仇"。除了人物间显性或隐性的对话之外,汤亭亭还刻意在英语中应用众多汉语言说习惯和语言特点,以使得小说更具东方特色的音乐韵律,而这种音乐性通过两种语言的碰撞产生了对话性的差异,这也是《女勇士》对于美国读者来说具有异国情调的原因之一。

《女勇士》中体现的是两种完全不同的主要声音,这两种声音分别代表了中国的传统和美国的意识。在美国生活成长的汤亭亭本身对中国的印象只有承袭自母亲的中国记忆,这种记忆给她的童年带来无限好奇的同时,也让她产生恐惧和叛离的心理,究其原因,就是她生活在美国的语境之中,对中国的现实一无所知。《女勇士》中所彰显的并不是传统中国文化,而是要以一个自由女性的身份来向这种文化中的男尊女卑的性别差异"报仇"。这种报仇的工具,正是其自幼形成的美国意识。同样是华裔美国作家的谭恩美在被中国记者指责对中国文化不甚了解的时候回应道:"我是一个美国作家,我了解的中国文化是'二手信息'。我写作是从美国人的角度,着笔以中国文化为基础的家庭。我不可能有中国人的视角,我并非在中国成长。"①因此,针对赵健秀指责汤亭亭在传统文化描述过程中"作假",并称之为"伪中国文化"的观点,我们首先可以从汤亭亭的创作意识和创作目的方面对其进行反驳。汤亭亭的本意并不是创作一部介绍中国文化的恢宏巨著,这部小说里最重要的是凸显女权主义的声音,也正是在美国主流文化意识影响下,在对自己女性身份和族裔身份的思考过程中,作者所发出的呐喊,是用文字为女性,尤其是华裔女性"报告怨恨"。

三、 中国文化符号与美国写作观念

互文性理论认为"任何文本的写成,都如同一幅语录彩图的品成,任何文本都吸收和转变别的文本"②。索莱尔斯则更明确地对这一概念进行说明:"任何文本都处在众多文本的交汇处,都是对这些文本的重读、更新、浓缩、移位和深化。从某种意义上来说,一个文本的价值在于它对

---

① 张璐诗:"谭恩美:我不可能有中国视角",载 2006 年 4 月 14 日《新京报》。文献参考网页 http://news.sina.com.cn/c/cul/2006-04-14/08578694369s.shtml。
② 秦海鹰:《互文性理论的缘起与流变》,《外国文学评论》,2004 年第 3 期。

其他文本的整合和摧毁作用。"[1]"改写""吸收""转变"等等便成为互文性写作手法中不可或缺的过程,萨莫瓦约在《互文性研究》一书中多次总结互文性的具体手法,其中包括引用、抄袭、拼凑、粘贴、影射甚至重写等等。她最终把文学归于一种记忆,而无论采取何种方法,文学都无法摆脱这种自身的记忆的影响,因此萨莫瓦约也将这种记忆称为"忧郁的记忆"[2]。从汤亭亭的《女勇士》中,我们可以很容易看出各种互文性写作手法的痕迹。从对中国传统文化的引用,到后现代式的拼贴,甚至包括其叙述方式等,都是先前文本的"整合与摧毁"的过程。而读者在阅读《女勇士》之时,也可以追寻这种互文性踪迹,从而找到各种不同的阐释角度与切入点。

"白虎山峰"在《女勇士》中占有长达二十几页的篇幅,可以很明显地看出这段叙述是对中国北朝民歌《木兰诗》的改写。这里描述的不再是花木兰替父从军的故事,而是作者将自己想象成花木兰,想象自己被鸟儿召唤,进山随神仙夫妇修炼,而后下山报了国恨家仇,最终返乡侍奉公婆,"忠孝两全"。《木兰诗》原文之中并不存在"进山修炼"这样的情节,很多华裔美国文学研究者也并没有指出这段情节的来源所在。那么这段情节是否为汤亭亭凭空臆造呢?我们可以先回顾一下唐传奇中《聂隐娘》的故事。方外神尼看中了贞元年间大将聂锋的女儿,十岁的聂隐娘,不顾其父母反对将其带入深山修炼,五年后被送归。隐娘自述,她被带到一处不知多远的深山石穴之中,练习剑法与攀缘之术。而后的隐娘似乎无意嫁与了磨镜少年,协助节度使刘昌裔入京后与丈夫归隐山林。[3]聂隐娘式的传奇故事在中国古代传奇中不乏其数。对比汤亭亭的《花木兰》与《聂隐娘》,我们不难发现很多情节安排的相似之处。同是进入深

---

[1] 王瑾:《互文性》,第33页。
[2] 蒂费纳·萨莫瓦约:《互文性研究》,邵炜译,天津人民出版社,2003年,第70页。
[3] 参见王立:《重读剑仙聂隐娘》,《商丘师范学院学报》,2001年第3期。

山石穴、远离父母,同是协助他人建功立业而后归隐田园。也就是说汤亭亭在《木兰诗》的基础上穿插了道教中的"剑仙传奇"情节,至于这种情节是来自汤母的口述故事或她后来的阅读,我们不得而知,但不能否认的是两者之间有着某种紧密的联系性,汤亭亭将两者拼贴与改编,构成了自己的神话。

此外,在"白虎山峰"之中,还有较明显的穿插情节,花木兰下山看望父母,出征前父母在她身后刺字,这明显是仿作"岳母刺字"的情节,而后花木兰带兵征战,模仿的也是"岳家军"的故事,最终凭借祖先和关公的力量所向披靡,战无不胜,这其中暗含了众多中国民间传说中的因素。征战途中花木兰甚至与未婚夫结婚生子,这段情节巧妙地渗入了女权主义婚姻自由的思想,恰恰又是当时美国主流文学意识的体现。[1] 最后花木兰返乡侍奉公婆,保证生儿育女操持家务,这与前面骁勇杀敌的木兰将军相对比,构成了鲜明的反讽色调,也体现了美国式的幽默特质。这样的结局很容易让我们将《女勇士》与马克·吐温《哈克·贝利历险记》和塞林格的《麦田里的守望者》的叙述错置策略联系起来。最后寄钱给父母亲戚,让他们藉此生活幸福而自己"忠孝两全"的情节,恰巧印证了文化大革命时期国内亲属靠华人亲戚寄钱过活的现实情况,而"寄钱"这一主题在谭恩美的《喜福会》中也有所体现。

除了各种拼贴文本的相互结合之外,汤亭亭还将《木兰诗》改为第一人称的形式,以符合通篇小说的自传风格。众所周知,现代自传始于卢梭,而自传体裁恰恰是典型的西方创作手法。应用自传体创作,也是赵健秀对汤亭亭指责的原因之一。汤亭亭却认为,"白虎山峰"是美国语境下的美国神话,是被改编和重述的神话,所以无须遵从中国的传统。我们可以看到,应用自传这种体裁可以更好地将"报告怨恨"的主题淋漓尽

---

[1] 参见卫景宜:《西方语境的中国故事》,第94页。

致地发挥出来,因为故事的落脚点在于美国现实中的种族偏见与中国传统中的男尊女卑思想,只有通过自传的形式,才能够增强其语言和叙事的力度与对抗的鲜明性。华裔美国文学的自传传统久已有之,汤亭亭的前辈黄玉雪在创作《华女阿五》之时也同样采用了西方的自传体裁,并且塑造了一个典型的美国式故事——奋斗与成功。这种故事在美国文化传统中久已有之,自第一批欧洲移民到达美国之后,他们便开始了这种叙事形式,崇尚自我奋斗是所有美国人内心的集体意识,那么在美国出生与成长的华裔美国文学作家,自然也毫无例外地受到了这种大环境中集体意识的影响。

中国的文化记忆给了汤亭亭无限的想象空间,成为她的创作之源,但是在创作过程中她所应用的写作技巧却展现出美国的后现代主义影响下的诸多痕迹。也就是说汤亭亭在中国记忆的基础上创造了一个美国神话。而其中的英雄人物花木兰恰是汤亭亭为华裔美国妇女所树立的榜样。赵健秀指责汤亭亭改编神话、数典忘祖、谄媚美国人,实则是忽视了汤亭亭的创作是一种典型的美国手法,忽视了在这种情况下写就的神话,已经不再是中国传统故事的讲述,而是一个地地道道的美国神话的再造过程。同时我们需要指出的是,赵健秀虽然注意到了汤亭亭的华裔身份,并且一直以此为由对其写作进行抨击,但是他并没有注意到汤亭亭的移民身份,作为移民者的后代,汤亭亭也理应有着移民后代作家的视角,这一点上汤亭亭的创作可以与美国其他族裔作家的创作又具有了不同层次的互文关系。这种互文关系的核心,便是对于本族裔的关注,汤亭亭非但没有数典忘祖,反而还在不断地为中国人立说正名。

四、双重文化与多重解读

哥伦比亚大学教授里法泰尔系统地阐释了作为阅读方式的互文性

理论,他认为互文性即"读者对一部作品与其他先前的或后来的作品之间关系的感知",同时互文性也是众多特殊文学效果如幽默、荒谬、含混模糊等的来源。[1] 通过读者的阅读与感知,文本的意义也随之丰富起来。因此萨莫瓦约认为"互文性手法使文本产生新的内容,这使得文学成为一种延续的和集体的记忆"。她还进一步指出,读者被互文性吸引体现在四个方面:"记忆、文化、诠释的创造性和玩味的心理。"[2]华裔美国文学的文化双重性为读者提供了多重的解读空间,《女勇士》便是其中的典型范例。《女勇士》涉及的题材相当广泛,它几乎涵括了关于移民处境、代沟、青少年的困惑、女权主义、边缘文化、寻根意识、口头文学、家庭史诗、民俗与神话、东方话语、文化冲突、个人经验与官方话语等等内容,不同的读者以不同的切入点进入文本,便可以做出不同的阐释。

将华裔美国文学作为边缘文化进行解读是众多研究者的一种研究手段。这主要是由于受到后殖民主义理论,尤其是"东方话语"理论的影响而做出的一种阐释。汤亭亭的作品也被众多研究者们认为是边缘写作,或"东方话语"下的一种写作。针对这种方法,单德兴在《"开疆"与"辟土"》中提出了反驳,单德兴认为,"所谓边缘在其他脉络情况下可能成为中心。这些在某种情况下处于边缘的学者在面对具有中国互文的华裔美国文学时,实宜避免以中国文化的主流及正统自居,以真确的、权威的或专断的诠释者姿态出现,而将一己的或习以为常的说法及诠释,强行加诸另一时空下以另一语言创作的作者及作品,因为毕竟其对象虽是'华裔',却更是'美国文学'。"[3]从这一角度来讲,我们在解读汤亭亭的"白虎山峰"之时,也不能仅仅关注于中国文化的改编改写,或是如赵健秀一样去指责汤亭亭"数典忘祖",而应该同时注意到美国创作意识对汤亭亭的影响,注意到这是一个在不同时空之中再造的神话。

---

[1] 王瑾:《互文性》,第 121 页。
[2] 蒂费纳·萨莫瓦约:《互文性研究》,第 81 页。
[3] 单德兴:《"开疆"与"辟土"》,南开大学出版社,2006 年,第 195 页。

汤亭亭在创作过程中,也有意地注意到了作者与读者之间的互动对话关系,给读者留下了更多的阐释空间。在与单德兴的访谈之中,汤亭亭指出:"故事随着每次的讲述而改变,每个说故事的人赋予故事他自己的声音和精神。故事来回于文化之间、语言之间,来回于说故事与文本之间。我们经常看到一个识字的人在念信、报纸、书本时,一群人在周围倾听。然后,这群人把自己记得的故事传扬出去。我写我的鲁滨逊故事时,试着去唤醒读者去意识神话的互动。我确定每位读者早已知道他自己版本的鲁滨逊故事——即使只是来自电影或电视。我要帮助读者把他自己的故事连接上其他的、异国的故事,并藉此连接上全世界的人和文化。"[①]在汤亭亭创作的《中国佬》中巧妙地以鲁滨逊为主人公命名,这其中暗含着对《鲁滨逊漂流记》的指涉。这种指涉效果也正是作者透过文本希望读者感知到的内容。那么在"白虎山峰"之中,作者通过将花木兰的故事改写为华裔女孩的故事,也是在利用这种与中国故事的指涉关系来使读者感知到作者描绘人物的意图。这样具有指涉性的事物在华裔美国文学作品中屡见不鲜:从花木兰到蔡文姬的中国式人物,到鲁滨逊、惠特曼、潘朵拉、甘家丁这类西方人熟知其文化背景的人物,比比皆是,而这些人物给中国读者和美国读者带来的感知印象是完全不同的,这也正是多元文化混杂作品的一个特色所在。

和众多华裔美国文学作家一样,汤亭亭的创作之中存在着众多的文化现象罗列。从儒道佛教、神仙鬼怪、易经八卦、招魂祭祖、听书看戏等文化现象,汤亭亭的叙述中之所以出现对中国文化的混杂理解,从一个侧面也说明了华裔美国人对中国文化的记忆已经不再是鲜明的个体记忆,而是一种模糊的集体记忆,这种集体记忆面对强烈的美国意识必定变得零散和不确定。这种杂糅现象的罗列对于众多的中国读者来说也具有一种陌生化的效应,因为这其中有些所谓的中国传统现象已经消

---

① 单德兴:《"开疆"与"辟土"》,南开大学出版社,2006年,第224页。

失,现代的中国人更倾向于将其作为一种有趣的民俗生活点缀。[①] 对于美国读者来说,这种叙述则是他们理解中国传统文化的一个入口。这些现象反而变相地宣扬了中国文化中很多已经销声匿迹的传统。此外,汤亭亭在借用众多中国传统故事之时所依据的是英文的翻译文本,我们知道,这种翻译文本本身便带有明显的互文性缺失与增加的可能性。当中国文化传统中的符号在美国语境中无法对应的情况下,其指涉能力便会缺失或改变。那么无论对于中国读者还是对于美国读者来说,汤亭亭的文本都产生了一种新的意义。

从读者的角度来讲,《女勇士》并没有被当作传统的中国小说来解读和阐释,而是将其作为一个包含了多元文化的文本来看待。那么赵健秀指责汤亭亭等人"灭绝中国文化"、宣扬"伪中国文化"之说,在读者对多元文化的认知之下,已经不攻自破了。自《女勇士》出版以来,这场引人深思的"赵汤之争"至今仍是华裔美国作家和研究者们所无法逃避的一个问题。而从互文性角度来看,"赵汤之争"的实质在于华裔美国作家对两种文化互文本的不同认识。依据赵健秀的观点,华裔美国文学创作过程中,中国文化互文本应该居于主导地位,因此他突出强调"真正的"中国文化符号,但由于赵健秀本人对中国文化互文本的认识也依然是间接认识,因此他的创作之中,依然潜移默化地受到美国互文本的影响;汤亭亭等人则认为美国文化互文本是华裔美国文学作家创作的根本,认为华裔美国文学是在缔造"美国神话"。由此我们可以看出,无论赵汤之争如何发展,在互文性的视角下,华裔美国文学都依然是在中国记忆基础上所缔造出的新故事,亦即汤亭亭等人所说的"美国神话"。

(段慧敏:苏州大学外语学院　苏州大学国别与区域研究所)

[①] 卫景宜:《西方语境的中国故事》,第43页。